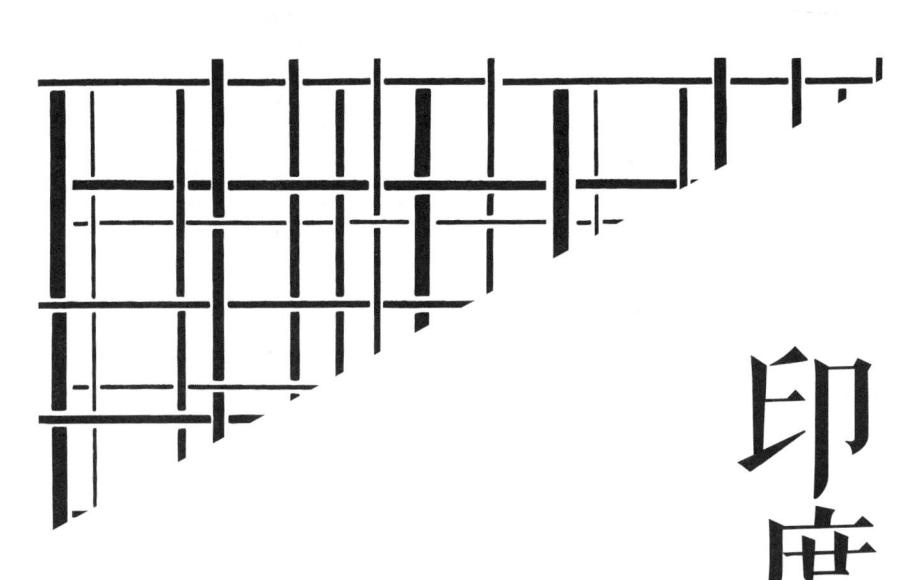

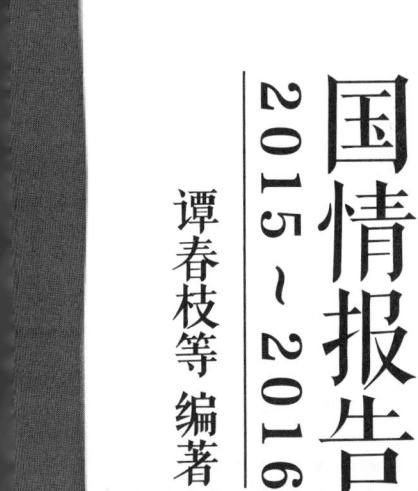

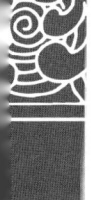

印度尼西亚

国情报告
2015~2016

谭春枝等 编著

经济管理出版社
ECONOMY & MANAGEMENT PUBLISHING HOUSE

图书在版编目（CIP）数据

印度尼西亚国情报告（2015~2016）/谭春枝等编著.—北京：经济管理出版社，2017.9
ISBN 978-7-5096-5341-8

Ⅰ.①印… Ⅱ.①谭… Ⅲ.①印度尼西亚—研究报告—2015-2016 Ⅳ.①K934.2

中国版本图书馆 CIP 数据核字（2017）第 221585 号

组稿编辑：张巧梅
责任编辑：张巧梅　侯娅楠
责任印制：黄章平
责任校对：王淑卿

出版发行：经济管理出版社
　　　　　（北京市海淀区北蜂窝 8 号中雅大厦 A 座 11 层　100038）
网　　址：www.E-mp.com.cn
电　　话：（010）51915602
印　　刷：北京晨旭印刷厂
经　　销：新华书店
开　　本：720mm×1000mm/16
印　　张：16.5
字　　数：315 千字
版　　次：2018 年 8 月第 1 版　2018 年 8 月第 1 次印刷
书　　号：ISBN 978-7-5096-5341-8
定　　价：58.00 元

·版权所有　翻印必究·

凡购本社图书，如有印装错误，由本社读者服务部负责调换。
联系地址：北京阜外月坛北小街 2 号
电话：（010）68022974　邮编：100836

编委会

编委会主任：王玉主

副 主 任：梁淑红

成 员：缪慧星　顾　强　王玉洁　金　丹
　　　　岳桂宁　谭春枝　黄爱莲　毛　薇
　　　　何　政　刘亚萍　黄　瑛

本书参编人员

谭春枝　韦倩青　韦宝毅　何冠岐

序 言

东盟是东南亚地区十个国家之间的区域性合作组织。作为中国的近邻，东南亚各国在中国的周边外交中具有重要的地位，东盟也因此成为中国经营与东南亚各国合作关系的主要平台。自1991年以来，中国与东南亚国家之间的关系在东盟框架下取得重大进展，中国与东盟也从磋商伙伴一路发展到目前的全面战略合作伙伴。这期间，中国东盟自由贸易区建设成为中国东盟合作乃至东亚合作的重要事件，因为正是中国倡议建设的中国东盟自由贸易区开启了以东盟为中心的东亚合作新格局。在贸易投资方面，中国东盟互为对方重要的贸易伙伴和投资来源，经济相互依赖在良性互动的进程中不断深化。

2013年中国提出"一带一路"合作倡议以来，东盟对中国的国际合作意义也发生了变化。习近平主席选择在印度尼西亚提出与东盟国家共同建设"21世纪海上丝绸之路"倡议，充分显示了中国对进一步加深中国东盟关系、在合作中构建中国东盟命运共同体、造福地区民众的良好愿望。实际上，进入新世纪以来，为了深化双边关系，中国围绕与东盟国家的合作提出过一系列倡议和安排。总体而言，这些新的倡议对推动中国东盟合作发挥了助力作用。然而客观地讲，一些倡议的措施没能达到预期的效果。从深化双边合作，特别是面向2030目标建设中国东盟关系的需求出发，我们应进一步加强对东盟的研究：既要具体到国别，又能深入到领域。因为只有正确把握东盟国家面临的现实挑战和真实需求才能提出更具可操作性、效果更显著的深化双边关系的措施，并把中国东盟关系带向更高的层面，服务构筑和谐周边的目标，贡献人类命运共同体建设。

广西壮族自治区地处中国东盟合作前沿，自2004年中国东盟博览会落户南宁以来，广西在中国东盟合作中的地位日益提升。广西大学作为广西最重要的综合性大学，其下设的中国东盟研究院在中国东盟合作过程中不仅成为广西壮族自治区参与对东盟合作的重要智库，也在全国的东盟问题研究中逐渐获得认可。目前，中国东盟研究院下设的东盟十国国别研究所每年都围绕各自研究对象国收集整理大量的基础信息。以前期的资料收集和跟踪观察为基础，也是作为下一步密切跟踪对象国研究的第一步工作，我们组织各国别研究所编写了东盟十国的国情报告。报告参考了到目前为止国内外出版的相关国别研究成果，同时对各国新的发展做了力所能及的完善和更新。

同时，编著撰写东盟十国的国情报告对于仍在建设中的中国东盟研究院来说，确实是一项非常艰巨的任务，因此在整个项目进程中我们遇到了很多困难，呈现在同行面前的这十本书一定存在不少错漏之处，希望同行给予批评指正。

王玉主

2018年2月

目　录

第一章　国情概况	1
第一节　人口	1
第二节　行政区划	3
第三节　主要城市	6
第四节　地理环境	7
第五节　自然资源	8
第六节　民族和宗教	12

第二章　2015～2016年印度尼西亚政治	14
第一节　政治制度与主要政党	14
第二节　佐科执政状况	18

第三章　2015～2016年印度尼西亚经济	28
第一节　经济发展目标及战略	28
第二节　经济发展总体概况	31
第三节　主要行业发展状况	35
第四节　对外贸易和投资	52
第五节　未来经济展望	60

第四章　2015～2016年印度尼西亚安全	62
第一节　政治安全	62
第二节　军事安全	65
第三节　社会安全	67
第四节　网络安全	71

第五节 印度尼西亚总体安全状况 … 72

第五章 2015~2016年印度尼西亚外交 … 73
第一节 印度尼西亚外交的目标 … 73
第二节 印度尼西亚外交政策 … 74
第三节 印度尼西亚外交的特点及重点 … 77
第四节 印度尼西亚与东盟国家的外交 … 79
第五节 印度尼西亚与大国的外交 … 85

第六章 2015~2016年印度尼西亚区域经济合作 … 90
第一节 印度尼西亚参与东盟经济共同体的现状 … 90
第二节 印度尼西亚参与中国—东盟自由贸易区的现状 … 120
第三节 印度尼西亚参与亚太经合组织的现状 … 136
第四节 印度尼西亚参与"东盟+1"自贸区的现状 … 145
第五节 印度尼西亚参与次区域经济一体化合作的现状 … 183
第六节 印度尼西亚参与RCEP谈判的情况 … 190

第七章 印度尼西亚社会文化 … 195
第一节 印度尼西亚的历史变迁 … 195
第二节 印度尼西亚的民族文化 … 200
第三节 印度尼西亚各民族之间的关系 … 206
第四节 印度尼西亚的宗教 … 207
第五节 印度尼西亚的教育和卫生 … 210

第八章 2015~2016年中国与印度尼西亚的关系 … 218
第一节 政治关系 … 218
第二节 经贸关系 … 222
第三节 人文交流 … 229
第四节 中国与印度尼西亚发展关系面临的挑战 … 233
第五节 中国与印度尼西亚关系展望 … 234

参考文献 … 236

后　记 … 256

第一章 国情概况

第一节 人口

印度尼西亚是一个人口大国,它是目前仅次于中国、印度和美国的世界第四大人口国。根据联合国统计,2015年印度尼西亚拥有近2.58亿人口,人口增长率为2.38%。近些年,印度尼西亚人口增长速度一直趋于平稳状态,生育率有所下降。有专家指出,印度尼西亚将在2020~2030年迎来人口红利期,借此机会,印度尼西亚可大力推动并巩固经济和社会发展。

一、人口结构

印度尼西亚是一个年轻化的国家,其人口结构是世界主要大国之中最年轻的。0~14岁的人口占比26.2%;15~24岁的人口占比17.1%;25~54岁的人口占比42.3%。据专家预测,2020~2030年,印度尼西亚15岁以下儿童人数将从6100万降至5420万,15~64岁劳动适龄人口数量将达顶峰,即1.9亿。[1] 儿童人数下降使得抚养率减少,同时,市场上出现了大批年轻的劳动力,这为印度尼西亚经济增添了新的活力。

印度尼西亚实行9年义务教育,学制为小学6年,初、高中各3年,大学3~7年。虽然目前印度尼西亚文盲率不到3%,大学大专率达20%,但绝大多数印度尼西亚人只有初中文化水平,专业知识与技术职能严重欠缺,因此生产力水平停滞不前,在世界排名中也处在落后的位置。印度尼西亚政府对高等教育的普及力度还不够,其中每三个印度尼西亚的劳动力中只有一个完成了高中学历。近

---

[1] 印尼热议人口红利机遇期[EB/OL]. 世界人口网, http://www.renkou.org.cn/countries/yindunixiya/2016/0330/5336.html, 2016-03-30.

年来，印度尼西亚政府意识到学历结构不合理问题的严重性，加大了对教育经费的投入，这一投入在印度尼西亚国家总投资中占据重要位置。近年来，随着印度尼西亚教育事业的进步，各大类院校学生数量逐渐增加。

印度尼西亚人口分布很不平均，人口居住集中的岛屿包括爪哇岛、苏门答腊岛、加里曼丹、苏拉威西岛和巴布亚岛。其中，面积仅占国土7%的爪哇岛人口最为集中，这里集聚了首都雅加达、第二大城市泗水、第三大城市万隆、第三大港口三宝垄以及著名历史名城日惹、茂物等全国的主要工商业、旅游城市。① 从交通来看，全国75%的铁路位于爪哇岛，其在交通领域的重要性可想而知，这也是为何大多数人愿意迁往爪哇岛的原因之一。鉴于爪哇岛人口过于集中，印度尼西亚政府推出了各项移民政策，不断地把人口从过度稠密的地区移向人口稀少的岛屿。移民后带来的好处不单是缓解了爪哇岛人口过于密集的问题，还为稀少人口的地区带来了新一轮的发展机遇。

二、人口城镇化和劳动力就业

从20世纪70年代开始，印度尼西亚便开启了城镇化进程。1970~2010年，印度尼西亚城镇人口平均增长率为4.2%，城市化率增加了2倍，人均国民生产总值增长了3倍，超过印度、菲律宾等国，成为亚洲城镇化速度最快的国家之一。目前，印度尼西亚城镇人口比重约为50%，预计到2025年，城镇人口比重将达67.5%。② 首都雅加达拥有超过1200万的人口，密度之大闻名世界，这也是印度尼西亚城镇化的一个真实写照。20世纪70年代是印度尼西亚经济的起步阶段，在这一时期，雅加达由于其市场广阔、劳动力充足、交通便利而受到大批外国投资者的青睐。从20世纪80年代开始，印度尼西亚政府逐渐加快引进外资的工作，为了促进外国资本注入，印度尼西亚政府简化了贸易手续，这不仅带动了贸易的发展，同时也促进了基础设施的建设，推动了大都市加速发展。到了20世纪90年代，雅加达吸引的外国投资已占据总投资的约20%。雅加达在国际贸易业务方面发展迅猛，印度尼西亚大约1/3的出口产品和超过50%的进口产品通过雅加达的丹戎不碌港口进行交易。工业、服务业、金融业三者的发展推动了房地产业的进步，同时，大型购物商场、高级办公楼和宾馆也都争先恐后进入大众视野。大批岗位的出现反映了经济的快速发展。在该时期，雅加达吸引了大量农村人口前来求职，在其新增人口中，有大约30%来自农村。亚洲金融危机出现前，雅加达已经发展成为国际大都市。

---

① 爪哇岛百度百科。
② 印尼城镇化：城镇人口分布在大都市［EB/OL］. 世界人口网，http：//www. renkou. org. cn/countries/yindunixiya/2016/0315/4932. html，2016 - 03 - 15.

金融危机令雅加达城镇化进程减慢，但进入21世纪，其经济已有所恢复，仍然吸引了大量的劳动力资源。但是随着人口不断膨胀，就业问题也接连出现，有些人因为缺乏过硬的技术水平而未被企业录用，因此走上了犯罪的道路，给社会带来了不稳定因素。印度尼西亚政府应正视这类问题，在吸引外来人口前往城镇工作的政策中，应将创造充分的就业机会、提升劳动力素质摆在重中之重的地位。

近10年来，印度尼西亚对就业结构进行改革，直接导致了失业率明显下降。失业率下降了8年后，在2014年进入平稳状态。2015年前三季度失业率有轻微波动。根据长期数据得知，失业率虽然下降但未降到自然失业率水平，因此印度尼西亚的经济增速还有上升余地。由于劳动力逐渐从农业这样的低附加值部门转向服务业和工业这样的高附加值部门，因此，印度尼西亚的整个劳动生产率因就业率提高而上升。虽然印度尼西亚的劳动力充足，但由于大量的劳动力还未掌握熟练的技能，劳动力水平并不高，有待进一步提高。除此之外，就业数量并未跟上劳动力增速，在就业率无法得到充分保障前，人口红利也难以实现。从世界银行的数据中发现，18%的印度尼西亚年轻人没有工作，超过世界平均水平6倍，让人更焦虑的是，印度尼西亚有53%的年轻人就职于非正式部门。倘若年轻人对工作的报酬不满意，劳动力优势随时可能会消失，这会对社会的稳定造成威胁。要想实现人口红利，印度尼西亚必须全方位地规划人力资源发展，在具备人口数量优势时，还要对人力资源质量进行有效把控。

第二节　行政区划

一、历史沿革及现状

公元3~7世纪，印度尼西亚本土建立了一些分散的王朝。13世纪末14世纪初爪哇形成强大的麻喏巴歇封建帝国。15世纪先后遭到葡萄牙、西班牙和英国的入侵，1602年荷兰在印度尼西亚成立具有政府职权的"东印度公司"，开始长达300多年的殖民统治。1942年日本入侵，1945年日本投降后爆发"8月革命"，8月17日宣告独立，成立印度尼西亚共和国。[1]

目前，印度尼西亚共和国共分为大雅加达首都特区、日惹特区、亚齐达鲁萨

---

[1] 印度尼西亚简介 [EB/OL]. 搜狐文化, http://news.sohu.com/2009/0902/n266406166.shtml, 2009-09-02.

兰特区和31省，共计34个一级地方行政区。二级行政区有396个县，93个市（2014年统计）。主要经济城市包括泗水、万隆、棉兰、三宝垄和巨港等。① 具体情况如表1-1所示。

表1-1 印度尼西亚2015年分省区数据

2016年平均汇率1美元兑13391.97印度尼西亚卢比

省区	面积（平方千米）	人口（千人）	人口密度（人/平方千米）	GDP（亿印度尼西亚卢比）	GDP（百万美元）	人均GDP（印度尼西亚卢比）	人均GDP（美元）
亚齐达鲁萨兰特区	57956	5002	86.3	1292006	9648	25829788	1929
北苏门答腊省	72981.23	13937.80	191	5717220	42691	41019530	3063
西苏门答腊省	42012.89	5196.30	123.7	1788105	13352	34411119	2570
廖内省	87023.66	6344.40	72.9	6523864	48715	102828699	7678
占碑省	50058.16	3402.10	68	1551103	11582	45592516	3404
南苏门答腊省	91592.43	8052.30	87.9	3327266	24845	41320691	3085
明古鲁省	19919.33	1874.90	94.1	503417	3759	26850339	2005
楠榜省	34623.80	8117.30	234.4	2531625	18904	31188018	2329
邦加—勿里洞群岛省	16424.06	1372.80	83.6	609921	4554	44428977	3318
廖内群岛省	8201.72	1973	240.6	2032814	15179	103031627	7694
大雅加达首都特区	664.01	10177.90	15327.90	19834205	148105	194875220	14552
西爪哇省	35377.76	46709.60	1320.30	15251492	113885	32651729	2438
中爪哇省	32800.69	33774.10	1029.70	10140742	75723	30025203	2242
日惹特区	3133.15	3679.10	1174.30	1013961	7571	27559279	2058
东爪哇省	47799.75	38847.60	812.7	16898824	126186	43500304	3248
万丹省	9622.92	11955.20	1237.20	4779365	35688	39977290	2985
巴厘省	5780.06	4152.80	718.5	1771730	13230	42663504	3186
西努沙登加拉省	18572.32	4835.60	260.4	1027916	7676	21257259	1587
东努沙登加拉省	48718.10	5120.10	105.1	764325	5707	14927931	1115
西加里曼丹省	147307	4789.60	32.5	1468860	10968	30667697	2290
中加里曼丹省	153564.50	2495	16.2	1001482	7478	40139559	2997
南加里曼丹省	38744.23	3989.80	103	1375180	10269	34467392	2574
东加里曼丹省	129066.64	3462.60	26.5	5018678	37475	146462324	10937

① 印度尼西亚百度百科。

续表

2016年平均汇率1美元兑13391.97印度尼西亚卢比

省区	面积（平方千米）	人口（千人）	人口密度（人/平方千米）	GDP（亿印度尼西亚卢比）	GDP（百万美元）	人均GDP（印度尼西亚卢比）	人均GDP（美元）
北加里曼丹省	75467.70	641.9	8.5	628188	4691	97863842	7308
北苏拉威西省	13815.64	2412.10	174.1	912753	6816	37840595	2826
中苏拉威西省	61841.29	2876.70	46.5	1075964	8034	37402718	2793
南苏拉威西省	46717.48	8520.30	182.4	3417453	25519	40109538	2995
东南苏拉威西省	38067.70	2499.50	65.7	877408	6552	35103341	2621
哥伦打洛省	11257.07	1133.20	100.7	285385	2131	25183992	1881
西苏拉威西省	16787.18	1282.20	76.4	330160	2465	25749493	1923
马鲁古省	46914.03	1686.50	35.9	343446	2565	20364423	1521
北马鲁省	31982.50	1162.30	36.3	266318	1989	22913017	1711
西巴布亚省	99671.63	871.5	8.7	628820	4696	72153758	5388
巴布亚省	319036.05	3149.40	9.9	1521260	11359	48303169	3607
34省区	1913578.68	255461.70	133.5	116511256	870008	45608111	3406

资料来源：《印度尼西亚统计年鉴》（2016）。

二、主要岛屿的行政划分[①]

苏门答腊岛是世界上第六大岛屿，印度尼西亚的第一大岛，其经济地位仅次于爪哇岛。苏门答腊岛东北方向隔着马六甲海峡与马来西亚半岛相望，西临印度洋，东临南海和爪哇岛遥相呼应。苏门答腊岛面积43.4万平方千米，包括属岛面积约47.5万平方千米，占全国面积的1/4。苏门答腊岛上分布着10个省区，分别是亚齐达鲁萨兰特区、北苏门答腊省、西苏门答腊省、廖内省、廖内群岛省、占碑省、邦加—勿里洞群岛省、南苏门答腊省、明古鲁省、楠榜省，与每个省区相对应的首府城市分别是班达亚齐、棉兰、巴东、北干巴鲁、丹戎槟榔、占碑市、邦加槟港、巨港、明古鲁市、班达楠榜。

爪哇岛是印度尼西亚最重要的岛屿，是全国经济、政治和文化中心。东西长约970千米，南北最宽处约160千米，呈狭长形，面积12.6万平方千米。爪哇岛交通发达，拥有全国60%~70%的公路和铁路里程。爪哇岛主要包括6个省区，分别是万丹省、大雅加达首都特区、西爪哇省、中爪哇省、日惹特区、东爪

[①] 韦倩青.印度尼西亚投资环境分析报告[M].桂林：广西师范大学出版社，2014：5.

哇省，相对应的首府城市是西冷、雅加达、万隆、三宝垄、日惹、泗水。其中，雅加达是印度尼西亚的首都特区，也是全国的行政中心所在。

加里曼丹岛也称为婆罗岛，是世界上第三大岛屿，位于马来西亚群岛中部，西面是苏门答腊岛，东面是苏拉威西岛，南面是爪哇海和爪哇岛，北面为中国南海。加里曼丹岛面积为74.3万平方千米，岛上森林覆盖率达到80%。加里曼丹岛主要包括4个省，分别是西加里曼丹省、中加里曼丹省、南加里曼丹省、东加里曼丹省，其相对应的首府城市分别是坤甸、帕朗卡拉亚、马辰、沙马林达。

苏拉威西岛是世界上第十一大岛屿，岛屿面积为17.5万平方千米，地理上位于印度尼西亚的东部，菲律宾的南部，岛屿形状非常特别，类似于大写英文字母"K"。由4个半岛组成，岛的中部是险峻的山区，所以4个半岛之间陆路来往较少，海路更方便，是主要的交通连接方式。苏拉威西岛主要包括6个省，分别是北苏拉威西省、哥伦打洛省、中苏拉威西省、西苏拉威西省、南苏拉威西省、东南苏拉威西省，它们相对应的首府城市分别是万鸦老、哥伦打洛市、帕卢、马穆朱、望加锡、肯达里。

马鲁古群岛旧名为"摩鹿加群岛"，位于印度尼西亚东部，在苏拉威西岛和巴布亚岛之间，总面积5.4万平方千米。主要划分为北马鲁省和马鲁古省，其首府城市分别是特尔纳特和安汶。这两个省都是由若干个群岛组成，面积不大，覆盖着热带雨林。

西巴布亚省位于新几内亚岛的西北部，而巴布亚省紧接着新几内亚共和国，位于新几内亚岛的西边，两省的面积分别是11.5万平方千米和42.2万平方千米，占全国面积的1/4。二者的首府城市分别是曼诺瓦里和查雅普拉，是印度尼西亚最东边的两个省。

以上是根据印度尼西亚岛屿位置划分省区的一种方式，但不包括印度尼西亚的全部行政区域，比如巴厘、西努沙登加拉、东努沙登加拉等省。

第三节　主要城市[①]

一、雅加达

首都雅加达，位于爪哇岛西北部海岸，面积740.28平方千米，人口1018.7

[①] 印度尼西亚百度百科。

万，是全国政治、经济、文化中心和海陆空交通枢纽，亚洲南部与大洋洲之间的航运中心。早在500多年前雅加达就已成为输出胡椒和香料的著名海港，当时称为"巽他格拉巴"，意即"椰子"。1527年改称查雅加达，含有胜利和光荣之意。1618年被荷兰殖民军攻占，易名为"巴达维亚"。第二次世界大战期间，日本侵略军侵占印度尼西亚，直到1945年印度尼西亚独立后，改称雅加达，并被指定为共和国首都。

二、泗水

泗水是东爪哇省首府，城市面积为326平方千米，人口360万，是仅次于雅加达的全国第二大城市，海军主要基地，是印度尼西亚重要的制造业、农产品加工业、贸易中心之一及爪哇岛的海、空交通枢纽。因在独立斗争时期英勇抗英而被誉为"英雄城"。

三、棉兰

棉兰是北苏门答腊省首府，城市面积为342平方千米，人口约为180万，是印度尼西亚第三大城市。濒临马六甲海峡，是印度尼西亚对外贸易的西大门和国内外游客的主要出入境口岸之一。印度尼西亚、马来西亚和泰国经济三角区的成立加强了它作为北苏门答腊省和印度尼西亚北部地区发展中心的地位，推动了该市食品加工、纺织业、皮革制品、化工、建材、金属和运输工具等小工业的迅速发展。市容整洁，绿树成荫，气候宜人。市内有著名的苏丹王宫，建于1888年。

四、万隆

万隆是西爪哇省首府，巽他族文化中心，人口170万。地处高谷，周围群山环抱，风景秀丽，气候宜人。此地设有50余家高校及研究机构，并拥有全国唯一的飞机制造厂。著名的亚非会议曾在此举行，会议原址独立大厦现已辟为亚非会议博物馆。

第四节　地理环境[①]

印度尼西亚位于亚洲东南部，地跨赤道，与巴布亚新几内亚、东帝汶、马来

[①] 印度尼西亚百度百科。

西亚接壤，与泰国、新加坡、菲律宾、澳大利亚等国隔海相望。印度尼西亚地跨赤道（12°S～7°N），其70%以上领地位于南半球，因此是亚洲南半球最大的国家（东帝汶也是南半球国家）。经度跨越96°～140°E，东西长度在5500千米以上，是除中国之外领土最广泛的亚洲国家。

印度尼西亚是世界上最大的群岛国家，由太平洋和印度洋之间约17508个大小岛屿组成。陆地面积约190.4万平方千米，海洋面积约316.6万平方千米（不包括专属经济区）。北部的加里曼丹岛与马来西亚隔海相望，新几内亚岛与巴布亚新几内亚相连。东北部面临菲律宾，东南部是印度洋，西南与澳大利亚相望。海岸线总长54716千米。

在地形方面，印度尼西亚岛屿分布较为分散，主要有加里曼丹岛、苏门答腊岛、伊里安岛、苏拉威西岛和爪哇岛。各岛内部多崎岖山地和丘陵，仅沿海有狭窄平原，并有浅海和珊瑚环绕。

在水文方面，印度尼西亚河流众多，水量丰沛，但都比较小。较大的河流有爪哇岛的梭罗河以及加里曼丹岛的巴里托河、卡普阿斯河、马哈坎河，其中梭罗河全长560千米。较大的湖泊有多巴湖、马宁焦湖、车卡拉湖、坦佩湖、托武帝湖、帕尼艾湖等，其中苏门答腊的多巴湖为印度尼西亚第一大湖。

在气候方面，印度尼西亚是典型的热带雨林气候，年平均温度25～27℃，无四季分别。北部受北半球季风影响，7～9月降水量丰富，南部受南半球季风影响，12月、1月、2月降水量丰富，年降水量1600～2200毫米。

第五节 自然资源

印度尼西亚自然资源极为丰富，享有"热带宝岛"美誉，丰富的自然资源为其经济可持续发展提供了有力的保证。

一、矿产资源储量和分布情况[①]

印度尼西亚是东盟最大的国家，陆地面积191.9万平方千米，海洋面积316万平方千米（不含专属经济区），矿产资源丰富。金属矿主要有：铝土矿、镍矿、铁矿砂、铜、锡、金、银等；非金属矿主要有煤、石灰石和花岗岩。锌、水银、锰、铅、白土、安山岩、石英砂、长石、白云石、高岭土、膨润土、沸石、

---

① 中华人民共和国驻印度尼西亚共和国大使馆经济商务参赞处网站，http://id.mofcom.gov.cn.

磷酸盐、石膏等也有一定的储量。但是由于印度尼西亚地质勘探技术落后，统计工作薄弱，资源开发利用能力差，政府对本国的资源储备状况掌握极不完整，长期以来矿产资源主要由外国公司开发利用。根据印度尼西亚能矿部的统计资料，其主要矿产资源储量和分布情况如下：

（一）主要金属矿

1. 铝土矿

印度尼西亚铝土矿资源储量为19亿吨，探明储量为2400万吨，主要分布在邦加岛和勿里洞岛、西加里曼丹省和廖内省。2004年产量为133万吨，出口110万吨。目前主要由印度尼西亚国营矿业公司PT. Aneka Tambang Tbk进行铝土矿的开采工作，开采地点主要在廖内省宾淡岛和西加里曼丹省。印度尼西亚国内对铝土矿的需求量很少，虽然印度尼西亚有铝业公司如PT. Inalum，但其通常直接从国外（如澳大利亚）进口铝材。

2. 镍矿

印度尼西亚镍矿资源储量约13亿吨，探明储量6亿吨，主要分布在马鲁古群岛、南苏拉威西省、东加里曼丹省和巴布亚岛。2004年镍矿砂产量约400万吨，出口约325万吨。目前，主要由印度尼西亚国营矿业公司PT. Aneka Tambang Tbk和加拿大的PT. International Nickel Indonesia Tbk（INIT）公司经营。与铝土矿一样，由于冶炼技术和设备的缺乏，印度尼西亚国内对镍矿需求很少，对镍产品的需求则从国外（如中国、日本和美国）进口。

3. 铁矿

印度尼西亚铁矿主要分布在爪哇岛南部沿海，西苏门答腊、南加里曼丹和南苏拉威西，总储量为21亿吨，但开发利用较少。印度尼西亚铁矿不出口，主要满足国内需求。

4. 铜矿

印度尼西亚铜矿主要分布在巴布亚岛的Grassberg、Inter-Mediate ore Zone和Big Gossan地区、北苏拉威西省的哥伦打洛省，资源储量约6600万吨，探明储量为4100万吨。2004年产量280万吨，出口约180万吨。印度尼西亚铜矿开采基本上被外国公司或合资企业所控制。美资占80%的PT. Freeport Indonesia Company是印度尼西亚最大的铜业公司，其矿区在巴布亚岛。其次是美国、日本和印度尼西亚各占45%、35%和20%股份的PT. Newmont Nusa Tenggara公司，矿区在西努沙登加拉岛。

5. 锡矿

主要分布在西部的邦加—勿里洞群岛、井里汶岛以及苏门答腊岛的东海岸地区，资源储量146万吨，已探明储量约46万吨。2004年锡产量7.3万吨，出口

4.8万吨。成品锡6%在国内销售,其余94%出口,其中出口美国和欧洲各19%,出口亚洲地区56%。

6. 金矿

印度尼西亚金矿资源储量约191万吨,探明储量3200吨,主要分布在苏门答腊岛、苏拉威西、加里曼丹和巴布亚岛。2004年产量193吨,出口金锭790千克。主要经营公司有印度尼西亚国营矿业公司、PT. Newmont Nusa Tenggara、PT. Freeport Indonesia Company、PT. Aneka Tambang、PT. Newmont Minahasa 5家公司。

7. 银矿

印度尼西亚银矿资源储量约3.6万吨,探明储量1.1万吨,主要分布在邦加—勿里洞群岛、苏门答腊岛西南的明古鲁省、加里曼丹岛中西部和西爪哇岛。2004年产量为262吨,出口银锭412千克。主要经营公司有印度尼西亚国营矿业公司、PT. Newmont Nusa Tenggara、PT. Freeport Indonesia Company、PT. Aneka Tambang、PT. KelianEquatorial Mining 5家公司。

(二) 主要非金属矿

1. 煤矿

据印度尼西亚矿能部统计,印度尼西亚煤炭资源储量为580亿吨,已探明储量193亿吨,其中54亿吨为商业可开采储量。矿区主要分布在苏门答腊和加里曼丹两岛,其中苏门答腊占67%,加里曼丹占31%,煤矿99%为露天矿,开采条件比较好。2006年煤炭产量约1.83亿吨,其中1.34亿吨出口,根据2005~2006年世界煤炭贸易数据,印度尼西亚出口的煤炭占世界煤炭贸易量的25%。印度尼西亚无烟煤占总储量的0.36%。烟煤占14.38%。次烟煤占26.63%。褐煤占58.63%。一般来说,印度尼西亚煤炭具有高水分、低灰分、低硫分、高挥发等特性。次烟煤热值为5700~7217千卡/千克,挥发分为37%~42.15%,硫分为0.1%~0.85%;褐煤热值为4345~5830千卡/千克,挥发分为24.1%~48.8%,硫分为0.1%~0.75%。目前印度尼西亚超过40家经营煤矿的公司,较大的有国营PT. Tambang Batubara Bukit Asam、澳大利亚与荷兰控股的PT. Adaro Indonesia、PT. Kaltim Prima Coal,以及韩国投资的PT. Kideco Jaya Agung等。

2. 石灰石

印度尼西亚石灰石资源储量约340亿吨,探明储量约280亿吨,主要分布在西爪哇岛南部、东爪哇岛、东部的巴布亚省、巴厘岛和苏门答腊岛的南北两端。2004年产量为4000吨,出口782吨。在印度尼西亚经营石灰石的主要是一些地方公司。

3. 花岗石

花岗石在印度尼西亚苏门答腊岛、巴布亚岛、苏拉威西岛等许多地方都有分布，储量估计超过 160 亿吨，2004 年印度尼西亚花岗岩的产量是 360 万吨。印度尼西亚经营花岗石的主要公司是一家港资的私人企业 PT. Karimun Granite 和一些地方公司。

除以上主要矿产外，印度尼西亚其他有一定规模储量的矿产如表 1-2 所示。

表 1-2 印度尼西亚其他矿产储量

序号	矿产	储量
1	锌	570 万吨
2	水银	525 万吨
3	锰	295 万吨
4	铅	144 万吨
5	白土	1994 亿吨
6	安山岩	643 亿吨
7	石英砂	162 亿吨
8	长石头	56 亿吨
9	白云石	17 亿吨
10	高岭土	5.8 亿吨
11	膨润土	4.9 亿吨
12	沸石	2.1 亿吨
13	磷酸盐	2000 万吨
14	石膏	700 万吨

资料来源：印度尼西亚能矿部。

二、农业资源

粮食作物是印度尼西亚种植业的基础部门，稻米是主粮。杂粮有玉米、木薯、豆类等。印度尼西亚是东南亚最大的豆类生产国，但单产较低。印度尼西亚是世界上种植面积仅次于巴西的第二大热带作物生产国。经济作物大多在种植园种植，不但品种多，而且有的作物产量在世界上名列前茅。印度尼西亚的胡椒、金鸡纳霜、木棉和藤的产量居世界首位。天然橡胶、椰子产量居世界第二。产量居世界前列的还有棕榈油、咖啡、香料等。印度尼西亚是水果王国，盛产香蕉、芒果、菠萝、木瓜、榴莲、山竹等各种热带水果。此外，印度尼西亚海域广阔，且有一个适合各种鱼类生长的热带气候。印度尼西亚的渔业资源极为丰富，苏门答腊岛东岸的巴干西亚比亚是世界著名的大渔场，可捕捞的品种有金枪鱼、鲤鱼、鱿鱼、贝壳类和其他鱼类，以及虾、海藻等。

三、其他资源

在生物资源方面，印度尼西亚是世界上生物资源最丰富的国家之一。据不完全统计，印度尼西亚有4万多种植物，其中药用植物最为丰富。

在森林资源方面，印度尼西亚全国的森林面积为1200万平方千米，其中永久林区1120万平方千米，可转换林区81万平方千米。印度尼西亚的森林覆盖率为67.8%。印度尼西亚盛产各种热带名贵树种，如铁木、檀木、乌木和柚木等均驰名世界。

在地热资源方面，印度尼西亚有120多座活火山，是世界上火山活动最多的国家之一。印度尼西亚地热资源丰富，但火山爆发也导致地震频繁。

第六节 民族和宗教

根据印度尼西亚政府2014年公布的数字，印度尼西亚有300多个民族，其中爪哇族占人口总数的45%，巽他族占14%，马都拉族占7.5%，马来族占7.5%；华人约占人口总数的5%，超过1000万人。这4个主要民族的人口总和约占全国总人口的75%。其余人口较少的少数民族包括巴兑族、班腾族、腾格里族、齐亚族、巴达克族、米南卡保族、达雅克族、望加锡—布吉族、托拉查族、梅纳多族、安汶族、巴厘族等。①

印度尼西亚无国教，但规定一定要信仰宗教，不然视为共产党（共产主义及其相关活动在印度尼西亚视为非法）。印度尼西亚人对待宗教忠诚且严肃，作为一个多宗教信仰的国家，印度尼西亚的宗教类别主要有伊斯兰教、基督教、天主教、佛教、印度教和孔教。印度尼西亚宪法规定宗教信仰自由，其建国指导思想"潘查希拉"（Pancasila）五项基本原则第一条就是"信仰神道"②。政府尊重人们宗教选择的自由，并就正常的宗教活动给予支持，不仅在建设宗教相关建筑上进行拨款投入，并且支持发行宗教经书。据统计，印度尼西亚国民中约88%信奉伊斯兰教，5%信奉基督教新教，具体情况可见表1-3。印度尼西亚是世界上穆斯林人口最多的国家。

---

① 韦倩青. 印度尼西亚投资环境分析报告［M］. 桂林：广西师范大学出版社，2014.
② 印度尼西亚百度百科。

表1-3 印度尼西亚信仰宗教分布情况

宗教	比例（%）
伊斯兰教	88
基督教新教	5
天主教	3
印度教	2
佛教	1

第二章　2015~2016年印度尼西亚政治

第一节　政治制度与主要政党

一、政治制度

印度尼西亚的现行宪法为《"四五"宪法》。现行宪法规定，印度尼西亚为单一的共和制国家，"信仰神道、人道主义、民族主义、民主和社会公正"是建国五项基本原则（简称"潘查希拉"）。[①] 印度尼西亚主权掌握在人民手中，并全部由人民协商会议行使。人民协商会议由国会议员以及各地区、各阶层的代表根据法律规定组成。国会议员有权提出法律草案，人民协商会议则制定宪法和国家基本方针。而地方代表理事会负责有关地方自治、中央与地方政府关系、地方省市划分以及国家资源管理等方面的立法工作。[②]

（一）政体

印度尼西亚实行总统内阁制。总统是国家元首、政府行政首脑和武装部队最高统帅，直接领导内阁，有权单独颁布政令和宣布国家紧急状态法令等。人民协商会议负责制定、修改与颁布宪法和国家总方针政策，选举总统及副总统（2004年后改由全民直选），监督和评价总统执行国家大政方针情况和在总统违背宪法时对其进行弹劾或罢免。

[①] 中国—东盟环境保护合作中心. 印尼国家概况 [EB/OL]. 中国新闻网，http://www.chinaaseanenv.org/dmgjjs/2010/1223/270772.shtml，2010-12-23.

[②] 印度尼西亚国家概况 [EB/OL]. 中国新闻网，http://www.chinanews.com/gn/2013/0929/5335922.shtml，2013-09-29.

(二) 人民协商会议

人民协商会议是印度尼西亚的立法机构，也是印度尼西亚的最高权力机构，由人民代表会议和地方代表理事会两部分组成，负责制定、修改和颁布宪法及国家大政方针，并对总统进行监督，并有权弹劾罢免总统。人民协商会议每五年换届选举，地方代表由省级权力机构选举，各阶层代表由社会各界推荐。人民协商会议每年召开一次年会，必要时可召开特别会议。本届人民协商会议于2014年10月成立，共有议员692名，包括560名国会议员和132名地方代表理事会成员。设主席1名，副主席4名。现任主席为祖尔基夫里·哈桑（Zulkifli Hasan）。[①]

(三) 人民代表大会

人民代表大会简称国会，国会的主要职能包括：制定和修改除宪法外的其他法律；审核国家预算；监督政府工作，行使质询权、调查权；批准对外重要条约；选举国家机构负责人；等等。与其他资本主义国家不同的是，除了人民协商会议是立法机关外，国会同样也是国家重要的立法机关。[②] 但二者立法权有明显区别，人民协商会议的立法权主要是制定宪法和国家的大政方针，更加侧重于宏观上和整体上的立法，对国家的政治经济起到指引作用。而国会的立法则主要侧重于除修改宪法和制定基本方针以外的一般立法。修改后的宪法规定了总统与国会的相对独立的关系，国会无权解除总统职务，总统也不能宣布解散国会；其只能通过行使建议权，向人民协商会议提出建议的方式来实现对总统的监督。印度尼西亚《宪法》第二十二条第一款规定："处在紧急状态中，总统有权制定政府命令，以代替法律。"但是该项命令要想在全国得到有效执行，必经下届国会会议通过，否则应予撤销。国会每届任期5年，所有国会成员都应成为人民协商会议的代表。国会做出决定的方式是按协商一致的原则通过决议。若不能达成一致意见，则需通过投票的方式做出决定，有国会2/3议员出席，有多数票通过即可做出决定。本届国会于2014年10月成立，共有议员560名，兼任人民协商会议议员，任期5年。设议长1名，副议长4名。现任议长为塞特亚·诺凡多。[③]

(四) 地方代表理事会

地方代表理事会（也称为"地方代表委员会"）是2004年10月新成立的立法机构，是印度尼西亚民主化改革前进的重要一步，其担负的职责是中央与地方

---

① 印度尼西亚的立法机构及其运作特点[EB/OL]. 人大新闻网, http://npc.people.com.cn/n/2015/1015/c14576-27701242.html, 2015-10-15.

② 印度尼西亚国家概况[EB/OL]. 中国新闻网, http://www.chinanews.com/gn/2013/0929/5335922.shtml, 2013-09-29.

③ 单宝君. 印度尼西亚地方制度研究[D]. 山东大学, 2012.

政府关系、地方地域划分和国家资源分配与管理以及有关地方自治问题的立法工作。它的设立成为沟通中央与地方的桥梁,对促进印度尼西亚民主化进程、缓解中央与地方的矛盾起着重要的作用。地方代表理事会的主要权利有三个方面:第一,地方代表理事会可向人民立法会议提出制定有关的法律,即人民立法会议的提案权。第二,在人民立法会议讨论有关法案时,地方代表理事会有权参与一些事关中央与地方关系的重要法案或者文件的讨论和决策投票权,另外,在立法过程中,地方代表理事会应该向人民立法会议提供有关国家预算法案与地方税收、教育、宗教事务等相关预算法案的意见。第三,对于已公布的法律执行情况进行监督。地方代表理事会每年至少召开一次,每5年选举一次,其成员从全国一级行政区即各省区通过普选产生。代表以个人身份参选,以保证每一个代表能够客观地、独立地代表地方利益。设主席1名,副主席2名。现任主席为伊尔曼·古斯曼。[①]

(五)政府

印度尼西亚政府机构实行总统制,总统是国家元首,同时掌握军事大权。总统、副总统都是由选民选举产生的,任期为5年,可以连任一次。印度尼西亚现任总统为佐科·维多多,于2014年7月22日选举产生,并于2014年10月20日宣誓就职,任期至2019年10月。本届政府内阁成员34名,成员包括:经济统筹部部长苏菲安·达里尔、财政部部长班邦·布罗佐尼戈罗、贸易部部长拉赫玛·戈贝尔、农业部部长阿姆兰·苏莱曼、外交部部长蕾特诺·马尔苏迪、国防部部长里亚米扎尔德·里亚库杜、国务秘书部部长普拉蒂克诺、提高国家机构效率与行政改革部部长尤迪·克里斯南迪等。[②]

(六)选举

1. 总统选举

印度尼西亚总统原来是由人民协商会议(由国会议员和地方代表理事会议员组成)选举产生。2002年8月人民协商会议年会第四次修宪决定,自2004年大选起,总统和各级议员全部改成直选。根据公民普选的结果以得票多少来直接决定总统之位由谁胜任,总统每届任期5年,最多连选连任两届。同时添加了充分考虑地方利益的内容,规定总统和副总统以组合的方式参选,在获得总选票50%以上的基础上要同时满足在全国半数省区至少达到20%的选票数才能当选,如果第一轮选举未能达到这个标准而产生总统,则得票高的两个组合将进行第二轮的投票,得票多者当选。这是印度尼西亚民主政治向前发展的重要一步,避免

---

① 单宝君.印度尼西亚地方制度研究[D].山东大学,2012.
② 印度尼西亚国家概况[EB/OL].中华人民共和国外交部网,http://www.fmprc.gov.cn/web/gjhdq_676201/gj_676203/yz_676205/1206_677244/1206x0_677246/,2015-07-01.

了爪哇人凭借明显的人口优势而控制着总统选举的结果,它宣告了人民协商会议选举总统的职能结束,印度尼西亚人民政治参与程度提升,可以根据自己的意愿来选择国家领导人。现任总统佐科·维多多,2014年10月通过直选担任新一届总统,副总统为优素福·卡拉,任期至2019年。

2. 国会选举

印度尼西亚于2014年4月9日举行国会选举,来自12个全国性政党的约6600名候选人争夺560个国会议席。根据印度尼西亚相关选举法,政党或其联盟只有在国会选举中获得超过25%选票或20%以上国会席位,才有资格推选正副总统候选人,因此,国会选举一向被视为总统选举的"前哨战"。2014年选举的国会共有10个派系,即民主斗争党派系(18.95%)、①专业集团党派系(14.75%)、大印度尼西亚运动党派系(11.81%)、民主党派系(10.19%)、民族觉醒党派系(9.04%)、国家使命党派系(7.59%)、繁荣公正党派系(6.79%)、民族民主党派系(6.72%)、建设团结党派系(6.53%)、民心党派系(5.26%)。②

3. 地方首长选举

按照地方政府2004年32号法令,地方公民可以直接投票选举地方首长(省长、市长、县长),首期的地方首长选举于2005年6月举行。③

地方人民的政治参与能够使地方政府在决策时比较充分地考虑群众的利益,提高了地方人民参与地方事务的积极性。除了以上所说的由公民投票选举总统、议员和地方首长外,印度尼西亚人民政治参与的方式还包括公民自己作为候选人参加选举,通过直接进入行政领域来参与国家管理;还有就是参加非政府组织等,通过参加非政府组织的活动来影响政府决策的做出。④ 2004年以来,印度尼西亚全国34个省区515个县都是各自举行选举,时间不一,且耗资巨大。2015年初,印度尼西亚国会通过第8号《地方政府首长同步选举法》,对地方选举的时间进行统一规定:2015年举行第一次地方首长同步选举,⑤ 地方首长同步选举是印度尼西亚国内各方政治力量妥协的重大宪政成果,也是地方政府首长选举体制的完善,是印度尼西亚民主进程的又一里程碑。2015年的选举有1亿多选民参

---

① 计票结果显示,斗争民主党获得18.95%的选票,位列第一,括号中数字为各党派得票率。
② 印尼公布国会选举正式结果 斗争民主党获胜[EB/OL]. 网易财经, http://news.163.com/14/0510/15/9RT3LDCC00014JB5.html, 2015-10-14.
③ 印尼国会废止地方直选制度 称耗资巨大滋生腐败[EB/OL]. 网易新闻, http://news.163.com/2014/0930/08/A7CKVTEC00014SEH.html, 2014-09-30.
④ 许利平. 印尼的地方自治:实践与挑战[J]. 东南亚研究, 2010(5).
⑤ 印尼地方选举1亿选民投票 选出200多名省市区[EB/OL]. 新浪网, http://news.sina.com.cn/o/2015/1210/doc-ifxmpnqi6243405.shtml, 2015-12-10.

加,投票率高达70%左右,选举基本顺利,2015年12月9日,约1亿选民投出选票,选出9名省长、36名市长和224名区长。①

二、主要政党

印度尼西亚实行多党制。1975年,印度尼西亚政党法只允许3个政党存在,即专业集团党、建设团结党、印度尼西亚民主党。1998年5月解除党禁。1999年1月28日新政党法规定,50名以上年满21岁的公民只要遵循"不宣传共产主义,不接收外国资金援助,不向外国提供有损于本国利益的情报,不从事有损于印度尼西亚友好国家的行为"的原则,便可成立政党。2014年大选中,共有15个政党参选,10个政党获得国会议席,民主斗争党成为国会第一大党。② 民主斗争党是由原印度尼西亚民主党分裂出来的人士组成,1998年10月正式成立,属于民族主义政党,是印度尼西亚世俗政治力量代表,其坚持以"潘查希拉"为国家意识形态基础,弘扬民族精神,反对宗教和种族歧视;2009年国会选举中获94个议席,为当时国会的第三大党。2014年国会选举中获109个议席,是国会第一大党,现任总主席为梅加瓦蒂·苏加诺普特丽。其他主要大党包括:专业集团党、建设团结党、民主党、大印度尼西亚运动党、国家使命党等。

第二节 佐科执政状况

一、朝野矛盾变小

佐科初任总统,各方势力还未稳定。为了干扰佐科的执政计划,"红白联盟"(即反对党联盟)在国会提出了《地方首长选举法》修正案,③ 即将原来的地方首长选举制度由直选改为地方议会选举制度。"红白联盟"还借助在国会的优势,取得了人民代表会议和人民协商会议正副议长等重要职位。此外,"红白联盟"国会议员单方面选出11个常设委员会领导班子。④ 而"辉煌联盟"也不甘示弱,同样宣布自组国会领导层,目的是与"红白联盟"抗衡,由此形成与

---

① 印尼举行地方选举 成绩将影响总统佐科经改成败 [EB/OL]. 凤凰资讯, http://news.ifeng.com/a/2015/1209/46591099_0.shtml, 2015-12-09.
② 亚洲印度尼西亚国家概况 [EB/OL]. 旅交汇, http://www.17u.net/wd/detail/4_122103, 2010-03-31.
③ 邓应文. 东南亚地区形势:2015年 [J]. 东南亚研究, 2015, 2: 4-15.
④ 李皖南. 2014年印尼总统大选出现的新变化及其影响 [J]. 东南亚研究, 2014, 5: 4-13.

国会对峙僵持的局面。2014年底,"辉煌联盟"与"红白联盟"两大阵营为争夺国会领导权僵持不下,国会议员无所事事,政府工作难以正常运行。①

虽然反对党阵营频频发难,试图让佐科无法履行推动改革的政治承诺,但是佐科指出,他领导的政府是一个以民为主的团队,其政策也是亲民政策,他相信最终会获得人民的支持。另外佐科有信心化解总统和国会对立的局面。

2015年,佐科扩大了执政联盟,这夯实了佐科执政的政治基础,有助于政局稳定和各项政策的推行。2015年8月,在2014年国会大选中得票7.59%的印度尼西亚国民使命党总主席朱尔吉菲利·哈山宣布,国民使命党脱离"红白联盟",正式加入拥护政府的"辉煌联盟",②国民使命党也在内阁中获得了两个部长职位。2016年1月,福利公正党新任领导穆哈末·梭希布尔·伊曼(Muhammad Sohibul Iman)也宣布支持"辉煌联盟",③福利公正党在2014年的国会大选中得票6.79%。国民使命党和福利公正党的加入,使得原本处于少数党地位的执政联盟变成了多数党联盟,佐科的执政基础更加巩固。另外,2016年1月,内部分裂的专业集团党召开全国大会,党主席巴格利公开表示,专业集团党虽然仍保留在"红白联盟"中,也不加入内阁,但专业集团党支持佐科政府。④专业集团党作为最大的反对党,也表示支持佐科,这正印证了政治上没有永恒的敌人,也没有永恒的朋友,永恒的是政治精英之间的共同利益。可见,2015年佐科通过努力,成功扩大了政治盟友,这为其今后执政和各项经济政策的推进铺平了道路。

二、内阁改组

(一)内阁改组的目的

近年来,印度尼西亚民众和政客普遍认为,内阁部长未能做出带来大改善的突破性决策,使得国家经济不进反退,而且加上国际因素,使印度尼西亚经济趋于低迷状态,国内失业人数剧增。内阁改组正是对在经济工作前线战斗不力者的警示,对于内阁改组计划,佐科要求对每一位部长的工作进行详细深入的评估,希望团结一致,消除内部的互相排挤,积极应对日益严峻的挑战,特别是经济领域的挑战,例如美元汇率呈现强势,盾币下滑,全球金融形势日益严峻及其他问

---

① 吴崇伯. 印尼新总统面临的挑战与政策趋向分析[J]. 厦门大学学报(哲学社会科学版),2015,1:60-67.
② 印尼国民使命党脱离红白联盟遭党内外抨击[EB/OL]. 印尼华人网, http://www.ydnxy.com/article-2782-1.html,2015-09-04.
③ 公正福利党靠拢佐科以后[N]. 印度尼西亚商报,2016-01-11.
④ 两部长出席巴格利阵营从业阶层党全国领导会议 巴格利正式表态支持佐科政府[N]. 千岛日报,2016-01-25.

题。虽然"红白联盟"和"辉煌联盟"之间有摩擦,但是印度尼西亚整体政治安全稳定。①

总的来说,佐科总统改组内阁,旨在改善政府工作业绩。为改组内阁,佐科总统听取了很多资深经济专家、社会精英的意见和建议,其中包括穆哈默迪亚前总主席夏菲依·马阿力夫,他建议佐科推选具有远见和广阔视野的专业人士,替代业绩不佳的部长,而不要选择政要入阁以减少总统受到的政治压力。②

（二）内阁改组的内容

历经数月的酝酿,2015年8月12日,佐科正式宣布调整部分政府内阁成员,更换3名统筹部长和3名部长,这是佐科自2014年10月执政后的第一次内阁改组。主要调整如下：总统府办公厅主任卢胡特（Luhut Binsar Pandjaitan）兼任政治法律安全统筹部部长,达尔敏·纳苏迪安（Darmin Nasution）任经济统筹部部长,理查尔·兰姆里（Rizal Ramli）任海洋统筹部部长,托马斯·拉蓬（Thomas Lembong）任贸易部部长,普拉默诺·阿侬（Pramono Anung）任内阁秘书部部长,索菲安·贾里尔（Sofyan Djalil）转任国家计划发展部部长。③ 佐科称,此次内阁调整主要考虑目前印度尼西亚经济形势总体表现不佳、印尼盾汇率和雅加达综合股指持续下跌等因素,希望通过此次改组,特别是调整部分经济内阁成员,能够提振市场信心,推动印度尼西亚经济步入增长快车道。印度尼西亚舆论对内阁新成员的任命的反应总体比较积极,认为"总统的决定来得正是时候"。④

为了让政府各部门提升工作效率,确实履行职责,佐科总统还提出要精简机构,进行官僚机构改革。2015年12月中旬,印度尼西亚国家机构改革部公布各部门绩效评估报告,排名前10位的政府部门或机构是：①财政部（83.59/A级）;⑤ ②肃贪委员会（80.89/A级）;③海洋渔业部（80.76/A级）;④财政稽查署（80.45/A级）;⑤财政与建设监察机构（77.54/BB级）;⑥国家机构改革部（77.00/BB级）;⑦国家发展规划部（76.13/BB级）;⑧工业部（73.90/BB级）;⑨中央统计局（73.86/BB级）;⑩宪法法院（73.73/BB级）。排名最后的

---

① 李皖南,刘呈祥.印尼佐科政府执政绩效初评［J］.东南亚研究,2016,2：22-31.
② 印尼民调显示：民众对佐科政府内阁持观望态度［EB/OL］.凤凰网,http://finance.ifeng.com/a/2014/1101/13240121_0.shtml,2014-11-01.
③ 带你认识佐科政府新内阁34名部长［EB/OL］.印尼中华俱乐部,http://mp.weixin.qq.com/s?src=3&timestamp=1469431791&ver=1&signature=N*l6WT8fqfgFzqZNb-C5FgfiSe-WZbVGby31iFB5gkkQTdawry4paxAiSqjcDPJ9yAtrk5S7yds8ogF4JTuxBgahi-HQEPnITwgZDOyKHn9uIil6eRiOyOneWp6CPYh9CgBz--kV0AJ7xEcIAE-XADQ,2014-10-28.
④ 印尼总统公布新内阁名单引关注　新面孔占大多数［EB/OL］.新浪网,http://roll.sohu.com/2014/1027/n405497809.shtml,2014-10-27.
⑤ 括号内数字及字母表示印度尼西亚政府各部门绩效评价情况,级别分为A,BB,CC,分数为百分制。

10个部门或机构是：①国防理事会（56.97/CC级）；②普选委员会（56.17/CC级）；③国家安全局（55.04/CC级）；④印度尼西亚共和国信访局（54.51/CC级）；⑤国家代码委员会（54.24/CC）；⑥农村、落后地区发展和移民部（53.97/CC级）；⑦青年和体育部（53.54/CC级）；⑧国家人权委员会（51.60/CC级）；⑨国家图书馆（50.38/CC级）；⑩总检察院（50.02/CC级）。① 这是印度尼西亚首次公布各部门的工作绩效。虽然部分人认为这不利于内阁团结，而且佐科也间接批评印度尼西亚国家机构改革部部长擅自公开评估报告，② 但却体现了佐科主张的"实干工作"精神。

（三）改组内阁的评价

各界对总统改组内阁有不同的评价，人民协商会议议长朱尔吉菲里认为，通过改组内阁，佐科—卡拉政府已向市场发出改善绩效的强烈信号。政府希望新上任的部长们能胜任职位，使政府更加强大。与此同时，斗争民主党政治家马辛顿表示，内阁改组是早有准备的，所以佐科内阁改组的决定也会是较恰当的，以此能改善政府改善绩效，佐科总统已考虑到新任部长的诚信、专业能力和应对经济问题的经验，这正是民众所期待的，说明总统在招募新的部长人选时，真正重视人民愿望。③

佐科改组内阁深受民众积极好评和欢迎。民众积极评估佐科总统改组内阁是正确的决定，此举将提高民众对佐科总统的信心和希望。值得一提的是，这次改组内阁，最受欢迎的是把经济统筹部长索菲安·查利尔调任国家建设规划部长兼国家建设规划机构主任，因为这项决定符合民众的愿望。另外，佐科选择在改组内阁的呼声逐渐平息之际，宣布改组内阁，显示出他并不受民众压力的影响，同时表明其政治决策的中立性。④

三、整治腐败

在印度尼西亚，腐败现象十分普遍。阿布扎比盖洛普中心的一项调查显示，91%的印度尼西亚人认为政府的腐败现象非常普遍。⑤ 目前，印度尼西亚的反腐

---

① 老杜看印尼之六：印尼政府执行力知多少？[EB/OL]. 鼎信集团网，http://www.decent-china.com/index.php/Info/Index/id/3600.html，2016-01-27.
② 印尼举行地方选举[N]. 国际日报，2015-12-10.
③ 政坛各界对内阁改组发表不同看法[N]. 国际日报，http://www.guojiribao.com/shtml/gjrb/2015/0813/231227.shtml，2015-08-13.
④ 印度尼西亚总统选举中寡头政治与民主政治之争[N]. 千岛日报，http://qiandaoribao.com/news/67881，2015-09-14.
⑤ 印尼官员建议将腐败官员关在笼子里示众[EB/OL]. 中国新闻网，http://news.tom.com/2011/1208/OKVF/85634427.html，2011-12-08.

形势错综复杂。

（一）腐败案件频发

2014年4月，印度尼西亚石油和天然气监管部门主管鲁迪·鲁比安蒂尼被判刑，因其暗箱操纵一个总额近6000万美元的家用太阳能设备项目的招标，收受146亿印度尼西亚卢比贿赂。5月，宗教部长苏里亚达马·阿里被指控挪用朝觐基金并为亲信牟利。① 9月，民主党党派人士、原能源和矿产资源部部长耶罗·瓦芝落马，印度尼西亚反腐败委员会透露，耶罗涉嫌在2011～2013年非法获利，金额逾99亿印度尼西亚卢比。②

2015年2月，佐科撤销了国家警察局局长唯一候选人布迪·古纳万候选资格，因肃贪委员会怀疑其通过秘密银行账户索取贿金。③ 2015年8月10日，印度尼西亚最高法院公布一项判决，要求前总统苏哈托家族归还通过"苏帕斯马基金会"挪用的巨额国有财产中的75%，即3.24亿美元。④

2016年4月，国会副议长法赫里·哈姆扎被繁荣公正党开除，原因是2015年12月，当整个国会道德法庭控告专业集团党的国会议长诺凡托因涉嫌试图从矿业巨头印度尼西亚自由港公司敲诈40亿美元的股份时，法赫里却为诺凡托辩护。⑤

（二）佐科反腐声誉高

佐科是草根政治家。他出生于梭罗市贫民窟，从政前当过家具推销员和地产商。2005年从政，成功当选梭罗市市长。在任5年期间，不仅降低犯罪率，还振兴经济，建立了一个清明廉洁的地方政府。2010年竞选连任，佐科及其副手未进行"金钱选举"，以95.5%的选票蝉联市长。担任市长期间，他每月不领取政府薪水，只是签收并把钱交给市长秘书，用于及时救助灾民或苦难贫民。2012年佐科高票当选大雅加达首都特区省长后，他公布将随时突击检查各部门以提升各部门的服务效率，还实施了一系列亲民政策，包括提高最低工资、实行全民医保、推动反贪污机构改革等，同时，继续建造自2007年停工的大型公共运输轻轨列车工程，缓解交通拥堵，广受平民欢迎。

---

① 印尼前部长涉贪腐被拘　或将面临20年监禁［EB/OL］.新华网，http：//legal.dbw.cn/system/2015/04/13/056449664.shtml，2015-04-13.
② 印尼能源矿产领域高官频频涉腐［EB/OL］.党风廉政建设网，http：//www.qlgov.org/nhtml/2014/1113/71645.html，2014-11-13.
③ 许春华.印尼新总统能否掀翻腐败的"桌子"［J］.南风窗，2015（2）.
④ 苏哈托家族挪用3亿美元　印尼法院令归还［EB/OL］.新华网，http：//news.xinhuanet.com/world/2015/0812/c_128120718.htm，2015-08-12.
⑤ 国会副议长法赫里遭繁荣公正党解雇［N］.雅加达环球报，http：//www.cistudy.cn/bencandy.php?fid=52&id=1717，2016-04-04.

佐科深得民众爱戴，他认为，"到村庄里、河堤旁和市场接触民众，解决他们想要的"，就是成功法宝。他拒绝以豪华新公务车替换旧车，以开国产车吉亚为荣。他定期穿标志性的格子衬衣访问雅加达贫民窟，还曾邀反拆迁的商贩到他的公务居所喝咖啡、聚餐，调解矛盾。

苏西洛政府在反腐倡廉方面的政绩不佳，部分是由于目前活跃的政府反腐组织常被曝出丑闻，使民众认为反腐工作持续恶化。然而，佐科树立的亲民、实干、廉政的形象，让其成功当选印度尼西亚总统，佐科广受百姓欢迎的原因归纳起来有九点：始终落实亲民路线；始终鼓励民众具备自立经济；治理方式着重说服，反对镇压；对下属有违反纪律者行动果断，决不犹疑软弱；没有官僚气息；面对贫困人民十分谨慎，感同身受；务实，言行一致；尊重上司，获得准许才采取行动；少说话，多做事。①

（三）佐科反腐措施

1. 提倡节俭，反对铺张

印度尼西亚行政改革部规定，2015年1月1日起，高级官员停办奢华宴会。此前该部已规定，2014年12月1日开始，官方聚会不再供应外国大餐，改吃本地"家常菜"，为了强调官员停止浪费行为，官方聚会中供应的餐点应改为蒸木薯、蒸玉米、芋头糕等地方小吃，而且高级官员宴会所邀请的宾客人数须以400人为限，所有政府部门和办公室都必须遵守，违例者将受到降级或延迟领取奖金的处分。②

这些厉行节俭的举措是新任总统佐科在兑现竞选承诺。自2014年10月宣誓就职以来，佐科宣布将大幅削减内阁成员的差旅费预算，以给国家经济改革腾出资金。他本人以身作则，乘坐经济舱赴新加坡参加儿子的毕业典礼。③ 然而，正如印度尼西亚政治分析人士戈达里所言，印度尼西亚官场腐败由来已久，尽管佐科承诺改革，但短时间内难以得到解决。

2. 合理使用预算支出

佐科告诫各部长要根据预算合理安排工作计划，不能按照以前的工作惯例，使得很多非同步的规划和预算导致目标高不成低不就，要求各部委和其他政府机构应该执行当前政府的"资金遵循规划"政策，而不是"资金遵循功能"的老习惯。佐科着重强调，发展规划和预算在行业和地区之间应得到充分的结合，在

---

① "印尼奥巴马"异军突起［N］.浙江日报，http://zjrb.zjol.com.cn/html/2014/0414/content_2613347.htm?div=-1，2014-04-14.

② 印尼总统为节约要求停办奢华宴会［EB/OL］.搜狐网，http://roll.sohu.com/2014/1203/n406613062.shtml，2014-12-03.

③ 印尼总统坐经济舱赴新加坡参加儿子毕业典礼［EB/OL］.网易新闻，http://news.163.com/2014/1127/11/AC294V6U00014JB5.html，2014-11-27.

中央和地方政府之间也应是这样。尽量节俭开支，节约纳税人的钱，防止寻租行为，从源头抵制腐败现象。①

3. 利用肃贪会严打腐败

印度尼西亚反腐败委员会（简称肃贪会）的职能及权力包括：协调及监管其他有反腐败职能的机构；对腐败行为进行预查、调查及检控工作；推行预防工作和监察政府的管理。肃贪会通过检察官办公室、警方以及多个金融监管机构协调其活动，以便设置有利于反腐败的汇报制度；向有关机构索取反腐败工作的资料；与有反腐败职能的机构进行座谈或召开会议以及向有关机构索取预防腐败的报告。② 在预防腐败工作方面，肃贪会负责的范围包括：核查国家官员的财产；审查腐败举报；在各级学校推行反腐败教育计划；设计及推广社会性消除腐败计划；为民众举办反腐败活动；研究所有国家和政府机关的管理制度，旨在改善有关制度以降低潜在的腐败风险。

佐科执政后，肃贪会继续严打腐败现象。肃贪会在2015年11月调查了北苏门答腊省长加托贿赂案，其涉嫌行贿以获得对修改2013年省预算的支持和对2014~2015年度省预算案的支持。③ 肃贪会在2016年4月末从最高法院秘书长努尔哈迪的家中没收了125800美元。④

虽然反腐力度强劲，但印度尼西亚腐败问题依然严重，肃贪委员会研究与发展部主任德迪表示，根据2015年肃贪会的记录，共有180名地方官员涉及贪污案，包括省长14名、县长48名、一级官员118名和二级官员2名。⑤ 贪污行为给印度尼西亚造成巨大损失，肃贪会呼吁官员要诚实，塑造诚信文化，提高官员个人素质。

因政党斗争及肃贪会的反腐能力不足，国会在2015年与肃贪会进行了激烈斗争。国会在不到1年时间里两次提出对有关肃贪会法令进行修正的法案，其中包括要修改肃贪会法令中关于允许窃听等方面的内容，引起各方长时间的激烈争

---

① 佐科告诫部长们规划应符合预算［N］. 雅加达环球报，http：//www. cistudy. cn/bencandy. php? fid = 52&id = 1993，2016 - 04 - 14.

② 印度尼西亚反腐败委员会简介［EB/OL］. 人民网，http：//news. sohu. com/2009/1209/n268808730. shtml，2009 - 12 - 09.

③ 肃贪会扩大调查加托（Gatot）贿赂案［N］. 雅加达邮报，http：//www. cistudy. cn/bencandy. php? fid = 52&id = 978，2015 - 11 - 07.

④ 肃贪会要求 PPATK 追查最高法院秘书长的资金来源［N］. 雅加达环球报，http：//www. cistudy. cn/bencandy. php? fid = 52&id = 2263，2016 - 05 - 29.

⑤ 肃贪会：180地方官涉贪［N］. 千岛日报，http：//www. cistudy. cn/bencandy. php? fid = 52&id = 1141，2015 - 12 - 03.

论,印度尼西亚社会多方指责国会旨在削弱乃至解散肃贪会。① 2015年12月,印度尼西亚公布第133号总统决定书,成立第四任肃贪会领导小组。新任肃贪会主席阿古斯·拉哈佐(Agus Rahardjo)在就职仪式上强调,肃贪会将加强自身能力建设,并制订今后4年的反腐工作路线图。② 因此,在未来,印度尼西亚反腐将会深入推进,而这又会影响到印度尼西亚政局和党派团结。

四、政教关系趋缓

印度尼西亚是东盟中人口最多的国家,是世界第四人口大国,同时也是世界上穆斯林人口最多的国家,全国约90%的人信奉伊斯兰教,也就是说印度尼西亚的穆斯林人口达到2亿左右。③

(一)印度尼西亚政治与伊斯兰教关系的分析

总体而言,印度尼西亚政治中伊斯兰因素不是很强,即使在亚洲金融危机后印度尼西亚出现较强的伊斯兰化倾向,伊斯兰教的政治性实质上也没有明显加强。随着国内局势的稳定发展,印度尼西亚伊斯兰教的政治性必然进一步下降。伊斯兰教政治性之所以呈现弱化之势,最根本的原因是大部分穆斯林爱好和平。具体关系的特点有以下几点:

第一,在印度尼西亚政治中伊斯兰势力从来没有占过绝对的优势。在反荷兰殖民统治的过程中,伊斯兰教作为号召民众的武器,曾经发挥过巨大的作用,但是印度尼西亚是一个多民族、多宗教的国家,若正式宣布印度尼西亚是伊斯兰国家将极不利于国家的稳定。印度尼西亚人民80%以上是伊斯兰教徒,但伊斯兰政党在印度尼西亚政治中却从来没有占据决定性的优势。之所以如此,一是因为伊斯兰政党内部往往政见不一致;二是因为很多伊斯兰政党除了提出要把伊斯兰教定为国教之外,并没有更多吸引民众的切实可行的政治经济纲领,也就失去了民众基础。

第二,印度尼西亚从建国初期就确定了"潘查希拉"为国家的立国基础。"潘查希拉"可以维护像印度尼西亚这样一个多元文化国家的稳定。即使是大多数伊斯兰政党也认识到,维护国家统一和稳定高于一切。所以不仅是印度尼西亚的历届总统,大部分的印度尼西亚民众都接受并遵循"潘查希拉"。这早就被大多数印度尼西亚人民所接受,所以不会有很大的改变。

---

① 印尼反腐任重道远[EB/OL].人民网国际频道,http://world.people.com.cn/n1/2015/1218/c1002-27943354.html,2015-12-18.
② 今明两年政府优先发展12项建设纲领[N].国际日报,http://world.people.com.cn/GB/n1/2015/1218/c1002-27943354.html,2016-03-04.
③ 印度尼西亚在穆斯林问题上的经验值得各国借鉴[EB/OL].东方头条,http://mini.eastday.com/guoji/2016/0118/180439001.html,2016-01-18.

第三，印度尼西亚伊斯兰教是以和平的方式传入的，并且深受佛教和印度教的影响，所以印度尼西亚穆斯林以"温和"著称。实际上印度尼西亚大多数穆斯林都只是名义上的穆斯林，虽然他们承认自己是穆斯林，信仰伊斯兰教，但是他们并不严格遵守教规和教义，这也解释了为什么大多数的穆斯林接受"潘查希拉"而不是坚持建立伊斯兰教国家。印度尼西亚大多数的穆斯林都相信，只要相信真主他们就会得到真主的保护，因此并不在乎是否建立伊斯兰国家政权。

第四，民族和宗教一直是密不可分的，伊斯兰教传入印度尼西亚后受到了当地文化的巨大影响。"爪哇人的伦理道德观、思维方式、行为方式和生活方式，以及从中产生的观念，如和谐的大一统观、融合与容忍等观念都影响到印度尼西亚的伊斯兰教与政治的关系"。在印度尼西亚，"和谐""宽容"一直是大多数穆斯林的主要思想。因此，分离主义、极端伊斯兰主义及恐怖主义在印度尼西亚并没有多大市场，实际上只是少数穆斯林的个别行为。[①]

（二）少数宗教暴力事件频发

佐科执政后发出"全国民族和解"的呼吁，邀请全体印度尼西亚人民致力于国家统一、国家繁荣。但国内宗教不宽容以及宗教暴力事件时有发生，是全国各地面临的严肃问题。2015年警方共挫败7起恐怖袭击计划，捕获一批恐怖嫌犯，包括"伊斯兰国"成员。2015年印度尼西亚警方捕获74名涉及恐怖活动嫌疑人，其中65人正式被控为恐怖嫌犯，余下9人因证据不足而获释。在追捕恐怖分子行动中，共计有102名警员成为恐怖袭击的受害者，其中35人丧生，67人受伤。[②]

另外，印度尼西亚将面对第二波恐怖威胁。印度尼西亚国家反恐局局长蒂托表示，恐怖组织"伊斯兰国"的崛起，使印度尼西亚面临第二波恐怖主义的威胁。印度尼西亚第一波恐怖主义威胁开始于1999年，直至2009年印度尼西亚反恐特遣队在东爪哇玛琅破获以阿兹哈利为首的恐怖团伙后才逐渐消减。这期间在2002年，巴厘岛发生恐怖爆炸案，导致200多人死亡，数百人受伤。2004年，印度尼西亚当局成立88反恐特遣部队，严厉打击恐怖活动，有规模的恐怖组织基本上被粉碎了。2009~2013年，印度尼西亚几乎没出现有规模的恐怖主义行动，但伊斯兰国组织在中东地区宣告成立后，新一轮更大的恐怖主义威胁席卷全球，包括印度尼西亚。新式恐怖主义形态出现后，凸显印度尼西亚作为全球穆斯林人口最多的国家在应对极端伊斯兰思想和恐怖主义方面仍有很多不足。另外，2016年初的雅加达恐怖炸弹袭击案团伙及2016年6月的泗水恐怖团伙都与"伊

---

① 王香菊，朱方晴. 印尼政治中的伊斯兰因素 [J]. 长春市委党校学报，2007 (4).
② 印尼警方去年挫败7起恐怖袭击计划，逾百警员伤亡 [EB/OL]. 大河网，http://mt.sohu.com/2016/0101/n433245751.shtml，2016-01-01.

斯兰国"组织密切相关,这两个团伙的活动经费由该组织供应。[①]

（三）采取的措施

部分极端宗教分子影响印度尼西亚国内政治稳定、社会安全,为了解决这一问题,佐科·维多多积极采取了一些措施,维护政局稳定,保护人民安全。

1. 印度尼西亚立法加强反恐,禁止参与海外极端组织公民回国

印度尼西亚政府拟考虑通过新法,禁止到海外参与极端组织的公民回国,并加重对恐怖行为的刑罚。雅加达遭遇连环恐怖袭击之后,印度尼西亚军警一再表示关注参与"伊斯兰国"组织的人回国后会开展更多类似的恐怖袭击活动。全国警察总长呼吁通过立法,禁止到海外参与极端主义活动的人回国。[②]

2. 政府拟为前恐怖分子建立特殊的康复中心

印度尼西亚政府拟为前恐怖分子在茂物的森图、西爪哇省组建由各领域专家组成的非激进化中心。法律与人权事务部部长劳利表示,政府打算聘请宗教领袖及心理学家来解决普通监狱由于缺乏资金和资源而导致的无法解决使恐怖分子非激进化的问题。[③]

3. 签署《雅加达公告》

2016年5月在中爪哇卫塞节庆祝活动上,副总统卡拉呼吁印度尼西亚各宗教团体要团结友爱,共同推进国家的发展。卡拉呼吁伊斯兰教领导人应该加强传播伊斯兰教的包容性,减少由于对伊斯兰教义的误解而滋生的极端主义。并在卫塞节上签署了《雅加达公告》,重申了传播和平的伊斯兰教价值观对结束国家与宗教之间冲突的重要性。[④]

---

① 卡伊达之后印尼面对第二波恐怖威胁 [EB/OL]. 联合早报网, http://www.zaobao.com/sea/politic/story2016/0617-629873, 2016-06-17.

② 印尼立法加强反恐,禁止参与海外极端组织公民回国 [EB/OL]. 搜狐网, http://mt.sohu.com/2016/0120/n435178914.shtml, 2016-01-20.

③ 政府拟为前恐怖分子建立特殊的康复中心 [N]. 雅加达邮报, http://www.cistudy.cn/bencandy.php?fid=3&id=1640, 2016-02-25.

④ 卡拉在卫塞节上号召各宗教要团结友爱 [N]. 雅加达邮报, http://www.cistudy.cn/ewebeditor/kindeditor/attached/file/2016/0621/20160621165728_94776.pdf, 2016-06-21.

第三章 2015~2016年印度尼西亚经济

第一节 经济发展目标及战略

一、经济发展目标

佐科在2014年底的国家发展计划大会上宣布了《印度尼西亚政府2015~2019年中期改革日程和经济发展规划》，提出了至2019年，印度尼西亚国内生产、经济增长和财政平衡等的具体目标：

（1）宏观经济指标实现显著改善。其中经济增速提高至6.7%~8.3%，通货膨胀率降低至2.5%~4.5%，预算赤字降至1%。

（2）提高粮食等大宗商品作物产量。实现大米、玉米、大豆、蔗糖、牛肉、鱼类产量分别达到8200万吨、2340万吨、102万吨、340万吨、46万吨和4000万~5000万吨。

（3）在基础设施建设方面，计划兴建49座大型水坝，开发24个现代化港口，新建15个机场，新增电力装机总量3500万千瓦。加大高速公路、铁路等道路交通基础设施建设力度，新建高速公路1000千米，铁路里程增加至8692千米。

（4）年工业增长率提高至8.8%，工业对经济增长的贡献率提高至21.6%。

（5）年吸引外国游客数提高至2000万人次，旅游业对经济增长贡献率提高至8%。[1]

---

[1] 中华人民共和国驻印度尼西亚大使馆经济商务参赞处. 印尼总统公布未来5年宏大经济发展和建设计划［EB/OL］. http://id.mofcom.gov.cn/article/bankbx/2014/1201/20141201841311.shtml, 2014-12-01.

二、经济发展战略

佐科总统上台后,提出了把印度尼西亚变成"全球海洋支点"的构想和把印度尼西亚建设成为海洋强国的战略。这一构想和战略本质上是相同的,它们为未来印度尼西亚经济、外交、安全等领域的发展指明了方向,即"以海洋为中心"。

在经济领域,印度尼西亚将优先发展"海洋经济"。其中包括:新建和升级港口,为边界岛屿修建电力设施等基础设施,并推动船业和海运业发展,构建现代化海运物流体系;推动海洋渔业发展,打击非法捕鱼,保护海洋环境,提升人民福祉;推动海洋旅游业发展,建设沿海游艇路线,增加旅游收入;推动海洋领域的人力资源和科学技术发展,建设海洋科学技术园区,构建强大的海上文化。

三、经济发展条件分析

(一)有利条件

1. 地理位置重要

印度尼西亚位于亚洲和大洋洲、太平洋和印度洋交汇的十字路口,与新加坡、马来西亚共同扼守马六甲海峡。马六甲海峡是沟通太平洋与印度洋的咽喉要道,通航历史长达2000多年,自公元7世纪起,印度尼西亚群岛即成为重要的贸易地区。目前,马六甲海峡是亚洲、非洲、大洋洲、欧洲沿岸国家往来的重要海上通道,许多发达国家从外国进口的石油和战略物资,都要经过这里运输。[①]从地理条件看,印度尼西亚有成为世界各国贸易集散地的先天条件。

2. 自然资源丰富

印度尼西亚有丰富的矿产资源、地热资源、森林资源和渔业资源,为相关产业的发展提供了丰富的生产原料。矿产资源方面,印度尼西亚石油、天然气产量位居世界前列,煤炭出口量位居世界第一,铜、锡、镍等产量或出口量排名世界前三,金矿、银矿、铝矿等亦排名世界前列。地热资源方面,印度尼西亚是世界最大的地热资源储量国家,占全球储量40%以上。森林资源方面,印度尼西亚是世界上第三大热带雨林国家。渔业资源方面,印度尼西亚岛屿众多,海域辽阔,被称为千岛之国。

3. 劳动力资源丰富,人口红利逐步释放

印度尼西亚拥有2.5亿人口,其中一半以上的人口年龄不足30岁。据专家预测,2020~2030年,印度尼西亚15岁以下儿童人数将从6100万降至5420万,

---

① 百度百科词条:马六甲海峡、印度尼西亚。

15~64岁劳动适龄人口数量将达到1.9亿的顶峰。抚养率的降低，加之大量年轻劳动力涌入市场，为印度尼西亚经济发展创造了有利条件。①

此外，在经济全球化和区域经济一体化的背景下，印度尼西亚经济的对外开放程度不断提升。印度尼西亚是20国集团（G20）中唯一的东南亚国家，是亚投行（AIIB）成员国，并参与东盟经济共同体（ACE）的创建。在世界经济和区域经济合作的平台中，印度尼西亚都发挥着重要的作用，这也为印度尼西亚吸引外资和先进技术，发展国内经济提供了机遇。

（二）不利条件

食品、能源领域对外依存度高。印度尼西亚的大米、黄豆、果蔬、石油等都依赖进口，这使得印度尼西亚面临着潜在的食品安全和能源安全问题，从而制约经济发展。

基础设施落后。印度尼西亚交通运输、电力供应、物流体系的发展都落后于相近的其他发展中国家（如马来西亚、中国），这在一定程度上降低了印度尼西亚对国外投资者的吸引力。

腐败现象严重。在近年来的全球清廉指数的排名中，印度尼西亚一直比较靠后。腐败扭曲了资源的价格和配置，不利于经济发展和社会稳定。佐科上台后，一直把惩治腐败、树立清廉政府的形象作为工作重点之一，但成效如何仍有待观察。

环境问题突出。为了发展矿业、油棕榈种植业，印度尼西亚不断地进行着热带雨林的砍伐。2000~2012年，印度尼西亚热带雨林消失面积高达6万平方千米，约等于爱尔兰的国土面积。2014年，印度尼西亚首度超越巴西，成为热带雨林消失最多的国家。②"烧芭"③现象在印度尼西亚越来越普遍，造成了持续的环境污染，威胁经济可持续发展。

恐怖主义蔓延。近年来，印度尼西亚国内多次遭受恐怖主义袭击。作为世界上穆斯林人口最多的国家，印度尼西亚存在一些宗教极端主义和恐怖主义分子，虽然人数不多，但组织严密。根据印度尼西亚政府的统计，截至2015年第一季

---

① 印尼迎来人口红利期　专家呼吁抓住机遇提升经济实力［EB/OL］. 国际在线，http://gb.cri.cn/42071/2013/1128/6071s4338082.htm，2013-11-28.

② 印度尼西亚超越巴西成为热带雨林消失最多的国家［EB/OL］. 东盟网，http://www.asean168.com/a/2014/0701/6653.html，2014-07-01.

③ "烧芭"属于印尼传统农耕方式：放一把火将郁郁葱葱的热带雨林烧成"空地"，并利用燃烧的灰烬作为"天然"肥料。虽然"烧芭"的耕作方式是非法的，但由于焚烧林地操作简单、成本低廉，这种破坏性的耕作方式仍被广泛使用。

度，已有514名印度尼西亚公民加入ISIS。① 恐怖主义严重危害经济和社会发展，印度尼西亚政府必须提高对恐怖主义的警惕。

第二节 经济发展总体概况

一、主要经济指标

2011~2015年，印度尼西亚名义GDP逐年上升，由2011年的7831.7万亿印尼盾增长到2015年的11540.8万亿印尼盾；实际经济增长率逐步下降，由2011年的6.2%下降到2015年的4.8%；通货膨胀率2013年和2014年较高，达到8.4%，2015年又下降到3.4%；贫困率基本维持在11%~12%。这些指标的详细变化情况以及进出口额、储备资产等指标的数据可参见表3-1。

表3-1 印度尼西亚主要经济指标

项目	单位	2011年	2012年	2013年	2014年	2015年
名义GDP	万亿印尼盾	7831.7	8615.7	9546.1	10565.8^p	11540.8^p
实际经济增长率	%	6.2	6.0	5.6	5.0^p	4.8^p
通货膨胀率	%	3.8	4.3	8.4	8.4	3.4
贫困率	%	12.5	12.0	11.4	11.2	11.2
出口额	十亿美元	203.5	190.0	182.6	176.0	150.4
进口额	十亿美元	177.4	191.7	186.6	178.2	142.7
储备资产	十亿美元	110.1	112.8	99.4	111.9	105.9
中间汇率	印尼盾/美元	9068.0	9670.0	12189.0	12440.0	13795.0
雅加达综合指数		3822.0	4316.7	4274.2	5227.0	4593.0

注：本章表格中，上标标记p表示初步（Preliminary）结果，e表示估计（Estiated）结果。
资料来源：印度尼西亚中央统计局. Statistical Yearbook of Indonesia 2016 [Z].

---

① 印度尼西亚警方：印度尼西亚已成为ISIS传播极端思想的沃土[EB/OL]. 新浪网，http://news.sina.com.cn/w/2015/0324/105831638958.shtml，2015-03-24.

二、经济发展情况简析

（一）经济发展低于预期

2015年，印度尼西亚实际经济增长率为4.8%，低于政府预期的5.7%和世界银行预期的5.2%，是近6年来最慢的增长率。在政府五大经济建设指示中，只有通货膨胀率达到预期指标，其他如经济平均增长率、失业人数、贫穷人口比率和平衡贫富悬殊鸿沟均未能达到预期指标。①

2015年印度尼西亚经济发展低于预期，源于国内外双重原因。一方面，国内市场中，虽然固定资本增长率从2014年的3.6%增加到2015年的4.6%，但基础设施投资低于预期，部分基建工程项目出现建设拖延情况。民间消费增长速度亦缓慢，从2014年的4.7%增长至2015年的5%。同时长期的紧缩货币政策也抑制了经济增长（但这种紧缩货币政策在2015年末出现改善）。另一方面，国外市场中，大宗商品价格低迷，导致石油、天然气和煤炭产量降低，甚至出现连续负增长。同时，主要出口对象国日本、中国、东盟国家的进口都在减少，导致对外贸易持续低迷。②

2016年前两季度，印度尼西亚经济分别增长4.92%和5.18%，增速较2015年有所提高，这得益于2016年第二季度尤其是6月开斋节假期以来，居民消费以超过5%的速度逆势回升，政府公共支出尤其是基建领域的投入增幅更是较上几个季度翻了一番。③但总体上看，全球经济依然低迷，限制了印度尼西亚出口、投资等领域的增长，导致印度尼西亚经济增长低于印度尼西亚央行和世界银行的预期。

（二）通胀水平下降和货币贬值趋势逐渐缓和

在2015年中期，印度尼西亚通货膨胀率（CPI）在7%左右的水平，而到了12月，通货膨胀率降至3.4%，是2010年4月以来的最低水平。通货膨胀率已经大幅回落至央行3%~5%的目标区间内。④而2016年上半年，通货膨胀率依然保持在4%左右的预期水平。

在汇率方面，2015年前三季度印尼盾汇率持续贬值，从每美元兑12400印尼盾贬值至最低每美元兑14735印尼盾。而从第四季度开始，印尼盾汇率出现小幅

---

① 增长仅4.7% 印尼去年经济不如预期［N］. 联合早报，http：//www.zaobao.com/special/report/politic/indopol/story2016/0104-566884，2016-01-04.
② 2015东南亚地区经济形势：表现及展望［J］. 东南亚研究，2016（1）.
③ 印尼经济显现加速复苏迹象［EB/OL］. 中国网，http：//finance.china.com.cn/roll/2016/0819/3866488.shtml，2016-08-19.
④ 印尼通胀大幅放缓至6年来最低［EB/OL］. 搜狐网，http：//mt.sohu.com/2016/0106/n433618633.shtml，2016-01-06.

回升，这得益于外资持续流入印度尼西亚政府债券。特别是在 12 月，印度尼西亚政府成功发行了 35 亿美元债券，有力地支撑了印尼盾汇率。2015 年具体汇率走势参见图 3-1，其中，横线表示每季度平均汇率值。而 2016 年上半年，印尼盾兑美元在 13000 的水平小幅震荡。

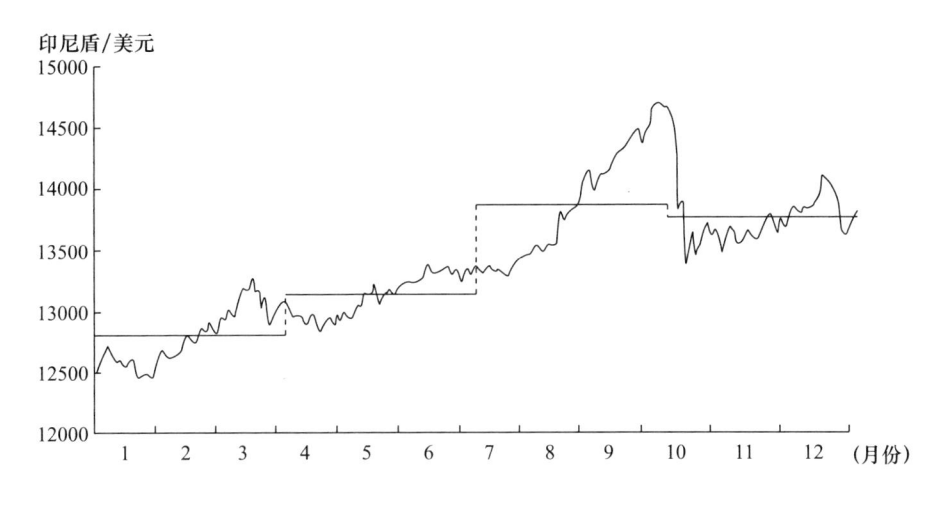

图 3-1　2015 年印尼盾兑美元汇率走势图

资料来源：印度尼西亚央行. Indonesia Economic Report 2015 ［Z］.

通胀水平下降和货币贬值趋势缓和，为印度尼西亚央行通过降息来刺激经济增长提供了空间。

（三）进出口额下降，但经常账户赤字改善

2015 年，印度尼西亚对外贸易出口额为 1504 亿美元，进口额为 1427 亿美元，自 2012 年以来，连续 4 年进出口额双降。值得一提的是，2015 年印度尼西亚贸易顺差约 77 亿美元，是 2012 年以来首次实现贸易顺差。得益于贸易顺差，2015 年印度尼西亚的经常账户赤字出现改善：赤字额占 GDP 的比率从 2014 年的 3.1% 缩减至 2015 年的 2.1%。[①] 进入 2016 年，贸易低迷的趋势依然延续，1~7 月，印度尼西亚对外贸易出口 790.82 亿美元，同比下降 12.02%；进口 749.10 亿美元，同比下降 10.85%。

（四）减贫趋势放缓

最近几年，印度尼西亚减贫的速度出现放缓趋势：2007~2009 年贫困率平均每年下降 1.2%，2010 年以来，这一数据是 0.5%。同时，最新统计数据显示，

---

① World Bank. Indonesia Economic Quarterly 2016 ［Z］.

2014年3月、9月，2015年3月、9月的贫困率分别为11.25%、10.96%、11.22%、11.13%，[①] 这表明，在2015年，印度尼西亚的贫困率出现小幅上升，而经济状况低迷、新增就业量放缓、印尼盾贬值以及食品价格持续高涨是造成减贫趋势放缓的主要原因。

(五) 经济政策分析

在货币政策方面，印度尼西亚央行于2015年底逐渐放松了近年来偏紧的货币政策：12月，印度尼西亚央行下调一级存款准备金比率0.5%~7.5%，2016年上半年，印度尼西亚央行多次下调基准利率。在通胀水平下降和货币贬值趋势缓和的背景下，印度尼西亚将进入降息周期。

在财政政策方面，2015年低油价使得印度尼西亚政府财政收入占GDP比率出现下降。在财政支出领域，印度尼西亚政府进行了改革，取消汽油补贴，使得能源补贴支出占GDP比率下降了2%，这在一定程度上抵消了财政收入占GDP比率下降的影响。印度尼西亚政府计划在未来加大能源补贴的改革，逐步减少甚至取消电力补贴和柴油补贴，从而为基础设施建设腾出更多的财政支出空间。

同时，2015年9月以来，印度尼西亚政府公布了多套经济政策，旨在吸引外国投资、振兴工业、促进贸易和物流业发展。例如最新一期负面投资清单（2016年2月），宣布开放29个允许外资全资控股的商业领域、29个允许外资控股67%的商业领域以及开放19个之前限制外资进入的商业领域。

三、不同行业经济地位分析

在印度尼西亚国民经济中，制造业、农林牧渔业、批发零售业占GDP比重从2011年到2015年一直位居前三。建筑业、仓储运输业、金融保险业占比呈现上升趋势，制造业和采矿业占比呈现下降趋势，而农林牧渔业和批发零售业占比变化相对平稳，具体数据可参见表3-2和图3-2。

表3-2 印度尼西亚主要行业对GDP贡献比率情况 单位:%

产业名称	2011年	2012年	2013年	2014年P	2015年P
制造业	21.76	21.45	21.03	21.01	20.84
农林牧渔业	13.51	13.37	13.36	13.34	13.52
批发零售业	10.94	10.56	10.5	10.67	10.59
建筑业	9.09	9.35	9.49	9.86	10.34

[①] 印度尼西亚中央统计局. Statistical Yearbook of Indonesia 2016 [Z].

续表

产业名称	2011年	2012年	2013年	2014年ᵖ	2015年ᵖ
采矿业	11.81	11.61	11.01	9.87	7.62
仓储运输业	3.53	3.63	3.93	4.42	5.02
金融保险业	3.46	3.72	3.88	3.87	4.03
其他行业	25.9	26.31	26.8	26.96	28.04
合计	100	100	100	100	100

资料来源：印度尼西亚中央统计局. Statistical Yearbook of Indonesia 2016 [Z].

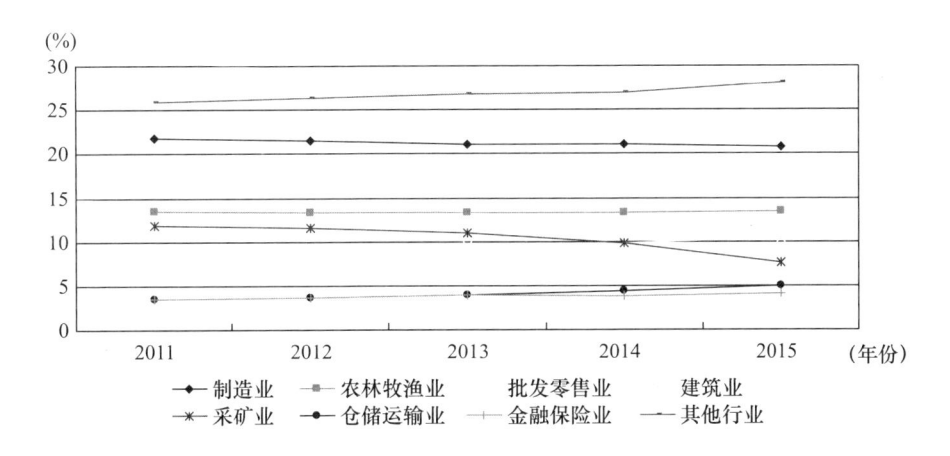

图 3-2 印度尼西亚主要行业对 GDP 贡献比率情况（2001~2015）

资料来源：印度尼西亚中央统计局. Statistical Yearbook of Indonesia 2016 [Z].

下文将详细介绍印度尼西亚农林牧渔业、工业（采矿业、制造业）、建筑业、金融和保险业的发展情况。同时，印度尼西亚旅游业近年来发展迅速，旅游业的发展涉及交通、住宿、餐饮等各方面，虽然没有被单独列为一个行业分类，但本章亦将详细介绍旅游业相关的发展情况。

第三节 主要行业发展状况

一、农林牧渔业发展情况

印度尼西亚从事农业的人口约为4200万，占全国人口的16%，农业在国民经济中占有重要地位。印度尼西亚的自然条件非常适合发展农业：印度尼西亚位于赤道附近，终年高温多雨，日照充足，适合多种粮食作物和经济作物的生长。作为世界第三大热带森林国家，印度尼西亚森林资源丰富，适合林业发展。印度尼西亚是世界上最大的群岛国家，海岸线长，水域面积大，适合渔业的发展。

近年来，印度尼西亚农业稳步发展，行业实际GDP增速连续4年超过4%（以2010年为固定市价，下同）。2015年，印度尼西亚农业实现GDP 1560.4万亿印尼盾，同比2014年增速达到4.02%。其中种植作物（经济作物）和粮食作物GDP绝对值最高，分别为411.9万亿印尼盾和393.4万亿印尼盾，林业和伐木业最低，为81.7万亿印尼盾。增速方面，渔业GDP同比2014年增速最高，为8.37%，林业和伐木业最低，为0.66%。[1] 农业各子行业近年来GDP产值情况详见表3-3和图3-3。

表3-3 印度尼西亚农林牧渔业子行业GDP产值

单位：十亿印尼盾

子行业	2011年	2012年	2013年	2014年P	2015年P
粮食作物	270977.4	305670.5	332111.9	343252.3	393371.7
园艺作物	125286.1	125107.9	137368.8	160568.6	175164.5
种植作物	303402.9	323361.6	358172.4	398260.7	411863.4
畜牧业	117256.6	130614.2	147981.9	167008.0	183444.1
农业服务和狩猎业	15590.6	17371.7	19143.4	20460.1	22676.9
林业和伐木业	62247.7	65882.2	69599.2	74618.0	81743.1
渔业	163484.0	184254.0	210670.8	245488.0	292135.6
合计	1058245.3	1152262.1	1275048.4	1409665.7	1560399.3

资料来源：印度尼西亚中央统计局. Statistical Yearbook of Indonesia 2016 [Z].

（一）粮食作物

据初步统计，2015年印度尼西亚三大粮食作物产量均实现增长：水稻产量7536万吨，较2014年增长451万吨；玉米产量1961万吨，较2014年增长60万吨；大豆产量96.3万吨，较2014年增长0.8万吨，具体可见表3-4。

---

[1] 印度尼西亚中央统计局. Statistical Yearbook of Indonesia 2016 [Z].

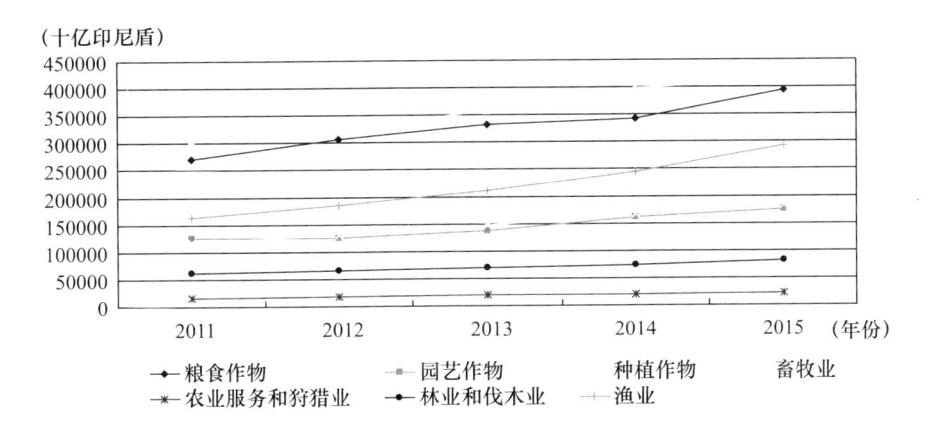

图 3-3 印度尼西亚农林牧渔业子行业 GDP 产值变化情况（2001~2015）

资料来源：印度尼西亚中央统计局. Statistical Yearbook of Indonesia 2016 [Z].

表 3-4　印度尼西亚各粮食作物产量统计表　　　　单位：千吨

作物名称	2011 年	2012 年	2013 年	2014 年	2015 年^P
水稻	65756.9	69056.1	71279.7	70846.5	75361.2
玉米	17643.3	19387.0	18511.9	19008.4	19611.7
大豆	851.3	843.2	780.0	955.0	963.1
花生	691.3	712.9	701.7	638.9	605.1
木薯	24044.0	24117.4	23936.4	23436.4	21791.0
甘薯	2196.0	2483.5	2386.7	2382.7	2261.1

资料来源：印度尼西亚中央统计局. Statistical Yearbook of Indonesia 2016 [Z].

印度尼西亚的气候条件十分利于水稻种植，因此水稻是印度尼西亚最主要的粮食作物。虽然近年来印度尼西亚水稻产量稳步增长，但是依然不能满足国内的粮食需求。2015 年，印度尼西亚大米进口量达到 86 万吨。[1] 粮食需求长期依赖进口，可能会对印度尼西亚食品价格和粮食安全产生负面影响。佐科总统上台后，曾在 2014 年底表示，将通过包括为农民提供急需的肥料、良种等农资供应、大力兴建水力灌溉和水库设施等措施，在 3 年内争取大米、大豆和玉米的自给自足，牢牢掌握粮食主权。[2]

---

[1] 印度尼西亚中央统计局. Statistical Yearbook of Indonesia 2016 [Z].
[2] 印度尼西亚总统佐科：五年内五大农产品实现自给自足 [EB/OL]. 网易，http://news.163.com/2014/1110/11/AAMENH8D00014JB5.html，2014-11-10.

(二) 经济作物

印度尼西亚的经济作物大多在种植园里种植,其中,棕榈油和橡胶是印度尼西亚最主要的经济作物。从种植面积来看,印度尼西亚是世界上种植面积第二大的热带作物生产国,仅次于巴西。

印度尼西亚是世界最大的棕榈油生产和出口国。2015 年,印度尼西亚棕榈油产量 3128 万吨,较 2014 年增长 201 万吨,出口量达到 2647 万吨,较 2014 年增长 358 万吨,但棕榈油出口额出现小幅下降,源于 2015 年国际棕榈油价格同比 2014 年有所下跌。

印度尼西亚是世界上橡胶种植面积最大的国家,橡胶产量仅次于泰国。印度尼西亚的橡胶种植分布于各类种植园中,其中个体种植面积占全国 80% 以上。[1] 由于橡胶价格持续低迷,打击了部分农户的生产积极性,2015 年,印度尼西亚橡胶种植面积和产量均出现小幅下滑,废胶粉出口量亦同比小幅下滑。

受制于厄尔尼诺气候现象和国际需求低迷,短期内,印度尼西亚棕榈油、橡胶产量和出口量低迷的状况难以改观。未来印度尼西亚政府可能会采取一定措施来提振棕榈油和橡胶市场,包括增加种植补贴、政府收购及加强与东盟其他国家的协调与合作等。

其他经济作物:2015 年印度尼西亚茶叶、可可的产量和出口量均比较低迷。咖啡的产量及出口量出现大幅增长。甘蔗产量小幅增长,但印度尼西亚糖产量依然不能满足国内需求,需要依赖进口。果蔬方面,印度尼西亚亦需要通过进口来满足国内需求,但近年来,果蔬进口量出现下降趋势,蔬菜和水果的进口量从 2011 年的 94.5 万吨、80.7 万吨下降至 2015 年的 73.8 万吨和 43.5 万吨。[2] 印度尼西亚主要经济作物产量详见表 3-5。

表 3-5 印度尼西亚主要经济作物产量统计表　　　　单位:千吨

作物名称	2014 年	2015 年p
棕榈油	29278.2	31284.3
椰子	3005.9	2960.9
橡胶	3153.2	3108.3
咖啡	643.9	664.5
可可	728.4	661.2

---

[1] 主产国之一——印度尼西亚天然橡胶行业大揭秘 [EB/OL]. 卓创资讯,http://www.sci99.com/news/20969800.html,2016-04-01.

[2] 印度尼西亚中央统计局. Statistical Yearbook of Indonesia 2016 [Z].

续表

作物名称	2014 年	2015 年^P
甘蔗	2579.2	2623.9
茶叶	154.4	154.6
烟草	198.3	202.3

资料来源：印度尼西亚中央统计局. Statistical Yearbook of Indonesia 2016 [Z].

(三) 畜牧业

2015 年，印度尼西亚畜牧业发展态势良好，实现 GDP 183 万亿印尼盾，较 2014 年增长 16 万亿印尼盾。在养殖量方面，主要家畜家禽，如牛（肉牛、奶牛、水牛）、羊（绵羊、山羊）、鸡（蛋鸡、土鸡、肉鸡）、鸭的数量均实现增长。肉产量方面，除了水牛、绵羊、蛋鸡外，其他品种肉产量均实现增长。在蛋奶产量方面，鸡鸭蛋产量和牛奶产量均实现增长（见表 3-6）。值得一提的是，由于印度尼西亚是穆斯林国家，因此对猪及猪肉产品的需求较低，对牛及牛肉产品的需求旺盛。但是国内牛及牛肉产品产量不能满足国内需求，因而依赖进口。

表 3-6 印度尼西亚畜牧业产量统计表

项目		单位	2014 年	2015 年^P
牲畜数目	奶牛	千头	502.3	524.9
	肉牛	千头	14726.7	15494.3
	水牛	千头	1335.2	1381.2
	马	千匹	427.9	435.9
	山羊	千只	18639.7	18879.9
	绵羊	千只	16091.9	16509.2
	猪	千头	7694.1	8043.8
	土鸡	千只	275116.0	285021.2
	蛋鸡	千只	146660.2	151419.1
	肉鸡	千只	1443349.0	1497625.8
	鸭	千只	52683.0	54681.3
肉产量	肉牛	吨	497669.0	523926.0
	水牛	吨	35236.0	31669.0
	马	吨	2313.0	2450.0
	山羊	吨	65142.0	65851.0
	绵羊	吨	43610.0	40952.0

续表

项目		单位	2014年	2015年P
肉产量	猪	吨	302286.0	319113.0
	土鸡	吨	297652.0	313993.0
	蛋鸡	吨	97195.0	95645.0
	肉鸡	吨	1544378.0	1627107.0
	鸭	吨	37985.0	39817.0
蛋奶产量	土鸡	吨	184636.0	191765.0
	蛋鸡	吨	1244311.0	1289718.0
	鸭	吨	303051.0	314228.0
	奶牛	吨	800749.0	805363.0

资料来源：印度尼西亚中央统计局. Statistical Yearbook of Indonesia 2016 [Z].

（四）林业和伐木业

印度尼西亚是世界第三大热带森林国家，森林覆盖率超过60%，林业资源丰富。但是林业和伐木业的发展速度十分缓慢：在所有的农业子行业中，林业和伐木业发展最慢，近4年行业实际GDP增长速度均没达到1%，主要林业作物产量保持平稳，具体数据可参见表3-7。

表3-7 印度尼西亚主要林业作物产量统计表　　　　单位：立方米

作物名称	2011年	2012年	2013年	2014年	2015年
原木	42706657	44557856	45770454	44963519	暂缺
锯材	967318	1100096	992867	1458624	暂缺
胶合板	3302843	3310863	3262080	3579113	暂缺

资料来源：印度尼西亚中央统计局. Statistical Yearbook of Indonesia 2016 [Z].

印度尼西亚的林业产品主要用于出口。胶合板是印度尼西亚出口的最主要林业产品，其出口量从2011年的189万吨增长至2015年的247万吨。[1] 同时，印度尼西亚是世界上最大的藤制品出口国，藤条出口量占世界市场份额超过80%。

（五）渔业

得益于丰富的海洋资源和政策支持，渔业成为近年来印度尼西亚农业增长最快的子行业，近4年行业实际GDP年均增长超过7%，其各年渔业养殖量和捕捞

---

[1] 印度尼西亚中央统计局. Statistical Yearbook of Indonesia 2016 [Z].

量详见表3-8。

表3-8 印度尼西亚渔业产量统计表　　　　　　　　　　单位：千吨

分类	2011年	2012年	2013年	2014年	2015年
水产养殖量	7929	9676	13301	14359	暂缺
海洋捕捞量	5346	5436	5707	6038	暂缺
内陆水域捕捞量	369	394	408	447	暂缺

资料来源：印度尼西亚中央统计局. Statistical Yearbook of Indonesia 2016 [Z].

以渔业为代表的海洋经济产业是佐科政府推行"海洋轴心国"战略的重要着力点，印度尼西亚政府出台了多项政策推动渔业的发展。2015年7月，副总统卡拉参加了一场名为"覆盖、协同、指引计划"的国家级渔业融资项目启动仪式。该项目将向贫困渔民、中小渔业公司倾斜，释放中小从业者的潜力。同时，印度尼西亚政府于2015年倡导建立了"海产品贸易论坛"，定期组织展会、宣讲、研讨等活动，以促进本国渔业有效参与国际市场竞争。[1]

目前，印度尼西亚存在着严重的非法捕捞现象，这是印度尼西亚渔业发展面临的一大障碍。印度尼西亚政府近年来多次炸毁非法捕捞的外国渔船，引起相关国家不满。今后打击非法捕捞的活动中，印度尼西亚政府仍需要加强和其他国家的沟通。

二、工业发展情况

（一）采矿业

印度尼西亚矿产资源极为丰富，是国际天然气、煤炭、镍、锡等产品供应的重要来源。采矿业是印度尼西亚国民经济的支柱行业之一，也是吸引外商投资最多的行业。2015年，印度尼西亚采矿业发展情况如下：

油气业方面。印度尼西亚是亚洲第二大石油生产国，但是，近年来国内石油产量逐渐饱和，甚至出现小幅下滑的趋势：原油产量从2012年的3.15亿桶下降至2015年的2.87亿桶。随着经济和国内石油消费需求快速增长，国内产量已不能满足国内消费需求。从2004年起，印度尼西亚成为石油净进口国，对外依存度逐年提高。印度尼西亚是亚洲最大的天然气生产国，也是主要的天然气出口国。从2012年到2015年，印度尼西亚天然气产量稳定保持在290多万MMSCF

---

[1] 印尼着力发展海洋产业 [EB/OL]. 凤凰财经，http://finance.ifeng.com/a/2015/0728/13871111_0.shtml，2015-07-28.

的水平。

金属采矿业方面。印度尼西亚多种金属矿产量及出口量位居世界前列。其中,锡矿储量居世界第二,出口量居世界第一;铜出口量居世界第三;镍矿产量居世界第二。2015年,锡矿产量保持稳定,铜精矿和黄金产量大增,增幅分别超过30%和50%,而铝土矿和镍矿产量延续了2014年的剧减趋势,因为印度尼西亚政府禁止出口镍矿和铝土矿原矿。

非金属采矿业方面。印度尼西亚是世界上最大的煤炭出口国,主要出口印度、中国和日本。由于国际煤价处于低位,低于生产成本线,2015年印度尼西亚煤炭产量出现小幅下滑,出口量则从2014年的4.08亿吨下降至2015年的3.67亿吨。[1] 其他主要的非金属矿有石灰石、安山岩、花岗岩等,产量均保持稳定。2012~2015年印度尼西亚主要矿产产量详见表3-9。

表3-9 印度尼西亚主要矿产产量

矿产名称	单位	2012年	2013年	2014年	2015年
原油	千桶	314666	301192	287902	286706
天然气	MMSCF	2982754	2969211	2999524	2957230
锡矿	吨	44202	59412	51801	52195
煤	千吨	452318	458463	435743	429964
铝土矿	千吨	31443	57024	2539	472
镍矿	千吨	48449	65047	39034	1870
黄金	千克	69291	59804	69349	92414
铜精矿	千吨	2385	1910	1572	2425
采砂	立方米	309448774	261691048	302439255	306911561
采石	立方米	89590518	84113959	104276218	104498916

注:MMSCF为百万标准立方英尺。
资料来源:印度尼西亚中央统计局. Statistical Yearbook of Indonesia 2016 [Z].

(二)制造业

2015年,印度尼西亚制造业实现GDP 2405.41万亿印尼盾,同比增长8.4%,但是扣除物价因素后,实际增长率只有4.3%,低于实际经济增长率。制造业GDP占总GDP比重约为20%,是对总GDP贡献最高的行业。制造业子行业

[1] 印度尼西亚中央统计局. Statistical Yearbook of Indonesia 2016 [Z].

中，实际增速较快的有金属加工制品、光学制品、计算机及电子设备行业（7.83%），食品饮料行业（7.54%），机械设备行业（7.49%），以及化学品及药品、植物药材行业（7.36%），增速均超过了7%，而纺织服装行业（-4.79%），木材及木材加工产品、草编材料行业（-1.84%），煤炭和精炼石油产品行业（-1.76%），以及纸张及纸制品、媒体复制和印刷品行业（-0.11%）出现了负增长。[①] 制造业各子行业近年来GDP产值情况详见表3-10和图3-4。

表3-10 印度尼西亚制造业GDP产值　　　单位：十亿印尼盾

子行业	2011年	2012年	2013年	2014[P]年	2015[P]年
煤炭和精炼石油产品	284099	298403	314216	329058	307704
食品饮料	410387	457773	491142	562017	647002
烟草	71735	79340	82684	95668	108860
纺织服装	108192	116558	129912	139032	139394
皮革制品、鞋类	22045	21687	24810	28600	31445
木材及木材加工产品、草编材料	59501	60629	66958	76072	77821
纸张及纸制品、媒体复制和印刷品	75308	73665	74319	84373	87801
化学品及药品、植物药材	124717	143460	157042	180037	209288
橡胶及塑料制品	72006	76425	76466	80263	85962
其他非金属矿物产品	55606	63028	69401	76852	83492
基本金属	62846	64557	74495	82119	90389
金属加工制品、光学制品、计算机及电子设备	142059	162970	186195	198081	226662
机械设备	23376	24832	25504	33079	37255
交通运输设备	154864	166391	192768	207401	220360
家具	21985	22487	24931	28118	31281
其他工业品、机械设备安装及修理	15523	15947	16584	18673	20693
合计	1704251	1848151	2007427	2219441	2405409

资料来源：印度尼西亚央行. Indonesia Economic Report 2015 [Z].

[①] 印度尼西亚中央统计局. Statistical Yearbook of Indonesia 2016 [Z].

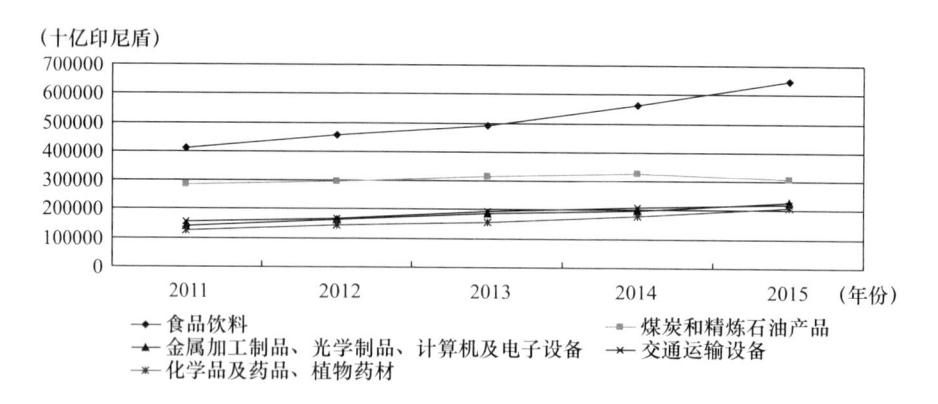

```
(十亿印尼盾)
700000
600000
500000
400000
300000
200000
100000
    0
         2011      2012      2013      2014      2015  (年份)
    ◆ 食品饮料                    ■ 煤炭和精炼石油产品
    ▲ 金属加工制品、光学制品、计算机及电子设备   ✳ 交通运输设备
    ✶ 化学品及药品、植物药材
```

图3-4　印度尼西亚排名前五的制造业子行业产值变化情况

资料来源：印度尼西亚央行. Indonesia Economic Report 2015 [Z].

印度尼西亚制造业的总体水平还不是很发达。部分行业的产品在国际市场上有一定占有率，但面临着全球市场需求萎缩或竞争加剧的不利状况，如能源制品行业和纺织服装行业。部分行业发展水平比较落后，但未来市场潜力巨大，如汽车业和钢铁业等。

1. 能源制品行业

依靠国内巨大的矿产储量，印度尼西亚的初级能源加工产品，如煤制品和天然气制品（油品除外）可以满足国内需求，并能大量出口国外。但该行业出口的景气度与国际市场状况直接挂钩，近年来，国际大宗商品价格持续低迷，导致这类产品出口额持续下降（具体数据在对外贸易章节中披露）。

2. 纺织服装行业

纺织服装行业是印度尼西亚传统的优势行业，其产值、出口一直位居制造业前列，并解决了大量人口的就业问题。行业上下游垂直整合完备，人纤、纺纱、织布、染整、成衣等一应俱全，形成了完整的产业链。

印度尼西亚一直是亚洲最大的纺织品出口国之一，出口产品以纱线、成衣为主。不过近年来印度尼西亚纺织服装行业逐渐萎缩，2015年行业实际增长率排名制造业倒数第一，大量纺织工人被迫下岗。行业的不景气，一方面是因为生产成本不断上涨，机械设备老化，降低了生产效率和产品竞争力；另一方面是因为孟加拉国、越南、中国等国逐渐挤压了印度尼西亚的国际市场占有率。另外，虽然拥有完整的产业链，但部分原材料（如棉花、染料）和纺织机械几乎完全依赖进口，不能自给自足，这也降低了纺织服装行业抵御风险的能力。从长期来看，纺织服装行业已很难恢复到之前高速增长的状态。

3. 汽车制造行业

印度尼西亚是东盟人口最多的国家，但是根据毕马威的统计数据，印度尼西亚每1000人仅拥有43辆汽车——相比之下邻居马来西亚每1000人拥有300辆汽车。① 这表明,印度尼西亚汽车业未来的市场潜力巨大。

不过,短期的经济低迷影响了汽车业的销售情况:2012年,印度尼西亚国内的汽车销量突破了100万辆的大关,达到110万辆;2013年,这个数字上升为123万辆;2014年呈现略微的下降,为121万辆;而2015年1~11月,印度尼西亚汽车的销量为940072辆,相对于2014年同期的113万辆,下降了16.75%。②

除了经济周期的影响外,目前印度尼西亚汽车业发展还面临着如下几个瓶颈:①缺乏自主品牌。印度尼西亚的汽车业发展还处于初级阶段,其汽车工厂以组装代工其他国家品牌的整车为主(特别是日系品牌),在这方面,整个东盟的汽车产业都无法与邻近的日韩、中国和印度相提并论。②出口竞争力不足。目前,印度尼西亚汽车年产量约120万辆,其中仅20万辆出口。由于印度尼西亚汽车排放标准为欧Ⅱ,尚未达到发达国家的标准,因此其出口主要面向东盟、拉美和加勒比等欠发达地区。另外,如果印度尼西亚加入跨太平洋伙伴关系协定(TPP),其汽车业出口将面临来自日本、美国、墨西哥等国更大的竞争压力。③③道路交通状况不佳,堵车现象严重,一定程度上抑制了民众购买汽车的欲望。

目前,印度尼西亚是东盟仅次于泰国的第二大汽车生产国。来自益普索(Ipsos)的一项研究预测显示,印度尼西亚最终将取代泰国成为东盟的主要汽车制造中心。④ 而要实现这一目标,印度尼西亚政府需要在提高自主创新能力和加快基础设施建设方面给予更多的政策支持。

4. 钢铁行业

根据印度尼西亚工业部统计,2009年印度尼西亚国内对钢材的需求为740万吨,2014年增至1270万吨,并将随着印度尼西亚经济增长而继续提高,预计2019年印度尼西亚钢材需求将达1746万吨。目前,印度尼西亚国内钢铁厂总数为352座,主要分布于爪哇岛、苏门答腊岛、加里曼丹岛和苏拉威西岛,其中大部分集中于爪哇岛。目前年产能约800万吨,吸收劳动力总计约20万人。⑤ 近年

---

① 经济下滑 印尼汽车业挣扎前行 [EB/OL]. 第一财经,http://www.yicai.com/news/4665447.html, 2015 – 08 – 05.

② 2016年印度尼西亚经济情况会怎样 从汽车工业谈起 [N]. 印尼国际日报,http://www.guojiribao.com/shtml/gjrb/2016/0105/249853.shtml, 2016 – 01 – 05.

③ 专家称印尼加入TPP对本国汽车行业不利 [EB/OL]. 新浪网,http://finance.sina.com.cn/roll/2016/0606/doc – ifxsvexw8520945.shtml, 2016 – 06 – 06.

④ 印尼有望战胜泰国成为东南亚第一汽车王国 [EB/OL]. 搜狐汽车,http://auto.sohu.com/2016/0401/n443106777.shtml, 2016 – 04 – 01.

⑤ 为保护国内产业 印尼调高钢铁进口税至20% [EB/OL]. 商务部网站,http://www.mofcom.gov.cn/article/i/jyjl/j/2015/0601/20150601010551.shtml, 2015 – 06 – 01.

来，基建、汽车业、造船业等的复苏和快速发展是拉动钢铁需求的主要动力。

钢材需求持续旺盛预示着未来行业发展空间很大，但是目前印度尼西亚钢铁业发展陷入了一定的困境：国内钢铁企业生产技术普遍比较落后，产成品价格高于进口产品，这使得国产钢铁产品竞争力不足，顾客转而购买来自中国、日本等国的进口钢材。2015年，印度尼西亚国内钢铁企业产能利用率仅有50%。[1]

为了发展国内钢铁工业，印度尼西亚财政部在2015年6月将钢铁进口税从原来的0%~15%提高至最高20%。不过，鉴于国内产能无法满足需求，在鼓励国内钢铁企业发展的同时，印度尼西亚政府近年来还大力吸引外资在印度尼西亚投建钢厂。例如，韩国浦项公司与喀钢的合资公司一期180吨板坯+120万吨厚板项目已于2013年底建成投产，产品为汽车用碳钢板坯及高档宽厚板产品；日本JFE公司在印度尼西亚爪哇岛的贝克西（Bekasi）县设立了独资汽车板热镀锌公司，兴建40万吨高档热镀锌汽车板机组及配套产线设施，在2016年投产；[2]而中国的大型钢铁企业也已跃跃欲试，2015年6月，印度尼西亚工业部工业区域发展总司司长伊曼表示，鞍钢集团有意向在印度尼西亚莫罗瓦利工业区投资建设印度尼西亚最大的钢铁厂。[3]

三、建筑业发展情况

印度尼西亚建筑业近几年来发展迅速，其产值占GDP比重由2011年的9.09%增长至2015年的10.34%，其中，以公路、铁路、桥隧等建设为核心的土木工程子行业占建筑全行业比重超过50%。建筑业各子行业近两年来完工项目价值情况详见表3-11。

表3-11　印度尼西亚建筑业完工项目价值情况　单位：百万印尼盾

子行业	2014年	2015年[e]
楼宇建筑	168905974	189045215
土木工程	306750445	341491328
特殊建筑	95248750	105336144
合计	570905169	635872687

资料来源：印度尼西亚中央统计局. Statistical Yearbook of Indonesia 2016 [Z].

---

[1] 印尼2016年钢铁产能利用率或将提升至80% [EB/OL]. 新浪财经, http://finance.sina.com.cn/money/future/2015/1208/132523961754.shtml, 2015-12-08.
[2] 印尼钢铁市场现况及未来展望 [EB/OL]. 中国投资指南网, http://bfsu.fdi.gov.cn/1800000618_3_4072_0_7.html, 2015-03-15.
[3] 鞍钢集团计划投资印尼最大钢铁厂 [EB/OL]. 中国—印度尼西亚经贸合作网, http://www.cic.mofcom.gov.cn/ciweb/cic/info/Article.jsp?a_no=377545&col_no=465, 2015-07-03.

虽然近年来建筑业发展迅速，但是目前印度尼西亚的基础设施依然比较落后。一方面，印度尼西亚的货运物流体系比较落后，物流成本高企。印度尼西亚的社会物流总费用占GDP比例为24%，远高于泰国的16%和马来西亚的13%。东部地区的海上供应链十分冗长，从爪哇岛运送货物至东部地区中途需要停靠岸两次，并至少进行三次装货和卸货，并且部分港口的装卸费用昂贵，与服务水平不匹配。① 另一方面，内陆运输效率也很低，内河航运和铁路系统欠发达，过分依赖公路运输，导致堵车现象严重。这些问题增加了货物运输过程中的不确定性，使得生产商和零售商不得不增长库存量以应对不测，从而提高了库存成本。落后的货运物流体系提高了产品的零售价格，降低了产品的增长值和竞争力，使得印度尼西亚难以融入全球价值链的体系，这在一定程度上限制了印度尼西亚的经济发展。另外，印度尼西亚的电力生产能力也比较落后，人均电力生产量仅有同等发展中国家的20%～60%。

针对基础设施落后的情况，佐科上台后，在亚太经济合作组织会议、博鳌论坛等重大会议上多次表示，将加快推动印度尼西亚的基础设施建设。近两年来，针对基础设施建设，印度尼西亚政府推出多项决议和措施：2015年9月，印度尼西亚投资协调部在南宁举办"印度尼西亚基础设施投资与政策环境推介会"，旨在宣传印度尼西亚优良的投资环境，吸引中国投资者赴印度尼西亚投资兴业；② 同月，印度尼西亚政府颁布新的条例，规定2000亿印尼盾以上的工程项目承包商，必须要拥有自己的重型机械，以节省工程建设时间和运营成本，从而治理部分工程项目施工进度缓慢的问题；③ 2015年11月，印度尼西亚国家发展计划部部长索菲安表示，印度尼西亚准备了一系列的基础设施建设计划蓝皮书，计划向亚投行（AIIB）申请贷款380亿美元。④

四、金融业发展情况

印度尼西亚金融和保险业GDP占总GDP比率从2011年的3.46%增长至2015年的4.03%，显示出金融业对整个经济发展的推动作用越来越明显。2015年，印度尼西亚金融业总体发展态势稳定，但受制于经济低迷，也暴露出部分风险和问题。

---

① 世界银行. Indonesia Economic Quarterly 2016 [Z].
② 印尼举办基础设施投资与政策环境推介会 [N]. 南宁日报，http://www.nnrb.com.cn/html/2015/0918/content_175617.htm，2015-09-18.
③ 印尼将要求建筑工程承包商须拥有自己的重型机械 [EB/OL]. 中华人民共和国驻印度尼西亚大使馆经济商务参赞处，http://www.ydnxy.com/article-3085-1.html，2015-09-16.
④ 印尼拟向亚投行申请贷款380亿美元承建基础设施 [EB/OL]. 搜狐网，http://news.sohu.com/2015/1105/n425407625.shtml，2015-11-05.

(一) 银行业

银行业是印度尼西亚金融业的支柱。2015年银行业总资产为6132.8万亿印尼盾，占金融业总资产的比率为78.2%，总资产增速9.2%，同比2014年的13.4%有所下降，贷款增速从2014年的11.6%下滑至10.4%，这导致资产回报率和净息差也出现小幅下滑，但绝对值依然保持较高水平。不良贷款率从2014年的2.2%增长至2.5%，表明信贷风险有所上升。资本充足率从2014年的19.5%增长至21.2%，高于泰国银行业的17%。[①] 总体上看，银行业发展速度趋缓，但风险可控，能够支撑经济复苏。

截至2015年8月，印度尼西亚有118家商业银行，1644家村镇银行（见图3-5），数量远高于周边国家，这导致印度尼西亚的银行业资产比较分散，效率低下，竞争力不足。在东盟国家银行实力的排行中，新加坡、马来西亚、泰国的银行包揽前七，印度尼西亚最大的曼底利银行（Bank Mandiri）仅排名第八。在东盟经济一体化的背景下，面对众多外资银行的挑战，印度尼西亚银行业应当通过并购整合，提高自身竞争力。[②]

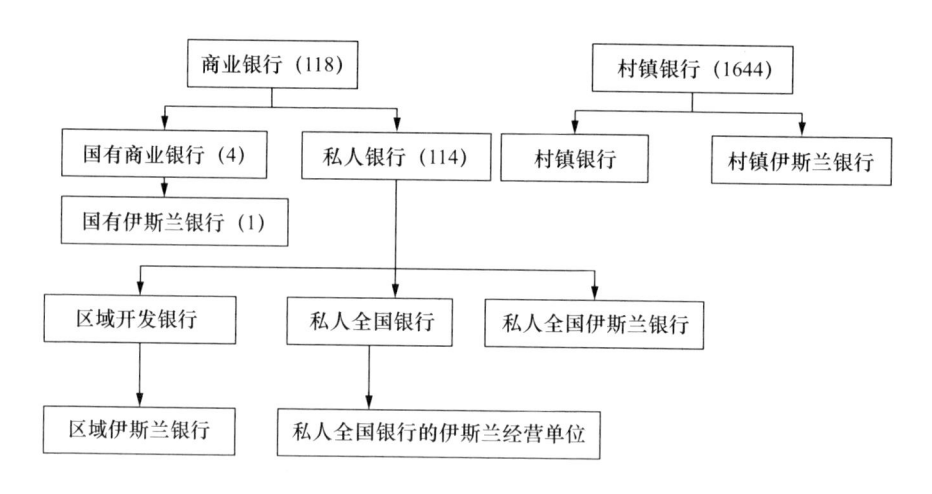

图3-5　印度尼西亚银行体系[3]

(二) 非银行金融机构

比起银行业相对稳健的发展，2015年，印度尼西亚非银行金融机构的发展则不尽如人意。信贷公司、保险公司、养老基金公司的资产增长率分别为

[①][3] 印度尼西亚央行. Indonesia Economic Report 2015 [Z].
[②] 专家认为印尼银行数量过多需进行整合 [EB/OL]. 凤凰财经, http://finance.ifeng.com/a/2014/0505/12263871_0.shtml, 2014-05-05.

1.3%、4.6%、10.2%,同比2014年的5%、17.1%、13.7%出现明显下滑。信贷公司方面,前两大业务消费信贷和租赁的增速分别为0.5%和-5.0%,显示出信贷公司发展已陷入困境。保险公司方面,赔付率(总理赔额/总保费)由2014年下半年的62.4%增长至2015年上半年的71.3%,这也显示出保险行业的风险度有所上升。

值得一提的是,2015年,典当的发展在非银行金融机构中一枝独秀。其资产增速为10.9%,同比2014年的6.0%有所提高,业务发展增速为12.3%,同比2014年的5.3%亦出现明显提高。典当业的高速发展源于工商业企业对短期资金的强劲需求。

(三)证券业

2015年,印度尼西亚债券市场和股票市场表现均比较疲软:全年国债收益率上升0.95%,使债券价格承压;雅加达综合指数(Jakarta Composite Index)下跌12.13%。在证券市场上,2015年非居民投资者交易量占比达到了42.2%,并且净卖出市值达22.6万亿印尼盾,而在2014年,这一数值是净买入42.6万亿印尼盾(见图3-6),这是导致印度尼西亚股票市场疲软的重要因素。可见,对美联储加息的强烈预期和对印度尼西亚经济下滑的担忧,是非居民投资者卖出股票的主要动因。

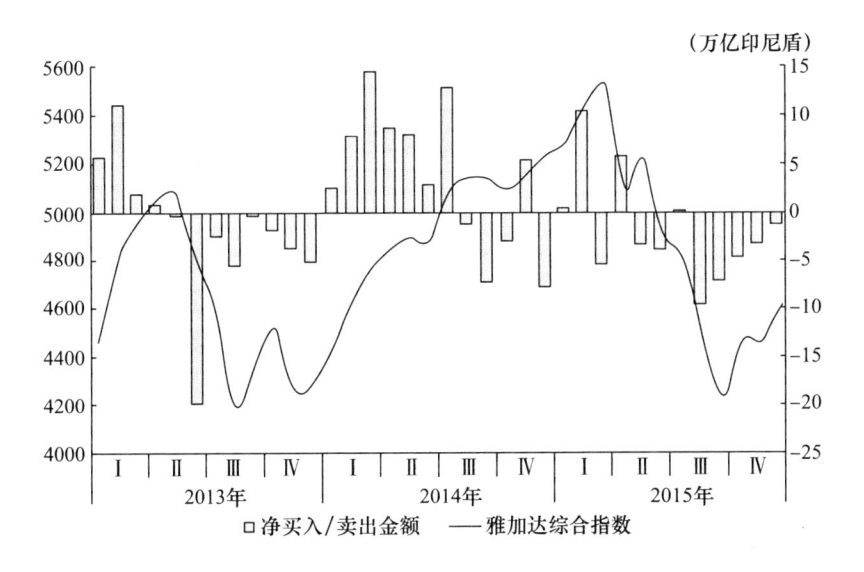

图3-6 印度尼西亚股票市场表现情况

资料来源:印度尼西亚央行. Indonesia Economic Report 2015 [Z].

不过，2015年，证券市场融资额出现明显上升。其中债券市场融资额62.4万亿印尼盾，同比增长28.1%，股票市场融资额53.5万亿印尼盾，同比增长12.3%（见表3-12）。近年来，印度尼西亚社会融资总额中，证券市场融资额占比不断提高，显示出证券市场对实体经济发展的支持作用越来越突出。

表3-12 印度尼西亚证券市场融资情况统计表

市场分类	融资方式	项目数量（个）		融资额（万亿印尼盾）	
		2014年	2015年	2014年	2015年
股票市场	IPO	20	15	8.3	11.27
	增发	21	19	39.2	42.25
债券市场	普通债券	10	4	9.6	2.8
	可持续公开发行债券/伊斯兰债券	31	44	39.1	59.62

资料来源：印度尼西亚央行. Indonesia Economic Report 2015 [Z].

五、旅游业发展情况

印度尼西亚旅游资源丰富，它以热带海洋、雨林、火山等自然风情和多样化的民俗风情、灿烂的历史文化为主的人文景观而著称于世。巴厘岛是印度尼西亚最出名的景点，它风景绮丽，又称"梦幻岛""天堂岛"，2015年被美国著名旅游杂志《旅游+休闲》评为世界上最佳岛屿之一。[①] 此外，印度尼西亚还有多处世界自然遗产和文化遗产，包括班达群岛、乌戎库隆国家公园、科莫多国家公园、婆罗浮屠寺庙群等。

近年来，印度尼西亚旅游业发展迅速。入境游客数方面，从2011年的765万人增长到2015年的1023万人，年均增速7.5%。其中增速最快的是中国游客，从2011年的59.5万人增长到2015年的124.9万人，年均增速超过20%（见表3-13）。为了吸引更多的中国游客，印度尼西亚政府在2015年推出多项措施，包括对中国游客实行免签，启动"郑和下西洋"旅游线，与携程开发推广民丹、龙目、日惹和泗水4个新旅游目的地等。[②]

酒店运营情况方面，星级酒店数量从2011年的1489家增长到2015年的2197家，增长幅度达到47.5%，远远超过非星级酒店的17%。星级酒店的入住

---

① 百度百科词条：巴厘岛。
② 印尼多举措吸引中国游客［EB/OL］. 人民网, http://world.people.com.cn/n1/2016/0112/c1002-28039571.html, 2016-01-12.

率也连续4年上升,而非星级酒店连续4年下降(见表3-14)。这表明,在旅游业基础设施建设方面,近年来印度尼西亚政府把重点放在了星级酒店的建设和改造上,这提升了印度尼西亚旅游业的接待水平,成效显著,也吸引了越来越多的高端游客。

表3-13 印度尼西亚外国游客数统计表　　　　　　　单位:人

国家和地区		2011年	2012年	2013年	2014年	2015^{P}年
亚太地区	马来西亚	1173351	1269089	1380686	1418256	1431728
	新加坡	1324839	1324706	1432060	1559044	1594102
	中国	594997	726088	858140	1052705	1249091
	澳大利亚	933376	952717	983911	1145576	1090025
	其他国家	2023843	2103566	2288616	2299469	2731426
	合计	6050406	6376166	6943413	7475050	8096372
美洲		293306	312525	343573	361220	401934
欧洲		1110871	1174079	1285097	1337552	1439464
其他地区(中东和非洲)		195148	181692	230046	261589	293006
合计		7649731	8044462	8802129	9435411	10230775

资料来源:印度尼西亚中央统计局. Statistical Yearbook of Indonesia 2016 [Z].

表3-14 印度尼西亚酒店运营情况统计表

		2011年	2012年	2013年	2014年	2015年
星级酒店	数量(家)	1489	1623	1778	1996	2197
	房间数(间)	142481	155740	171432	195886	217474
	床位数(张)	215633	238485	263774	295426	322590
	入住率(%)	51.25	51.55	52.22	52.56	53.92^P
其他酒店	数量(家)	13794	14375	14907	15488	16156
	房间数(间)	238976	250038	259361	273391	289727
	床位数(张)	368574	389269	401069	411010	421643
	入住率(%)	38.74	38.22	37.34	35.87	33.17^P

资料来源:印度尼西亚中央统计局. Statistical Yearbook of Indonesia 2016 [Z].

虽然总体态势良好,但印度尼西亚旅游业的发展依然面临着一些问题。这些问题主要表现在以下两方面:①旅游业开发起步晚,从业人员培养和基础设施建设水平同比"新马泰"仍然比较落后。根据印度尼西亚旅游部的数据，2015年前11个月印度尼西亚旅游业外汇收入约110亿美元，而泰国和马来西亚分别达到380亿美元和210亿美元。① ②近5年来，亚太地区游客数占总游客数比例非常高，均在79%左右（见图3-7）。这表明印度尼西亚对其他地区，特别是欧美国家游客的吸引力有待提高。今后印度尼西亚政府在推广旅游业时，应适当放宽视野，加大宣传力度，开通更多的直航航线，以吸引全球范围内的游客。

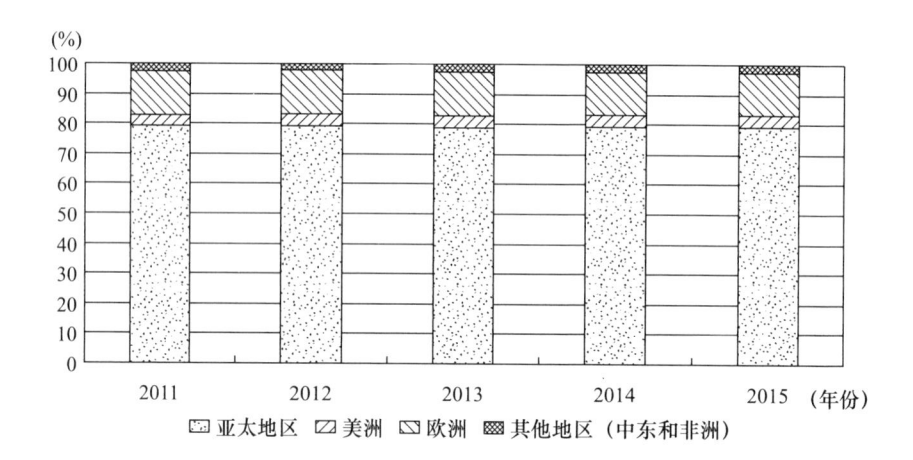

图3-7 印度尼西亚各地区游客人数占比情况

资料来源：印度尼西亚中央统计局. Statistical Yearbook of Indonesia 2016 [Z].

第四节 对外贸易和投资

一、对外贸易发展的总体情况

对外贸易在印度尼西亚的经济发展中占据重要地位。从以往情况来看，印度尼西亚主要的出口产品有石油、天然气、煤、铜、镍、棕榈油、橡胶、藤条、纺织品、纸制品、电子产品等，主要的进口产品有石油、机械设备、汽车、钢铁、大米、棉花、果蔬等。

---

① 印尼旅游业外汇收入远不如泰国和马来西亚 [EB/OL]. 新浪网，http://finance.sina.com.cn/roll/2015/1202/121323911179.shtml，2015-12-02.

从2012年开始，在全球经济和大宗商品价格低迷的环境下，印度尼西亚油气产品进出口额、非油气产品进出口额和对外贸易总额均呈现出下降趋势（见表3-15和图3-8）。

表3-15　印度尼西亚进出口额统计表　　　　　　　单位：百万美元

分类		2011年	2012年	2013年	2014年	2015年
油气产品	出口额	41477.0	36977.3	32633.0	30018.8	18574.4
	进口额	40701.5	42564.2	45266.4	43459.9	24613.2
非油气产品	出口额	162019.6	153043.0	149918.8	145961.2	131791.9
	进口额	136734.1	149125.3	141362.3	134718.9	118081.6
合计	出口额	203496.6	190020.3	182551.8	175980.0	150366.3
	进口额	177435.6	191689.5	186628.7	178178.8	142694.8

注：出口额按离岸价格（FOB）计价，进口额按到岸价格（CIF）计价。
资料来源：印度尼西亚中央统计局. Statistical Yearbook of Indonesia 2016［Z］.

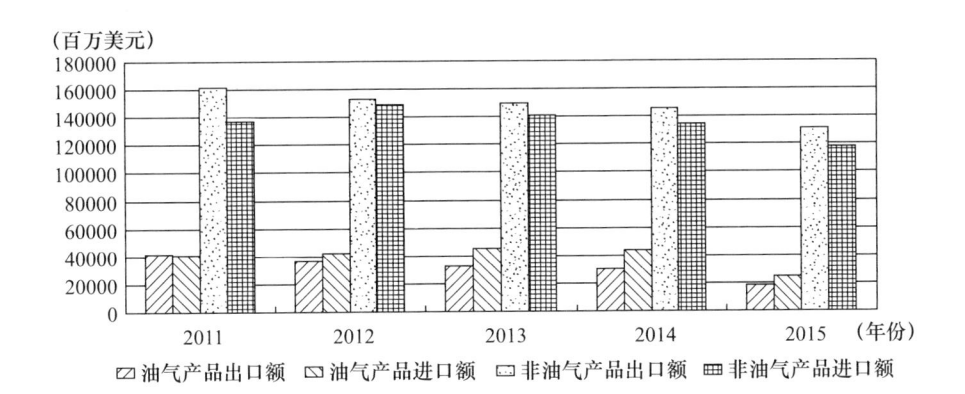

图3-8　印度尼西亚进出口额统计图

注：出口额按离岸价格（FOB）计价，进口额按到岸价格（CIF）计价。
资料来源：印度尼西亚中央统计局. Statistical Yearbook of Indonesia 2016［Z］.

油气产品方面。前文提到，随着经济和国内石油消费需求快速增长，国内产量已不能满足国内消费需求。从2006年起，印度尼西亚成为石油净进口国，对外依存度逐年提高：原油进口量从2006年的1464万吨增长至2015年的1873万吨，出口量从2006年的1813万吨下降至2015年的1555万吨。石油产品进口量从2006年的1866万吨增长至2015年的2540万吨，出口量从2006年的705万吨下降至2015年的463万吨。而天然气净出口量也呈现逐年下滑趋势：从2011年的3267万吨下降至2015年的2061万吨。[①] 另外，由于国际石油天然气价格暴跌，2015年，印度尼西亚油气业进出口额出现大幅萎缩（见表3－16和图3－9）。

表3－16　印度尼西亚油气产品进出口额统计表　　　单位：百万美元

分类		2011年	2012年	2013年	2014年	2015年
原油	出口额	13828.7	12293.4	10204.7	9215.0	6479.4
	进口额	11154.4	10803.2	13585.8	13072.4	8063.3
石油产品	出口额	4776.8	4163.4	4299.1	3623.5	1754.2
	进口额	28134.6	28679.4	28567.6	27362.5	14536.9
天然气	出口额	22871.5	20520.5	18129.2	17180.3	10340.8
	进口额	1412.5	3081.6	3113.0	3025.0	2013.0

注：出口额按离岸价格（FOB）计价，进口额按到岸价格（CIF）计价。
资料来源：印度尼西亚中央统计局. Statistical Yearbook of Indonesia 2016 ［Z］.

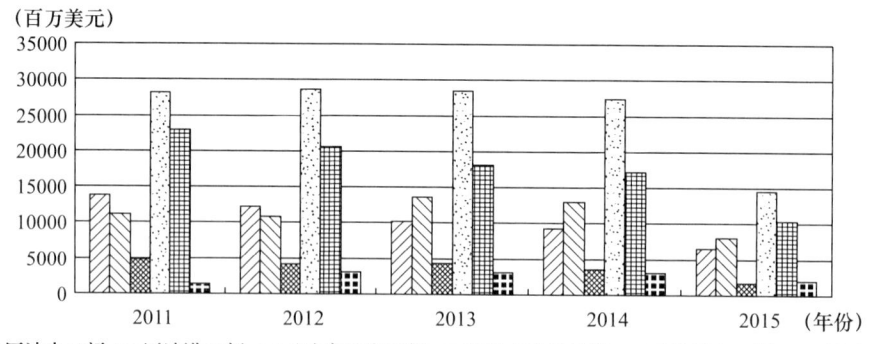

图3－9　印度尼西亚油气产品进出口额统计图

注：出口额按离岸价格（FOB）计价，进口额按到岸价格（CIF）计价。
资料来源：印度尼西亚中央统计局. Statistical Yearbook of Indonesia 2016 ［Z］.

非油气产品方面。2015年出口量出现增长的产品有水果、咖啡、蟹和贝、铜矿、棕榈油、鞋类和胶合板，而出口额增长的产品仅有水果、咖啡、铜矿和鞋类，大部分产品出口量和出口额都出现了下降。进口量出现增长的产品有大米、肥料、糖和大豆，集中于农业领域，而进口额出现增长的产品仅有肥料，大部分

---

① 印度尼西亚中央统计局. Statistical Yearbook of Indonesia 2016 ［Z］.

产品进口量和进口额都出现了下降。具体数据详见表3-17和表3-18。

表3-17 印度尼西亚主要非油气产品出口情况

产品名称	2014年 出口量（万吨）	2014年 出口额（亿美元）	2015年 出口量（万吨）	2015年 出口额（亿美元）
烟草	1.72	0.83	1.16	0.59
水果	29.91	3.02	35.45	3.69
咖啡	38.27	10.31	49.96	11.90
茶叶	5.98	1.07	5.03	0.90
可可豆	7.66	2.01	5.53	1.18
金枪鱼	10.11	2.10	7.75	1.48
虾	14.85	17.07	14.51	13.11
蟹和贝	9.20	2.69	10.96	2.67
煤	40823.84	208.19	36697.04	159.99
铜矿	71.50	16.84	171.18	32.77
棕榈油	2289.24	174.65	2646.76	153.85
服装	46.40	74.51	45.44	73.72
鞋类	21.50	41.08	23.52	45.07
胶合板	234.08	23.73	246.65	23.46
纸和纸制品	436.76	37.80	430.93	36.06
废胶粉	252.11	45.40	251.12	35.15
铜产品	29.05	19.67	27.27	15.26
音像制品	10.80	31.69	9.68	26.39
电脑及元器件	2.09	5.69	1.64	4.33
电气设备	41.87	62.59	41.49	56.45

资料来源：印度尼西亚中央统计局. Statistical Yearbook of Indonesia 2016 [Z].

表3-18 主要非油气产品进口情况

产品名称	2014年 进口量（万吨）	2014年 进口额（亿美元）	2015年 进口量（万吨）	2015年 进口额（亿美元）
大米	84.42	3.88	86.16	3.52
肥料	66.54	18.22	73.65	20.12
水泥	405.64	2.50	335.73	1.92
钢材	88.73	17.90	74.20	13.19

续表

产品名称	2014 年		2015 年	
	进口量（万吨）	进口额（亿美元）	进口量（万吨）	进口额（亿美元）
机动车(含摩托车)	—	23.29	—	18.60
电信设备	—	70.11	—	60.68
特种工业设备	111.41	122.92	104.18	102.82
蔬菜	88.50	6.44	73.80	5.58
水果	54.84	7.89	43.50	6.66
牛肉	10.49	4.33	5.07	2.41
烟草	9.57	5.70	7.54	4.12
盐	226.82	1.04	186.40	0.80
糖	6.59	0.36	7.09	0.30
大豆	196.58	11.77	225.69	10.34
小麦	743.26	23.87	741.20	20.83

资料来源：印度尼西亚中央统计局. Statistical Yearbook of Indonesia 2016 ［Z］.

而进入 2016 年，印度尼西亚对外贸易低迷的趋势仍未得到改观：第一季度出口额 336.03 亿美元，进口额 319.4 亿美元，比 2015 年同期分别下降 13.03% 和 13.95%。其中油气产品出口额 34.61 亿美元，进口额 38.97 亿美元，比 2015 年同期分别下降 39.30% 和 36.15%。[1]

二、同主要国家和地区的对外贸易发展情况[2]

（一）同东盟国家的对外贸易

2015 年印度尼西亚对东盟出口额为 335.8 亿美元，同比 2014 年减少 60.9 亿美元，进口额为 387.9 亿美元，同比 2014 年减少 119.3 亿美元。贸易逆差 51.2 亿美元。

从东盟内部各国来看，新加坡是印度尼西亚最大的贸易伙伴。2015 年印度尼西亚对新加坡出口额为 126.3 亿美元，进口额为 180.2 亿美元，同比 2014 年分别减少 41.0 亿美元和 71.6 亿美元。

其他与印度尼西亚贸易总额较高的东盟贸易伙伴有马来西亚、泰国、越南、菲律宾。而缅甸、柬埔寨、文莱、老挝与印度尼西亚的对外贸易往来较少，其中，与老挝的贸易总额仅有 0.085 亿美元。

---

[1][2] 印度尼西亚中央统计局. Statistical Yearbook of Indonesia 2016 ［Z］.

2016年前四个月，印度尼西亚对东盟出口额101.1亿美元，比2015年同期减少13.3亿美元，进口额为111.4亿美元，比2015年同期减少21.2亿美元。

（二）同中国的对外贸易

2015年，印度尼西亚对中国出口额为150.5亿美元，同比2014年减少25.6亿美元，进口额为294.1亿美元，同比2014年减少12.1亿美元。中国是印度尼西亚最大的进口来源国和第二大出口对象国，进出口总额则排在第一。

2016年前四个月，印度尼西亚对中国出口额为45.1亿美元，比2015年同期减少4.1亿美元，进口额为96.9亿美元，比2015年同期减少2.5亿美元。

（三）同日本的对外贸易

2015年，印度尼西亚对日本出口额为180.2亿美元，同比2014年减少51.0亿美元，进口额为132.6亿美元，同比2014年减少37.4亿美元。日本是印度尼西亚最大的出口对象国。

2016年前四个月，印度尼西亚对日本出口额为52.2亿美元，比2015年同期减少13.6亿美元，进口额为41.1亿美元，比2015年同期减少9.6亿美元。

（四）同美国的对外贸易

2015年，印度尼西亚对美国出口额为162.4亿美元，同比2014年减少2.9亿美元，进口额为75.9亿美元，同比2014年减少5.8亿美元。美国是印度尼西亚在美洲的最大贸易伙伴。

2016年前四个月，印度尼西亚对美国出口额为51.3亿美元，比2015年同期减少4.5亿美元，进口额为21.7亿美元，比2015年同期减少4.2亿美元。

（五）与其他国家和地区的对外贸易

印度尼西亚的主要贸易伙伴均分布在亚太地区。2015年，其他与印度尼西亚贸易总额较高的国家和地区有韩国（160.9亿美元）和澳大利亚（85.2亿美元）。印度尼西亚与欧盟的贸易总额为261.3亿美元，贸易总额最大的国家是德国（61.4亿美元），最大进口来源国也为德国（34.7亿美元），最大出口对象国为荷兰（34.4亿美元）。印度尼西亚与其他欧洲国家和非洲的贸易总额均未超过百亿美元。

从总体上看，近年来，印度尼西亚对主要国家和地区的贸易额呈现持续下降趋势。在全球经济低迷和大宗商品价格疲软的境况彻底扭转之前，这一趋势还将延续。

三、投资

随着开放程度不断提高，投资程序简化，印度尼西亚吸引的外国直接投资不断增长，其投资额已经达到国内直接投资额的两倍。

2015年印度尼西亚吸引国外直接投资额292.8亿美元,同比2014年增长7.5亿美元。按行业划分,吸引外资投资额最多的3个行业分别是制造业(117.6亿美元)、采矿业(40.2亿美元)和交通运输、仓储、通信业(32.9亿美元),制造业和采矿业吸引外资投资额同比2014年出现明显下降,而交通运输、仓储、通信业则有小幅上升(见表3-19);按投资来源国划分,对印度尼西亚直接投资额最大的3个国家分别是新加坡(59.0亿美元)、日本(28.8亿美元)、荷兰(13.1亿美元),新加坡和日本对印度尼西亚投资额同比2014年小幅上升,而荷兰则大幅下降(见表3-20);按省区划分,吸引外资投资额最多的3个省区分别是西爪哇省(57.4亿美元)、大雅加达首都特区(36.2亿美元)和东爪哇省(25.9亿美元),这三者中只有东爪哇省吸引的外资投资额同比2014年有所上升。①

2015年印度尼西亚吸引外国直接投资项目17738个。按行业划分,吸引投资项目最多的3个行业分别是制造业(7184个),批发零售业、酒店服务业(4757个)和团体、社会、个人服务业(1804个),且这三者吸引投资项目数同比2014年均出现大幅上升(见表3-19);按投资来源国划分,对印度尼西亚直接投资项目最多的3个国家分别是新加坡(3012个)、韩国(2329个)和日本(2030个),且这3个国家对印度尼西亚直接投资项目数同比2014年均出现大幅上升(见表3-20);按省区划分,吸引外资投资项目最多的3个省区分别是西爪哇省(4497个)、大雅加达首都特区(4463个)和万丹省(1737个),且这3个省区吸引外资投资项目数同比2014年均出现大幅上升。②

表3-19　印度尼西亚各行业吸引国外直接投资情况统计表

行业	投资项目(个) 2013年	2014年	2015年	投资额(百万美元) 2013年	2014年	2015年
农林牧渔业	647	425	868	1655.5	2326.2	2219.2
采矿业	820	552	1066	4816.4	4665.1	4017.2
制造业	3322	3075	7184	15858.8	13019.3	11763.1
水、电、气供应业	156	118	350	2221.8	1248.8	3028.9
建筑业	146	147	358	526.8	1383.6	954.5
批发零售业、酒店服务业	2681	2746	4757	1069.0	1379.8	1275.3
交通运输、仓储、通信业	198	228	493	1449.9	3000.8	3289.9
房地产、商业服务业	285	255	858	677.7	1168.4	2433.6
团体、社会、个人服务业	1357	1339	1804	341.7	337.5	294.3

资料来源:印度尼西亚中央统计局. Statistical Yearbook of Indonesia 2016 [Z].

①② 印度尼西亚中央统计局. Statistical Yearbook of Indonesia 2016 [Z].

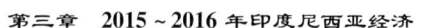

表 3-20 世界各国和地区对印度尼西亚直接投资情况统计表

国家和地区		投资项目（个）			投资额（百万美元）		
		2013 年	2014 年	2015 年	2013 年	2014 年	2015 年
美洲	美国	210	179	261	2435.8	1299.5	893.2
	加拿大	25	34	34	123.8	164.2	103.5
	其他	397	280	618	1189.3	656.4	776.7
欧洲	比利时	35	21	72	60.3	13.6	7.4
	丹麦	15	15	15	5.0	1.5	2.0
	法国	124	115	197	102.0	200.2	131.6
	意大利	39	51	118	36.9	63.1	104.1
	荷兰	233	181	421	927.8	1726.3	1307.8
	挪威	4	3	13	14.7	0.1	1.8
	德国	105	114	169	53.3	50.1	57.3
	英国	231	182	267	1075.8	1587.9	503.2
	瑞士	57	56	103	124.6	150.9	61.8
	其他	160	158	229	166.2	189.5	149.7
亚洲	日本	958	1010	2030	4712.9	2705.1	2877.0
	韩国	807	1054	2329	2205.5	1126.6	1213.5
	中国香港	233	197	422	376.2	657.2	937.2
	中国	158	150	275	402.6	114.7	107.9
	新加坡	1592	1302	3012	4670.8	5832.1	5901.2
	印度	121	137	236	65.0	37.1	57.2
	其他	1123	1094	2212	1365.2	2985.2	3949.7
大洋洲	澳大利亚	287	226	443	226.4	647.3	168.0
	新西兰	11	15	20	0.4	17.6	17.2
	其他	12	22	39	6.7	20.1	20.0
非洲		86	79	155	801.7	663.5	192.4
合计		2589	2206	4042	7468.6	7619.4	9734.0

资料来源：印度尼西亚中央统计局. Statistical Yearbook of Indonesia 2016 ［Z］.

第五节 未来经济展望[①]

一、短期经济预测

IMF、世界银行和印度尼西亚央行均对2016年印度尼西亚经济发展情况进行了预测（见表3-21）。总体上看，2016年印度尼西亚经济发展中的积极因素将逐渐显现并发挥作用，经济处于弱复苏状态。但是部分消极因素短期内难以消除，这为经济的复苏增加了一定程度的不确定性。

表3-21 主要金融机构对印度尼西亚2016年经济预测情况统计表

经济指标	2015年实际值	2016年预测值 IMF	2016年预测值 世界银行	2016年预测值 印度尼西亚央行
实际GDP增长率	4.8%	4.9%	5.1%	5.2%~5.6%
CPI（年均变化率）	6.4%	4.5%	4.0%	3%~5%
经常账户赤字占GDP百分比	2.1%	2.5%	2.3%	比2015年略有上升

对于实际GDP增长率，三家金融机构的预测值同比2015年的实际值4.8%均有增长，其中印度尼西亚央行最为乐观，其预测值为5.2%~5.6%。从2016年印度尼西亚国内外经济环境来看，外部环境依然不乐观，美联储加息、中国经济疲软会对印度尼西亚经济产生不利影响。考虑到大宗商品价格低迷，出口会继续疲软，因此，政府必须通过兴建基础设施、改善法令以吸引更多的投资进入印度尼西亚，从而推动经济成长。[②] 国内需求会复苏，燃料价格低迷会刺激私人消费，但电力补贴下降会弱化这种刺激作用。

对于通货膨胀水平（年均CPI），IMF和世行的预测值分别为4.5%和4.0%，

---

① 本节的数据及观点主要基于IMF和世界银行对印度尼西亚的经济报告，以及印度尼西亚央行发布的2015年经济报告。IMF. 2015 Article IV Consultation – Press Release; Staff Report; Statement by the Executive Director for Indonesia [R]. 世界银行. Indonesia Economic Quarterly, March 2016 [R]. 印度尼西亚央行. Economic Report on Indonesia 2015 [R].

② 2016年印尼经济面对的挑战 [N]. 印度尼西亚商报，http://www.shangbaoindonesia.com/forum/2016/e5%b9%b4%e5%8d%b0%e5%b0%bc%e7%bb%8f%e6%b5%8e%e9%9d%a2%e5%af%b9%e7%9a%84%e6%8c%91%e6%88%98.html.

同比2015年的实际值6.4%有明显下降。较低的燃油价格有助于CPI保持在印度尼西亚央行设定的3%~5%目标区间内。消极因素来自于天气异常,厄尔尼诺现象可能会推高食品价格。

对于经常账户赤字,三家金融机构均预测赤字额占GDP比率同比2015年会小幅回升。其中,最重要的原因依然是大宗商品价格预计将保持低迷,从而可能导致出口疲软超预期。

二、中长期经济预测

从中长期(至2020年)来看,印度尼西亚经济的发展值得期待。

关于经济增长率。印度尼西亚政府已经推出了多轮经济刺激政策,旨在改善投资和提升产能,促进经济供给面增长,此类政策效果将在中长期得到体现。[①] IMF预测,印度尼西亚的投资环境将随着供给侧的瓶颈消除而得到改善,强劲的基础设施投资和结构性改革将支撑印度尼西亚经济进入上升趋势,2020年印度尼西亚经济增长率将达到6%。税收收入占GDP比重会逐渐上升,从而为投资和其他重点支出项目创造更大的空间。而印度尼西亚央行更为乐观,其对经济增长率的预测值(目标值)为6.3%~6.8%。

关于通货膨胀水平。IMF和印度尼西亚央行均预测通货膨胀率在未来出现小幅下降的趋势,保持在较低的3%~4%的水平。

关于经常账户赤字。IMF预测经常账户赤字占GDP比率保持2.5%左右的平稳水平,而印度尼西亚央行对其设定了3%的目标上限。

---

① 雅加达邮报:2016年印尼经济发展看中国[EB/OL]. 环球网, http://china.huanqiu.com/News/mofcom/2016/0108/8342684.html, 2016-01-08.

第四章　2015~2016年印度尼西亚安全

第一节　政治安全

政治安全指政治主体（通常指国家）在政治方面免于内外各种因素侵害和威胁的客观状态。① 基于印度尼西亚的情况，其政治安全的威胁内在因素占主要地位，因为自2004年印度尼西亚实行总统直选制度之后，印度尼西亚摆脱了军人专政的时代，一跃成为了世界第三大民主国家，政治局面翻开了崭新的一页。② 但是长达32年的军人专政还是给印度尼西亚政治环境留下了不少后遗症，比如政府从业人员素质低下，视贪腐为家常便饭。另外，印度尼西亚负责制定、修改和颁布宪法的最高机构人民协商会议有其独特的席位分配方式，导致印度尼西亚的高层政府内斗不断，中央政府和地方政府相互之间矛盾重重。

一、政府从业人员素质不高

印度尼西亚政府从业人员素质不高主要反映在贪腐问题上。2016年6月6日，印度尼西亚财政稽查署（BPK）主席Azhar Azis于总统府向佐科总统提交2015年国家政府机构审计报告，对其中56家政府机构做出"无保留意见"的最好审计评级，对26家政府机构做出"保留意见"的审计评级，同时对社会事务部、青年和体育事务部、国有广播电视TVRI和国家人权委员会做出"无法表示意见"的评级，所谓"无法表示意见"就是最差的评级，其意思就是该部门的财务状况一片混乱，无法审计，这种评级一般是指该部门开支严重超支或者账面

---

① 亓光. 面向政治安全：超越"人的安全"与重释安全 [J]. 探索, 2015 (4): 107-111.
② 伦纳德·C. 塞巴斯蒂安. 令人费解的印度尼西亚民主 [J]. 南洋资料译丛, 2004 (4): 58-69.

第四章 2015～2016年印度尼西亚安全

不清。①

另外，地方政府贪腐情况严重，印度尼西亚中央政府多次强调：地方政府预算开支主要的目的是供作建设事业，不可大量用于公务员开支。但是现实却是，在2015年，印度尼西亚全国共达514个市县区地方政府之中，仍有294个地方政府还是把50%～70%的预算开支花在公务员开支方面。② 也就是说，在印度尼西亚，超过半数的地方政府依旧存在严重的公款私用问题。在印度尼西亚有这么一句话："如果一个警员上任3个月之后还买不起一架大约1000美元的摩托车，同僚都会认为他是个笨蛋。"③ 由此可见，印度尼西亚政府的从业人员中大多数人还是把贪腐看作是一种正常行为。

政府从业人员素质不高也可从印度尼西亚腐败指数看出来。印度尼西亚腐败指数分数常年处于不及格的状态，根据反腐民间组织"透明国际"（Transparency International）的打分标准，通常以50分为及格标准。印度尼西亚在2016年的评分却只有37分，虽然比起前几年有一些改善，但是其腐败情况依旧严重（见图4-1）。

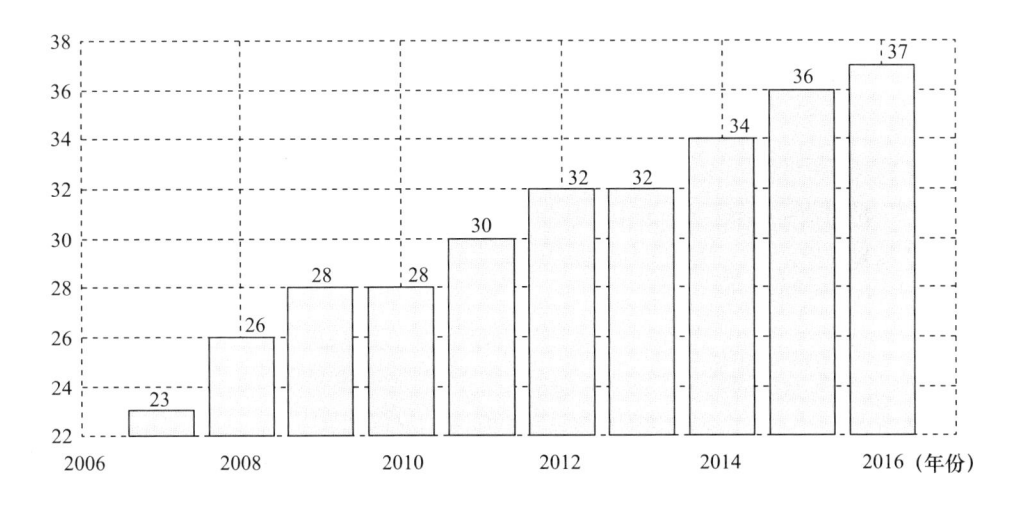

图4-1 印度尼西亚2007～2016年腐败指数评分

资料来源：Tradingeconomics.com，http：//zh.tradingeconomics.com/indonesia/corruption-index.

---

① "勿贪污民众的钱" 佐科谴责四政府机构糟糕的审计报告［EB/OL］. 印尼全球网，2016-06-06.
② 印尼294地方政府公务员开支超50%，内长：应把更多预算金供作资本开支［N］. 国际日报，2016-06-06.
③ 印尼新总统能否掀翻腐败的"桌子"［EB/OL］. 南风窗网，2015-01-22.

二、军人参政现象依然存在

在1998年，随着苏哈托的下台，印度尼西亚的军人专政时代表面上宣告结束，但是长达32年的军人当政时期让一些部队出身的人有了深厚的政治根基，比如现在仍然在人民协商会议占有16个席位的人民良知党主席维兰托就是苏哈托当政时代印度尼西亚最年轻的国防部长，同时兼任武装部队总司令一职，苏哈托下台后他依然活跃在印度尼西亚政坛，加之他一生都在部队担任要职，所以一直跟部队有着千丝万缕的关系。① 另外，在印度尼西亚人民协商会议中占有73个席位的第三大政党大印度尼西亚运动党成员普拉博沃·苏比安托不但是苏哈托的女婿，更在苏哈托执政时代担任陆军战略预备部队总司令，在2014年大选时，他是除佐科之外呼声最高的总统候选人。②

由此可见，印度尼西亚现在虽然已经进行了民主改革，而且颇为成功，但是军人的政治根基同样也已经形成，军人虽然不能够如苏哈托时代那样在印度尼西亚政坛上占据强势地位，但是凭借其所控制的政党在人民协商会议中的影响力，军人绝对有能力参政和竞选总统，这就导致了印度尼西亚的政治事务会有军队插手的可能，军政不能有效地分隔。

三、中央政府因国会政党争斗难以控制地方政府

人民协商会议是印度尼西亚的最高立法机构，制定、修改和颁布宪法，根据全民直选结果任命总统、副总统，并可以依法对总统、副总统进行弹劾等。其议员席位总数为692席，其中560个席位由国会成员担任，国会为国家立法机构，具备立法权、预算审批权、法律监督权和修正权。国会立法之后需要人民协商会议2/3的成员参会表决，表决中达到半数成员通过该立法才能颁布。另外，弹劾总统或副总统须有3/4的人民协商会议议员出席，出席人员中超过2/3议员投赞成票方可启动弹劾程序。其余决议通过须超过半数议员出席，多数赞成即可。因为人民协商会议席位总数为692席，其中国会成员占去了总席位的80%，所以当国会成员达成共识的时候任何法案都可以在人民协商会议通过。

国会成员由各政党参加竞选产生。另外132个人民协商会议席位由印度尼西亚33个一级行政区推选的地方理事会议员担任，除了人民协商会议议员之外，地方理事会议员有提交法律草案权、咨询权、发表建议和意见权、选举与被选举权、自卫权、豁免权，享受一定的礼宾、经费、行政待遇。

---

① 柳凡. 浅析瓦希德革除维兰托 [J]. 当代亚太, 2000 (3): 35 – 37.
② 张敦伟. 印度尼西亚总统选举中的寡头政治与民主政治之争 [J]. 东南亚南亚研究, 2015 (4): 15 – 21.

由此可见，最终决定法律能否在印度尼西亚实施的机构是人民协商会议，甚至能够左右总统任免的机构也是人民协商会议。而地方理事会议员占有人民协商会议132个席位，虽然比起国会议员所占席位少很多，但是现在的国会分为两个派系，一个是支持现任总统的执政派，另一个是反对派，这两个联盟成员所拥有的人民协商会议议员席位并不悬殊，这导致了地方理事会议员的132个席位变得举足轻重，无论地方理事会支持哪一方都会使被支持方在人民协商会议占据优势，这就导致出现国会政党极力拉拢地方理事会议员的情况。比如在2014年9月，国会"红白联盟"就策动过废止地方首长全民直选法案，而且该法案在国会已经通过，①只不过后来迫于舆论压力和"辉煌联盟"的反对而搁浅。但此次事件表现出两个明显的信号：一是部分地方政府对全民直选地方首长的政策不满，想要寻求改变。二是支持现任总统佐科的"辉煌联盟"对废止全民直选地方首长政策持反对态度，这不可避免地导致了国家政府和地方政府的矛盾增多。

第二节 军事安全

2016年，印度尼西亚发布了新的国防白皮书（即2015年第三版白皮书）。②一方面，新的国防白皮书强调了国防政策将为实现印度尼西亚的海洋战略发展服务，即加强海洋防御体系建设，配合印度尼西亚政府将印度尼西亚建设成全球海洋强国的战略，其中包括军事部门和非军事部门的建设以及采购军事武器等方法。另一方面，新的国防白皮书指出新的海洋国防观念并不代表摒弃2008年出台的前一版国防白皮书中提到的"地区性防御"战略，而是将两种战略合并。2016年和2008年两种国防政策的合并，使印度尼西亚军队职责分工更加明确、国防政策和部队分布更加合理。

一、印度尼西亚军队职责分工明确

印度尼西亚军队从服役梯队上看可以分为以下三个梯队：印度尼西亚目前现役部队46.1万人（包括准军事部队国家警察17.7万人），预备役部队40万人，民兵150万人。按武装力量划分则可以分为正规军和准军事部队两部分。其中准军事部队按兵种划分可以分为海、陆、空三军。印度尼西亚海、陆、空三军编制

---

① 印尼国会废除地方首长直选［EB/OL］. 联合早报网，2014-09-27.
② Ministry of Defence of the Republic of Indonesia. Indonesian Defence White Paper (Third Editions) 2015［Z］.

如下：

陆军：约23万人。包括1个战略后备部队司令部，11个军区司令部和1支特种部队。战略后备部队编有2个步兵师，3个步兵旅，3个空降旅，2个野战炮兵团，1个高炮团，2个装甲营，2个工程兵营。11个军区共编有2个步兵旅，65个步兵营，8个骑兵营，11个野战炮兵营，10个高炮营，8个工程兵营，1个混合航空兵中队，1个直升机中队。特种部队编有5个特种大队。

海军：约4万人（含陆战队和航空兵）。包括东、西2个舰队司令部和1个军事海运司令部。

空军：2.7万人。编有2个空军作战司令部。[①]

以上军队由印度尼西亚最高武装力量统帅，即印度尼西亚总统指挥，国防部和国民军总司令部对全国武装力量实施领导和指挥，实行国防与内卫合一的武装体制。其中国防部负责制定国防政策，国民军总司令部则负责作战指挥。

完善的服役梯队和清晰的兵种划分以及明确的领导分工都充分表明了印度尼西亚的军队职责分工明确。

二、印度尼西亚国防政策合理

印度尼西亚2008年国防白皮书上实行的是"逐岛防御"战略，即建立以大岛为核心、以群岛为基地、内外兼顾、独立防卫与机动作战相结合的防御体系，独立保卫本岛领土、领海和维护社会治安。新版的国防白皮书中则强调海上国防安全，除了重点加强濒临马六甲海峡、南海及印度洋等具有战略意义的前沿、边境重要海峡及偏远地区的防卫力量，还主动加大纳土纳群岛国防基础设施建设力度，并建立军事基地。[②] 同时，形成以爪哇岛为中心、东西兼顾的区域防御战略布局。

因为印度尼西亚是世界上最大的群岛国家，海岸线长度仅次于加拿大排名世界第二，并且和10个国家交界。以印度尼西亚现有的军事实力为基础，"逐岛防御"的战略难以达到理想的效果。举一个简单的例子：印度尼西亚的海岸线为54716千米，而印度尼西亚的正规军人数只有46.1万人，如果是采取"逐岛防御"战略，每1千米海岸线的防守士兵在10个以下；另外，印度尼西亚有17508个岛屿，"逐岛防御"战略下每个岛屿驻军只能有26人。所以"逐岛防御"的战略理论在印度尼西亚的地缘条件下是难以实施的。

而2016年的国防白皮书转变了这个国防政策，防御区域改为具有战略意义的前沿地区，边境、偏远地区。从"逐岛防御"转变为"区域防御"，以加强重

---

① 亚洲军力排行榜最新出炉：中国果然名次惊人［EB/OL］．搜狐网，2015－09－27．
② 佐科：加大在纳土纳岛国防基础［EB/OL］．印度尼西亚全球网，2016－06－29．

点地区的防备设施作为支点,支持地区周边的区域防御系统。相比于之前的"逐岛防御"战略,印度尼西亚现在的"区域防御"战略显得更有针对性,能更高效地利用有限的军事力量。

三、印度尼西亚军队的地区分布合理

在新版的白皮书中,印度尼西亚划定了92个外层岛(Outermost Islets),其中有12个岛是优先管理岛,新版印度尼西亚国防书中提到:只要能够有效管控这12个岛屿,就可以保证领土完整。目前印度尼西亚陆军战略后备部队司令部和特种部队驻军雅加达附近,另一个军区司令部则驻扎在印度尼西亚各个地区,其大部分军队就驻扎在92个外层岛中的12个优先管理岛上。海军东部舰队司令部驻地为泗水,西部舰队司令部驻雅加达。空军两个作战司令部分别负责东、西部空防任务。印度尼西亚全国共有军事基地42处,其中空军基地26处(主要有雅加达、朱安达、乌绒潘当等),海军基地16处(主要有雅加达、丹绒槟榔、腊太港、乌绒潘当、勿老湾等)。

因此,如印度尼西亚新版攻防白皮书所示,印度尼西亚军队的地区分布是比较合理的。除了防御政治中心雅加达地区之外,军队已经有效控制外层岛防御;在新版国防白皮书"区域防御"的策略思想下,空军基地和海军基地的数量也足以覆盖印度尼西亚全境。

第三节 社会安全

印度尼西亚的社会安全可以从四个方面进行分析,即社会治安、交通安全、宗教种族暴力情况以及恐怖威胁,另外还有网络安全。因为印度尼西亚的社会治安总体态势趋于良好,交通安全治理虽然在调查中不能让民众满意,但是印度尼西亚的新版国防白皮书并没有提到交通安全状况是一个急需解决的问题。

另外在印度尼西亚的2016新版国防白皮书中,恐怖主义、极端主义、分裂主义被列入了未来挑战的事实威胁中,同时网络安全也被列入了新版国防白皮书中。这表明了印度尼西亚政府社会安全的挑战将主要来源于宗教种族暴力和恐怖威胁两个方面,关于网络安全,尚属于一个新兴的项目,所以国防白皮书中没有过分提及,但是现实情况中网络安全依旧是印度尼西亚政府需要直面解决的社会隐患。

一、社会治安总体态势良好

根据印度尼西亚中央统计局数据，在2015年印度尼西亚全境每10万人里58.13人有成为犯罪受害者的风险，全球最大的城市数据库网站Numbeo显示，印度尼西亚2015年的安全指数为52.78，在亚洲47个国家中排行第30位，位置较为靠后。但是考虑到安全指数涉及到自然灾害、食品卫生等其他因素，对比印度尼西亚公民每10万人中受到犯罪威胁的人只有58人，而且Numbeo显示印度尼西亚是全世界谋杀率最低的国家之一，综合考量，2015年印度尼西亚社会治安总体态势良好。但是，印度尼西亚首都雅加达的恶性攻击和偷盗类犯罪占比较高，2015年1~11月，雅加达发生了65起谋杀案、56起强奸案、1657起恶性攻击案、45起入户盗窃案、338起偷窃案和2652起偷车案。由此可见，在良好的总态势下，罪犯在进行抢劫和偷窃等性质不严重的犯罪活动时通常不愿意使用武力，所以通常不会伤害到受害者，除非遇到暴力反抗，但是犯罪依然是印度尼西亚政府需要遏制的，特别在南雅加达，这是一个富裕的地区，其中还有大量的外籍人士、国际学校，以及多个跨国企业、大使馆，这些都是吸引罪犯的目标。

二、交通安全治理欠佳

印度尼西亚的交通安全治理情况可以从以下方面反映：交通设施条件、交通拥堵情况、机动车司机满意度、道路行驶人安全意识和交通事故发生次数。

交通设施条件。印度尼西亚的交通条件很差，因为道路极度拥挤、司机也很散漫，加上数量众多的摩托车和电单车使交通环境更加恶化。印度尼西亚车辆的数量和种类远远超过了道路基础设施的承受能力。另外印度尼西亚的道路两极分化严重，如：收费公路条件好，多车道，并得到了良好的维护，但通常是非常拥挤的；而在大城市以外的大部分道路是单车道和过于拥挤的小车道，车道上不止有摩托车、电单车，还有牛、马。

交通拥堵情况。英国汽车润滑油制造商"嘉实多"（Castrol）2015年底发布的一份全球最拥堵城市的调查报告中显示，印度尼西亚首都雅加达拥堵程度高居榜首。据统计，雅加达车辆的年均停止—启动次数为33240次，位居世界第一。频繁停止—启动的原因就是因为严重的拥堵导致司机不停地熄火等待，需要离开时又再度发动。按照印度尼西亚每一辆车年均停止—启动次数来看，雅加达一辆车每天停止—启动达91次，这个数值可以充分反映该城市的交通拥堵情况。①

机动车司机满意度。谷歌公司旗下地图社交软件Waze 2015年公布了最新的

---

① 全球最拥堵十大城市 印尼雅加达居榜首 [EB/OL]. 人民网，http://auto.people.com.cn/n/2015/0423/c1005-26890486.html，2015-04-23.

机动车司机满意度指数（The Waze Driver Satisfaction Index）。该指数根据以下六点来考量：①交通堵塞的频度和严重程度；②道路质量和基础设施；③基于道路事故、病害，以及天气的交通安全情况；④与加油进站和停车难易相关的配套服务；⑤受油价影响的因素；⑥当地 Waze 社区乐于助人的程度和幸福指数。该软件的使用者在综合以上六个因素进行投票后，印度尼西亚在 190 个国家中排名倒数第五，被 Waze 划归为令机动车驾驶人最不满意的国家之一。[1]

道路行驶人安全意识。印度尼西亚道路行驶人的安全意识也很低，许多司机特别是摩托车、电单车司机无视交通法规，在巴厘省的租用摩托车死亡人员中外籍人占多数。

交通事故发生次数。印度尼西亚交通事故发生次数也较多，尤其是假期时间，印度尼西亚交通事故处于高发状态。例如在 2015 年 7 月开斋节假期间，印度尼西亚几天内就发生 247 起交通事故，造成 53 人丧生，而该国交通部部长居然表示：2015 年的事故数量比 2014 年减少了"许多"。[2]

三、宗教、种族暴力频发

印度尼西亚拥有超过 2.5 亿的人口，是世界上人口第四多的国家，这些人分布在全国超过 17000 个岛屿上。因民族、宗教分裂导致的局部政治暴力和动乱也比较多。比如在印度尼西亚的巴布亚省就一直有分离主义分子在活动，他们认为归印度尼西亚管辖后，当地居民生活质量并无太多变化，而且目前该地区仍然饱受腐败、艾滋病流行和贫穷的困扰。[3] 在 2015 年，一个人数不多的游击队就袭击了印度尼西亚在巴布亚高原地区的驻军。另外，在 2015 年雅加达举行了大约 1480 次示威活动，这些示威活动涉及到劳资纠纷、腐败，还有民族冲突问题。

四、恐怖威胁风险较大

印度尼西亚作为世界穆斯林人数最多的国家，已经成为了极端穆斯林恐怖组织 ISIS 的主要渗透目标。而 ISIS 渗透的方式就是使用恐怖袭击和社交媒体进行恐吓，所以目前来说，印度尼西亚受到的恐怖威胁风险较大。

2015 年 12 月，澳大利亚总检察长布兰蒂斯在参与了印度尼西亚和澳大利亚双边部长、警察首长与国家安保官员的系列会议后，在媒体采访时提出警告说："伊国组织野心勃勃地想加强在印度尼西亚的势力与活动范围，不论是直接地或

---

[1] Waze 官网，http://mamchenkov.net/wordpress/2015/09/29/waze-global-driver-satisfaction-index/，2015-09-29.
[2] 印尼开斋节假期发生 247 起交通事故 53 人丧生［EB/OL］. 中新网，2015-07-23.
[3] 贺圣达，马勇. 东南亚伊斯兰势力的新发展及其影响［J］. 学术探索，2008（5）：29-34.

是通过代理人。你们听过'远方哈里发'（Distant Caliphate）这个说法吗？伊国组织已公开表示，有意在中东之外的地区建立哈里发（伊斯兰帝国），这等同于外地的哈里发，而印度尼西亚是他们的理想地点。""哈里发"在伊斯兰经典《古兰经》中指的是代理人或继承人或是代治者。布兰蒂斯指的"远方的哈里发"自然就是在离"伊斯兰国"组织基地较远的地方扶持一个"伊斯兰国"组织的代理人，也可以理解为"伊斯兰国"组织企图在亚欧大陆之外的地区建立一个基地。似乎是要印证布兰蒂斯的说法，"伊斯兰国"组织在一个月后（2016年初）就对穆斯林最多的国家印度尼西亚发动恐怖袭击，几天之后又向印度尼西亚的旅游胜地巴厘岛寄出恐吓信，这是一次示威，也可以看作是一次号召性的行动，在印度尼西亚巴厘岛政府接收到的恐吓信中有一段话是："我们将以真主安拉的名义袭击登巴萨（Denpasar，巴厘岛首府）和新格拉加（Singaraja，旅游文化中心）。"可见印度尼西亚现在依旧有恐怖分子活动。

1. 恐怖组织

印度尼西亚主要的恐怖组织是"伊斯兰祈祷团"（JI）和 Jema'ah Ansharut Tauhid（JAT），这两个组织成立于20世纪80年代，其成员多为90年代在阿富汗和巴基斯坦的基地组织训练的印度尼西亚人。目前该组织许多成员被监禁或被杀，但这两个组织的余党依旧和菲律宾阿布沙耶夫等恐怖组织保持联系，进行以反对西方利益为目的的恐怖袭击，同时这些恐怖组织余党也与在叙利亚和伊朗境内活跃的恐怖组织"伊斯兰国"（ISIS）有联系，因为在某种程度上这些组织的目标是一致的，即破坏西方国家在恐怖组织所在国的利益。

2. 恐怖分子的袭击对象

印度尼西亚最近一次恐怖袭击发生在2016年1月14日，袭击地点是雅加达市中心一家咖啡厅，这家咖啡厅的主人是一个美国人，咖啡也颇受身在印度尼西亚的西方人欢迎。2003年印度尼西亚巴厘岛也被伊斯兰极端分子袭击过，那次袭击造成22人死亡，主谋就是"伊斯兰祈祷团"成员，袭击地点也是西方人密集的地方。以上足以证明印度尼西亚的恐怖袭击多针对西方人发起，特别是针对美国人。[1]

3. 反恐措施及效率

尽管印度尼西亚政府在2015年积极打击恐怖组织，并且取得了一些效果，除此之外，印度尼西亚还主动和东盟国家、美国、澳大利亚建立合作反恐机制，印度尼西亚政府特别设立了"88反恐部队"，旨在打击规模更小、活动区域更分散的恐怖组织，但是印度尼西亚号称"千岛之国"，岛屿众多，经济不发达，导

---

[1] Islamic State Officially Claims Jakarta Attacks ［EB/OL］. Jakarta Globe, http://jakartaglobe.beritasa-tu.com/news/islamic-state-officially-claims-jakarta-attacks-statement/，2016-01-14.

致政府难以管理国家所有的区域,让恐怖分子更容易藏匿在一些偏远地区,难以根除隐患。印度尼西亚警方对于反恐情报方面的掌控也较为薄弱,比如 2016 年 1 月雅加达的恐怖袭击是一次有组织、有策划的袭击,而且还发生在首都,印度尼西亚警方事先居然毫不知情,如果在情报方面印度尼西亚警方不提高的话,类似袭击以后可能还会发生。[1]

第四节 网络安全

在印度尼西亚新版国防白皮书中,网络安全被提及,但是关于如何防护却没有准确的定义,根据研究调查公司 WeAreSocial 发表的互联网使用最新调研报告,印度尼西亚 2016 年初的互联网渗透率极高,其互联网用户人数超过 8000 万,但其中有 69% 的用户是通过移动终端(手机、平板电脑等)使用互联网的。

由此可见,印度尼西亚的互联网普及率很高,而且以在移动终端上使用的用户居多,但是其网络安全工作却不到位,这直接反映在印度尼西亚互联网用户使用互联网的方式上。基于 WeAreSocial 发布的另外一个数据,在印度尼西亚的 8000 万互联网用户中,只有不到 2000 万通过电商购物,不到用户总数的 20%。网络安全的不确定性造成了印度尼西亚电商和消费者彼此之间的信任度不高,作为印度尼西亚一家知名电商 Bhinneka 公司,该平台上 40% 的用户选择的是货到付款,30% 的用户选择的是银行转账,而剩下的 30% 的用户选择的是使用绑定的信用卡网络支付,相比于互联网和移动终端的使用率来说,移动支付的渗透率非常之低[2]。

由此可见,印度尼西亚的网络安全问题是影响印度尼西亚互联网产业的直接因素,虽然国防白皮书中只是把其列为一项挑战而没有确切的应对方式,但是随着印度尼西亚互联网渗透率的飞速增高,网络安全必然是印度尼西亚需要直面的一个问题。

---

[1] 印尼为什么再遭恐怖袭击 [EB/OL]. 新华网, http: //news. xinhuanet. com/world/2016/0116/c_128634174. htm, 2016 – 01 – 16.

[2] 印尼预计 2017 年信贷增长将达 12% [EB/OL]. 搜狐网, http: //mt. sohu. com/2017/0115/n478766518. shtml, 2017 – 01 – 15.

第五节　印度尼西亚总体安全状况

从政治安全的角度来看，印度尼西亚的政治环境是有风险的。首先是因为政府工作人员素质不高，导致贪腐滋生，加上军队曾经在印度尼西亚有长达32年的专政历史，并且掌握了极多的资源，也涉及军队的利益，在这个前提下军队有干预政治的诱因和基础。其次是因为印度尼西亚独特的政治体制让地方政府有了掣肘中央政府的能力，加上政党众多，派系不一，中央政府对地方的节制能力不强，反之地方政府的执政者为了维护自己的利益同样会和中央政府发生摩擦。另外，国会派系斗争也会导致两派拉拢地方政府，在这样的情况下，地方政府有足够的政治资本和空间与中央政府进行斡旋，以此争夺更大的利益。在这样的情况下，中央政府对地方政府难以形成有效的控制，从而导致地方政府在推行中央政府的政策时效果有限。

从军事安全的角度来看，新版的印度尼西亚国防白皮书将未来挑战分为两类，即事实威胁和非事实威胁。事实威胁是指恐怖主义、极端主义、分裂主义、武装叛乱、自然灾害、边境骚乱、知识产权侵犯、自然资源盗窃、瘟疫、网络攻击、间谍活动、走私以及毒品泛滥。非事实威胁是指不同国家间因武力的竞争而导致的外部冲突。在白皮书中印度尼西亚没有在"非事实威胁"中提及任何国家，并且强调强大的武器装备旨在保护国家的完整和主权。因此可以判断印度尼西亚新的国防政策不具有侵略性，更倾向于维护国家主权。另外，印度尼西亚的军队分布范围广，军事实力相比邻国是强大的，这点从印度尼西亚的军费开支就可以看出来，2015年，印度尼西亚的国防军费开支为74亿美元，远超邻国。[①]所以无论对内还是对外，印度尼西亚的军事都是安全的。

从社会安全的角度来看，印度尼西亚的社会治安方面总体较为稳定，恶性犯罪的比例不高，更多的是偷窃和一般的伤人事件。不过，印度尼西亚的交通状况欠佳，同时，在种族分裂主义和恐怖威胁两方面印度尼西亚政府饱受困扰。巴布亚省的分离主义组织至今依旧在活跃。国际恐怖组织ISIS对印度尼西亚的"兴趣"日渐升高和印度尼西亚国内如"伊斯兰祈祷团"这种零散恐怖组织的合作可能性越来越大，加上印度尼西亚政府在反恐情报方面掌控力薄弱，恐怖袭击威胁短期内依旧会困扰印度尼西亚。

---

① Indonesia reverses course, increases defence budget [N]. Janes, 2016-01-26.

第五章　2015~2016年印度尼西亚外交

第一节　印度尼西亚外交的目标

印度尼西亚目前的外交目标是实现"世界海洋轴心"战略,该战略源自于佐科在2014年选举期间的一次演讲,在演讲时他阐述了属于他自己的"大国梦":那就是把印度尼西亚建设成政治独立、经济自主、具有强文化认同的国家,使印度尼西亚再次成为一个带有自身文明特点和有创造力并为全球文明做出贡献的海洋强国。

一、发挥中等强国作用

印度尼西亚发挥强国作用表现在总统佐科在一些重要的会议场合提出明确的论调和观点,比如在2015年4月,佐科在雅加达亚非会议召开前夕,曾抨击联合国无法维护国际正义,尤其在处理巴勒斯坦问题方面。他也指出,联合国目前的全球治理对所有国家都不公平。接着在亚非会议的领导人峰会开幕式上,佐科指出管理全球经济不能只依赖世界银行、国际货币基金组织(IMF)和亚洲开发银行主导的金融体系。他主张建立全球经济新秩序,并认为"必须推动全球金融架构的改革,不让一些国家支配另一些国家"[1]。这种公然炮轰联合国而且声称要建立新秩序的言论本身就表现出了佐科政府希望发挥印度尼西亚中等强国作用的企图心。

---

[1] 观察员:佐科外交政策不再"皆大欢喜"[N]. 联合早报,http://www.zaobao.com.sg/special/report/politic/indopol/story2015/0425/472436,2015-04-25.

二、维护主权

印度尼西亚维护主权的决心表现在新版的国防白皮书上,在其国防白皮书中提到加强印度尼西亚的海军海防能力,使印度尼西亚重归海上强国地位。另外白皮书强调强大的武器装备旨在保护国家的完整和主权。除此之外,大选时和主政之后,佐科多次提及强化国家威权和主权,用到"国家回归""拒绝弱国家"等词汇,佐科还提及国家威权有赖于政府对国家主权的维护,佐科也多次表示,为维护主权,印度尼西亚会走强硬路线。①

另外,佐科政府在实际行动上也显示了维护主权的决心,其中"沉船政策"就是最好的例子。在一次炸毁于印度尼西亚海域进行非法捕捞的渔船时,印度尼西亚的渔业部部长苏西就表示:"政府正采取更强悍的行动,确保我国海域安全。"② 在发言中,苏西少有地用"保护海域"这样的词汇而非"保护自然资源",就可以看出印度尼西亚政府把"沉船政策"当成是一个维护主权的手段。

三、招商引资

印度尼西亚政府积极招商引资表现在2016年6月为止发布的十二套经济配套政策上,该配套政策的第1、第6、第7、第12条都属于利好外商的政策,以此吸引外国直接投资,简化外资准入流程。不到两年时间出台了四套利于外商投资的政策,而且这些配套措施背后所涉及的司法条例改革之广泛和深远也非常惊人,单是第12条措施就导致印度尼西亚地方政府废除了3000多条地方条例,这表现出印度尼西亚政府引进外商投资的迫切。同时印度尼西亚外交部还将组建一个隶属外交部门的特别工作组,扩大贸易并负责续签与各国已到期的经济合作协议。从2015年开始,佐科政府启用新协议模板,延长与67个国家的双边投资协议,协议模板包括对投资者进行充分保护。③

第二节 印度尼西亚外交政策

佐科政府外交的政策体现在2015年印度尼西亚外长雷特诺·马尔苏迪出席

---

①③ 于志强. 佐科治下印度尼西亚的外交政策:回归务实和民族主义 [J]. 东南亚纵横,2015 (7):14-19.

② 印度尼西亚炸毁27艘外国渔船,展现捍卫经济海域决心 [N]. 印度尼西亚商报,http://www.shangbaoindonesia.com/indonesia - berita/. html,2016 - 02 - 23.

国会听证会时的讲话,讲话中指出印度尼西亚未来5年外交优先发展的四个方向:维护印度尼西亚主权与领土完整;保护印度尼西亚公民和海外机构的权益;积极开展经济外交,提升印度尼西亚经济自立水平;在地区与国际事务中扮演积极角色。佐科在2015年印度尼西亚驻外使节会议上也指出印度尼西亚外交工作的优先重点之一是推动国家经济发展,要求驻外使节重视拓展经济外交。

一、佐科政府外交的主要内容

印度尼西亚2015年外交内容还是延续了苏西洛时期积极的外交基本原则,继续坚持以东盟为区域合作基石,并提升印度尼西亚在其中的领导力;在努力维护东盟团结的基础上,协调东盟对外立场与政策。在跨区域的全球合作中,原则上依旧保持好和大国之间的关系,塑造"和平、自由、多元化"的国家形象,在这些基础上佐科政府还加入了保护印度尼西亚自然及海洋资源,筹建新的海事部门,解决区域边界纠纷,缓和大国在海洋问题上的竞争,承担印度尼西亚作为区域大国的责任,扩大中等强国外交,发展可以确保海外印度尼西亚人民安全的能力,在联合国、世界银行、国际货币基金组织、二十国集团以及伊斯兰会议组织(Organization of the Islamic Conference,OIC)等政府间国际组织内推动多边合作,建设印度—太平洋区域结构,强化印度尼西亚外交部的专业化水平等新的外交元素。[①]

佐科政府与其前任苏西洛政府最大的不同就是在"朋友百万、敌人为零"[②]的原则上有所改变。这种改变体现在保护印度尼西亚自然及海洋资源的"沉船政策"上,即只要进入印度尼西亚海域进行捕捞作业的外国渔船,印度尼西亚政府都采取没收、炸毁的惩戒手段。[③]

其实,在佐科就任伊始,就提到不会如前任苏西洛那样采取全方位交友的外交政策,而将把焦点放在那些能为印度尼西亚带来显著好处的友邦。此外,他也说过印度尼西亚今后将不再亲近那些没有带来好处的国家。

二、佐科政府外交面临的挑战

有改变就会带来挑战,佐科政府外交政策和内容的改变会让其政府面临三个挑战:一是在"沉船政策"的铁腕原则下,印度尼西亚如何与涉事的其他东盟

---

① 于志强. 佐科治下印度尼西亚的外交政策:回归务实和民族主义[J]. 东南亚纵横,2015(7):14-19.
② 姜志达. 印度尼西亚苏西洛政府的"自信"外交[J]. 国际问题研究,2012(6):118-128.
③ 印度尼西亚炸毁27艘外国渔船,展现捍卫经济海域决心[N]. 印度尼西亚商报,http://www.shangbaoindonesia.com/indonesia-berita/.html,2016-02-23.

成员国保持良好的关系；二是如何缓和大国在海洋上的竞争；三是如何成为区域大国。

（一）在"沉船政策"的铁腕原则下，如何与涉事国保持良好的关系

佐科的"沉船政策"已经得罪了几个东盟成员国，到2015年5月，印度尼西亚海军又在自己海域炸沉了40艘其扣押的非法捕鱼的渔船，这些渔船的所属国不乏印度尼西亚的东盟盟友越南、菲律宾、泰国等。从1976年东盟第一次首脑会议在巴厘岛召开至今，已经过去40个年头，东盟各国的区域合作可以说是越来越紧密，2015年12月31日，以政治安全共同体、经济共同体和社会文化共同体三大支柱为基础的东盟共同体建成，标志着东盟各国的合作迈上了一个新台阶。东盟的区域合作能走到今天，作为创始国之一，印度尼西亚在其中起到的作用是毋庸置疑的。《东盟宪章》的第一条就是："维护和促进地区和平、安全和稳定"，东盟的原则是"坚持以和平手段解决纷争"。但是现在印度尼西亚的"沉船政策"至少已经背离了东盟"以和平手段解决纷争"的原则，佐科政府外交面临的挑战之一就是在"沉船政策"的影响下如何跟东盟国家维持一个良好的关系。[1]

（二）如何缓和大国在海洋上的竞争

只要美国不放弃"亚太再平衡"战略，该国还会实施更多的举措来实现其战略目的。例如，除了TPP和南海争端之外，2016年2月15日，美国还在加州庄园召开了为期两天的东盟峰会，会上多次提及"南海""区域秩序"等词汇。这些动作无疑显示了美国"亚太再平衡"战略所针对的国家就是中国，而中国和印度尼西亚具有全面战略伙伴关系，同时还是印度尼西亚的第二大出口国和第一大进口国，其贸易的重要性远远高于美国，印度尼西亚作为南海区域的大国，无可避免地会卷入两国的角力之中。现在的情况是美国越来越频繁地介入亚太地区事务，日本也用外交手段拉拢东盟诸国站队的手段势必会加剧南海局势的复杂化，[2] 加上和中国之间纳土纳群岛捕鱼区的渔业权纠纷都会影响印度尼西亚的外交策略。在日趋复杂的地区形势下，印度尼西亚如何缓和大国在海洋上的竞争是一个难题。

（三）如何成为区域大国

佐科政府提出建设印度—太平洋区域结构并以此为依托成为一个区域强国，增强印度尼西亚在世界范围的话语权想法不太现实。首先印度尼西亚现在依旧是

---

[1] Aspinall E. The New Nationalism in Indonesia [J]. Asia & the Pacific Policy Studies, 2016, 3 (1): 69-79.

[2] Satake, Tomohiko and Yusuke Ishihara. America's Rebalance to Asia and Its Implications for Japan-US-Australia Security Cooperation [J]. Asia-Pacific Review, 2012, 19 (2): 6-25.

一个中等强国,至少在佐科任职的10年内不会成为一个世界强国。① 其次全球经济表现低迷,要做大国就先要承担大国责任,佐科的"亲近能给印度尼西亚带来好处的国家,不再亲近没有带来好处的国家"的外交理念完全没有承担大国责任的表现,这种外交理念不改变,印度尼西亚就不可能跳出中等强国的藩篱。

第三节 印度尼西亚外交的特点及重点

印度尼西亚政府2015年的外交特点已经转变为"务实外交",而"务实外交"的政策则是经济优先。正如之前提到的,印度尼西亚政府现在把焦点放在那些"能够给印度尼西亚带来明显好处的国家"。其外交重点则是经济合作和海上合作。经济合作优先考虑在印度尼西亚的基础设施投资。换句话说,经济合作的重点就在于帮助印度尼西亚的基础设施建设,能够让其实现交通升级,连通国内各个重要岛屿,使其达到"全球海事轴心国"的目的。另外一个重点海上合作则包括了与邻国合作打击海盗、解决非法捕捞问题等。

一、外交特点:实用主义

佐科政府的实用主义外交体现在他说的那句"把焦点放在那些能为印度尼西亚带来显著好处的友邦"上。这好处不只是贸易上的好处,也包括军事安全合作的好处。比如印度尼西亚与美国海军的双边和多边合作就非常广泛,其中反海盗合作、联合训练早已机制化,科莫多、卡拉特及环太平洋多边军事演习,东盟国防部长扩大会议,东盟防务论坛,以及东盟海洋论坛是双方海上安全合作的重要载体。另外,印度尼西亚正在同美国进行磋商,希望美国帮助其组建新的海岸警卫队,为其海洋政策提供武装支撑。与此同时,佐科同样重视加强与中国的关系,早在2005年印度尼西亚就与中国建立战略伙伴关系,2013年双边关系提升为全面战略伙伴关系。但是对于佐科政府来说,大力发展经贸投资合作才是佐科政府对华外交的关键词,佐科的经济外交政策急需中国资本的注入,对于中国建立亚洲基础设施投资银行(AIIB)的倡议,佐科政府回应迅速而积极,同时也成为该组织第一批获准加入的创始会员国。②

此外,佐科也提出,"不再亲近那些没有带来好处的国家"。这也是其实用主义外交的特点,比如东盟成立近50年来,印度尼西亚一直把东盟视为外交政

---

①② 于志强.佐科治下印度尼西亚的外交政策:回归务实和民族主义[J].东南亚纵横,2015(7):14–19.

策的唯一基石，但是在佐科上台时，印度尼西亚政府希望超越东盟视角，以印度洋—太平洋为跳板，从一个发展中的中等强国成长为一个具有全球影响力的大国，实现印度尼西亚外交的三级跳。而东盟不过是其外交政策的基石之一。[1]

二、外交重点之一：经济外交

印度尼西亚总统佐科的经济外交表现在其呼吁所有外交官都要像推销员一样，向其他国家介绍印度尼西亚的经济环境，告知外商印度尼西亚是一个值得投资的地方，特别是在贸易投资和旅游业方面。

佐科的经济外交背景是世界经济重心已转移到亚洲，巨大的投资额、庞大的国内消费能力和亚洲社会文化的进步都是证明。这种经济力量的转变可以由世界银行的2015年报告来证明，该报告指出，世界上最大的10个经济体中，亚洲国家包括了中国（排名第二）、印度（排名第三）、日本（排名第四）和印度尼西亚（排名第十），而前10名只有四个欧美国家，分别是美国（排名第一）、德国（排名第五）、法国（排名第八）和英国（排名第九），俄罗斯排名第六。

经济重心向亚洲转移的情况表明了印度尼西亚出口产品具有巨大的市场机会。但是印度尼西亚有75%的领土都是海水，岛屿众多，连通状况低下。所以需要大力发展海上连通的基础设施建设，让各个岛屿的产品能够高效地进行运输和转移，这种建设的规模和资金是印度尼西亚一个国家难以负担的，佐科经济外交因此而生。

佐科政府的经济外交计划着眼于吸引外资促进海上基础设施、航运、造船厂建设以及渔业和金融合作。[2] 图5-1显示了佐科政府经济外交的成果。

如图5-1所示，2015年下半年的外资投资额比上半年增长了约12%，从该数据可以看出，自2015年下半年印度尼西亚的外资投资明显增高，这正是佐科政府积极展开"经济外交"的成果。

三、外交重点之二：海洋外交

佐科政府的海洋外交基础除了上文提到的与美国进行海上安全合作之外，还有通过发展国家渔业与维护海洋渔业资源权益和海上主权安全，升级印度尼西亚领海资源和渔业管理能力，使海上资源能够用之于民。并且优先发展海上基础设

---

[1] 于志强. 佐科治下印度尼西亚的外交政策：回归务实和民族主义 [J]. 东南亚纵横，2015 (7)：14-19.

[2] 雅加达邮报 [N]. http://www.thejakartapost.com/news/2015/01/02/revisiting-economic-diplomacy.html，2015-01-02.

(万亿印度尼西亚卢比)

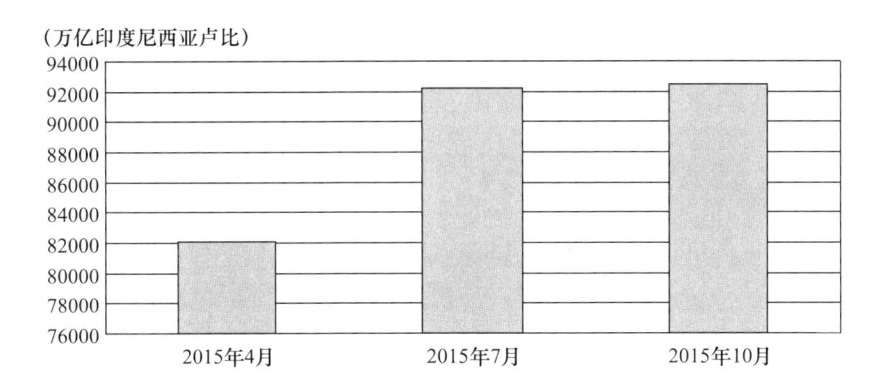

图 5-1　2015 年印度尼西亚外资投资额

资料来源：tradingeconomics 网站，http://www.tradingeconomics.com/indonesia/foreign-direct-investment.

施和互联互通，着眼于发展海上经济走廊，深水港、物流、造船工业和海上旅游业。① 另外，印度尼西亚国防白皮书中还提到加强印度尼西亚的海军海防能力，让印度尼西亚能够重归海上强国地位，有能力维护航行安全和捍卫海上安全，以这个能力作为海上主权权益维护的强力后盾，以此扩展海洋外交，邀请所有合作伙伴参与到海洋发展领域，同时消弭海上冲突，解决非法捕捞、侵犯主权、海洋领土争端、海盗和海洋污染问题。

第四节　印度尼西亚与东盟国家的外交

作为世界上人口第四多并且人口在东盟总人口数中占了 40% 的国家，印度尼西亚在东盟中是当之无愧的大国，作为参与发起建立东南亚国家联盟的国家，印度尼西亚此后一直把东盟作为"贯彻对外关系的基石"，积极发展同东盟其他国家的友好和经济关系，巩固东盟的团结，致力于建立东南亚和平、自由、中立区。自佐科上台之后，印度尼西亚政策内顾，对东盟的关注和投入明显减少，在

---

① Adelle Nrary. Jokowi Spells Out Vision for Indonesia "Global Maritime Nexus", CSIS [J]. Volume Vissue 24, 2014 (11).

一些问题的处理上也让东盟国家颇有微词,比如烧芭①和沉船政策。

一、印度尼西亚在东盟的地位及作用

因为印度尼西亚的体量原因,该国家在东盟的地位是不能忽视的,加上印度尼西亚国土延伸到了世界海运最繁忙的海峡之一——马六甲海峡上,让印度尼西亚在东盟的地位变得越来越重要。超过2.4亿人口的广阔国内市场,得天独厚的地缘位置成为了印度尼西亚在东盟内部获得组织话语支配权的最好资本。另外,新版国防白皮书中表示印度尼西亚的军费开支会逐年提升,② 这些因素随着东盟一体化的发展,会让东盟其他国家对印度尼西亚的期望越来越大,甚至欧洲国家已经提出了"东盟中心"③的论调,认为印度尼西亚是东盟的最佳合作伙伴。只要印度尼西亚的经济继续强势,甚至可以引领东盟进行区域一体化的整合。

(一)地位

关于印度尼西亚在东盟的地位有两种说法:一种认为印度尼西亚对于东盟来说是有领导作用的,只是这种领导作用在印度尼西亚成为一个经济强国之前是有限的,印度尼西亚虽然具有领导作用但是并不是东盟领袖,相反,印度尼西亚通常是以比较低的政治姿态和东盟各国进行外交互动,也是因为这种政治低姿态,才能够让东盟各国坚持以东盟手段来处理内部纷争,维持东盟各国多边主义和中立的立场,把东盟成员国中有对立情绪的国家维持在一个和平的状态下。从这些迹象看来,印度尼西亚更像是东盟内部的一个和事佬和老大哥。④

另一种则认为东盟现在有三个领袖,泰国、马来西亚和新加坡就是东盟的经济领袖,这些国家在经济一体化的道路上发挥了至关重要的作用,它们都是东盟自由贸易区的支持者。菲律宾则更加关注社会和文化问题,建立东盟社会文化共同体(ASCC)就是菲律宾倡议的。而印度尼西亚往往会在政治和安全问题上影响东盟各个成员国的走向。

(二)作用

目前印度尼西亚在东盟的作用更多的是一个和事佬或者老大哥的角色,事实上,印度尼西亚在东盟内部就被称为"老大哥"。因为在东盟内部印度尼西亚往

---

① Nurfitriani N., Hindersah R. Effect of Fungi and Manure on Cadmium Content and Biomass of Maize Grown in Cadmium Contaminated Tailing from Bangka Indonesia [J]. Current Research in Agricultural Sciences, 2015, 2 (2): 42 - 52.

② Thakur S. Indias Maritime Security and the Role of Navy Threats Challenges and Responses [D]. Panjab University, 2016.

③ Felix Heiduk. Indonesia in ASEAN: Regional Leadership between Ambition and Ambiguity [J]. Social Science Open Access Repository, 2016 (4): 6.

④ Why Indonesia Should Take a Leading Role in ASEAN [R]. Eastasia Foru, 2015 - 03 - 28.

往扮演争端协调员的角色,而且印度尼西亚和平、自由、多元化的外交政策能够有助于东南亚地区保持和平。对于欧洲的"东盟中心"论调,照目前的形势来看,印度尼西亚还没有成为东盟中心的实力和条件,在很多的国家事务中,印度尼西亚往往只是作为东盟的一部分发声。①

二、印度尼西亚与新加坡

总的来说,印度尼西亚和新加坡之间在2015年有一些小矛盾,从2015年媒体上报道频率比较多的新闻也可以看出,印度尼西亚和新加坡在这一年中没有高层互访,而且时常通过官方发言的方式互相指责对方的不是,表达自己的不满。

这些矛盾可以把印度尼西亚和新加坡2015年的外交关系归纳为三个关键词:空气污染、空中区域、资产。

空气污染的诱因指的就是印度尼西亚每年的"烧芭"行为。"烧芭"指的是每年特定的时候印度尼西亚都会点燃大火"烧芭",以这种最廉价的方式来清理土地,使该土地适合油棕榈种植或者其他的需求。通常这种行为会造成热带雨林被烧毁,野生动物栖息地被破坏的恶果。同时大火会烧干泥炭地,而且在燃烧过程中释放出大量的有毒烟雾,由于燃烧进入了土地的深层,极难扑灭。所以释放的烟雾也会持续很长一段时间,作为印度尼西亚的邻国,新加坡也会受到"烧芭"的影响,新加坡政府对印度尼西亚这种行为多次提出抗议,甚至新加坡政府还启动了法律程序,在2015年向对新加坡排放空气污染物的印度尼西亚公司征收巨额罚款。②但是印度尼西亚对于新加坡的做法却无动于衷,2015年印度尼西亚现任副总统卡拉甚至公开表明:"一年有11个月,新加坡和马来西亚这种国家因为印度尼西亚享受着好的空气质量却从来没有感谢过印度尼西亚,但是只有一个月的烟霾却让它们感到不安。"

空中区域指的是飞航情报区(FIR),印度尼西亚的政治家和军人都呼吁应该收回印度尼西亚境内廖内领空的飞航情报区,这个情报区是由国际民航组织(ICAO)划定给新加坡的责任区,主要从事民航的航空管制,飞航情报区和防空识别区不同,主要以航空管制和飞行情报为主。这种把领空划拨给别国做飞航情报区的情况并不少见,大多数情况是从该国飞行业务和技术能力进行考量的。而印度尼西亚人则认为,这是属于印度尼西亚的领空,在日益拥挤的航空交通上飞航情报区能够保证自己国家航空公司的航班按时起落,把自己国家的领空给别国做飞航情报区就意味着让自己国家的民航受别国的航空管制,这不但不合理,还

---

① 曹云华. 印尼在东盟的地位和作用的变化 [J]. 当代亚太, 2001 (3).
② 印度尼西亚霾害急剧恶化引忧虑 拖累东南亚经济 [N]. 联合早报, http://news.xinhuanet.com/world/2015/0928/c_128274827.htm, 2015 - 09 - 28.

有碍于自己国家航空业的发展。①

资产指的是印度尼西亚滞留在新加坡的资产,印度尼西亚政客们指责新加坡庇护涉嫌在印度尼西亚贪污、逃税和非法集资的罪犯。2015年时任印度尼西亚财政部部长班邦说:"那些我们花时间诅咒的国家资产腐蚀者在新加坡他们是安全的。"他还引用了麦肯锡的一项研究估计,印度尼西亚在新加坡的资产价值达3000亿美元。有的印度尼西亚官员还声称,新加坡阻碍了他们的财务相关调查。②

上诉矛盾涉及到印度尼西亚和新加坡关于环境污染、飞航情报区、资产流失三个方面的纠纷,但是这些矛盾归根结底都是经济上的矛盾,并非是政治矛盾,而且新加坡到目前为止依旧是印度尼西亚直接投资金额最多的国家,所以上述矛盾并不会影响印度尼西亚和新加坡两国作为东盟盟友之间的关系。

三、印度尼西亚与马来西亚

印度尼西亚和马来西亚的外交关系在2015年趋于平稳,虽然没有发生高层互访,但是规模较大的合作不断,比如为应对国际大宗商品价格下行压力,印度尼西亚和马来西亚政府达成了关于强化棕榈油产能合作协议。③全球棕榈油出口市场排名第一和第二的国家就是印度尼西亚和马来西亚,两国在这方面达成协议,足见双方政府关系非常稳定。除此之外,印度尼西亚和马来西亚还促成了合作开发"国家汽车"的项目。④

另外,与新加坡一样,马来西亚同样受印度尼西亚"烧芭"影响,甚至在2015年10月19日因为烟霾严重而停课,并且有数千人呼吸道因烟霾而出现疾病。但是马来西亚领导人并没有像新加坡的领导人那样向印度尼西亚政府提出抗议。⑤

其中原因是因为印度尼西亚和马来西亚的关系可以追溯到几百年前,那时候马来西亚与印度尼西亚统称为东印度群岛(Kepulauan Melayu),形成东印度群岛的都是互相独立的小国,其中西马来西亚叫作马来半岛(Tanah Melayu,也就是

---

① Nadalutti E. The Rise of Trans-border Regions in Southeast Asia: Behind the Dynamics of Informal and Formal Integration Processes in the "Indonesia – Malaysia – Singapore" Growth Triangle [J]. The Pacific Review, 2015, 28 (4): 607 – 630.

② The Trouble with Indonesia – Singapore Relations [N]. Diplomat, 2015 – 01 – 21.

③ 马来西亚和印尼强化棕榈油合作 [EB/OL]. 新浪财经, http://finance.sina.com.cn/roll/2015/0908/060023182617.shtml, 2015 – 09 – 08.

④ 印尼将与马来西亚合作开发"国家汽车" [EB/OL]. 人民网, http://env.people.com.cn/n/2015/0407/c1010 – 26807699.html, 2015 – 04 – 17.

⑤ 印尼山火持续殃及邻国 马来西亚再次宣布停课 [EB/OL]. 网易财经, http://money.163.com/2015/1019/17/B6A9SBOP00253B0H.html, 2015 – 10 – 19.

希腊人说的黄金半岛),东马来西亚称为婆罗洲(Kepulauan Borneo),而现在的印度尼西亚国土中都是各个独立的小国,包括了位于苏门答腊岛上的 Acheh、Palembang(巨港)等,位于爪哇岛的 Demak(地马克)等,以及印度尼西亚东部的一些小岛,那时候统称为香料群岛,以丰富的香料闻名。后来欧洲开启航海时代,英国和荷兰的殖民者来到东印度群岛,展开了殖民地之争,因为僵持不下,荷兰和英国在1824年签订了互不侵犯条约,规定马来半岛以及婆罗洲上半归英国所有,苏门答腊岛、爪哇岛,以及香料群岛归荷兰所有,两者互不侵犯,奠定了如今马来西亚跟印度尼西亚的版图。

所以从某种程度来讲,印度尼西亚和马来西亚两国不仅是一衣带水的邻邦,更可以说是同胞兄弟。因为在历史上,在西方殖民势力介入东印度群岛之前,印度尼西亚和马来西亚(确切地说当时并无"Indonesia"和"Malaysia"这样代指某统一的多民族国家之概念)的确有着几乎相同的历史,也有着极其相似的宗教、文化和民俗。可以说,印度尼西亚文化和马来文化都是从同一地区的历史与文化之上衍生出来的两个不同的侧面。这点可以从印度尼西亚语与马来语之间的关系反映出来,两国语言非常相似。① 在这样的历史背景下,两国关系不会出现太大的波动。而且现在马来西亚依旧是印度尼西亚第五大直接投资国,在主张经济外交的印度尼西亚总统佐科执政期间,两国关系会比较平稳。②

四、印度尼西亚与泰国

印度尼西亚和泰国正式建交已经有65年,两国关系友好,双边关系融洽。两国在对方国家境内都建有大使馆——印度尼西亚大使馆和驻泰国总领事馆在曼谷,而泰国大使馆则在印度尼西亚首都雅加达。两国高级别官员互访已经进行了多年。另外这两个国家都是东盟的创始人和不结盟运动的成员以及亚太经合组织成员。印度尼西亚和泰国被视为天然盟友,印度尼西亚也在柬埔寨—泰国边境争端中被任命为观察员,负责调停两国争端。

2015年印度尼西亚和泰国之间没有高层互访,也没有大宗经贸合作,关于两国的热点新闻是在2015年8月17日泰国首都曼谷四面佛景区发生恐怖袭击,有一名印度尼西亚公民当场遇难。③ 因此印度尼西亚和泰国之间的外交关系处于平稳状态。

---

① Cederroth S. Indonesia and Malaysia [J]. Islam Outside the Arab World, 1999: 253.
② Stauth G. Politics and Cultures of Islamization in Southeast Asia: Indonesia and Malaysia in the Nineteen-nineties [M]. Transcript Verlag, 2015.
③ 泰国曼谷爆炸致一名印尼公民遇难 [EB/OL]. 人民网, http://world.people.com.cn/n/2015/0818/c157278-27481085.html, 2015-08-18.

五、印度尼西亚与越南

印度尼西亚和越南之间的关系属于对外双边关系。两国算是毗邻的国家,在南海有海上边界,这两个国家都是东盟和亚太经合组织的成员,两国在2015年外交上有一些矛盾,原因就是自佐科政府上台之后印度尼西亚开始打击在其境内非法捕捞的渔船,其中就包括了越南渔船,没收渔船之后印度尼西亚政府采取炸沉渔船的做法,这种做法导致越南颇有微词。2015年,印度尼西亚总共逮捕了660名非法捕捞的越南人[1],并且炸毁了一些越南渔船,对此越南政府表示,希望印度尼西亚能够基于两国战略伙伴关系和同为东盟成员的传统友谊来处理相关事件,[2]但是印度尼西亚政府依旧坚持以逮捕、炸毁渔船等较为激进的方式处理非法捕捞的问题。这足以说明印度尼西亚在捍卫自己海域和渔业资源上的决心在维持与同为东盟成员国的越南友谊之上。但是除了非法捕捞之外,印度尼西亚和越南没有别的冲突,而且越南在印度尼西亚炸毁该国渔船的事情上只是稍微抗议了一番,没有任何附加举动,所以两国关系趋于良好。

六、印度尼西亚与其他东盟国家

印度尼西亚和文莱自1984成立外交关系以来,有着热情友好的关系。这两个国家之间的全面关系进展顺利,双方有着广泛的合作,包括贸易投资、旅游、农业、海洋和渔业;除此之外,两国合作还涉及健康、国防、跨国犯罪、教育、人民之间的文化联系。文莱和印度尼西亚有着许多共同的特征,这些特征包括历史、文化和宗教的同源。两国的人口中大多数是南岛语系民族的祖先或马来族,具有明显的马来文化共性。而且这两个国家都是穆斯林占多数的国家,同为东盟和亚太经合组织的成员,也是不结盟运动和伊斯兰合作组织的成员。

印度尼西亚和柬埔寨在对方首都建有大使馆,自20世纪60年代建立外交关系以来,印度尼西亚一直是柬埔寨和平与稳定的坚定支持者。1992年,印度尼西亚为柬埔寨过渡当局提供了部队,并在1999年支持柬埔寨加入东盟。这两个国家都是不结盟运动成员和东盟成员。

自1949年印度尼西亚和菲律宾建交以来,两国的双边关系不断在发展。两国在彼此境内建立大使馆,两国之间高等级的正式访问已进行了多年。这两个国家都是东盟的创始国和不结盟运动成员以及亚太经合组织成员。两国都是"东盟

---

[1] Smith G. J. D., Naipospos T. S. P., Nguyen T. D., et al. Evolution and Adaptation of H5N1 Influenza Virus in Avian and Human Hosts in Indonesia and Vietnam [J]. Virology, 2006, 350 (2): 258 – 268.

[2] 印度尼西亚炸沉外国渔船 越南望印度尼西亚以人道精神处理 [EB/OL]. 搜狐新闻, http://news.sohu.com/2015/0821/n419435090.shtml, 2015 – 08 – 21.

东部增长区"的成员，而且这两个国家都是由岛屿组成的。

印度尼西亚与缅甸是1469年12月27日建交的，目前印度尼西亚在缅甸仰光有一个大使馆，缅甸则在印度尼西亚首都雅加达有一个大使馆。

印度尼西亚与老挝在1957年建立外交关系，目前印度尼西亚在老挝首都万象有一个大使馆，老挝在印度尼西亚首都雅加达有一个大使馆，1997年印度尼西亚支持老挝加入东盟。现在印度尼西亚和老挝重点是探索两国在贸易和投资方面的合作潜力。目前两国合作包括安全、旅游、体育、航空运输和教育方面。①

第五节 印度尼西亚与大国的外交

印度尼西亚和大国的外交政策是"大国平衡"外交战略，目前印度尼西亚在安全上偏向于与美国和欧洲国家合作，在经济合作上则依靠中国和日本这样的亚洲大经济体。由于日本在南海争端中的立场和美国相同，与中国对立，作为地缘位置特殊的印度尼西亚已经成为美国和日本拉拢的对象，如何继续维持"大国平衡"战略对于印度尼西亚来说已经不像苏西洛时代那样容易。②

一、印度尼西亚与美国

在苏哈托时代，印度尼西亚的外交政策是完全靠向美国的，但是在其政府倒台之后，印度尼西亚与美国可以说是越走越远，但是这种分离不是完全和彻底的，更多地可以理解为在政治和军事上的分离，在经济上的关系还是相当密切的。现在美国依旧是印度尼西亚第五大出口国，占印度尼西亚出口总量的9.4%。

另外，印度尼西亚对加入美国提出的跨太平洋伙伴关系协定（Trans-Pacific Partnership Agreement，TPP）又持保留态度，美国提出的TPP是其"亚太再平衡"战略的重要棋子，TPP有五个特点：一是要求消除或削减涉及所有商品和服务贸易以及投资的关税和非关税壁垒；二是促进区域产能供应链的发展；三是解决数字经济、国有企业等新的贸易挑战；四是促进中小企业发展和加强成员国贸易能力建设，实现贸易的包容性；五是作为区域经济一体化平台，吸纳亚太地区

---

① Aditama T. Y. Prevalence of Tuberculosis in Indonesia, Singapore, Brunei Darussalam and the Philippines [J]. Tubercle, 1991, 72 (4): 255-260.

② Satake, Tomohiko and Yusuke Ishihara. America's Rebalance to Asia and Its Implications for Japan-US-Australia Security Cooperation [J]. Asia-Pacific Review, 2012, 19 (2): 6-25.

其他经济体加入。从这五个特点无疑可以看出 TPP 是美国"亚太再平衡"战略的一个极为重要的敲门砖。从 2009 年美国总统奥巴马亚洲之行时提出美国将加入 TPP 谈判，印度尼西亚已经犹豫了 7 年，从总统苏西洛在 2011 年称印度尼西亚不必着急加入 TPP，要研究其是否符合本国利益，到现任总统 2015 年称是否加入 TPP 印度尼西亚还在考虑中就可以看出，对于美国主导的 TPP，印度尼西亚顾虑重重，除了 TPP 中消除或削减关税壁垒等不利于印度尼西亚本土企业的条款之外，印度尼西亚更担心的是自己会不会成为美国制定亚太贸易新规范或者"亚太再平衡"战略的垫脚石。[1] 印度尼西亚奉行的"大国平衡"战略和美国的"亚太再平衡"显然有不可调和的矛盾，这也是双方关系难以再像苏哈托时代那样亲密的原因。

二、印度尼西亚与日本

从苏哈托时代至今，日本一直是印度尼西亚重要的贸易伙伴。在苏哈托执政的时代，除了美国之外，给予印度尼西亚最多援助的就是日本，时至今日，日本依旧是印度尼西亚重要的贸易伙伴，日本目前是印度尼西亚的第一大出口国，占总出口比例的 13.1%，同时是印度尼西亚的第三大进口国，占印度尼西亚进口总量的 9.6%。[2] 现在日本非常积极地和印度尼西亚发展双边关系，2015 年 12 月 17 日，日本和印度尼西亚在东京举行首次外交与防务部长级"2+2 磋商"。该磋商的主要内容包括军事合作以及地区安全合作。

这也是日本第一次和东盟成员国进行"2+2 磋商"。日本首相安倍晋三称这是日本和印度尼西亚"关系进化的象征"。在此之前，日本仅与美国、俄罗斯、英国、法国、澳大利亚五国举行过"2+2 磋商"，从这点看，足以证明相比东盟其他国家，日本对印度尼西亚是另眼相看的。[3] 另外，在南海问题上，日本立场和美国相同，而且日本会用经济援助作为交换条件让受援助国支持其南海立场，作为印度尼西亚的重要贸易伙伴，日本必然会用更多的手段来绑架印度尼西亚在南海上的立场，印度尼西亚政府需要谨慎应对。

三、印度尼西亚与澳大利亚

自 1945 年印度尼西亚宣布独立以来，澳大利亚和印度尼西亚的外交关系一

---

[1] 印尼加入 TPP 至少要考虑一年之久 [N]．国际日报，http：//www.guojiribao.com/shtml/gjrb/2015/1123/244156.shtml，2015 - 11 - 23.

[2] 数据来自 WTO 官网，http：//stat.wto.org/CountryProfile/WSDBCountryPFView.aspx? Language = E& Country = ID.

[3] 首次"2+2"上日本拉印尼谈南海　欲在印尼市场获与中国竞争优势 [EB/OL]．新浪新闻，http：//news.sina.com.cn/o/2015/1218/doc - ifxmttme5739917.shtml，2015 - 12 - 18.

直处在一个比较复杂的进程中。首先,在1950年西伊里安归属问题上澳大利亚和印度尼西亚的主张相左,最后西伊里安虽然划归到了印度尼西亚境内,但是这让印度尼西亚和澳大利亚的关系蒙上了一层阴影。接着又是在1963~1966年的"印马对抗"(Konfrontasi)事件中,澳大利亚在政治上支持马来西亚。当1965年印度尼西亚派兵入侵马来西亚的时候,澳大利亚也派兵驻扎在马来西亚的沙巴(Sabah)和沙捞越(Sarawak)边境,与印度尼西亚军队对峙,直至1966年苏加诺(Sokarno)总统被赶下台,由苏哈托(Soharto)总统领导的印度尼西亚新政府不热衷于继续对抗,双方签署和平协议,对抗事件才结束。在苏哈托时代,印度尼西亚外交政策完全靠向美国,作为美国盟友的澳大利亚和印度尼西亚的外交关系也进入了平稳发展的时期,但是到了1998年东帝汶问题发生时,唯一承认印度尼西亚对东帝汶拥有主权的澳大利亚一反常态,敦促印度尼西亚就东帝汶独立还是自治问题举行全民公决。1999年8月东帝汶全民公决选择独立之后,9月时任印度尼西亚总统的哈比比(Habibie)单方面宣布废除1995年和澳大利亚签署的《共同安全合作协定》,随后以澳大利亚为首的多国部队进入东帝汶维持安全和秩序,自此澳大利亚与印度尼西亚关系开始不和。之后不久,雅加达的澳大利亚大使馆遭到袭击。①

　　考虑到地区安全的需要,印度尼西亚和澳大利亚双方有意缓解矛盾。2001年时任印度尼西亚总统瓦希德(Abdurrahman Wahid)访问澳大利亚,与澳大利亚总理霍华德进行了亲切友好的交流和会谈,双方就贸易与投资、区域安全、打击走私和非法移民等多项事务达成共识。之后印度尼西亚和澳大利亚双边贸易不断上升,而且澳大利亚还在2012年给予了5.4亿美元的发展援助。如今,印度尼西亚更是希望与澳大利亚签订自由贸易协定,以此扩大两国双边贸易规模。作为西太平洋地区两个相邻的大国,合作潜力毋庸置疑,但是纵观半个多世纪以来澳大利亚与印度尼西亚的关系,一旦涉及到领土完整、主权独立等根本问题,双方立场容易产生分歧,两国关系往往陷入困境。无论是西伊里安归属问题,还是东帝汶独立问题,都曾经让两国关系急剧恶化。但是正如澳大利亚的学者所说:"如果我们要在亚太起到更积极和主动的作用的话,我们面前的印度尼西亚是我们必须要面对的国家。"② 所以两国的合作发展潜力和矛盾风险并存。③

---

① Ali J. R., Hall R. Evolution of the Boundary between the Philippine Sea Plate and Australia: Palaeomagnetic Evidence from Eastern Indonesia [J]. Tectonophysics, 1995, 251 (1): 251 – 275.

② Momigliano P. Conservation of Coral Reef Associated Sharks in Australia and Indonesia [J]. Macquarie University Research online, 2016.

③ Sumargi A., Sofronoff K. and Morawska A. Understanding Parenting Practices and Parents' Views of Parenting Programs: A Survey among Indonesian Parents Residing in Indonesia and Australia [J]. Journal of Child and Family Studies, 2015, 24 (1): 141 – 160.

四、印度尼西亚与欧盟

欧盟和印度尼西亚的关系正在迅速发展,欧盟认为印度尼西亚作为世界第三大民主国家和人口第四多的国家,是一个东南亚区域上的巨人。该国生产总值占东盟总值的35%,这些数据表明了印度尼西亚是一个很有潜力的合作伙伴。同时欧盟认为和印度尼西亚在区域一体化、多边主义、民主和人权等方面有相似的价值观。印度尼西亚是第一个与欧盟签署《合作伙伴协定》的东盟成员国。[①]

欧盟和印度尼西亚之间每年都会举行一次政治对话和人权对话,而安全对话也将在2016年推出,以此加强合作,面对共同的挑战,这些挑战包括打击极端主义和恐怖主义。另外欧盟对印度尼西亚有巨大的投资兴趣,目前欧洲公司在印度尼西亚境内已经雇用了约110万个印度尼西亚员工。欧盟和印度尼西亚的双边贸易(非石油和天然气)在2015年达到了253亿欧元,其中153亿欧元是通过印度尼西亚商品出口到欧盟产生的,而且2015年欧盟已经是印度尼西亚第二大非石油和天然气产品出口市场,领先于中国,仅次于美国。印度尼西亚主要出口到欧盟的产品有动物或植物油、机械、电器、纺织品、鞋类、塑料和橡胶制品。而棕榈油是印度尼西亚出口欧盟的头号出口商品,占所有欧盟进口棕榈油的54%。欧盟对印度尼西亚出口的产品主要由高科技机械、运输设备、制造产品和化学品组成。2015年,欧盟和印度尼西亚将重启全面经济伙伴关系协定谈判,这意味着欧盟和印度尼西亚的双边贸易合作未来会有更多发展空间。[②]

五、印度尼西亚与俄罗斯

印度尼西亚与俄罗斯的合作主要体现在安全方面,两国虽然相隔万里,但两国在冷战时期就曾经有过一段非常密切的军事安全合作。在20世纪50年代末到60年代中期,印度尼西亚与苏联的军事合作达到高峰。随着苏哈托政府的上台,苏联因为不满其亲美的外交政策,因而中断了对印度尼西亚的军事援助,印度尼西亚军火采购从而全面转向美国和其他西方国家。

但是在苏联解体之后,印度尼西亚和俄罗斯间的合作再度恢复,特别是在2003~2010年印度尼西亚武器进口国排行榜上,俄罗斯高居榜首,约为7亿美元,占比27.2%;两国签署的武器订单为12.56亿美元,占比33.9%。而且在

---

① Nijman V. CITES – listings, EU eel Trade Bans and the Increase of Export of Tropical Eels Out of Indonesia [J]. Marine Policy, 2015, 58: 36 – 41.

② Fishman A., Obidzinski K. Verified Legal? Ramifications of the EU Timber Regulation and Indonesia's Voluntary Partnership Agreement for the Legality of Indonesian Timber [J]. International Forestry Review, 2015, 17 (1): 10 – 19.

俄罗斯与印度尼西亚的高层互访中,签署军事技术合作协定已成惯例。印度尼西亚军方很多高级军官都有在俄罗斯学习、培训的经历。

两国安全合作外交的基石在于印度尼西亚地缘政治的特殊性,印度尼西亚地处马六甲海峡等重要国际贸易路线的咽喉要道,是任何国家在东南亚扩大影响力都绕不开的对象。俄罗斯重视与印度尼西亚的军事技术合作的战略目的就是以军售为手段,扩大在东南亚乃至亚太地区的战略影响力,这是俄罗斯"军事外交"的重要组成部分。

另外一个原因就是俄罗斯现在的"以军促经"的计划,1999年俄罗斯总理普京就曾经表示,他在任期内的一大目标是振兴俄军事工业,增加武器出口,借此恢复国家经济,使俄重返世界经济强国的行列。因此,俄罗斯的对外销售军事武器和技术政策发生了很大变化:在苏联时期,军工出口往往带有浓厚的意识形态因素,如今则以追求更大的经济利益为核心。早在2001年,俄罗斯就计划10年内实现在东南亚军售超过70亿美元的目标。[①] 此外,俄罗斯为了摆脱在武器出口领域对中国和印度的过度依赖,也在积极寻求开发新的武器出口市场。南亚人口最多、经济潜力巨大的新兴地区国家——印度尼西亚对俄罗斯军工企业有很大吸引力。另外,印度尼西亚政府的"海洋强国"计划对军事实力要求也会升高,如今印度尼西亚的军费开支在东南亚名列前茅,表现出扩展军事实力的迫切需求,从军事强国俄罗斯采购军备也是印度尼西亚政府增强军事实力的一个绝佳路径。

至2015年,两国合作依旧以军事安全合作为主,印度尼西亚最大军事设施进口国中依旧包括俄罗斯,俄罗斯一方面需要扩大自身在东南亚的影响力,另一方面又要以军备出口促进经济,所以重点放在安全合作层面对于印度尼西亚和俄罗斯都是最好的选择。两国这样的外交合作趋势将在未来一段时间内保持稳定,因为印度尼西亚需要加强自己的军事实力,俄罗斯也渴望扩展在东南亚的军售市场。[②]

[①] 俄罗斯"军售外交"与经济利益并重 [EB/OL].21世纪评论,http://news.21cn.com/today/topic/2010/11/20/7955703.shtml,2010-11-20.

[②] 李益波.浅析俄罗斯与印度尼西亚的防务合作及其影响 [J].和平与发展,2013(6):100-107.

第六章　2015~2016年印度尼西亚区域经济合作

印度尼西亚作为东南亚最大的经济体和世界排名第四的人口大国，无论是在东盟内部还是国际上都是一支不容忽视的新兴力量。随着经济的持续稳定发展，印度尼西亚还积极开展区域经济合作，期望通过与其他国家的合作，进一步促进其经济发展。印度尼西亚除了继续加深与东盟内部各个国家的合作之外，还积极开展与中国、韩国、日本、印度、澳大利亚、新西兰、美国等国家的区域经济合作。通过这些区域经济合作，印度尼西亚不仅仅促进了在相关区域内的贸易与投资，而且为实现其东盟"领头羊"的目标不断蓄积力量。此外，中国主导的区域全面经济伙伴关系（Regional Comprehensive Economic Partnership，RCEP）与美国主导的跨太平洋伙伴关系协定（Trans-Pacific Partnership Agreement，TPP）也正影响着印度尼西亚区域经济合作的抉择和发展。

第一节　印度尼西亚参与东盟经济共同体的现状

东盟经济共同体（ASEAN Economic Community，AEC）正式成立于2015年12月31日，是东盟共同体的三个组成部分之一。东盟经济共同体的10个成员国通过削减贸易关税，降低劳动力、服务、资本流动成本等方式加强区域经济联系，进而形成了整体大于部分的独特吸引力。东盟经济共同体给印度尼西亚带来了机遇和挑战。一方面印度尼西亚可以发挥人口、资源优势拓展市场，扩大其贸易与投资规模，促进经济发展；另一方面印度尼西亚产品面临着共同体内部其他国家同质产品的竞争。

一、合作进程

印度尼西亚作为东南亚联盟的创始成员国之一，与其他成员国一起推进了东盟内部的贸易自由化，把建立东盟经济共同体作为目标，以此促进东盟内部经济一体化建设，增强东盟的整体实力。

（一）东盟共同体设想的诞生[①]

1997年亚洲金融危机使东盟国家普遍认识到，只有在政治、经济、安全、社会与文化等领域加强合作，在东盟内部建立应对外部冲击的多种机制，才能保证东盟国家经济安全、稳定的发展。由此，一个类似于欧盟的"东盟共同体"的设想便应运而生。2003年10月，第9届东盟首脑会议发表了《东盟第二协约宣言》，正式宣布将于2020年建成东盟共同体，其三大支柱分别是"安全共同体""经济共同体"和"社会文化共同体"。这标志着东盟将由较为松散的以进行经济合作为主体的地区联盟，转变为关系更加密切的、一体化的区域性组织。

（二）构建东盟共同体的法律保障[②]

为进一步推进东盟一体化建设，2004年11月，第十届东盟首脑会议通过了为期6年的《万象行动纲领》，以及《东盟安全共同体行动纲领》和《东盟社会文化共同体行动纲领》，并正式将制订《东盟宪章》列为东盟的一个目标，明确东盟共同体的法律地位、性质、争端解决等重大议题，为东盟共同体建设寻求法律保障。2007年1月，第12届东盟峰会签署《宿务宣言》，决定提前于2015年实现三个共同体。

2007年11月，第13届东盟首脑会议通过了《东盟宪章》，明确将建立东盟共同体的战略目标写进宪章。与此同时，会议还通过了《东盟经济共同体蓝图》，[③] 重申在2015年之前建成东盟经济共同体，这是东盟经济一体化建设的总体规划，也是一份指导性文件。《东盟经济共同体蓝图》总体规划了东盟未来7年内应采取的措施，包括将电子、卫生、汽车等作为一体化的12个优先行业，加强政府与企业界等的伙伴互动关系，加快与对话伙伴国的自由贸易谈判等。《东盟经济共同体蓝图》指出，自由、开放的投资制度对提高东盟竞争力、吸引外国直接投资和东盟区域内投资将起到关键性作用。《东盟经济共同体蓝图》呼吁东盟6个较大的经济体到2010年取消除敏感产品之外的其他所有产品的关税，而柬埔寨、老挝、缅甸和越南等成员国则到2015年消除所有关税；对贸易、航空运输、电子商务、卫生保健以及旅游等服务业的限制也将分别在2010年和2013年前大幅减少。

[①] 百度百科：东盟共同体；东南亚国家联盟（东盟）及其主要合作机制［EB/OL］. 中国网，http://www.china.com.cn/international/txt/2009/0731/content_ 1824 3038_ 6. htm, 2009 - 07 - 31.

[②] 百度百科：东盟共同体。

[③] 沐鸿. 东盟经济共同体蓝图［M］. 闫森译. 北京：社会科学文献出版社，2015.

二、合作领域[①]

印度尼西亚等东盟国家合力打造的经济共同体有四大特点：一个统一的市场和生产基地；一个极具竞争力的经济区；一个经济平衡发展的经济区；一个与全球经济接轨的区域。[②] 东盟经济共同体的合作领域主要体现在以下方面：

（一）商品自由流动

1. 消除成员国内部的关税壁垒，并实现关税一体化

东盟经济共同体按照东盟自由贸易区协议共同有效优惠关税规定和其他相关协议所设定的日程和责任，全面完成东盟内部的零关税。此外，为了实现关税一体化，东盟共同体成员国将加快关税分类、海关估价、原产地确定等现代化进程，建立东盟电子关税系统；增强与相关国际组织的合作关系；减少关税发展不平衡；采取风险管理机制，实行基于审计管控的贸易促进措施。

2. 消除成员国内部的非关税壁垒

东盟经济共同体根据成员国一致同意的《消除非贸易壁垒工作方案》，消除成员国内部的非关税壁垒。非关税壁垒消除的进程为：2010年之前东盟五国（文莱、印度尼西亚、马来西亚、新加坡和泰国），2012年之前菲律宾，2015年之前或可灵活推至2018年之前东盟新成员国要消除所有非关税壁垒。因为标准、质量保证、认证和评估的一体化体系对提高效率和增强共同体内产品的进出口至关重要，东盟共同体将通过《东盟标准及评定政策指南》的实施，协调各国技术规范、标准和合格评估程序，同时也将提高相关标准制定的透明度，让私营企业参与其中。

3. 完善原产地规则

首先，东盟经济共同体将不断改革和增强共同有效优惠关税的原产地规则，以面对区域性生产过程的变化，并做出必要的调整。其次，东盟经济共同体将简化共同有效优惠关税原产地规则的可执行认证手续，包括引入促进性程序，例如电子发放原产地证明，协调或调整国内手续。最后，东盟经济共同体将单独或整体重新审核所有东盟各成员国所实施的原产地规则，探索可能的积累机制。

4. 加快贸易便利化，建立东盟"单一窗口"系统

第一，东盟经济共同体将评估东盟内部贸易促进性条件，发展并实施全面的贸易促进性工作计划，以简化、标准化贸易流程、信息流动。第二，东盟经济共同体将提高成员国的国际贸易交易及干预行动的透明化。第三，东盟经济共同体将建立地区贸易促进性合作机制，以及建立东盟贸易促进性仓库。第四，东盟经

[①] 王勤.东盟经济共同体建设的进程与成效［J］.南洋问题研究，2015，12（30）.
[②] 禤永明.浅谈东盟地区经济发展的现状与未来［J］.经济师，2010（3）：93-94.

济共同体将发展国家级措施以支持和确保地区级措施的有效实施,此外,共同体还将实施一个全面的能力建设项目,以保障工作计划的顺利开展。

加快贸易便利化的其中一项具体举措,体现在东盟共同体的"单一窗口"系统建设上。东盟的"单一窗口"系统是10个成员国的"单一窗口"系统的合并运行。东盟共同体"单一窗口"系统加速了通关速度,减少了交易时间和成本,因而提高了贸易效率。

(二)服务自由流动

1. 清除服务贸易的限制

到2010年,东盟共同体已经清除了4个优先行业(空运业、电子东盟、医疗保健和旅游业)服务贸易的所有限制,并在2013年清除物流业的所有限制;到2015年,清除服务贸易的其他行业的所有限制。2015年之前,东盟共同体连续每两年协商一轮,推进服务贸易自由化进程。根据《服务贸易总协定》(GATS)中服务贸易分类清单(W/120)的分类体系,东盟2008年推进10个次级行业的服务贸易自由化,2010年推进15个次级行业的服务贸易自由化,2012年推进20个次级行业的服务贸易自由化,2014年推进20个次级行业的服务贸易自由化,2015年推进7个次级行业的服务贸易自由化。[①]

2. 促进金融服务业的自由化

金融服务业的自由化措施将确保东盟各成员国金融业的有序发展,保障其金融和社会经济的稳定。东盟各成员国在实施金融服务业自由化措施时应该遵循以下几个原则:其一,通过"东盟+X"的模式推进金融服务业自由化,允许各成员国在本国已做好准备、能放宽本国经济管制的情况下先行一步,其他国家随后加入。其二,金融服务业自由化进程推进的同时,也应尊重各成员国保持各自的国家政策目标,并考虑各成员国经济、金融业发展程度的差异。东盟金融服务业自由化实施的目标:到2015年,逐步放宽次级行业(注:根据GATS的服务贸易分类清单)和被各成员国所认定行业的管制;到2020年,逐步放宽其他行业和未被纳入"一致同意的、具有灵活性的行业"的管制。

(三)投资自由流动

1. 提高投资保护

东盟共同体在全面协议覆盖之下,为所有投资者及其投资提供增强的保护措施,尤其体现为以下几项条款:投资者与国家之间的纠纷解决机制;资金、利润和股息等的转移或调回本国;提高没收和补偿承诺范围的透明度;全面的保护和安全保障;在冲突中损失的赔偿机制。

---

① 沐鸿.东盟经济共同体蓝图[M].闫森译.北京:社会科学文献出版社,2015.

2. 促进投资便利化与合作

东盟共同体将建立一个更透明、一致和可预测的投资规章制度、政策和程序，主要包括：可能的情况下协调投资政策，以实现工业补给和经济一体化；精简投资申请和批准程序；通过一站式的投资中心或投资宣传委员会，增加投资相关信息的宣传；加强覆盖所有商品、服务的各种数据库管理，以及投资便利化政策的规划；加强相关政府机构和部门之间的合作；向东盟私营部门提供投资便利化的相关咨询服务。

3. 促进投资自由化

东盟各成员国将逐步实施投资自由化的制度。相关措施具体包括：扩大无差别待遇，除了例外情形，对东盟内部的投资者将实施国民待遇和最惠国待遇；在条件允许的情况下，减少并消除资本进入优先整合部门的限制；在可能的情况下，减少并消除限制投资的措施和其他障碍。

（四）资本自由流动

为了使资本更自由地流动，东盟共同体注重以下方面：确保有序的固定资本账户自由化与各成员国的国家发展规划、经济发展水平保持一致；针对资本自由化过程中将可能带来的宏观经济不稳定和系统性危机，共同体允许各成员国保有采取必要手段来确保宏观经济稳定的权力；确保所有东盟成员国能够共享资本自由化带来的利益。[1]

（五）人员的自由流动

在允许参与商品、服务交易的自然人可管控流动、便利进入方面，东盟共同体主要做了以下努力：对于参与跨国贸易投资活动的东盟专业人员和技术工人，加速其签证的发放；加强东盟大学网络成员的合作，以提高学生、教师的区域内流动；加强东盟各成员国在促进技能培训、提高就业机会、发展东盟成员国之间的劳动市场信息网络建设等方面的合作。

（六）竞争政策

东盟共同体竞争政策的主要目标是培养公平竞争的文化。在 2015 年前，东盟努力将竞争政策引入所有成员国。东盟建立了负责竞争政策的相关机构的合作网络，该网络是成员国之间讨论和协调竞争政策的论坛。东盟有帮助和鼓励提高成员国实施国家竞争政策能力的培育项目或活动。

（七）消费者保护

东盟共同体通过建立东盟消费者保护统筹委员会，来加强对东盟内部消费者的保护。东盟还建立了由消费者保护部门组成的网络，以加速相关信息分享和交

---

[1] 沐鸿. 东盟经济共同体蓝图［M］. 闫森译. 北京：社会科学文献出版社，2015.

换。此外,东盟还向消费者保护官员和消费者代表提供区域性培训课程,为一体化的东盟市场做好准备。

(八)知识产权

东盟在实施知识产权政策方面做了以下工作:实施《东盟知识产业行动计划2004~2010》和《东盟版权合作计划》;建立东盟文件编排系统,以提高用户使用文件速度,加强东盟各成员国知识产权办公室之间的合作;在可能的情况下,加入《马德里议定书》;保持各国知识产权保护执行部门之间的咨询和信息交换;增强区域内在传统知识、遗传资源库和文化传统表达三方面的合作。

(九)基础设施建设

1. 提高交通物流合作

东盟共同体加大交通物流合作,包括:第一,促进各成员国多模式运输的基础设施建设,加快交通和旅游一体化发展,并进一步放宽空运和水运行业,尽快实施东盟航空服务自由化。第二,实现多模式运输和运输便利化,具体体现在《东盟交通运输行动计划2005~2010》中,该行动计划覆盖了水路、陆路和空路的交通运输和运输便利化。

2. 加速信息、电网、燃气管道的基础设施建设

东盟已经在加强信息通信技术系统的互联性和技术互用性方面做出了努力,要将其发展为地区性信息基础设施。同时,东盟还将增强电子交易、电子付款和电子结算的安全性。在电网和燃气管道建设方面,东盟计划通过区域合作保证能源资源安全,促进能源资源顺利供应。[①]

三、印度尼西亚与东盟经济共同体内国家的货物贸易情况

(一)货物贸易规模

图6-1显示,2005~2015年,印度尼西亚与东盟经济共同体中另外9个成员国的货物贸易规模扩大。其中,印度尼西亚与新加坡的货物贸易额最大,除了2009年受金融危机冲击之外,双边贸易额呈上升趋势,从2009年的303.83亿美元增长至2014年的475.88亿美元,增幅56.63%,但是2015年由于全球经济下行影响,降至310.16亿美元。印度尼西亚与马来西亚的货物贸易额排第二位,也呈增长态势,从2009年的119.29亿美元增长至2015年的165.30亿美元,增幅38.57%。印度尼西亚与泰国的货物贸易额排第三位,其波动趋势与马来西亚类似,从2009年的77.12亿美元增长至2015年的135.02亿美元,增幅75.08%,增幅最大。除了这三国之外,2015年印度尼西亚与东盟经济共同体国

[①] 沐鸿. 东盟经济共同体蓝图[M]. 闫森译. 北京:社会科学文献出版社,2015.

家的货物贸易额由大到小的排序为越南、菲律宾、缅甸、柬埔寨、文莱、老挝，分别比2009年增长了171%、58.45%、274%、113%、-69%、74.64%。

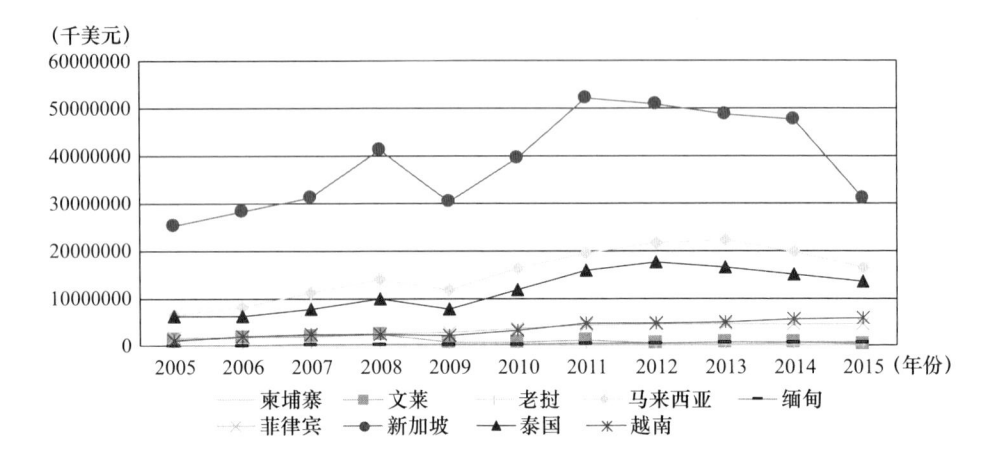

图6-1　2005~2015年印度尼西亚对东盟经济共同体其他九国的货物贸易额

资料来源：联合国贸发会议UNCTAD数据库。

图6-2显示，总体来看，印度尼西亚对东盟经济共同体国家的货物出口额呈增长态势。其波动趋势与货物贸易总量趋势相吻合，在经历2009年金融危机下降后又平稳上升。具体来看，2005~2015年印度尼西亚对新加坡货物出口额最大，从2009年的102.63亿美元增至2014年的167.52亿美元，增幅63.24%，但是2015年由于全球经济下行影响降至124.60亿美元。印度尼西亚对马来西亚

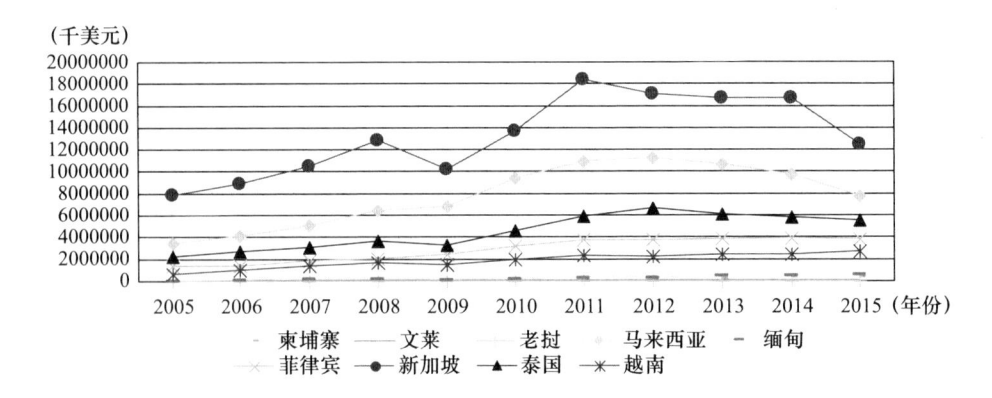

图6-2　2005~2015年印度尼西亚对东盟经济共同体其他九国的货物出口额

资料来源：联合国贸发会议UNCTAD数据库。

的货物出口额排第二位,从2009年的68.12亿美元增至2015年的78.13亿美元,增幅14.55%。印度尼西亚对泰国的货物出口额排第三位,从2009年的32.34亿美元增至2015年的55.44亿美元,增幅71.43%。印度尼西亚对菲律宾、越南、缅甸的货物出口额分别排名第四位、第五位、第六位。

图6-3显示,总体来看,印度尼西亚对东盟经济共同体国家的货物进口额规模扩大,与货物贸易额、货物出口额类似,2009年金融危机也是货物进口额的一个拐点。具体来看,印度尼西亚从新加坡的货物进口额最高,从2009年的201.21亿美元增至2014年的308.36亿美元,增幅53.26%,但是2015年由于全球经济下行影响降至185.56亿美元。印度尼西亚从泰国、马来西亚的货物进口额排在第二位,2006~2009年,印度尼西亚从马来西亚的货物进口额稍微高于从泰国的进口额,2010~2012年,印度尼西亚从泰国的货物进口额明显超过从马来西亚的进口额,2013年、2014年和2015年,印度尼西亚从马来西亚、泰国的货物进口额都有所下降,但印度尼西亚从马来西亚的进口额略高于从泰国的进口额。印度尼西亚从越南、菲律宾、缅甸的货物进口额大致排在第四位、第五位、第六位。

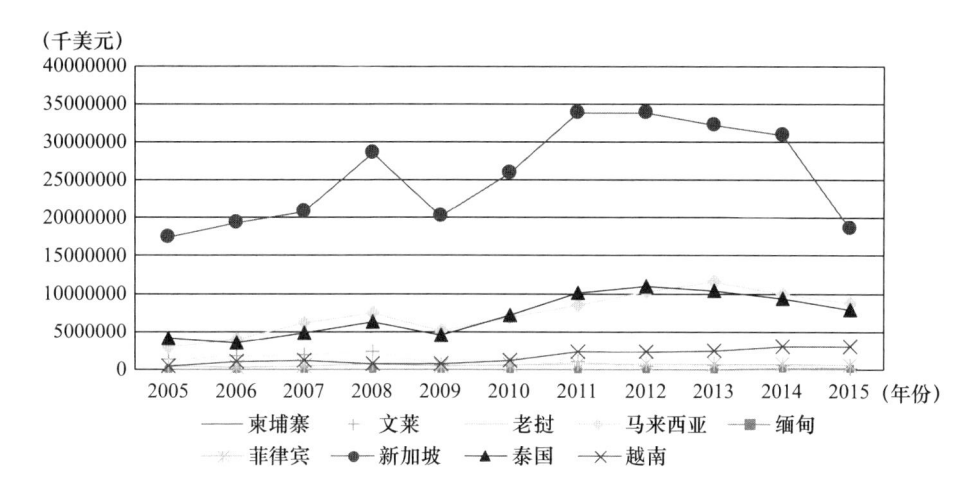

图6-3 2005~2015年印度尼西亚从东盟经济共同体其他九国的货物进口额

资料来源:联合国贸发会议UNCTAD数据库。

图6-4显示,2005~2015年,印度尼西亚对新加坡、泰国的货物贸易逆差最突出,印度尼西亚对文莱的货物贸易逆差在缩小。印度尼西亚对菲律宾的货物贸易顺差一直保持领先,印度尼西亚对缅甸、柬埔寨、老挝基本保持顺差。印度尼西亚对马来西亚、越南的货物贸易差额近三四年来由顺差变为逆差。

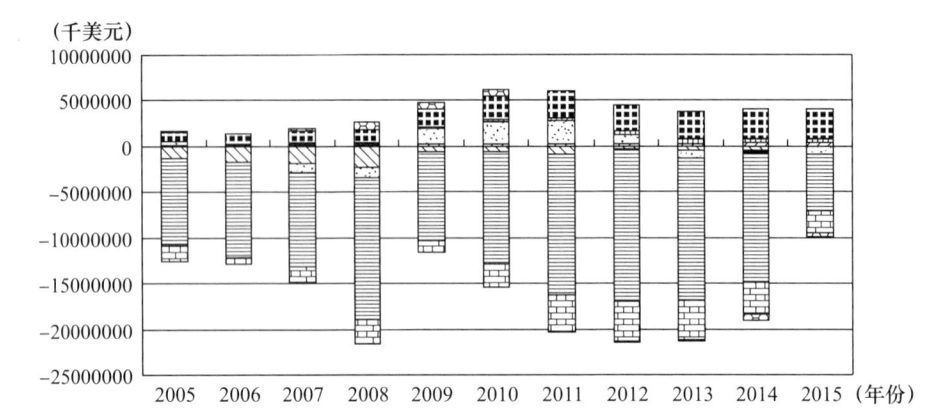

印度尼西亚国情报告（2015～2016）

□柬埔寨 ☒文莱 ▨老挝 ▢马来西亚 ▨缅甸 ▪菲律宾 ▤新加坡 ▥泰国 ▦越南

图6-4　2005～2015年印度尼西亚对东盟经济共同体其他九国的货物贸易差额

资料来源：联合国贸发会议UNCTAD数据库。

（二）货物贸易商品结构①

1. 出口商品结构

A. 新加坡

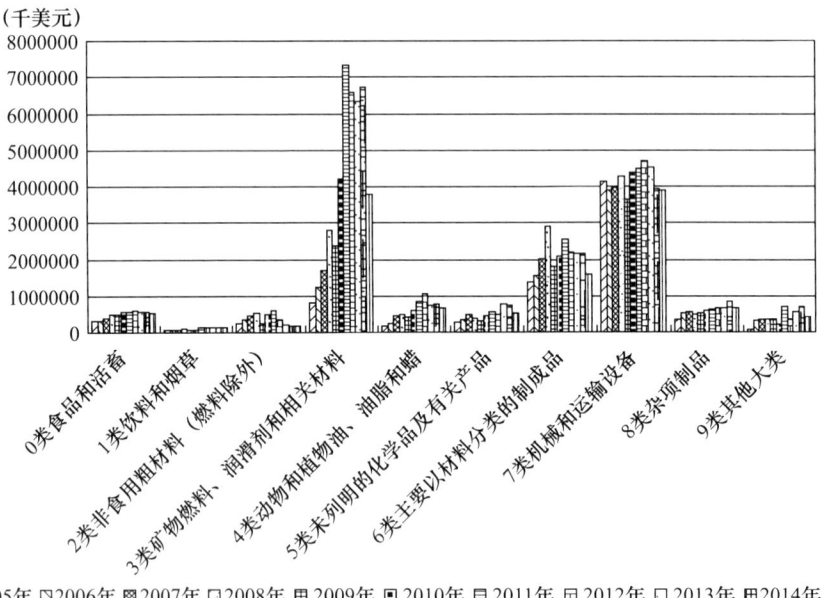

0类食品和活畜　1类饮料和烟草　2类非食用粗材料（燃料除外）　3类矿物燃料、润滑剂和相关材料　4类动物和植物油、油脂和蜡　5类未列明的化学品及有关产品　6类主要以材料分类的制成品　7类机械和运输设备　8类杂项制品　9类其他大类

☒2005年 ▢2006年 ▨2007年 ▢2008年 ▣2009年 ▫2010年 ▤2011年 ▥2012年 ▢2013年 ▦2014年 ▥2015年

图6-5　2005～2015年按SITC分类的印度尼西亚对新加坡出口商品结构

资料来源：联合国贸发会议UNCTAD数据库。

---

① 本章中商品分类参照SITC体系，即国际贸易标准分类（Standard International Trade Classification）。

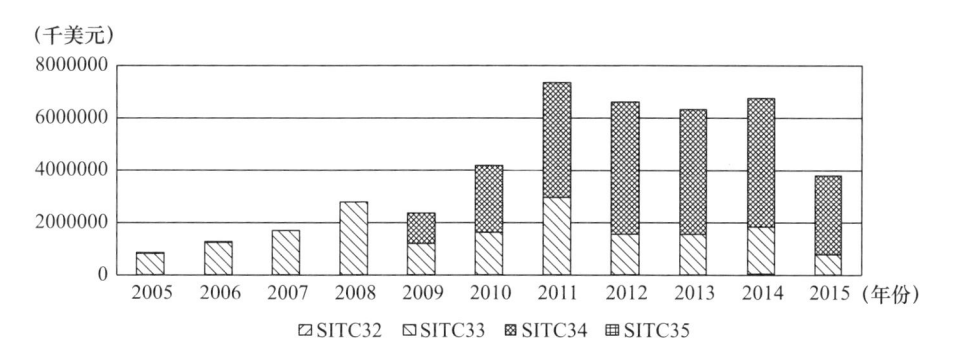

图 6-6　2005~2015 年印度尼西亚对新加坡 SITC3 商品的出口结构

资料来源：联合国贸发会议 UNCTAD 数据库。

表 6-1　矿物燃料、润滑剂和相关材料（SITC3）包括的商品

SITC32	煤、焦炭及煤砖
SITC33	石油、石油产品及有关原料
SITC34	天然气及人造气
SITC35	电流

资料来源：联合国贸发会议 UNCTAD 数据库。

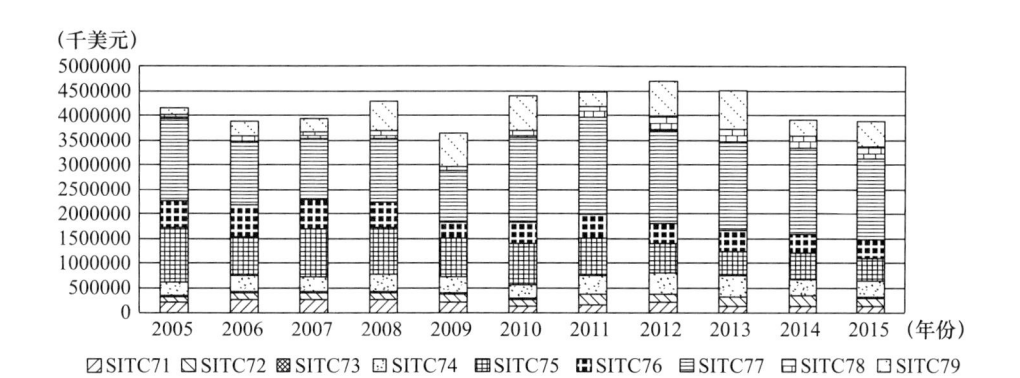

图 6-7　2005~2015 年印度尼西亚对新加坡 SITC7 商品的出口结构

资料来源：联合国贸发会议 UNCTAD 数据库。

表6-2　机械和运输设备（SITC7）所包括的商品

SITC71	动力机械及设备
SITC72	特种工业专用机械
SITC73	金属加工机械
SICT74	未另列明的通用工业机械和设备及其未另列明的机器零件
SITC75	办公用机器和自动数据处理设备
SITC76	电信、录音及重放装置和设备
SITC77	未另列明的电力机械、装置和器械及其电器零件（包括家用电器设备的未另列明的非电动部件）
SITC78	陆用车辆（包括气垫式车辆）
SITC79	其他运输设备

资料来源：联合国贸发会议 UNCTAD 数据库。

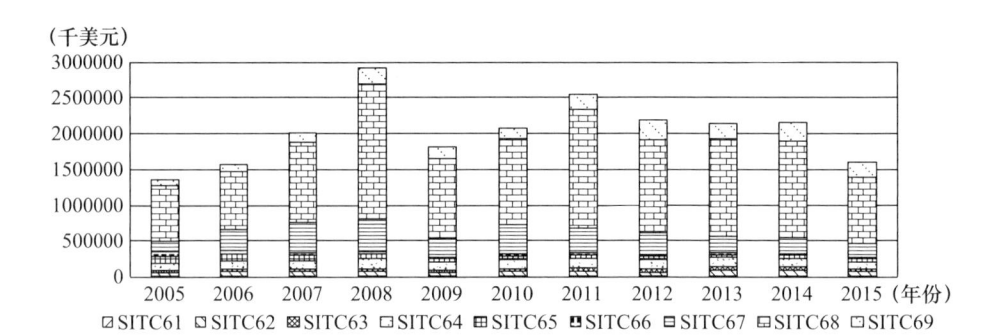

图6-8　2005~2015年印度尼西亚对新加坡SITC6商品的出口结构

资料来源：联合国贸发会议 UNCTAD 数据库。

表6-3　以材料分类的制成品（SITC6）所包括的商品

SITC61	未令列明的皮革和皮革制品，以及裘皮
SITC62	未另列明的橡胶制品
SITC63	软木及木材制品（家具除外）
SITC64	纸、纸板以及纸浆、纸和纸板的制品
SITC65	纺织纱（丝）、织物、未另列明的成品及有关产品
SITC66	未另列明的非金属矿产品
SITC67	钢铁
SITC68	有色金属
SITC69	未另列明的金属制品

资料来源：联合国贸发会议 UNCTAD 数据库。

B. 马来西亚

图6-9显示，2005~2015年印度尼西亚对马来西亚按SITC分类的出口商品结构主要是矿物燃料、润滑剂和相关材料（SITC3），主要以材料分类的制成品（SITC6），动物和植物油、油脂和蜡（SITC4），机械和运输设备（SITC7），食品和活畜（SITC0），未列明的化学品及有关产品（SITC5）。

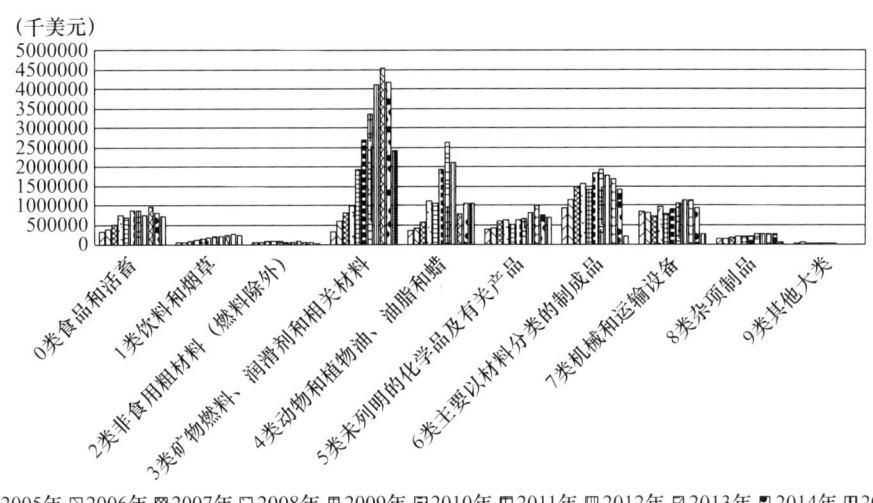

图6-9　2005~2015年按SITC分类的印度尼西亚对马来西亚出口商品结构

资料来源：联合国贸发会议UNCTAD数据库。

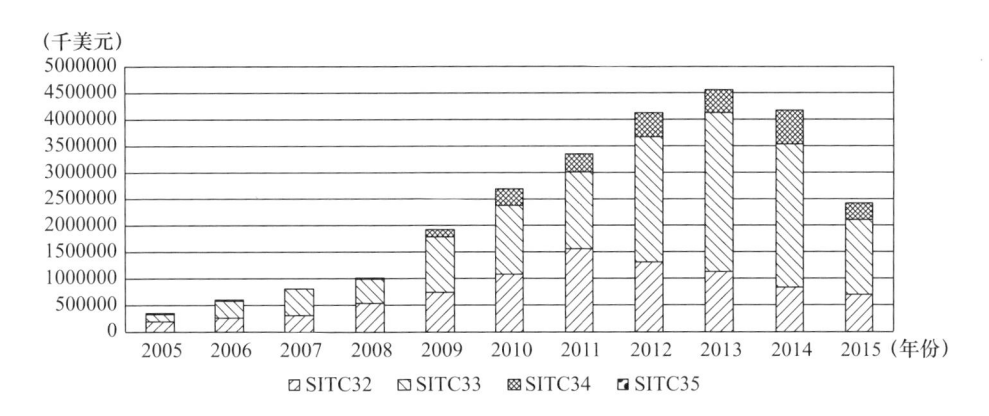

图6-10　2005~2015年印度尼西亚对马来西亚SITC3商品的出口结构

资料来源：联合国贸发会议UNCTAD数据库。

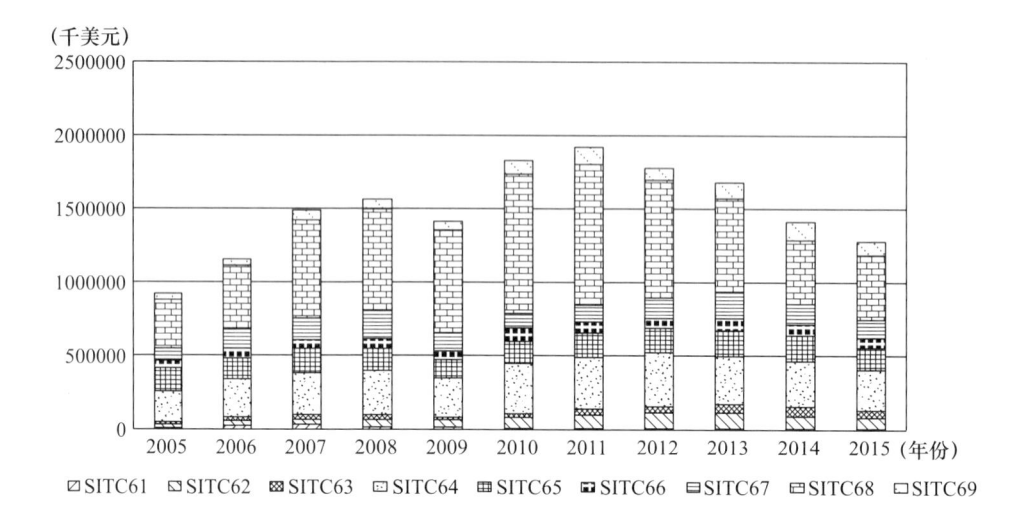

图 6-11 2005~2015 印度尼西亚对马来西亚 SITC6 商品的出口结构

资料来源：联合国贸发会议 UNCTAD 数据库。

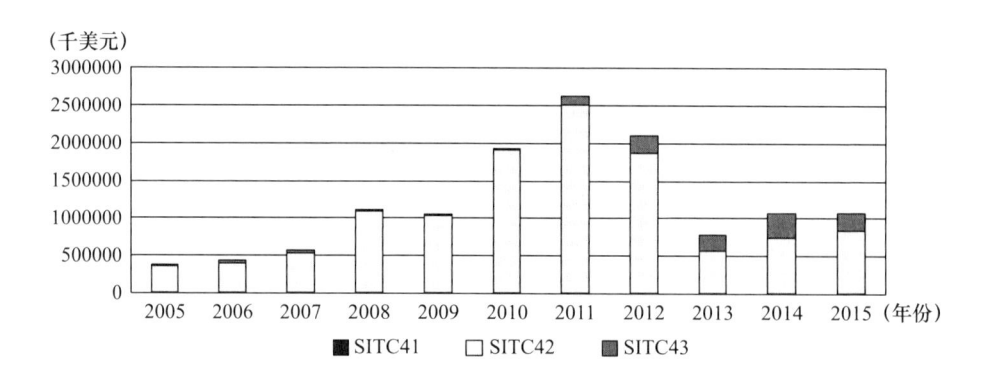

图 6-12 2005~2015 年印度尼西亚对马来西亚 SITC4 商品的出口结构

资料来源：联合国贸发会议 UNCTAD 数据库。

表 6-4 动物和植物油、油脂和蜡（SITC4）所包括的商品

SITC41	动物油脂
SITC42	未加工的、已提炼的或精制的非挥发性植物油脂
SITC43	已加工的动植物油脂，未另列明的不适宜食用的动植物蜡及动植物油脂的混合物及产品

资料来源：联合国贸发会议 UNCTAD 数据库。

根据表 6-2 SITC7 商品的分类，如图 6-13 所示，2005～2015 年印度尼西亚对马来西亚 SITC7 商品出口中，排名前两位的是陆用车辆（包括气垫式车辆）（SITC78），未另列明的电力机械、装置和器械及其电器零件（包括家用电器设备的未另列明的非电动部件）（SITC77），2015 年出口额分别为 3.35 亿美元、2.23 亿美元，占印度尼西亚对马来西亚 SITC7 商品出口的比重分别为 34.44%、22.95%。

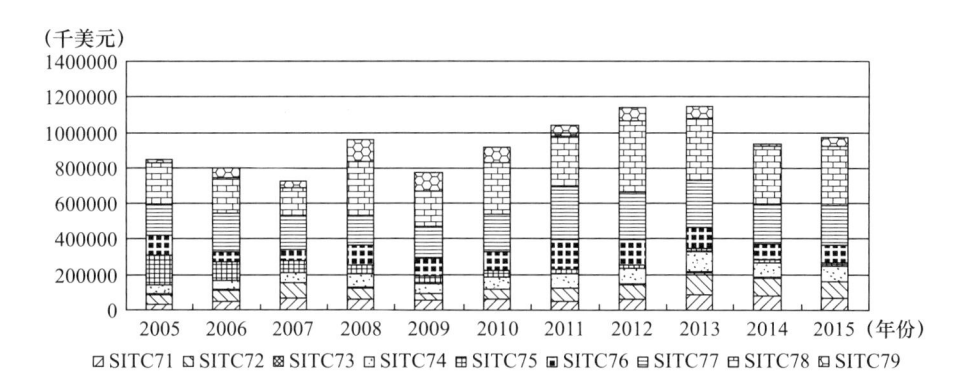

图 6-13　2005～2015 年印度尼西亚对马来西亚 SITC7 商品的出口结构

资料来源：联合国贸发会议 UNCTAD 数据库。

如图 6-14、表 6-5 所示，2005～2015 年印度尼西亚对马来西亚 SITC0 商品出口中，咖啡、茶、可可、香料及其制品（SITC07）的出口最多，2015 年其出口额为 5.25 亿美元，占印度尼西亚对马来西亚 SITC0 商品出口的比重为 63.23%。

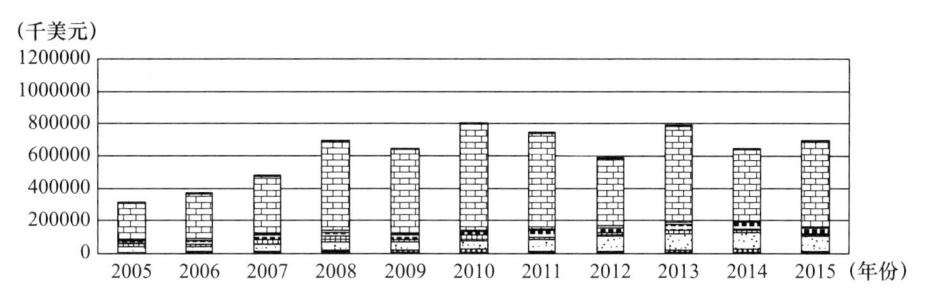

图 6-14　2005～2015 年印度尼西亚对马来西亚 SITC0 商品的出口结构

资料来源：联合国贸发会议 UNCTAD 数据库。

表6-5 食品和活畜（SITC0）所包括的商品

SITC00	活动物，第03类动物除外
SITC01	肉及肉制品
SITC02	乳制品和禽蛋
SITC03	鱼（非海洋哺乳动物）、甲壳动物、软体动物和水生无脊椎动物及其制品
SITC04	谷物和谷物制品
SITC05	蔬菜和水果
SITC06	糖、糖制品及蜂蜜
SITC07	咖啡、茶、可可、香料及其制品
SITC08	牲畜饲料（不包括未碾磨的谷物）
SITC09	杂项食用品及其制品

资料来源：联合国贸发会议UNCTAD数据库。

如图6-15、表6-6所示，2005~2015年印度尼西亚对马来西亚SITC5商品出口中，有机化学品（SITC51），初级形状的塑料（SITC57），香精油和香膏及香料、盥洗用品及光洁用品（SITC55）出口比重比较稳定，均占印度尼西亚对马来西亚SITC5商品出口的20%左右。

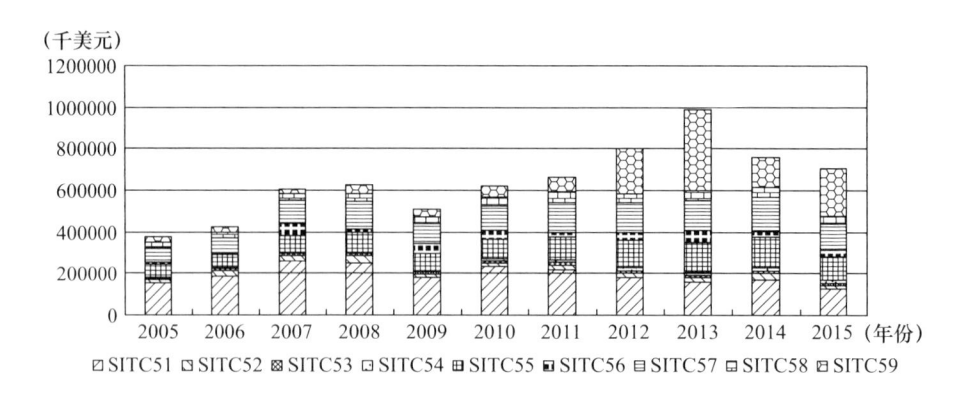

图6-15 2005~2015年印度尼西亚对马来西亚SITC5商品的出口结构

资料来源：联合国贸发会议UNCTAD数据库。

第六章 2015~2016年印度尼西亚区域经济合作

表6-6 未列明的化学品及有关产品（SITC5）包括的商品

SITC51	有机化学品
SITC52	无机化学品
SITC53	染色原料，鞣料及色料
SITC54	医药品
SITC55	香精油和香膏及香料、盥洗用品及光洁用品
SITC56	肥料（第272组所列除外）
SITC57	初级形状的塑料
SITC58	非初级形状的塑料
SITC59	未另列明的化学原料及其产品

资料来源：联合国贸发会议UNCTAD数据库。

综合以上数据显示，印度尼西亚对马来西亚的主要出口商品包括：石油、石油产品及有关原料，有色金属，未加工的、已提炼的或精制的非挥发性植物油脂，陆用车辆（包括气垫式车辆），家用电器，咖啡、茶、可可、香料及其制品，有机化学品，初级形状塑料，香精油和香膏及香料、盥洗用品及光洁用品等。

C. 泰国

如图6-16所示，2005~2015年印度尼西亚对泰国按SITC分类的出口商品结构主要是矿物燃料、润滑剂和相关材料（SITC3），机械和运输设备（SITC7），主要以材料分类的制成品（SITC6），未列明的化学品及有关产品（SITC5）。

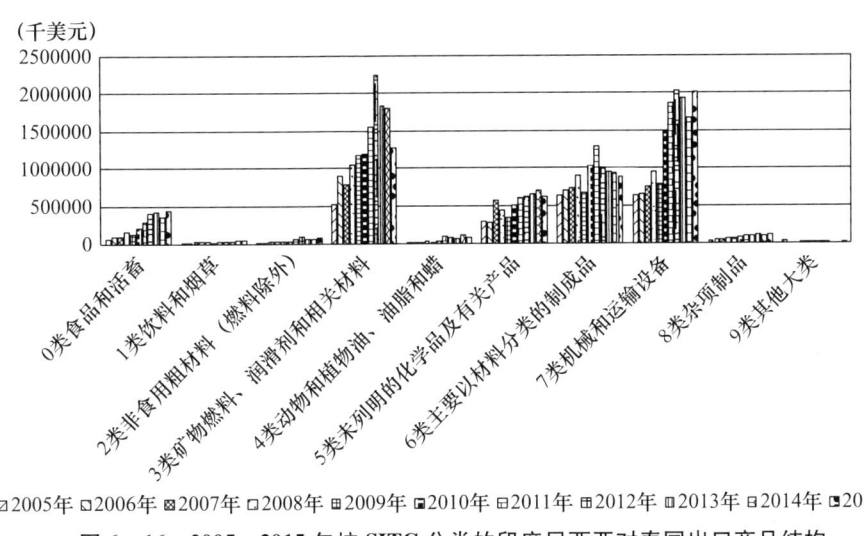

图6-16 2005~2015年按SITC分类的印度尼西亚对泰国出口商品结构

资料来源：联合国贸发会议UNCTAD数据库。

根据表6-1 SITC3商品的分类，如图6-17所示，2005~2015年印度尼西亚对泰国SITC3商品出口中，石油、石油产品及有关原料（SITC33）与煤、焦炭及煤砖（SITC32）出口平分秋色，2015年占印度尼西亚对泰国SITC3商品出口的比重分别为53.36%、46.64%。

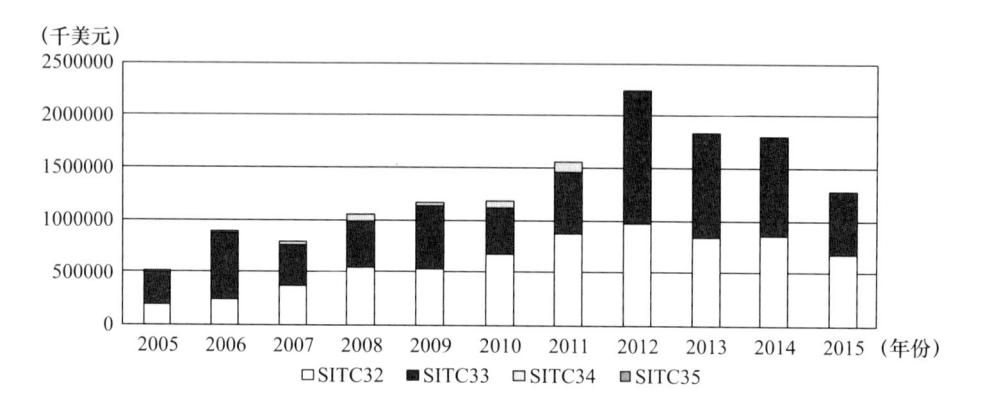

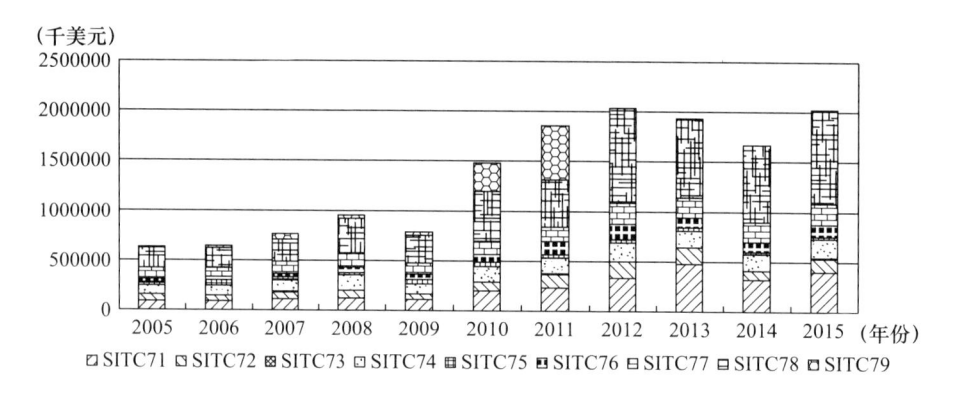

图6-17 2005~2015年印度尼西亚对泰国SITC3商品的出口结构

资料来源：联合国贸发会议UNCTAD数据库。

根据表6-2 SITC7商品的分类，如图6-18所示，2005~2015年印度尼西亚对泰国SITC7商品出口中，陆用车辆（包括气垫式车辆）（SITC78）的出口一直居于首位，2015年出口额为9.30亿美元，占印度尼西亚对泰国SITC7商品出口的46.01%；其次是动力机械及设备（SITC71），2015年占印度尼西亚对泰国SITC7商品出口的19.53%。

图6-18 2005~2015年印度尼西亚对泰国SITC7商品的出口结构

资料来源：联合国贸发会议UNCTAD数据库。

根据表6-3 SITC6商品的分类，如图6-19所示，2005~2015年印度尼西亚对泰国SITC6商品出口中，一直保持最大比重的是有色金属（SITC68），2015年出口额为3.45亿美元，占印度尼西亚对泰国SITC6商品出口的比重为38.78%。

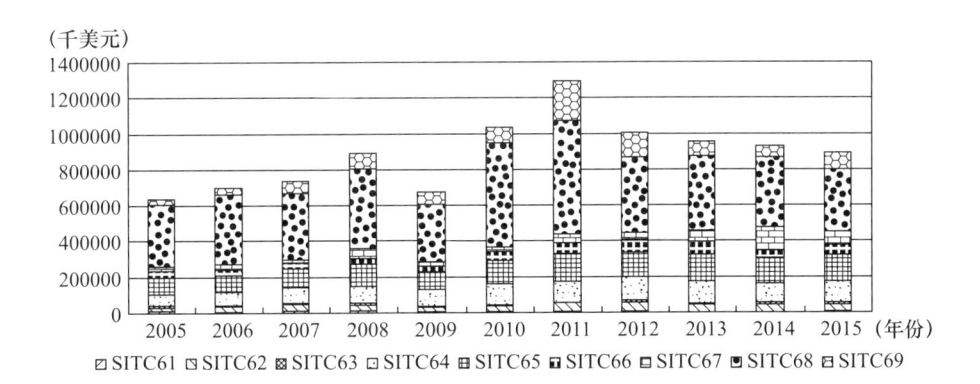

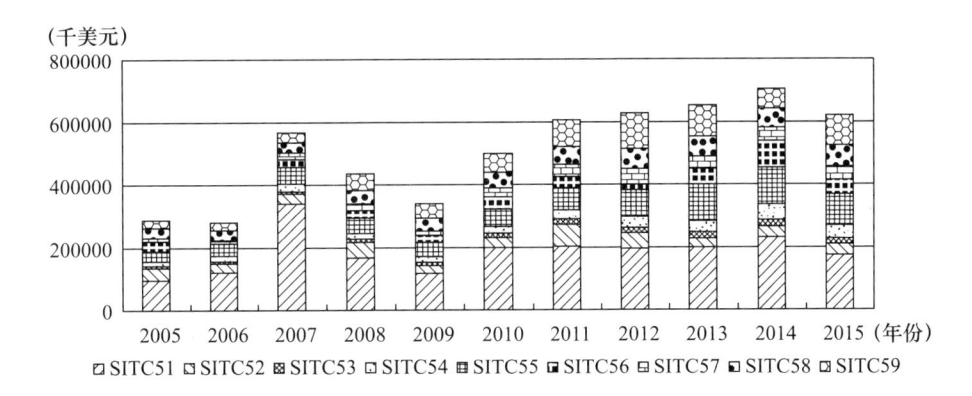

图6-19　2005~2015年印度尼西亚对泰国SITC6商品的出口结构

资料来源：联合国贸发会议UNCTAD数据库。

根据表6-6 SITC5商品的分类，如图6-20所示，2005~2015年印度尼西亚对泰国SITC5商品出口结构中，有机化学品（SITC51），香精油和香膏及香料、盥洗用品及光洁用品（SITC55）出口额排名前2位，2015年占印度尼西亚对泰国SITC5商品出口比重分别为28.14%、15.97%。

图6-20　2005~2015年印度尼西亚对泰国SITC5商品的出口结构

资料来源：联合国贸发会议UNCTAD数据库。

综合以上数据显示，印度尼西亚对泰国的主要出口商品包括：石油、石油产品及有关原料，煤、焦炭及煤砖，陆用车辆（包括气垫式车辆），动力机械及设备，有色金属，有机化学品，香精油和香膏及香料、盥洗用品及光洁用品等。

2. 进口商品结构

A. 新加坡

如图 6-21 所示，2005~2015 年印度尼西亚从新加坡按 SITC 分类的进口商品结构主要是矿物燃料、润滑剂和相关材料（SITC3），机械和运输设备（SITC7），未列明的化学品及有关产品（SITC5），主要以材料分类的制成品（SITC6）。

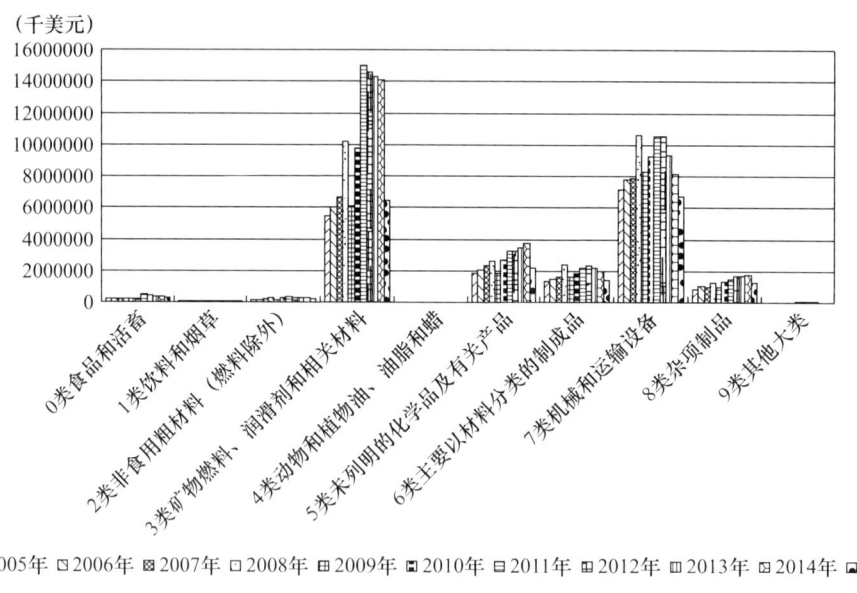

图 6-21　2005~2015 年按 SITC 分类的印度尼西亚从新加坡进口商品结构

资料来源：联合国贸发会议 UNCTAD 数据库。

如图 6-22 所示，2005~2015 年印度尼西亚从新加坡进口 SITC3 商品中，进口额最高的是石油、石油产品及有关原料（SITC33），2015 年该类商品进口占印度尼西亚从新加坡 SITC3 商品进口比重达到 99.39%。

根据表 6-2 SITC7 商品的分类，如图 6-23 所示，2005~2015 年印度尼西亚从新加坡进口的 SITC7 商品中，进口额最高的是未另列明的电力机械、装置和器械及其电器零件（包括家用电器设备的未另列明的非电动部件）（SITC77），2015 年该类商品进口额占 SITC7 商品的比重为 28.23%。进口额第二高的是未另

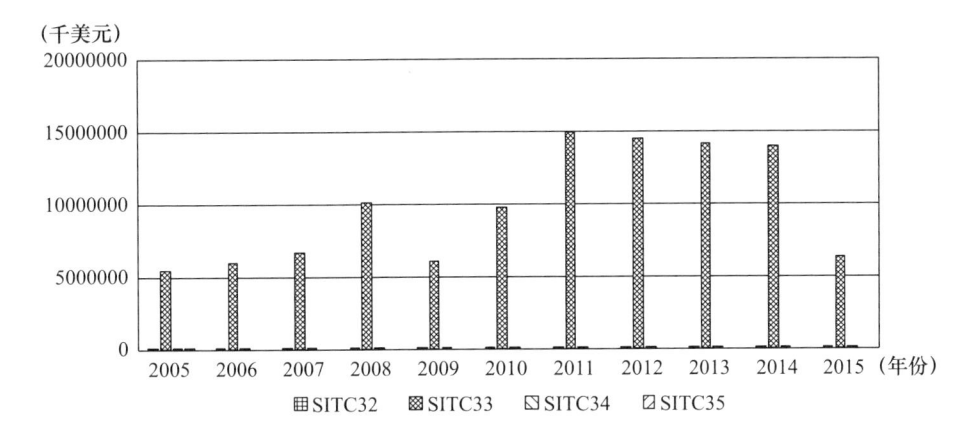

图 6-22　2005~2015 年印度尼西亚从新加坡 SITC3 商品的进口结构

资料来源：联合国贸发会议 UNCTAD 数据库。

列明的通用工业机械和设备及其未另列明的机器零件（SITC74），2015 年该类商品进口占 SITC7 商品的比重为 14.40%。进口额排第三位的是特种工业专用机械（SITC72），2015 年该类商品进口占 SITC7 商品的 13.23%。进口额排第四位的是办公用机器和自动数据处理设备（SITC75），2015 年该类商品进口占 SITC7 商品的 12.04%。进口额排第五位的是电信、录音及重放装置和设备（SITC76），2015 年该类商品进口占 SITC7 商品的 11.87%。

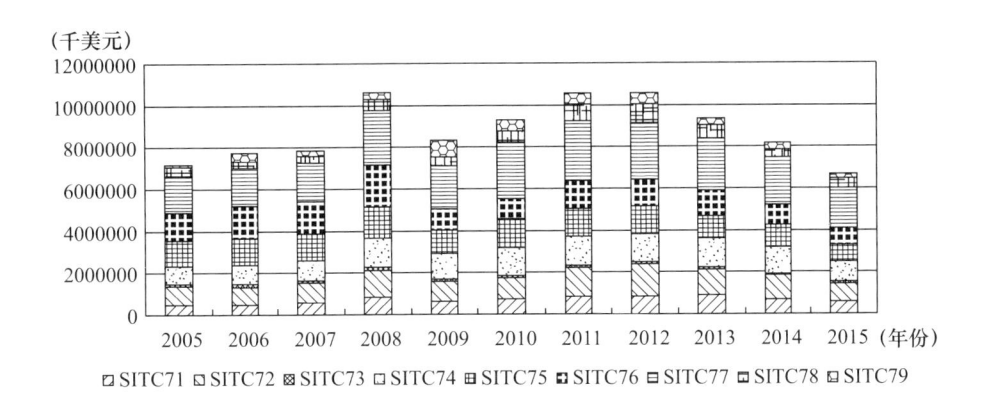

图 6-23　2005~2015 年印度尼西亚从新加坡 SITC7 商品的进口结构

资料来源：联合国贸发会议 UNCTAD 数据库。

根据表 6-6 SITC5 商品的分类，如图 6-24 所示，2005~2015 年印度尼西亚从新加坡进口 SITC5 商品中，主要以有机化学品（SITC51），初级形状的塑料

(SITC57）为主。2015年，印度尼西亚从新加坡进口的SITC5商品中，有机化学品（SITC51）的比重达到32.83%，初级形状的塑料（SITC57）的比重达到36.05%。

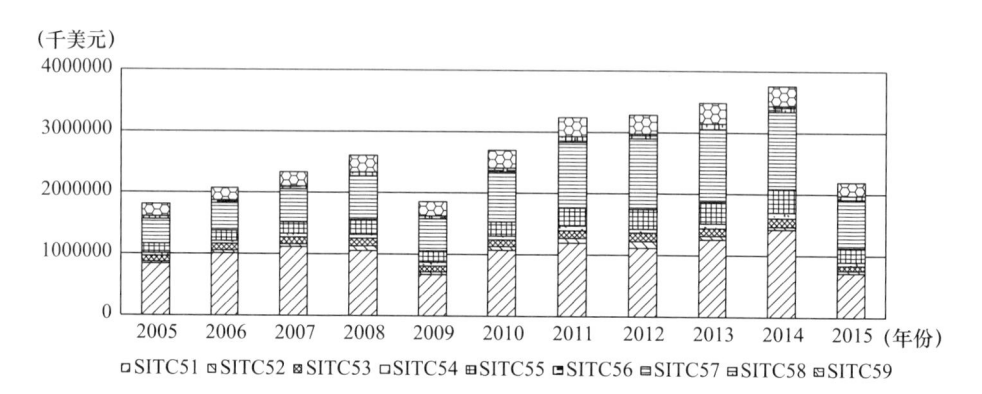

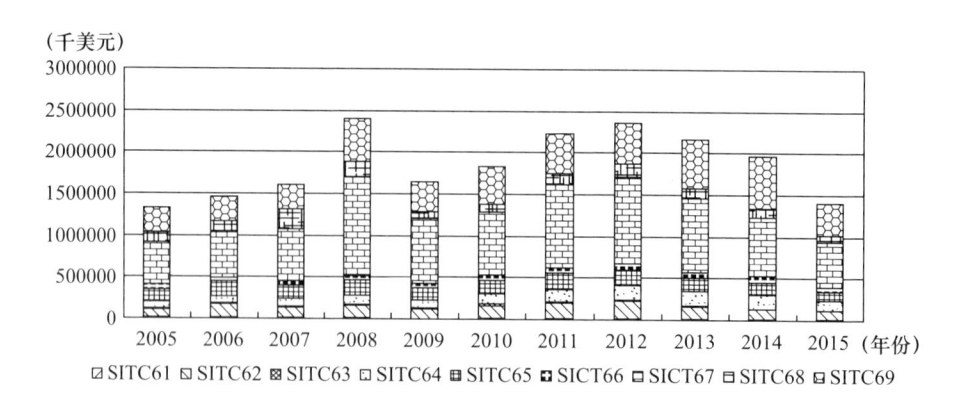

图6-24 2005~2015年印度尼西亚从新加坡SITC5商品的进口结构

资料来源：联合国贸发会议UNCTAD数据库。

根据表6-3 SITC6商品的分类，如图6-25所示，2005~2015年印度尼西亚从新加坡进口SITC6商品中，钢铁（SITC67），未另列明的金属制品（SITC69）比重很大。2015年，印度尼西亚从新加坡进口的SITC6商品中，钢铁（SITC67）比重达38.87%，未另列明的金属制品（SITC69）比重达27.24%。

图6-25 2005~2015年印度尼西亚从新加坡SITC6商品的进口结构

资料来源：联合国贸发会议UNCTAD数据库。

综上所述，印度尼西亚从新加坡主要进口石油、石油产品及有关原料，家用电器，办公用机器和自动数据处理设备，工业机械设备，电信、录音及重放装置和设备，有机化学品，初级形状的塑料，钢铁，未另列明的金属制品等。

B. 马来西亚

如图6-26所示，2005~2015年印度尼西亚从马来西亚进口的商品主要是矿物燃料、润滑剂和相关材料（SITC3），机械和运输设备（SITC7），未列明的化学品及有关产品（SITC5），主要以材料分类的制成品（SITC6）。

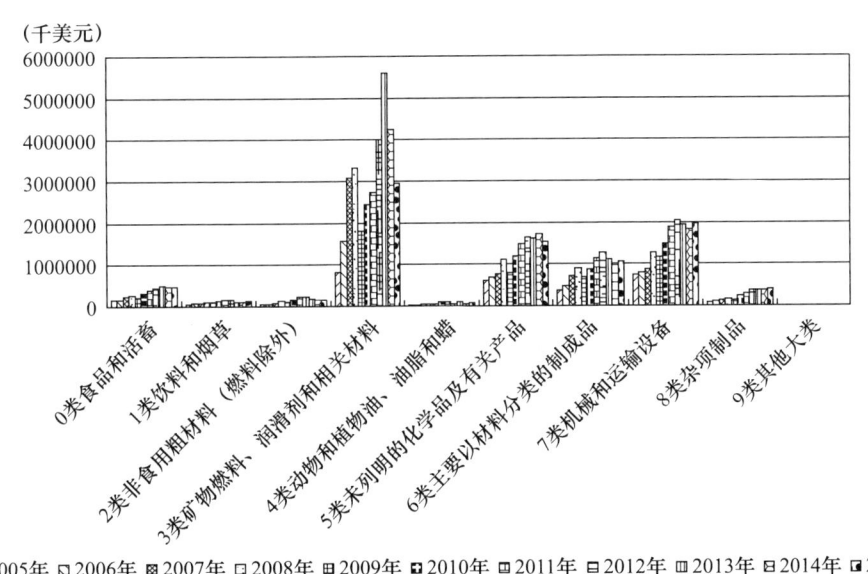

图6-26 2005~2015年按SITC分类的印度尼西亚从马来西亚进口商品结构

资料来源：联合国贸发会议UNCTAD数据库。

根据表6-1 SITC3商品的分类，如图6-27所示，2005~2015年印度尼西亚从马来西亚进口的SITC3商品中，比例最高的是石油、石油产品及有关原料（SITC33），其中，2013年该类商品进口占印度尼西亚从马来西亚SITC3商品进口的比重最高，为97.89%。

根据表6-2 SITC7商品的分类，如图6-28所示，2005~2015年印度尼西亚从马来西亚进口SITC7商品中，排名第一的是未另列明的电力机械、装置和器械及其电器零件（包括家用电气设备的未另列明的非电动部件）（SITC77），2015年该类商品进口占SITC7商品进口比重为22.63%。排第二位的是未另列明的通用工业机械和设备及其未另列明的机器零件（SITC74），2015年该类商品进口占SITC7商品进口比重为18.66%。排第三位的是特种工业专用机械（SITC72），

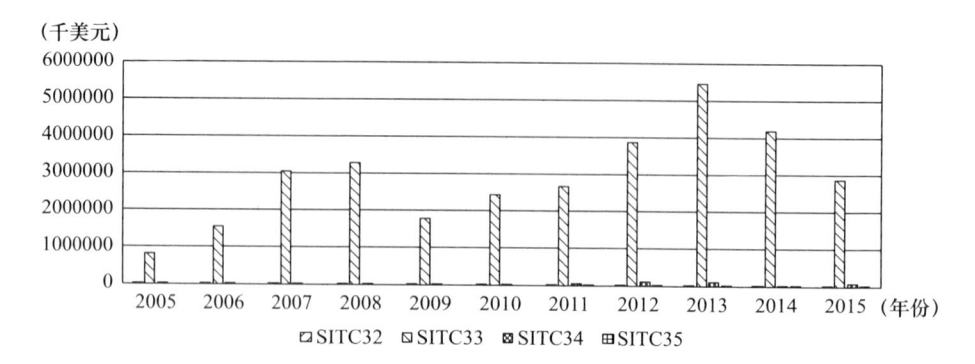

图 6-27　2005~2015 年印度尼西亚从马来西亚 SITC3 商品的进口结构

资料来源：联合国贸发会议 UNCTAD 数据库。

2015 年该类商品进口占 SITC7 商品进口比重为 16.46%。排第四位的是电信、录音及重放装置和设备（SITC76），2015 年该类商品进口占 SITC7 商品进口比重为 14.22%。

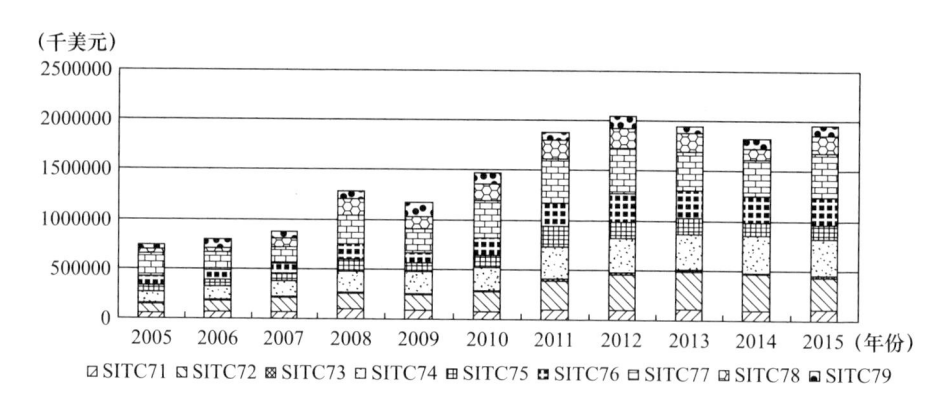

图 6-28　2005~2015 年印度尼西亚从马来西亚 SITC7 商品的进口结构

资料来源：联合国贸发会议 UNCTAD 数据库。

根据表 6-6 SITC5 商品的分类，如图 6-29 所示，2005~2015 年印度尼西亚从马来西亚进口 SITC5 商品中，主要以有机化学品（SITC51），初级形状的塑料（SITC57）为主。2015 年，印度尼西亚从马来西亚进口有机化学品（SITC51）的比重达到 30.70%，初级形状的塑料（SITC57）的比重达到 34.84%。

根据表 6-3 SITC6 商品的分类，如图 6-30 所示，2005~2015 年印度尼西亚从马来西亚进口 SITC6 商品中，钢铁（SITC67），有色金属（SITC68），未另列明的金属制品（SITC69），未另列明的非金属矿产品（SITC66）比重高。2015

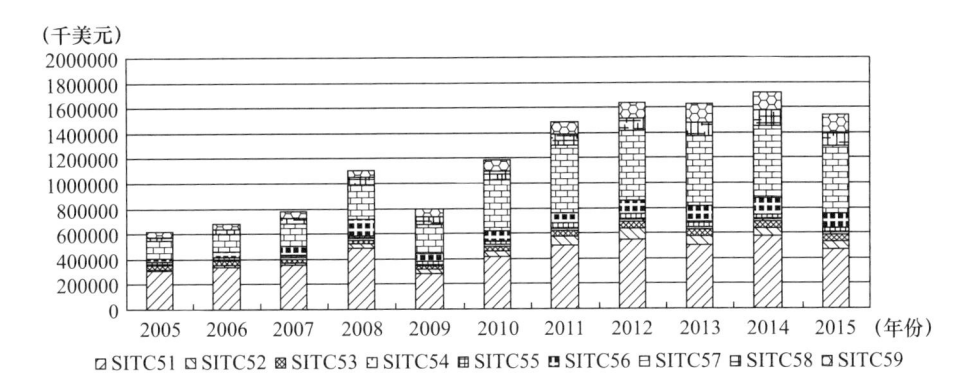

图 6-29　2005~2015 年印度尼西亚从马来西亚 SITC5 商品的进口结构

资料来源：联合国贸发会议 UNCTAD 数据库。

年，从马来西亚进口的 SITC6 商品中，钢铁（SITC67）比重达 30.43%，有色金属（SITC68）比重达 15.32%，未另列明的金属制品（SITC69）比重达 13.89%，未另列明的非金属矿产品（SITC66）比重达 12.64%。

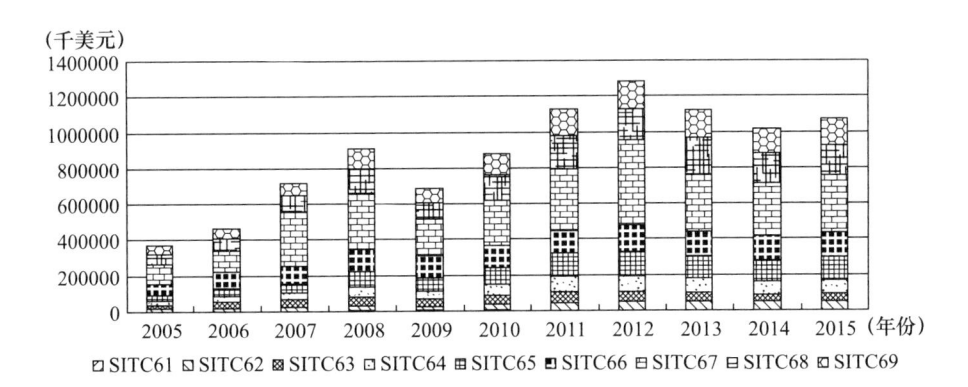

图 6-30　2005~2015 年印度尼西亚从马来西亚 SITC6 商品的进口结构

资料来源：联合国贸发会议 UNCTAD 数据库。

综上所述，印度尼西亚从马来西亚主要进口石油、石油产品及有关原料，通用工业机械和设备及机器零件，家用电器，电信、录音及重放装置和设备，有机化学品，钢铁，有色金属，未另列明的金属制品，未另列明的非金属矿产品等。

C. 泰国

如图 6-31 所示，2005~2015 年印度尼西亚从泰国进口的商品主要是机械和运输设备（SITC7），未列明的化学品及有关产品（SITC5），主要以材料分类的制成品（SITC6），食品和活畜（SITC0）。

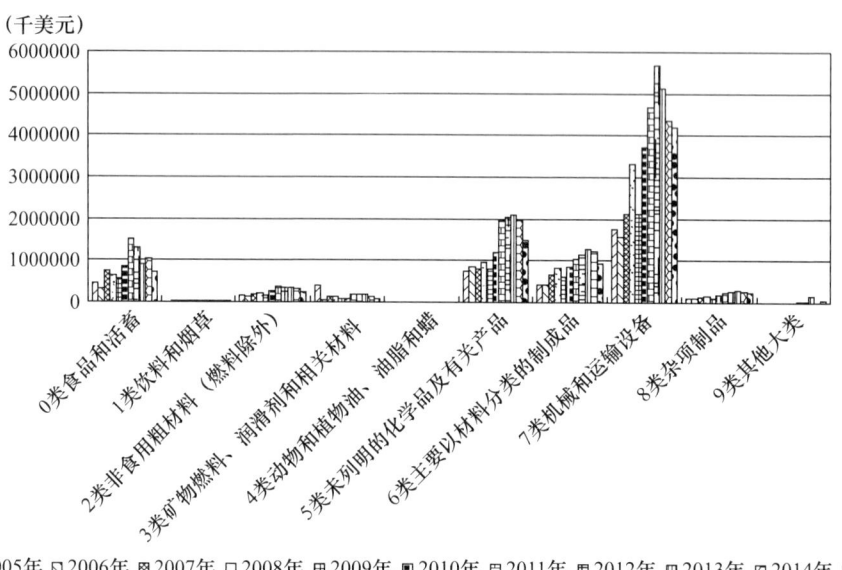

图6-31 2005~2015年按SITC分类的印度尼西亚从泰国进口商品结构

资料来源：联合国贸发会议UNCTAD数据库。

根据表6-2 SITC7商品的分类，如图6-32所示，2005~2015年印度尼西亚从泰国进口SITC7商品中，比重最高的是陆用车辆（包括气垫式车辆）（SITC78），2015年该类商品进口比重为53.27%。比重排在第二位的是未另列明

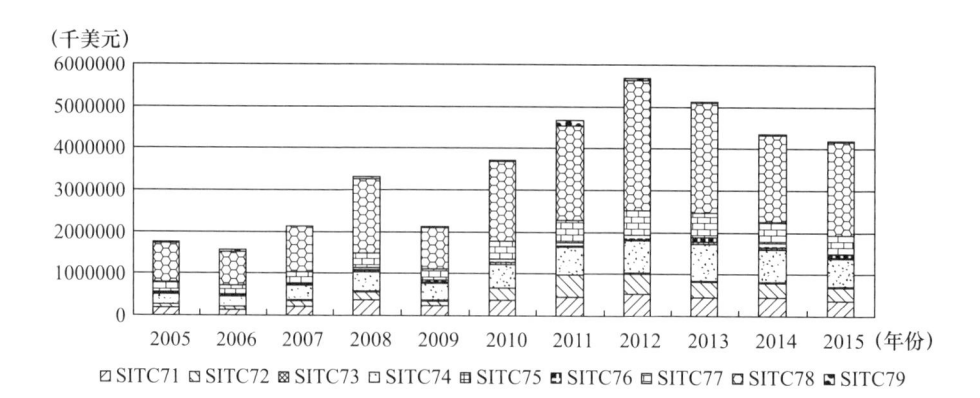

图6-32 2005~2015年印度尼西亚从泰国SITC7商品的进口结构

资料来源：联合国贸发会议UNCTAD数据库。

的通用工业机械和设备及其未另列明的机器零件（SITC74），2015年该类商品进口比重为15.65%。比重排在第三位的是未另列明的电力机械、装置和器械及其电器零件（包括家用电器设备的未另列明的非电动部件）（SITC77），2015年该类商品进口比重为10.69%。比重排在第四位的是动力机械及设备（SITC71），2015年该类商品进口比重为9.03%。比重排在第五位的是特种工业专用机械（SITC72），2015年该类商品进口比重为7.41%。

根据表6-6 SITC5商品的分类，如图6-33所示，2005~2015年印度尼西亚从泰国进口的SITC5商品中，主要以初级形状的塑料（SITC57），有机化学品（SITC51）为主。2015年，印度尼西亚从泰国进口的SITC5商品中，初级形状的塑料（SITC57）的比重达到40.15%，有机化学品（SITC51）的比重达到20.53%。

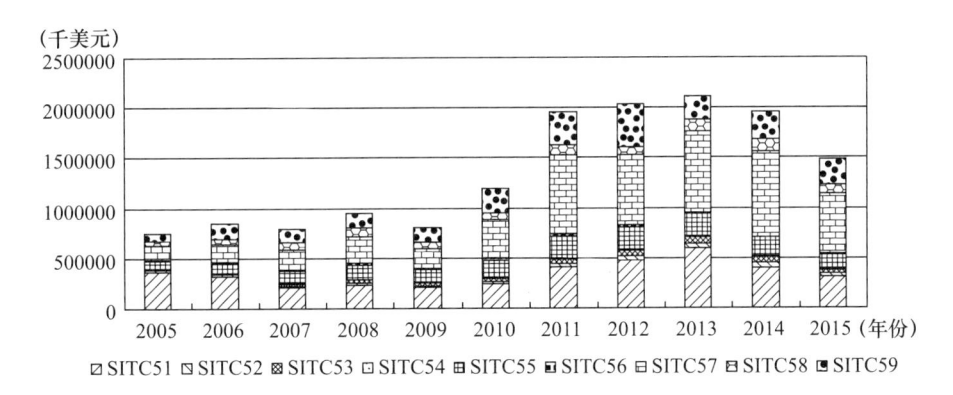

图6-33 2005~2015年印度尼西亚从泰国SITC5商品的进口结构

资料来源：联合国贸发会议UNCTAD数据库。

根据表6-3 SITC6商品的分类，如图6-34所示，2005~2015年印度尼西亚从泰国进口的SITC6商品中，未另列明的金属制品（SITC69），纺织纱（丝）、织物、未另列明的成品及有关产品（SITC65），未另列明的橡胶制品（SITC62），纸、纸板以及纸浆、纸和纸板的制品（SITC64），有色金属（SITC68）比重相近，均徘徊于15%。

根据表6-5 SITC0商品的分类，如图6-35所示，2005~2015年印度尼西亚从泰国进口的SITC0商品中，比重最高的是糖、糖制品及蜂蜜（SITC06），2015年该类商品比重达61.28%；其次是蔬菜和水果（SITC05），2015年该类商品比重达13.95%。

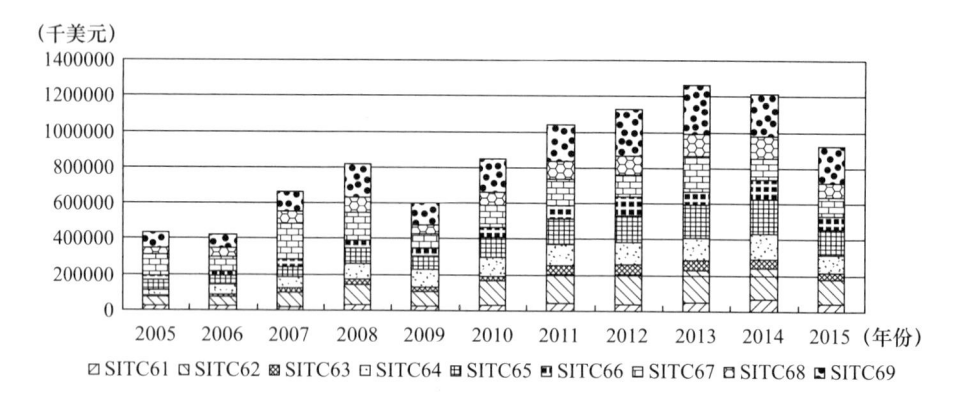

图 6-34　2005~2015 年印度尼西亚从泰国 SITC6 商品的进口结构

资料来源：联合国贸发会议 UNCTAD 数据库。

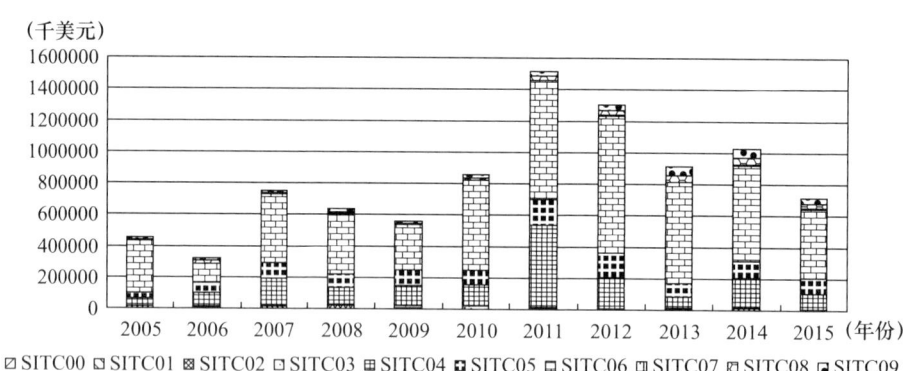

图 6-35　2005~2015 年印度尼西亚从泰国 SITC0 商品的进口结构

资料来源：联合国贸发会议 UNCTAD 数据库。

综上所述，印度尼西亚从泰国主要进口机械和运输设备，初级形状的塑料，有机化学品，金属制品，纺织纱（丝）、织物、未另列明的成品及有关产品，未另列明的橡胶制品，纸、纸板以及纸浆、纸和纸板的制品，有色金属，糖、糖制品及蜂蜜，蔬菜和水果。

四、印度尼西亚与东盟经济共同体内国家相互投资情况

（一）印度尼西亚吸引东盟经济共同体内国家投资情况

如表 6-7 所示，2012~2015 年印度尼西亚吸引东盟经济共同体内国家直接投资规模扩大。这主要表现为投资流量上升，占东盟经济共同体吸引内部投资总量比重增加，在东盟经济共同体内部排名上升。印度尼西亚吸引东盟经济共同体

内部的投资流量从 2012 年的 75.88 亿美元增至 2015 年的 93.18 亿美元,增幅达 22.8%。印度尼西亚吸引东盟经济共同体内部的投资流量占东盟 10 国吸引经济共同体内部的投资总流量比重从 2012 年的 36.93% 增至 2015 年的 42.07%;印度尼西亚在东盟经济共同体成员国中吸引内部直接投资流量的排名由 2012 年的第二位上升至 2013 年、2014 年、2015 年的首位。

表 6-7 2012~2015 年东盟经济共同体各成员国吸引内部直接投资流量与比重

单位:百万美元

	2012 年		2013 年		2014 年		2015 年	
	共同体内部投资	比重(%)	共同体内部投资	比重(%)	共同体内部投资	比重(%)	共同体内部投资	比重(%)
印度尼西亚	7587.90	36.93	8721.10	44.96	13458.80	55.21	9317.58	42.07
文莱	31.5	0.15	-58	-0.30	141.2	0.58	86.65	0.39
柬埔寨	523	2.55	298.8	1.54	372.5	1.53	425.41	1.92
老挝	73.6	0.36	104.6	0.54	137.9	0.57	221.83	1.00
马来西亚	2813.90	13.69	2187.50	11.28	2771.10	11.37	2719.01	12.28
缅甸	151.2	0.74	1186.80	6.12	683.6	2.80	2230.65	10.07
菲律宾	145.2	0.71	-41.7	-0.21	78.6	0.32	164.40	0.74
新加坡	8302.00	40.40	3665.00	18.89	4532.70	18.59	3416.30	15.42
泰国	-342	-1.66	1256.00	6.48	653.9	2.68	1413.72	6.38
越南	1262.50	6.14	2078.60	10.71	1547.10	6.35	2153.46	9.72
总计	20548.8	100.00	19399.6	100.00	24377.4	100.00	22149	100.00

资料来源:东南亚国家联盟网站,http://asean.org/? static_ post = foreign - direct - investment - statistics.

如表 6-8 所示,2015 年东盟经济共同体成员国对印度尼西亚直接投资最多的是新加坡,高达 59.01 亿美元,投资工程数量 3012 个。马来西亚紧随其后,对印度尼西亚投资总额 30.77 亿美元,投资工程数量 913 个。泰国对印度尼西亚的直接投资在世界全部来源国中排名第 11 位,对印度尼西亚投资总额 1.74 亿美元,工程数量 87 个。菲律宾、越南、文莱对印度尼西亚也有投资,但是投资金额与工程数量都比较少;柬埔寨、老挝、缅甸对印度尼西亚几乎没有进行投资。

表6-8　2015年对印度尼西亚投资的东盟经济共同体成员国及全球排名

全球排名	国家	投资额（百万美元）	工程数量（个）
1	新加坡	5901.18	3012
2	马来西亚	3076.97	913
11	泰国	174.17	87
62	菲律宾	0.14	15
68	越南	0.06	6
88	文莱	/	3
/	柬埔寨	/	/
/	老挝	/	/
/	缅甸	/	/

注："/"表示数据太小或未计入列表。
资料来源：印度尼西亚投资协调委员会网站，http://www6.bkpm.go.id/images/uploads/investasi_indonesia/file/Bahan_Paparan_-_Eng_-_TW_IV_2015_Final.pdf.

如表6-9所示，2016年第一季度东盟经济共同体成员国对印度尼西亚直接投资最多的依然是新加坡，投资总额28.63亿美元，投资工程数量831个。泰国、马来西亚对印度尼西亚的投资总额排名也很靠前，在所有对印度尼西亚投资的来源国中排名第7位、第9位。文莱、菲律宾、柬埔寨对印度尼西亚的投资金额与工程数量比较少，越南、老挝、缅甸对印度尼西亚几乎没有进行投资。

表6-9　2016年第一季度对印度尼西亚投资的东盟经济共同体成员国及全球排名

全球排名	国家	投资额（百万美元）	工程数量（个）
1	新加坡	2863.08	831
7	泰国	173.02	36
9	马来西亚	101.71	267
40	文莱	0.63	8
51	菲律宾	0.26	7
52	柬埔寨	0.2	1
76	越南	/	1
/	老挝	/	/
/	缅甸	/	/

注："/"表示数据太小或未计入列表。
资料来源：印度尼西亚投资协调委员会网站，http://www6.bkpm.go.id/images/uploads/investasi_indonesia/file/Bahan_Paparan_-_Eng_-_TW_IV_2015_Final.pdf.

（二）印度尼西亚对共同体内国家的投资状况

表6-10所示，印度尼西亚对新加坡的投资增长缓慢，还未超过2009年金融危机前的投资水平。2007~2014年印度尼西亚对新加坡的投资从19.77亿美元增长至24.79亿美元，增幅达25.41%，但是仍未超越2009年的38.94亿美元。

表6-10 2007~2014年印度尼西亚对新加坡的投资状况

单位：百万美元

年份	2007	2008	2009	2010	2011	2012	2013	2014
新加坡	1976.90	2962.40	3894.00	1482.80	819.40	2461.90	2209.80	2479.20

资料来源：印度尼西亚投资协调委员会网站，http://www6.bkpm.go.id/images/uploads/investasi_indonesia/file/Bahan_Paparan_-_Eng_-_TW_IV_2015_Final.pdf。

由马来西亚统计数据库数据可知，2013~2014年马来西亚前五大外资来源国是新加坡、日本、荷兰、美国、挪威。由马来西亚2015年投资报告的数据可以看出，2015年马来西亚主要投资来源国（地区）是新加坡、日本、荷兰、美国、中国香港、瑞士、英国、挪威。虽然没有查找到印度尼西亚对马来西亚直接投资的数据，但也可以从侧面看出，印度尼西亚并不是马来西亚的主要投资来源国家。

由泰国投资促进委员会数据可知，2009~2015年泰国的主要外资来源国（地区）是日本、欧盟、美国、中国台湾、中国香港、新加坡，印度尼西亚不在其中。2013年印度尼西亚对泰国的净投资金额是15.21亿泰铢，2014年为217.42亿泰铢，2015年为157.37亿泰铢，从投资额来看，印度尼西亚对泰国的投资金额也不高。

总体而言，印度尼西亚对东盟经济共同体内国家的投资金额较少。印度尼西亚政府现阶段工作的重心在于改善国内落后的基础设施，以实现经济的宏伟目标。因此，印度尼西亚政府采取一系列措施来吸引外国直接投资，比如，降低投资限制，切实解决征地困难，提高办事效率，大力兴建综合产业园区。此外，印度尼西亚国内各个产业的发展也需要大量资金，印度尼西亚政府部门也在努力减少非必要开支，为港口、高速公路、铁路等基础设施项目提供资金支持。因此，印度尼西亚对外直接投资十分有限。

五、印度尼西亚在东盟经济共同体中的地位

印度尼西亚在东盟经济共同体中是一个贸易大国。从上文的数据分析可知，印度尼西亚与新加坡、马来西亚、泰国的贸易往来最为密切，贸易规模迅速扩大。一方面，印度尼西亚对部分工业品和农产品的需求有较高的对外依存度，其

中对新加坡和马来西亚的石油、机械运输设备、化学产品、有色金属等商品,对泰国的橡胶、大米等产品有着巨大的需求。另一方面,印度尼西亚的香料、咖啡、可可、石油、天然气也出口到泰国与马来西亚。总体来看,印度尼西亚与柬埔寨、老挝、缅甸、文莱的贸易规模比较小。

印度尼西亚对东盟经济共同体的内部直接投资有较大吸引力。从上文的分析数据可知,印度尼西亚吸引东盟经济共同体成员国的投资量遥遥领先,已经连续3年超过新加坡,吸引投资流量的比重几乎占经济共同体内部直接投资总量的一半。这与印度尼西亚政府大力改善国内投资环境,减少投资限制,实施优惠投资政策,吸引直接投资进入基础设施建设领域有很大关系。

根据上述分析,印度尼西亚今后在东盟经济共同体中的影响力会进一步增强。因为印度尼西亚是东南亚最大的经济体,经济与投资快速增长,拥有丰富的自然资源,国内消费市场巨大。其他国家如新加坡、马来西亚、泰国、菲律宾、越南虽然都想在东盟经济共同体中起主导作用,但是它们要实现这一目标存在一些困难。新加坡虽然是东盟经济共同体中发展水平最高的国家,但其地域狭小、人口少,经济严重依赖于外部市场,很难成为东盟的核心领导力量。马来西亚自身能力有限,2015年的生产率仅增长了3.3%,低于3.7%的年度目标,2016年生产率增幅可能更低,经济的不景气使马来西亚很难在东盟中发挥领导作用。泰国尽管经济实力日趋增强,但泰国政府更迭过于频繁,其领导人在东盟中也缺乏应有的号召力。菲律宾经济发展以要素驱动为主,创新驱动不足,外向型经济结构失衡,将为菲律宾经济发展带来困难,也很难在共同体中起到领导作用。越南是一个区域大国,军事力量较强,但其经济落后,与东盟其他较发达国家存有明显的差距,其国内经济建设的任务很重,暂时没有能力在共同体中起领导作用。[①]

第二节　印度尼西亚参与中国—东盟自由贸易区的现状

2010年中国—东盟自由贸易区正式启动,印度尼西亚作为东盟最大的经济体参与自贸区有助于推动印度尼西亚区域经济一体化的进程。印度尼西亚与中国加强了友好合作关系,两国经贸关系迅速发展,在中国—东盟自贸区内发挥积极的推动作用。

---

① 郑一省. 印度尼西亚和东盟关系的回顾与展望[J]. 东南亚研究, 2008 (3): 32-38.

一、合作进程

表 6-11 说明了中国—东盟自贸区的建设过程。如果以阶段划分,中国—东盟自贸区的发展大致可以分为以下三个阶段:第一阶段,2002~2010 年,是启动并大幅下调关税阶段。自 2002 年 11 月双方签署以中国—东盟自贸区为主要内容的《中国—东盟全面经济合作框架协议》开始,至 2010 年 1 月 1 日中国对东盟 93% 产品的贸易关税降为零。第二阶段,2011~2015 年,是全面建成自贸区阶段。东盟的越南、老挝、柬埔寨、缅甸四国与中国贸易的绝大多数产品亦实现零关税,与此同时,双方实现更广泛深入的开放服务贸易市场和投资市场。第三阶段,2016 年之后,是自贸区巩固完善阶段。中国—东盟自贸区向升级版方向发展,双边合作的领域进一步扩大,合作的深度进一步加强。[①]

表 6-11 中国—东盟自贸区建设进程回顾

时间	进程
1991 年 7 月	中国时任外长钱其琛出席第 24 届东盟外长会议开幕式,标志着中国开始成为东盟的磋商伙伴
1992 年 1 月	第四次东盟首脑会议正式提出建立东盟自由贸易区
1999 年 4 月、5 月	中国与美国、欧盟先后达成加入世贸组织(WTO)的协议
2000 年 10 月	中国时任国务院总理朱镕基在新加坡举行的中国与东盟领导人会议上,提出在 WTO 承诺基础上,建设更加互惠的中国—东盟自由贸易区倡议
2001 年 11 月	中国与东盟各国签署了《南海各方行为宣言》,在当年 10+1 领导人会议上,中国拿出更为充实的议案,终于与东盟达成了自贸区共识。"10+1"宣布十年内建成自由贸易区的目标
2002 年 11 月 4 日	《中国与东盟全面经济合作框架协议》签署,自贸区建设正式启动
2004 年 1 月 1 日	中国—东盟自由贸易区早期收获计划实施,下调农产品的关税。到 2006 年,约 600 项农产品的关税降为零

---

① 随着中国—东盟自贸区的建立 中国—东盟农产品贸易将迎来收获季节 [EB/OL]. 中国自由贸易区服务网,http://fta.mofcom.gov.cn/article/fzdongtai/200907/904_1.html;王海平,戴李元. 北部湾:成渝经济区出海口 [J]. 科技创业家,2011(5):14-19;谢清. 中国—东盟自由贸易区税收协调对广西企业影响的研究 [J]. 企业科技与发展月刊,2015(3):4-6;许宁宁. 中国—东盟自由贸易区与广东经济新发展 [J]. 战略决策研究,2010(1):3-10.

续表

时间	进程
2004 年底	《货物贸易协议》和《争端解决机制协议》签署，标志自贸区建设进入实质性执行阶段
2005 年 7 月 20 日	《货物贸易协议》降税计划开始实施，7000 种产品降低关税
2009 年 8 月 15 日	《中国—东盟自由贸易区投资协议》签署，标志主要谈判结束
2010 年 1 月 1 日	拥有 19 亿人口、GDP 接近 6 万亿美元、发展中国家间最大的自由贸易区，中国—东盟自由贸易区正式建立

资料来源：根据百度百科整理所得，http：//baike.baidu.com/link? url = r0a6HkTvJeI_ kS9FxAp1maiui XSP8DN7 - dcJ5LxhFGtB352K8bn_ Aukh.

二、合作领域

自 2002 年中国与东盟签署《中国—东盟全面经济合作框架协议》以来，双方积极推进自贸区建设，稳步扩大开放领域，不断加大合作力度，在货物贸易、服务贸易、双边投资，其他如环境、能源、电子商务等多个领域取得了令人瞩目的成绩。

（一）货物贸易

2005 年 7 月 20 日，中国—东盟自贸区降税进程全面启动，这标志着《货物贸易协议》正式进入了实施阶段，也标志着中国—东盟自由贸易区的建设全面拉开了帷幕。《货物贸易协议》规定，除早期收获产品（主要是农产品）外，其余产品分为正常产品和敏感产品两类。

1. 关税削减时间表

表 6 - 12　关税削减时间表

起始时间	关税税率	覆盖关税条目	参与国家
2000 年	对所有东盟成员国 0～5%	85% 的 CEPT 条目	原东盟六国
2002 年 1 月 1 日	对所有东盟成员国 0～5%	全部 CEPT 条目	原东盟六国
2003 年 7 月 1 日	WTO 最惠国关税税率	全部	中国与东盟十国
2003 年 10 月 1 日	中国与泰国果蔬关税降至 0	中泰水果蔬菜	中国、泰国
2004 年 1 月 1 日	农产品关税开始下调	农产品	中国与东盟十国
2005 年 1 月	对所有成员开始削减关税	全部	中国与东盟十国
2006 年	农产品关税降至 0	农产品	中国与东盟十国
2010 年	对老东盟成员国零关税	全部减税产品	原东盟六国

续表

起始时间	关税税率	覆盖关税条目	参与国家
2010 年	关税降至 0	全部产品（部分敏感产品除外）	中国与原东盟六国 中国从东盟国家进口的93%货物实行0关税政策，平均关税降到0.1%以下，而对其他国家的平均关税为9.8%
2015 年	对新东盟成员国零关税	全部产品（部分敏感产品除外）	东盟新成员国
2015 年	对中国—东盟自贸区成员国关税降至0	全部产品（部分敏感产品除外）	东盟新成员国
2018 年	对东盟自贸区和中国—东盟自贸区所有成员国零关税	剩余的部分敏感产品	东盟新成员国

资料来源：根据百度百科整理所得，http：//baike. baidu. com/link？url = ZUOJwCNXo52m_ jr1zcxrEzJS8zPwxMVmE_ - XaCg5KP5PLL - Oe_ Jw5kpXjQ5yIcQ11n3JyKF2xY8wkf975pfCWq#7.

2. 原产地规则

原产地规则包括具体的货物原产地标准、直接运输规则、原产地证书核查等内容，符合原产地规则的商品可以适用优惠贸易安排。

中国—东盟自贸区产品按照原产地标准的规定可分为两类：一是完全获得产品，即完全使用原产国的原料和零部件，并在其国内完成生产、制造的产品。二是非完全获得产品，即不完全使用原产国的原料，或未在其国内完成全部生产和制造过程的产品。对于非完全获得产品，中国—东盟自贸区采用的是百分比标准，即"增值标准"的判定方法，即该产品中原产于中国—东盟自贸区的成分占其总价值的比例不应少于40%（这部分价值被称为"中国—东盟自贸区成分"）。除另有规定的以外，符合原产地要求的产品如在一缔约方境内用作享受《服务贸易协议》优惠待遇的制成品的材料，该产品应视为原产于进行该制成品的制造或加工的缔约方，但该产品的中国—东盟自由贸易区成分累计（即所有缔约方成分的完全累计）占最终产品份额应不低于40%。[1]

中国—东盟自由贸易区从出口缔约方向进口缔约方的直接运输包括如下情

---

[1] 国家质量监督检验检疫总局. 关于实施中国—东盟自由贸易协定原产地规则签证操作程序修订案有关事项的通知［EB/OL］. http：//www. aqsiq. gov. cn/xxgk_ 13386/tzdt/zztz/2010/1231_ 24112 3. htm，2010 - 12 - 31.

况:一是产品运输经过任何其他中国—东盟自由贸易区成员国境内;二是产品运输未经过任何非中国—东盟自由贸易区成员国;三是产品运输途中经过一个或多个非中国—东盟自由贸易区成员国境内,不论是否在这些国家转换运输工具或作临时储存,都需要有理由证明过境运输是由于地理原因或仅出于运输需要的考虑以及产品未在这些国家贸易或消费和除装卸或其他为使产品保持良好状态的工作外,产品在这些国家未经任何其他操作。[①]

中国—东盟自贸区原产地证书签发核查程序共含有 22 条规则,包括原产地证书的签发机构、原产地证书的申请、出口前检查、原产地证书的签发、原产地证书的提交、特例、反瞒骗行动等。目前印度尼西亚原产地证书签发的机构为贸易部,中国为检验检疫局以及贸促会。

(二) 服务贸易

2007 年 1 月,中国与东盟签署了自贸区《服务贸易协议》,并于 2007 年 7 月实施。各国以减让表的形式列出各自在服务部门的具体开放承诺。具体承诺是各国在其各自 WTO《服务贸易总协定》承诺的基础上,做出更高水平的开放承诺。

中国的承诺主要涵盖建筑、环境保护、运输、体育和商务服务(包括计算机、管理咨询、市场调研等) 5 个服务部门的 26 个分部门,具体包括:进一步开放部分服务领域,允许设立独资企业,放宽设立公司的股比限制及允许享受国民待遇等。东盟 10 国也分别在商业、通信、建筑、教育、环境、金融、旅游、运输 8 个部门约 70 个分部门做出更高水平的开放承诺。[②] 双方在环境保护、金融、旅游等服务领域的具体合作如下:

环境领域。中国和东盟都是发展中国家,经济处于不断增长的阶段,受自身条件的限制,经济发展对环境产生了一定的破坏作用。中国与东盟加强了环境合作,主要包括:互相提供有利于改善环境的技术和设备;交流环境保护方面的信息;共同开发改善环境和经济可持续发展的政策措施。

金融合作。亚洲金融危机的爆发和欧洲货币的统一,使越来越多的东亚国家认识到金融合作的重要性和必要性。在实践中,中国与东盟签订了双边货币互换协议,标志着亚洲金融合作进入了实质性发展阶段。

旅游合作。中国与东盟国家在旅游领域的合作已卓有成效。为了充分利用本地区丰富的旅游资源,加强各国人员往来,促进经济发展,双方应进一步加强旅

---

① 中国—东盟自由贸易区原产地规则 [EB/OL]. 商务部网站, http://www.mofcom.gov.cn/article/b/g/2004/0209/20040209/179031.shtml, 2004 - 02 - 09.
② 中国—东盟自贸区手册 [EB/OL]. 中华人民共和国驻新加坡共和国大使馆经济商务参赞处, http://sg.mofcom.gov.cn/aarticle/maoyi/zhengcwend/200805/20080505523364.html, 2008 - 05 - 05.

游业合作：①进一步开发中国和东盟丰富的旅游资源，加强基础设施建设，合作建立生态旅游合作区；②增强运输能力，加大航空和海上运输能力，实行联合运营；③简化旅行程序，对于旅游签证，可按照国际惯例简化游客的出入境手续，降低成本。从旅游发展的趋势分析，中国到东盟国家旅游人数逐年呈现出增加的趋势，东盟的旅游收入增长将对建立中国—东盟自由贸易区起到积极的推动作用。[①]

（三）投资和非关税措施

中国—东盟自由贸易区《投资协议》[②]包括27个条款，通过双方相互给予投资者国民待遇、最惠国待遇和投资公平公正待遇，提高投资相关法律法规透明度，为双方投资者创造自由、便利、透明及公平的投资环境，并为双方的投资者提供充分的法律保护。

中国—东盟自贸区的发展要致力于促进贸易便利化，清除中国与东盟的贸易物流链中涉及通关程序和贸易物流的所有行政性、机制性和物理性障碍，消除非关税壁垒，尤其在产品标准、技术规定、合格评定和凭证等方面。

（四）其他领域合作

中国与东盟合作还扩大到经济技术合作、能源、跨境电子商务及次区域开发等领域。

经济技术合作领域。许多东盟国家正推进工业化和城镇化进程，对外来资金、设备、技术需求迫切，中国经济面临转型升级的新阶段，正积极引导优势产业和装备制造业到东盟国家投资兴业。随着中国—东盟自贸区建设的不断深入，目前东盟国家已经成为中国重要的海外工程承包市场和劳务市场。新加坡、印度尼西亚、越南、马来西亚、缅甸和泰国是中国在东盟国家开展国际工程承包与劳务合作的主要市场。另外，目前中国—东盟技术转移中心与柬埔寨、缅甸、老挝、泰国和印度尼西亚共建了5家双边技术转移中心，建成覆盖中国和东盟国家的技术转移协作网络，成员达1763家。

能源领域。随着中国经济的快速发展，对能源的需求将日益增加。东盟国家中，印度尼西亚、文莱都拥有丰富的石油和天然气资源，双方加强了能源领域的合作。能源领域的合作主要涉及以下几个方面：①东盟国家可出口能源产品到中国；②拥有能源技术的东盟国家可与中国开展技术合作；③可利用中国的技术设备和资金，扩大中国对东盟的出口和投资，可增加当地的就业机会和政府收入。

---

① 杨小雨. 中国和东盟经济一体化研究及政策选择［D］. 大连理工大学，2004；宫占奎、李文韬. 中国在自由贸易区进程中的政策选择［J］. 玉溪师范学院学报，2003，19（7）：43－47.
② 中国和东盟签署《投资协议》［EB/OL］. 新华网，http://news.xinhuanet.com/world/2009/0815/content_11886340.htm，2009－08－15.

跨境电子商务领域。印度尼西亚的电子商务虽然刚刚起步，但是政府积极推动，这几年的交易量也快速增长，中国的电子商务有一定的基础。因此双方的跨境电子商务合作有可行性，对扩大双边贸易及经济技术合作也具有重要意义。双方电子商务领域的初期合作以政策对话、交流经验和技术合作为主。

次区域经济合作。次区域经济合作与CAFTA的联动发展，是中国—东盟机制化区域经济合作的鲜明特色。双方的次区域经济合作区既有CAFTA构建之前就已展开的大湄公河次区域经济合作，也有CAFTA构建之后才逐步发展起来的泛北部湾经济合作，更有2014年9月才刚刚达成《南宁共识》携手共建的中国—新加坡经济走廊，以及2015年11月由澜沧江—湄公河沿岸6国独立推动建立的首个合作机制——澜湄合作机制。[①]

三、印度尼西亚与中国—东盟自贸区内国家的贸易情况

由于前文已经探讨了印度尼西亚与东盟经济共同体内国家的贸易情况，东盟经济共同体的成员国也是东盟自由贸易区的成员国，为了避免重复讨论，因此本小节将主要研究印度尼西亚与中国的贸易规模与贸易结构。

（一）贸易规模

印度尼西亚与中国的货物贸易规模上升。如图6-36所示，2005~2015年印度尼西亚与中国的货物贸易规模上升，受2009年金融危机影响，两国贸易额曾

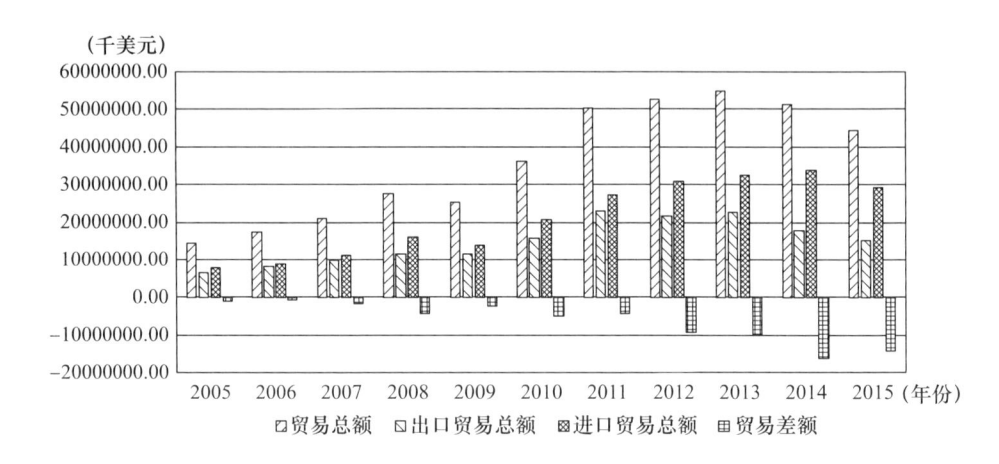

图6-36 2005~2015年印度尼西亚与中国的货物贸易规模

资料来源：联合国贸发会议UNCTAD数据库。

---

① 杨小雨.中国和东盟经济一体化研究及政策选择[D].大连理工大学，2004；宫占奎，李文韬.中国在自由贸易区进程中的政策选择[J].玉溪师范学院学报，2003，19（7）：43-47.

跌至 253.74 亿美元，2015 年又升至 445.32 亿美元，增长幅度达 75.50%。2005 ～2015 年，印度尼西亚对中国的货物出口额上升，受 2009 年金融危机影响，出口额曾跌至 114.99 亿美元，2015 年又升至 151.87 亿美元，增幅达 32.07%。印度尼西亚从中国的货物进口额增长迅猛，2009～2015 年印度尼西亚从中国进口增长幅度为 111.50%，2009 年印度尼西亚从中国进口达 138.75 亿美元，2015 年印度尼西亚从中国进口达 293.45 亿美元。2005～2015 年印度尼西亚与中国的贸易逆差进一步扩大，由金融危机后 2009 年的 23.75 亿美元扩大到 2015 年的 141.58 亿美元，贸易逆差扩大了 5.96 倍。

印度尼西亚对中国的货物出口额在自贸区基本排第四位，从中国的货物进口额在自贸区排第五位。如图 6-37 所示，前三位对中国出口货物的国家是新加坡、马来西亚、泰国，2015 年的出口额分别是 477.24 亿美元、260.63 亿美元、233.11 亿美元。如图 6-38 所示，2015 年前四位从中国进口货物的国家是越南、新加坡、泰国、马来西亚，印度尼西亚在 2011 年、2012 年从中国的进口额在自贸区排名第三位，但是后来越南和马来西亚增速迅猛，超过了印度尼西亚。

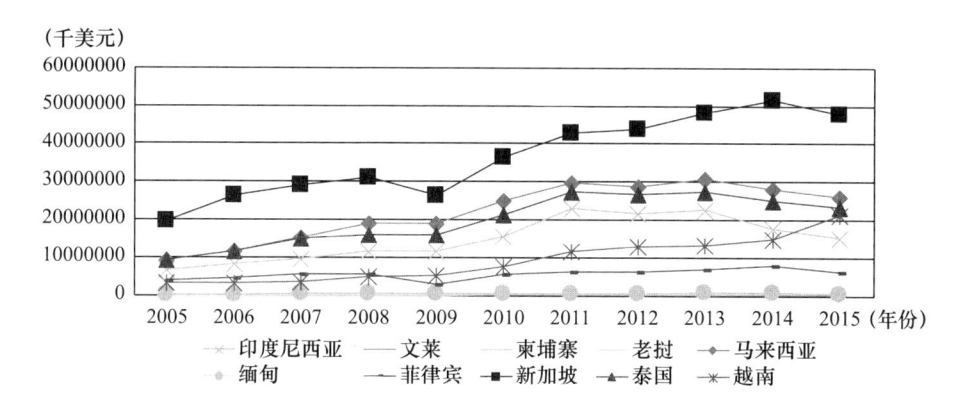

图 6-37　2005～2015 年东盟国家对中国的出口

资料来源：联合国贸发会议 UNCTAD 数据库。

（二）印度尼西亚与中国的货物贸易商品结构

1. 印度尼西亚对中国的货物出口商品结构

如图 6-39 所示，2005～2015 年按 SITC 分类的印度尼西亚对中国出口商品结构主要以矿物燃料、润滑剂和相关材料（SITC3），非食用粗材料（燃料除外）（SITC2），动物和植物油、油脂和蜡（SITC4），未列明的化学品及有关产品（SITC5）为主。

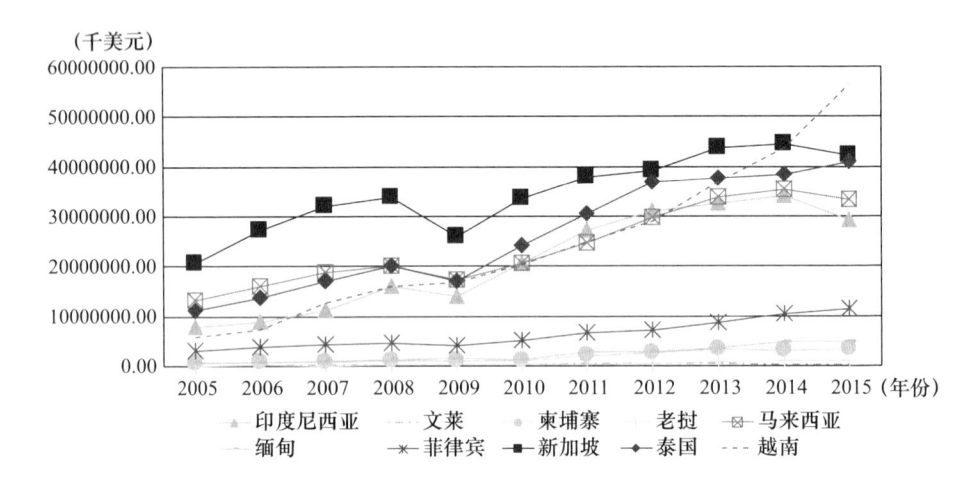

图 6-38 2005~2015 年东盟国家从中国的进口

资料来源：联合国贸发会议 UNCTAD 数据库。

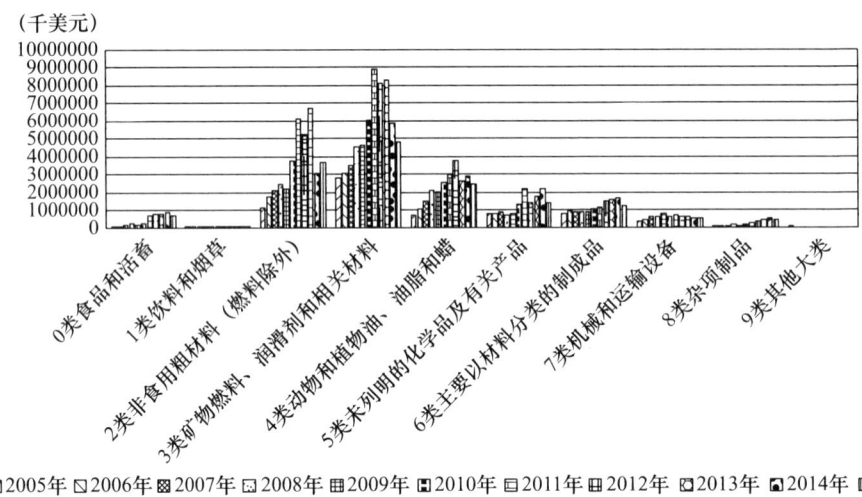

图 6-39 2005~2015 年按 SITC 分类的印度尼西亚对中国出口商品结构

资料来源：联合国贸发会议 UNCTAD 数据库。

根据表 6-1 SITC3 商品的分类，如图 6-40 所示，印度尼西亚对中国出口的 SITC3 商品中，2005~2008 年以石油、石油产品及有关原料（SITC33）、天然气及人造气（SITC34）为主，2009~2015 年，煤、焦炭及煤砖（SITC32）的出口比重越来越大，其中 2015 年的 SITC32 类产品的出口比重占到 SITC3 商品的80%以上。

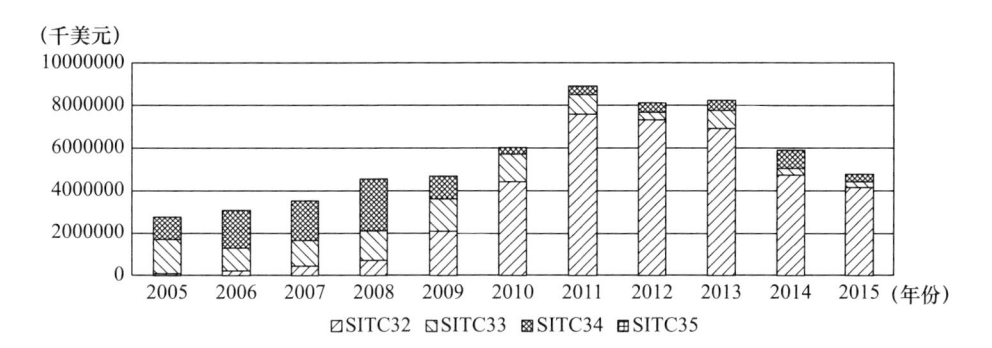

图6-40　2005~2015年印度尼西亚对中国SITC3商品的出口结构

资料来源：联合国贸发会议UNCTAD数据库。

根据表6-13的分类，如图6-41所示，印度尼西亚对中国出口的SITC2商品中，主要以金属矿产及金属屑（SITC28）、生胶（包括合成胶及再生胶）（SITC23）、纸浆及废纸（SITC25）为主。2009年以后金属矿产及金属屑（SITC28）对中国的出口猛增，由7.64亿美元增至37亿美元，但是2014年起又迅速下滑。

表6-13　SITC2商品的分类

SITC21	生皮及生皮毛
SITC22	油籽及含油果实
SITC23	生胶（包括合成胶及再生胶）
SITC24	软木及木材
SITC25	纸浆及废纸
SITC26	纺织纤维（不包括毛条和其他精梳羊毛）及其废料（未加工成纱或织物的）
SITC27	粗肥料（第56类所列的除外）及原矿物（煤、石油及宝石除外）
SITC28	金属矿产及金属屑
SITC29	未另列明的动物及植物原料

资料来源：联合国贸发会议UNCTAD数据库。

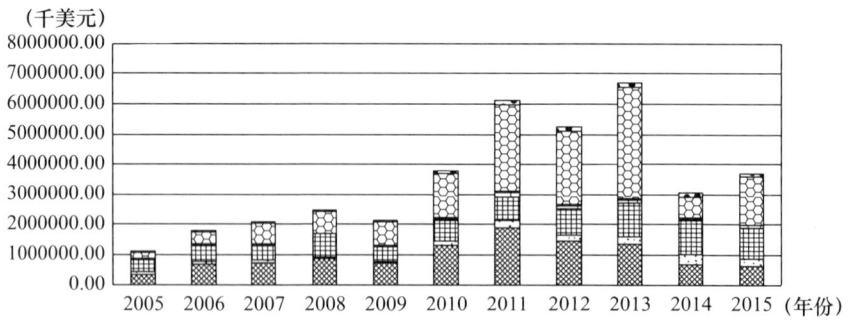

（千美元）
8000000.00
7000000.00
6000000.00
5000000.00
4000000.00
3000000.00
2000000.00
1000000.00
0.00
　　2005　2006　2007　2008　2009　2010　2011　2012　2013　2014　2015（年份）
☐SITC21　☐SITC22　☒SITC23　☐SITC24　☐SITC25　☐SITC26　☐SITC27　☒SITC28　■SITC29

图6-41　2005～2015年印度尼西亚对中国SITC2商品的出口结构

资料来源：联合国贸发会议UNCTAD数据库。

根据表6-4 SITC4商品的分类，如图6-42所示，印度尼西亚对中国出口的SITC4商品中，2005～2015年一直以未加工的、已提炼的或精制的非挥发性植物油脂（SITC42）为主。

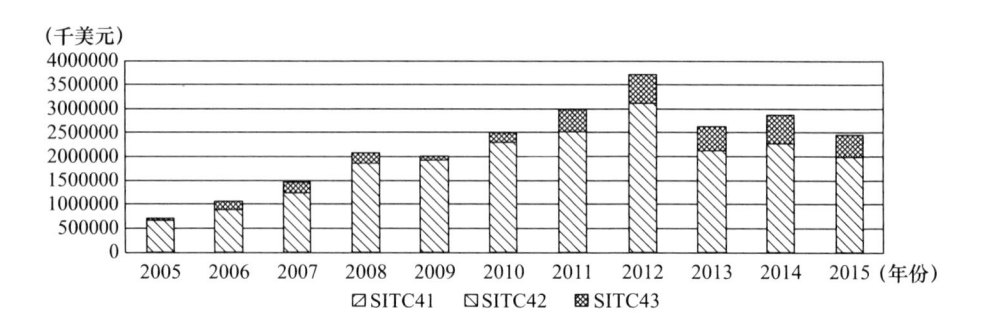

（千美元）
4000000
3500000
3000000
2500000
2000000
1500000
1000000
500000
0
　　2005　2006　2007　2008　2009　2010　2011　2012　2013　2014　2015（年份）
☐SITC41　☒SITC42　▩SITC43

图6-42　2005～2015年印度尼西亚对中国SITC4商品的出口结构

资料来源：联合国贸发会议UNCTAD数据库。

根据表6-6 SITC5商品的分类，如图6-43所示，印度尼西亚对中国出口的SITC5商品中，主要是有机化学品（SITC51）。

综上所述，中国—东盟自贸区成立后印度尼西亚与中国经贸往来日益密切，印度尼西亚主要对中国出口煤、焦炭及煤砖，石油、石油产品及有关原料，天然气及人造气，金属矿产及金属屑，生胶（包括合成胶及再生胶），纸浆及废纸，未加工的、已提炼的或精制的非挥发性植物油脂，有机化学品。

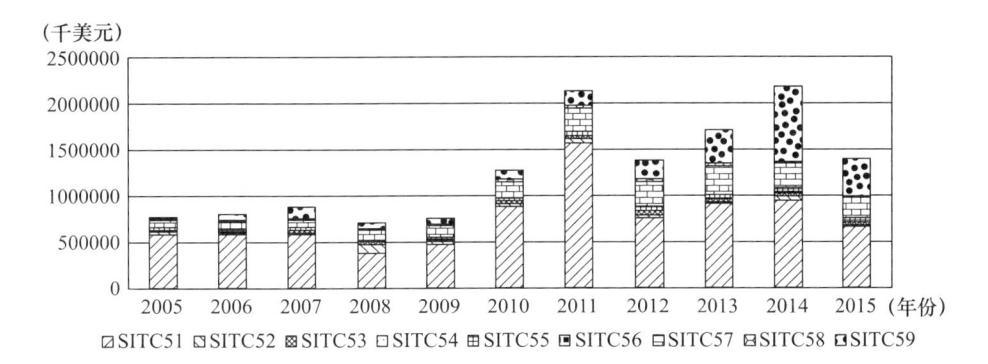

第六章 2015~2016年印度尼西亚区域经济合作

图 6-43 2005~2015年印度尼西亚对中国 SITC5 的出口结构

资料来源：联合国贸发会议 UNCTAD 数据库。

2. 印度尼西亚从中国的货物进口商品结构

如图 6-44 所示，2005~2015 年印度尼西亚从中国进口的商品按 SITC 分类主要是机械和运输设备（SITC7）、主要以材料分类的制成品（SITC6）、未列明的化学品及有关产品（SITC5）。

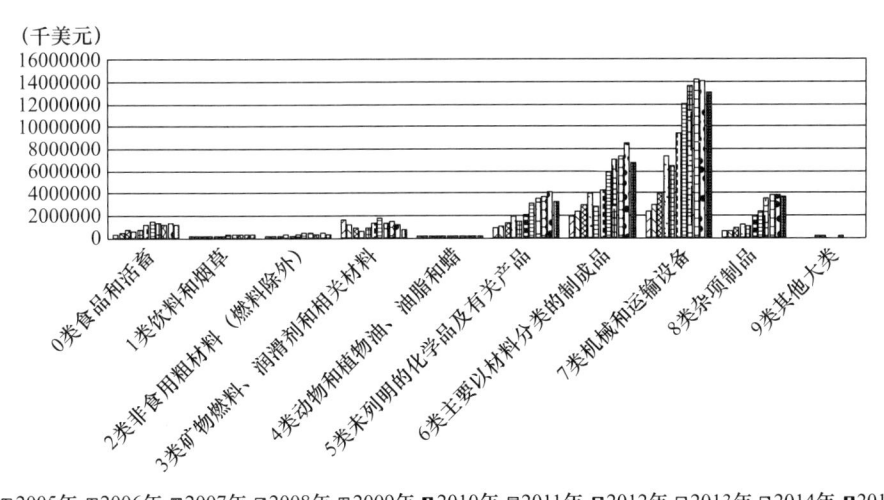

图 6-44 2005~2015年按 SITC 分类的印度尼西亚从中国进口商品结构

资料来源：联合国贸发会议 UNCTAD 数据库。

根据表 6-2 SITC7 商品的分类，如图 6-45 所示，印度尼西亚从中国进口的 SITC7 商品中，电信、录音及重放装置和设备（SITC76），未另列明的通用工业

· 131 ·

机械和设备及其未另列明的机器零件（SITC74），未另列明的电力机械、装置和器械及其电器零件（包括家用电器设备的未另列明的非电动部件）（SITC77），各自所占的比重为15%~20%。

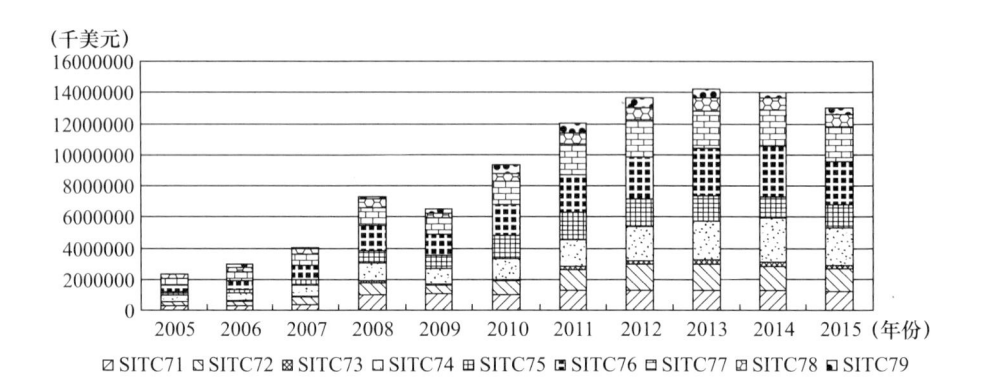

图6-45　2005~2015年印度尼西亚从中国SITC7商品的进口结构

资料来源：联合国贸发会议UNCTAD数据库。

根据表6-3 SITC6商品的分类，如图6-46所示，印度尼西亚从中国进口的SITC6商品中，主要以纺织纱（丝）、织物、未另列明的成品及有关产品（SITC65），钢铁（SITC67），未另列明的金属制品（SITC69）为主，2015年这些商品占SITC6商品的比重分别为34.49%、24.16%、17.84%。

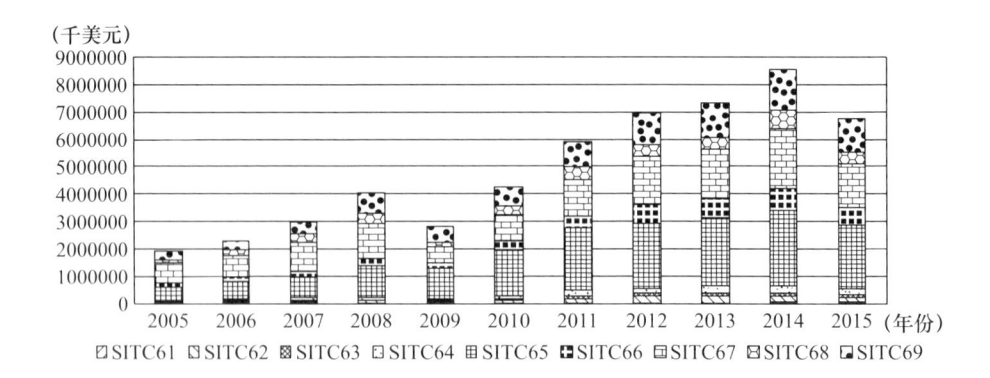

图6-46　2005~2015年印度尼西亚从中国SITC6商品的进口结构

资料来源：联合国贸发会议UNCTAD数据库。

根据表6-6 SITC5商品的分类，如图6-47所示，印度尼西亚从中国进口的SITC5商品中，主要以有机化学品（SITC51），未另列明的化学原料及其产品

（SITC59）、无机化学品（SITC52）为主，2015年各自所占的比重在12%~24%。

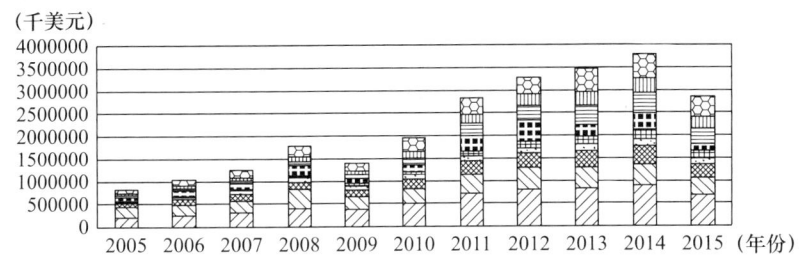

图6-47 2005~2015年印度尼西亚从中国SITC5商品的进口结构

资料来源：联合国贸发会议UNCTAD数据库。

综上所述，在中国—东盟自贸区中，印度尼西亚主要从中国进口电信、录音及重放装置和设备，通用工业机械和设备及机器零件，电力机械、装置和器械及其电器零件（包括家用电器设备的未另列明的非电动部件），纺织纱（丝）、织物、未另列明的成品及有关产品，钢铁，未另列明的金属制品，有机化学品，未另列明的化学原料及其产品。

四、印度尼西亚与中国—东盟自贸区内国家相互投资情况

印度尼西亚在中国—东盟自贸区中吸引中国的投资流量仅次于新加坡。根据2014年中国对外直接投资统计公报数据显示，2006~2014年，中国对东盟十国投资流量前五名的国家分别是新加坡、印度尼西亚、老挝、泰国、柬埔寨，而印度尼西亚从2013年开始就在东盟中成为第二大吸引中国投资的国家，该年印度尼西亚吸引中国投资流量为12.72亿美元，而新加坡吸引中国投资流量为28.14亿美元。

中国对印度尼西亚的投资增长速度快，但投资规模仍然偏小，未来双方有着巨大的投资合作潜力。如表6-14中印度尼西亚投资协调委员会数据显示，中国—东盟自贸区成立后中国对印度尼西亚的直接投资存量有所增长，从2009年之前不足1亿美元增长到2014年的6.79亿美元，2015年稍微回落至6.28亿美元，2015年中国是印度尼西亚外国直接投资来源排名第九的国家。但是，印度尼西亚吸引的中国直接投资规模依然偏小。尽管中国与印度尼西亚签署了一系列投资协议，但落实情况并不理想。据印度尼西亚投资协调委员会统计，2005~2014年，中国计划在印度尼西亚总共投资242.7亿美元，但最终只落实了18亿美元，

为承诺的7%。

表6-14　2003~2016年第一季度中国对印度尼西亚的直接投资存量

单位：百万美元

年份	2003	2004	2005	2006	2007	2008	2009
存量	5.426	12.175	14.903	22.551	67.948	54.333	79.906
年份	2010	2011	2012	2013	2014	2015	2016年第一季度
存量	115.044	127.844	309.804	369.596	679.4	628.34	464.59

资料来源：印度尼西亚投资协调委员会，http://www6.bkpm.go.id/en/investing-in-indonesia/statistic.

不过，从长远来看，中国与印度尼西亚未来投资合作潜力巨大。以2016年第一季度为例，中国对印度尼西亚直接投资就达到了4.65亿美元。近年来，印度尼西亚经济发展迅速，国内政治形势渐趋平稳，低廉的劳动力价格以及巨大的国内市场都明显提高了外资吸引力。鉴于印度尼西亚国内岛屿的各项基础设施建设薄弱，建立相对完善的基础设施至少需要4600亿美元的投资，而目前印度尼西亚政府只能提供22%的预算，其余部分都得依赖外资支持，今后几年印度尼西亚将积极采取措施大力吸引外资。而且为营造良好的经济发展空间，印度尼西亚新一届政府简化了外商投资申请程序，并制定新的规章制度来简化土地征用。而作为印度尼西亚主要贸易伙伴之一，中国掌握着相对先进的技术，在与日、美等发达国家竞争时又具有价格优势，双方投资合作发展前景良好。[①]

中国是印度尼西亚在基础设施建设、能源、制造业等领域的重要投资来源国。2016年印度尼西亚政府向中国投资商推荐了5个适宜投资的领域，即制造业、农业、海运业、基础设施和旅游业。印度尼西亚人口占东盟总人口大约40%和东盟市场的38%，这对中国投资商发展工业和农业非常有利。在农业方面，印度尼西亚仍有不少农产品如玉米和肉类需要进口，因此需要投资商发展工业和农业技术，从而使印度尼西亚成为工业基地，并通过印度尼西亚获得东盟市场。在基础设施建设方面，印度尼西亚正在集中建设3500万千瓦发电厂、24个海港和苏门答腊直至苏拉威西与巴布亚高速公路，印度尼西亚政府也希望中国投资商能参与上述基础设施工程投资，包括旅游业的酒店和旅游区的发展。[②]

相对而言，印度尼西亚对中国的直接投资明显不足。根据中国商务部外资统计数据显示，2014年对华投资前15位投资国家/地区中，新加坡排名第五位，对

---

① 罗海峰. 印尼与中国贸易现状及存在的问题分析[J]. 对外经贸，2016 (4)：29-31.
② 中华人民共和国商务部. 印尼向中国企业推荐5个投资领域[EB/OL]. http://www.mofcom.gov.cn/article/resume/n/201603/20160301/275123.shtml，2016-03-01.

华投资723.17亿美元，占对华投资总额的4.5%，投资企业数量有21719家，占对华投资企业总数的2.68%，除了新加坡之外，中国—东盟自贸区其他9国没有跻身前15名，这也间接说明了印度尼西亚对中国的直接投资规模不大。这和印度尼西亚的国情有关，印度尼西亚国内资金缺乏，各个产业的发展与基础设施的完善需要大量资金，印度尼西亚政府部门也在努力减少非必要开支，并通过减少投资限制、简化投资程序、改善投资环境来吸引国外资金，由此可见，印度尼西亚没有充足的闲置资本对中国进行投资。

五、印度尼西亚在中国—东盟自贸区中的地位

印度尼西亚在中国—东盟自贸区中拥有良好的地缘优势。印度尼西亚在地缘上沟通了太平洋和印度洋两大洋，战略位置十分重要。在印度尼西亚广阔的海洋和陆地国土中储藏着丰富的自然资源，例如石油、天然气、煤矿、镍矿等，这些为印度尼西亚的经济发展提供了良好的条件。

印度尼西亚在自贸区的地位可以分两方面来看：首先是印度尼西亚与中国的合作。印度尼西亚与中国的经济合作有着巨大的发展潜力。另外，两国政府都在积极主动地采用各种方法推动双方的合作。印度尼西亚总统佐科提出的建设"全球海上支点"理念和中国提出的建设"21世纪海上丝绸之路"倡议高度契合，双方共同推进基础设施建设、农业、金融、核能等领域合作，充分发挥海上和航天合作机制作用，推动两国合作"上天入海"，并重视加强两国防务、安全合作，支持扩大两国人文交流和地方合作。因此，印度尼西亚和中国经济互补性强，合作潜力大，发展前景广阔。印度尼西亚拥有丰富的石油、天然气以及煤、锡等矿产资源，矿业产值占国内生产总值的10%左右，同时拥有丰富的土地、渔业等资源，蕴含着巨大的潜在消费市场和富有竞争力的劳动力市场，中国进口印度尼西亚的煤、石油、天然气、金属矿产及金属废料、天然橡胶、有机化工等产品。而中国的制造业相对于印度尼西亚具有优势，中国的家用电器、农业机械、电子通信产品、IT技术产品在印度尼西亚具有广阔的市场。[1]

其次是印度尼西亚与其他东盟国家的合作。加强与东盟的关系是印度尼西亚各届政府外交的重要目标之一。印度尼西亚与东盟各国召开东盟国家武装部队首脑非正式会议加强非传统安全合作，在打击跨国犯罪团伙在中国—东盟国家边境从事人口贩卖、制售假币、洗钱等犯罪问题上，CAFTA是"少数尚未采取区域

---

[1] 中国和印度尼西亚全面战略伙伴关系未来规划［EB/OL］. 新华网, http://news.xinhuanet.com/world/2013/1004/c_117592330.htm, 2013-10-04.

防治犯罪司法框架的地缘政治团体";① 印度尼西亚也与东盟各国签订跨境烟雾污染协议等加强区域内跨境环境合作,提升区域经济合作层次,扩大区域经济合作领域,增强自贸区国家之间的凝聚力。

第三节 印度尼西亚参与亚太经合组织的现状

亚洲太平洋经济合作组织(Asia – Pacific Economic Cooperation,APEC)是亚太地区最具影响力的经济合作官方论坛。自1989年成立以来,APEC在加强经济技术合作、促进区域贸易和投资自由化便利化方面不断取得进展,在深化区域经济一体化、推动全球和地区经济增长方面发挥了不可替代的重要作用。② 印度尼西亚属于当时的东盟六国之一,参与了亚太经济合作首届部长级会议并走过了27年的时间,推动了《茂物目标》的达成,在亚太区域合作和多边舞台上扮演了积极的角色,与亚太国家建立了良好的经贸合作关系。

一、合作进程③

(一)初期阶段(1989~1992年)

这一阶段APEC建立了它作为一个区域性经济组织的基本构架。在1989年第一届、第二届双部长会议上,各方就致力于地区自由贸易与投资和技术合作并达成了某些共识,也确定设立了10个专题工作组开展具体合作。1991年召开的汉城会议通过了《汉城宣言》,它作为APEC的基本章程,首次对该论坛的宗旨、原则、活动范围、加入标准等做了规定。APEC的目标是:为本区域人民普遍福祉,持续推动区域成长与发展;促进经济互补性,鼓励货物、服务、资本、技术的流通;发展并加快开放及多边的贸易体系;减少贸易与投资壁垒。1992年的曼谷会议决定在新加坡设立APEC秘书处,由各成员认缴会费,使APEC在组织结构上进一步完善。④

(二)快速阶段(1993~1997年)

自1993年,APEC从部长级会议升格到经济体领导人非正式会议,发展进程

---

① 张才圣. CAFTA框架下的中国—东盟非传统安全问题合作研究[J]. 广西师范大学学报(哲学社会科学版),2012,48(3):35–39.
②③ 百度百科词条:APEC。
④ 亚太经合组织的历史沿革和发展历程[EB/OL]. 中国经济网,http://intl.ce.cn/specials/zxxx/2013/0930/t20130930_ 1573342. shtml,2013 – 09 – 30.

加快。1993~1997年这5年，每年都有新的进展，解决了区域合作所面临的不同问题，是APEC进程的"五部曲"。如：1993年解决了"APEC不应该做什么"的问题；1994年解决了"APEC应该做什么"的问题；1995年解决了"APEC应该怎么做"的问题；1996年制定了具体的合作蓝图。

（三）调整阶段（1998年至今）

1998年和1999年APEC进入一个巩固、徘徊和再摸索的调整阶段。1997年亚洲金融危机直接影响到APEC进程，深受危机影响的APEC成员开始对贸易投资自由化采取慎重态度，在APEC内部，始于1997年的部门提前自由化，在一定程度上超越了亚太地区的现实情况，难以按原有设想加以推进。经济技术合作得以保持发展势头，但因发达成员态度消极，要取得实质性进展仍需时日。

二、合作领域

自APEC成立以来，特别是在领导人非正式会议成为固定机制之后，APEC在促进区域贸易和投资自由化便利化方面不断取得进展，在推动全球和地区经济增长方面发挥了积极作用。

1995年日本大阪会议后，确定将贸易和投资自由化便利化、经济技术合作作为APEC合作的两个轮子。APEC成员也制定了推进区域贸易投资自由化的单边行动计划和集体行动计划，此后开始建立多边贸易体制，进行知识经济、金融体系和经济结构改革，实行无纸化贸易推进APEC商务旅行卡，加强科技和人力资源开发，实现反恐安全、能源安全、粮食安全等安全领域的合作，讨论气候变化问题，关注可持续发展，加强全方位基础设施与互联互通建设等各领域的合作（见表6-15）。

表6-15 APEC会议主要合作成果

时间	会议	开展的合作领域
1998年	马来西亚吉隆坡会议	建立社会保险网、完善金融体制、加强贸易投资流动、科技和人力资源开发、加强与工商界联系
1999年	新西兰奥克兰会议	发达国家和地区成员在2005年、发展中国家和地区成员在2010年实现无纸化贸易的目标，批准了APEC商务旅行卡计划
2000年	文莱斯里巴加湾会议	信息技术为主的新经济
2001年	中国上海会议	多边贸易体制发展、人力资源能力建设、电子APEC、新经济及反恐合作
2002年	墨西哥洛斯卡沃斯会议	安全贸易

续表

时间	会议	开展的合作领域
2003年	泰国曼谷会议	知识经济、金融体系和经济结构改革，人类安全领域
2004年	智利圣地亚哥会议	经济结构改革、反对恐怖主义
2007年	澳大利亚悉尼会议	气候变化、能源安全和清洁发展
2008年	秘鲁利马会议	国际金融危机
2009年	新加坡会议	经济增长、多边贸易体制、区域经济一体化、气候变化
2011年	美国檀香山会议	亚太经济增长、规制合作、能源安全
2012年	俄罗斯符拉迪沃斯托克会议	加强粮食安全、建立可靠的供应链、加强创新增长合作
2013年	印度尼西亚巴厘岛会议	互联互通、可持续和公平增长
2014年11月10日至11日	第二十二次领导人非正式会议	推动区域经济一体化，促进经济创新发展、改革与增长，加强全方位基础设施与互联互通建设
2015年	菲律宾马尼拉会议	区域经济一体化、中小企业、人力资源开发、可持续增长

资料来源：根据百度百科整理所得，http://baike.baidu.com/link? url = VkFVaiwo5N0FQkjvz1LA - Wt-buO0Z7 - WPQVG5bWlUzpDzdwlRg2HvxhWm0bx3g0WxDcaMApbsCAV61a - DHESAeHgucCgb7o5kCCJAM0 qppn-LtqUyziL0NHKE - FC - vsD1t.

三、印度尼西亚与APEC成员的贸易情况

（一）印度尼西亚与APEC成员的出口贸易情况

印度尼西亚对APEC成员的货物出口规模扩大，但是近年来持续微降。如图6-48所示，1995~2003年，印度尼西亚对APEC成员的货物出口保持平稳态势，2003~2008年，印度尼西亚对APEC成员的货物出口持续增长。由于金融危机给世界经济带来冲击，2009年，印度尼西亚对APEC成员的货物出口下降。2009~2015年，印度尼西亚对APEC成员的货物出口经历了一个上升又微落的抛物线。在2009年金融危机以前，印度尼西亚与APEC成员的贸易联系并不是非常密切的，2009年金融危机以后，贸易与投资自由化的美好愿景才开始慢慢实现，印度尼西亚对APEC成员的货物出口增加。但是2012年开始，印度尼西亚对APEC成员的货物出口下降，这可能和全球普遍低迷的经济形势有关。

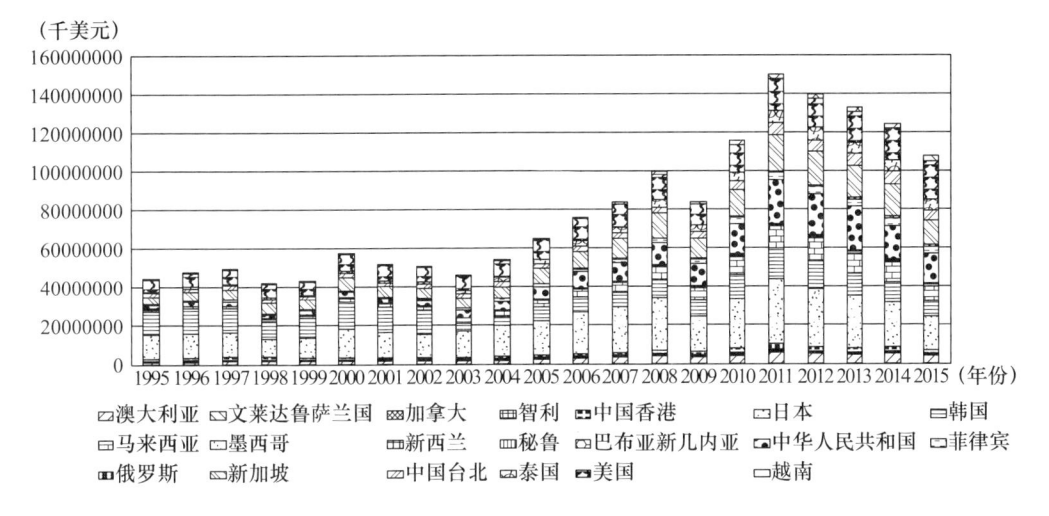

图 6-48　1995~2015 年印度尼西亚对 APEC 成员的出口

资料来源：联合国贸发会议 UNCTAD 数据库。

从印度尼西亚货物出口的国别来看，如图 6-48 所示，1995~2015 年，印度尼西亚对日本的货物出口额在其对 APEC 成员出口额中一直稳定占据最高地位，1995 年的比重为 35.32%，2015 年比重为 17.12%，是印度尼西亚货物出口额最大的 APEC 成员。印度尼西亚对美国、中国、新加坡的货物出口明显增长。1995 年印度尼西亚对美国、中国、新加坡货物出口额分别为 63.22 亿美元、17.42 亿美元、37.67 亿美元，2015 年印度尼西亚对美国、中国、新加坡货物出口增长到 199.41 亿美元、151.87 亿美元、124.60 亿美元，增长幅度为 215%、772%、231%，占印度尼西亚对 APEC 成员货物出口总额的比重分别为 19.20%、14.63%、12.00%。2009 年金融危机以后，印度尼西亚对马来西亚与韩国的货物出口额增长也较为明显。2009 年金融危机以前，印度尼西亚对马来西亚的货物出口额很小，这可能和双方经济不发达、连通不畅有关，印度尼西亚对韩国的货物出口较多，双方保持着良好的经贸关系。2009 年金融危机后，印度尼西亚对马来西亚、韩国的货物出口额从 2009 年的 68.12 亿美元、81.45 亿美元增长到 2014 年的 97.32 亿美元、106.06 亿美元，增长幅度为 42.86%、30.22%，但 2015 年对韩国的货物出口额下降明显。

（二）印度尼西亚与 APEC 成员的进口贸易情况

如图 6-49 所示，1995~2015 年印度尼西亚从 APEC 成员的进口贸易波动趋势与上文所述的出口贸易波动趋势相似。1995~2003 年是印度尼西亚从 APEC 成员进口的稳定波动时期，2003~2008 年印度尼西亚从 APEC 成员的进口持续增势明显。2009 年金融危机以后，印度尼西亚从 APEC 成员的进口总额下滑。2010~

2015年,印度尼西亚从APEC成员的进口额总体增长高于金融危机以前,进入一个新阶段,即使2015年货物进口额有所下降。1995年印度尼西亚从APEC成员的货物进口额为288.42亿美元,2015年为1110.27亿美元,增长幅度为284.95%。

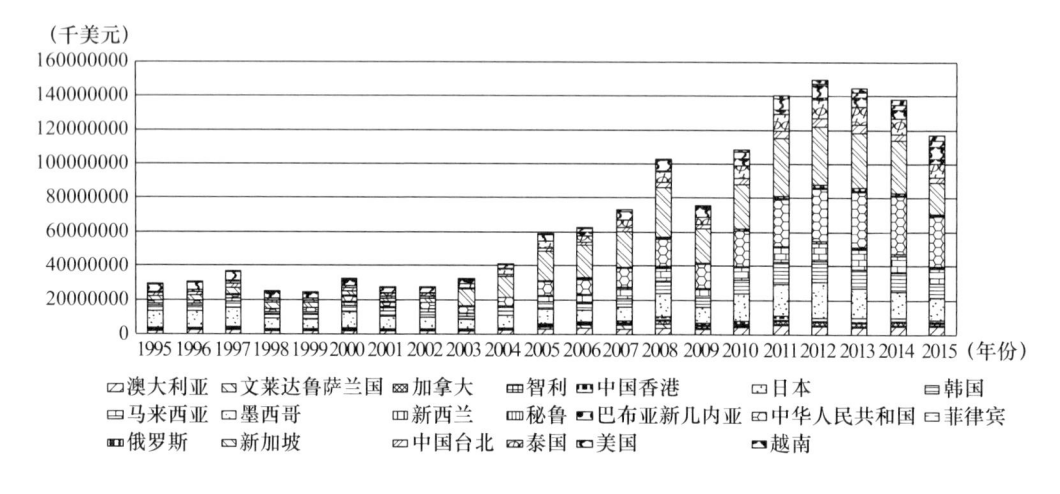

图6-49 1995~2015年印度尼西亚从APEC成员的进口

资料来源:联合国贸发会议UNCTAD数据库。

从印度尼西亚货物进口的国别来看,如图6-49所示,印度尼西亚从日本的货物进口同出口一样保持稳定,1995年和2015年印度尼西亚从日本的货物进口额分别为101.08亿美元、130.31亿美元;1995年和2015年印度尼西亚从日本的货物进口额占印度尼西亚从APEC成员货物进口总额的比重分别为35.05%、11.74%,进口总额保持稳定但比重有所下降。1995~2015年印度尼西亚从中国和新加坡的货物进口额增长迅速。印度尼西亚从中国和新加坡的货物贸易进口额由1995年的15.01亿美元、24.74亿美元增长至2015年的293.45亿美元、185.56亿美元,增长幅度为1855%、650%,2015年印度尼西亚从中国和新加坡货物进口额占从APEC成员货物进口总额的比重分别为26.43%、16.71%。2009年金融危机以后,印度尼西亚从泰国、马来西亚、韩国、美国的货物进口额有所增长,2015年印度尼西亚从上述四国的货物进口额占印度尼西亚从APEC成员的货物进口总额的34.95%。

在APEC成员中,印度尼西亚与日本、中国、美国、新加坡的贸易总额较大,贸易伙伴关系密切。印度尼西亚与马来西亚、韩国、泰国的经贸往来在2009年金融危机以后明显密切了许多,这是各国经济的发展、区域贸易壁垒的消除,刺激了 APEC 成员之间的贸易自由化，使成员之间的贸易关系更为密切。

(三) 印度尼西亚与 APEC 成员的贸易商品结构

根据表 6-1 SITC3 商品的分类，如图 6-51 所示，印度尼西亚对 APEC 成员出口的 SITC3 商品中，主要出口的是煤、焦炭及煤砖（SITC32），石油、石油产品及有关原料（SITC33），天然气及人造气（SITC34）。

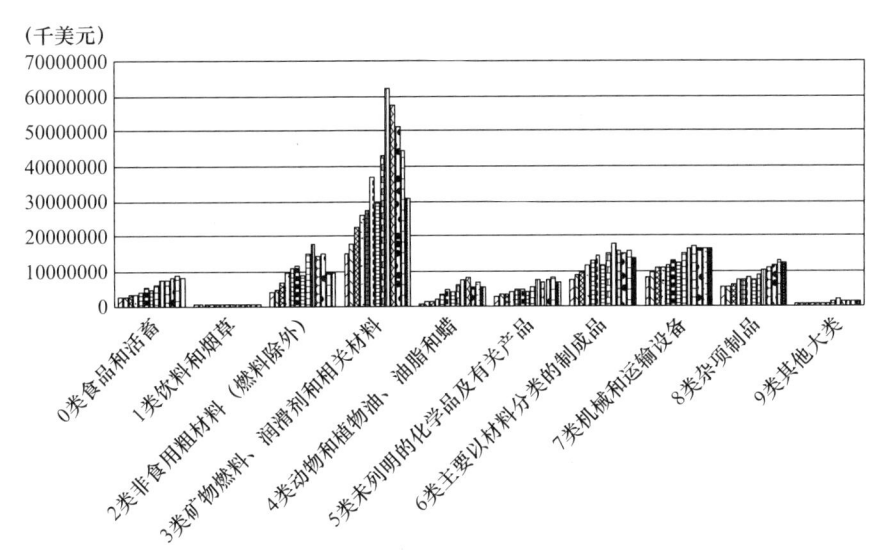

图 6-50 2003~2015 年按 SITC 分类的印度尼西亚对 APEC 成员的出口商品结构

资料来源：联合国贸发会议 UNCTAD 数据库。

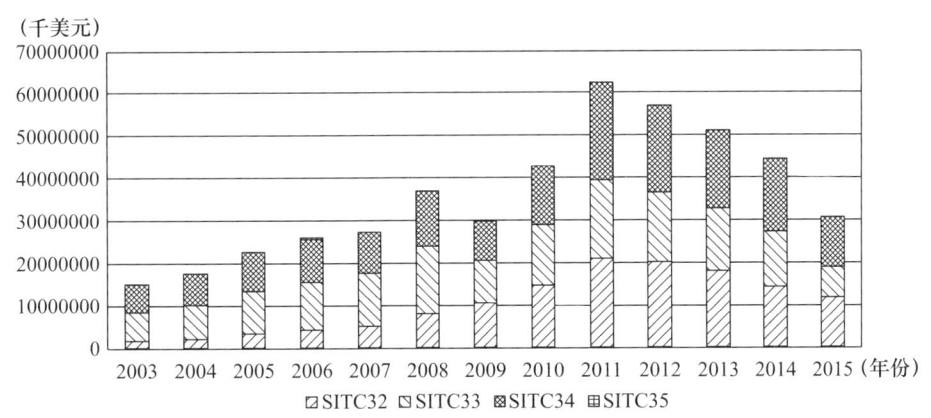

图 6-51 2003~2015 年按 SITC 分类的印度尼西亚对 APEC 成员 SITC3 商品的出口结构

资料来源：联合国贸发会议 UNCTAD 数据库。

如图6-52所示，印度尼西亚从APEC成员主要进口的是机械和运输设备（SITC7），矿物燃料、润滑剂和相关材料（SITC3），主要以材料分类的制成品（SITC6），未列明的化学品及有关产品（SITC5）。在SITC7商品中，印度尼西亚主要从APEC成员进口未另列明的通用工业机械和设备及其未另列明的机器零件（SITC74），未另列明的电力机械、装置和器械及其电器零件（包括家用电器设备的未另列明的非电动部件）（SITC77），特种工业专用机械（SITC72），电信、录音及重放装置和设备（SITC76），陆用车辆（包括气垫式车辆）（SITC78），这几类产品在2015年均占SITC7商品进口的12%~18%。在SITC3商品的进口中，印度尼西亚主要从APEC成员进口石油、石油产品及有关原料（SITC33）。在SITC6商品的进口中，印度尼西亚主要从APEC成员进口钢铁（SITC67），纺织纱（丝）、织物、未另列明的成品及有关产品（SITC65），未另列明的金属制品（SITC69）。在SITC5商品的进口中，印度尼西亚主要从APEC成员进口初级形状的塑料（SITC57）和有机化学品（SITC51）。总体来说，印度尼西亚主要从APEC成员进口机械仪器、工业设备、家用电器、电信录音设备、汽车、石油及有关原料、钢铁、金属制品、纺织原材料、化学产品等。

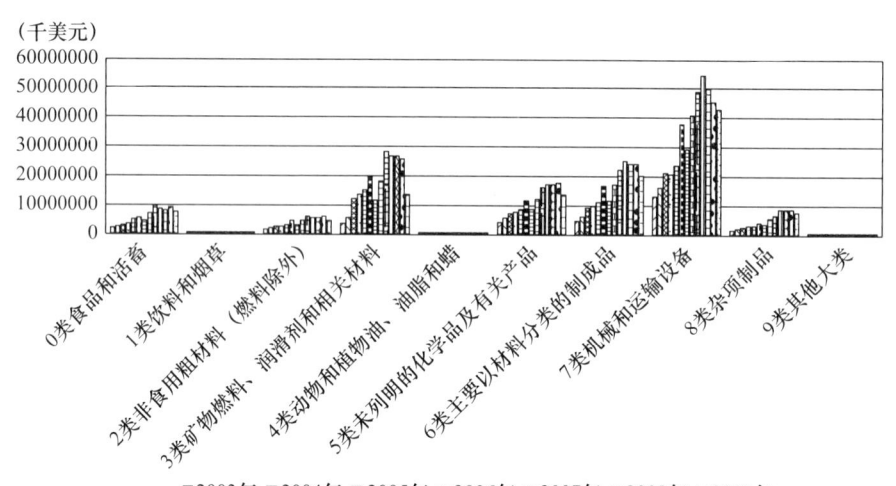

图6-52 2003~2015年按SITC分类的印度尼西亚从APEC成员进口商品结构

资料来源：联合国贸发会议UNCTAD数据库。

四、印度尼西亚与APEC成员相互投资情况

（一）APEC成员对印度尼西亚的投资情况

如表6-16所示，APEC的20个成员中有7个成员是2015年对印度尼西亚

第六章 2015~2016年印度尼西亚区域经济合作

直接投资排名前10以内的直接投资来源地,共有11个成员是2015年对印度尼西亚直接投资排名前20以内的直接投资来源地。2015年,印度尼西亚外资来源地中,第一名是新加坡,直接投资金额约59亿美元,第二名是马来西亚,直接投资金额约31亿美元,第三名是日本,直接投资金额约29亿美元,此外,韩国、中国香港、美国、中国等也是印度尼西亚直接投资的主要来源地。这些直接投资来源地都是APEC成员中经济实力较强的经济体,这也反映了印度尼西亚未来的潜在市场广阔,印度尼西亚与APEC中发达成员之间有很强的经济互补性,印度尼西亚的区域经济合作有着广阔的前景。

表6-16 2015年对印度尼西亚投资的APEC成员及全球排名

排名	国家(地区)	投资额(百万美元)	工程数量(个)
1	新加坡	5901.18	3012
2	马来西亚	3076.97	913
3	日本	2876.99	2030.00
5	韩国	1213.47	2329.00
6	中国香港	937.2	422
7	美国	893.16	261
9	中国	628.34	1052.00
11	泰国	174.17	87.00
12	澳大利亚	167.97	443.00
15	中国台湾	107.95	275.00
17	加拿大	104.12	118.00
28	新西兰	17.19	20.00
42	俄罗斯	1.01	17.00
62	菲律宾	0.14	15
68	越南	0.06	6
86	墨西哥	/	1
88	文莱	/	3
/	智利	/	/
/	巴布亚新几内亚	/	/
/	秘鲁	/	/

注:"/"代表数据太小或未计入列表。

资料来源:印度尼西亚投资协调委员会网站,http://www6.bkpm.go.id/images/uploads/investasi_indonesia/file/Bahan_Paparan_-_Eng_-_TW IV 2015 Final.pdf。

(二) 印度尼西亚对APEC成员的投资情况

印度尼西亚对APEC成员的直接投资不足。由于难以直接查找到印度尼西亚对外直接投资的完整国别数据,只能通过部分数据和定性分析说明此观点。前文已经分析了,印度尼西亚对东盟经济共同体内的其他九国直接投资不足,其中对新加坡的直接投资虽有所增长,但印度尼西亚仍不是新加坡的前五大直接投资来源地。中国前十五大外资来源地中也没有印度尼西亚的身影。再看APEC中比较大的经济体,如日本、韩国、印度、澳大利亚、新西兰,印度尼西亚对这些国家的直接投资规模虽然有所增加,但都排在这几个经济体前20名直接投资来源地之外,具体的数据将在下文的四个"10+1"自贸区中列出。由此可以看出,印度尼西亚对外直接投资的金额与范围都比较小,由于印度尼西亚主要依赖来自APEC中较发达经济体的直接投资,加上印度尼西亚为改善基础设施建设而吸引外来制造业的国情,印度尼西亚对这些经济实力较强的经济体的直接投资领域与直接投资金额非常有限。

五、印度尼西亚在APEC中的地位

印度尼西亚虽然在APEC中经济实力不突出,但却是一个重要的新兴经济体。在APEC成员中,发达经济体有日本、韩国、新加坡、中国台湾、中国香港、美国、加拿大、新西兰、澳大利亚,大的发展中经济体有俄罗斯和中国,印度尼西亚与这些国家相比,经济实力处于劣势。但是从印度尼西亚的贸易与投资来看,印度尼西亚与APEC成员的贸易规模不断扩大,吸引直接投资的能力逐渐增强,可以说印度尼西亚在APEC中是一个非常有潜力的新兴经济体。印度尼西亚拥有着劳动力资源、自然资源、能源资源等优势,在生产上可以与APEC其他成员进行资源的互补分工,印度尼西亚国内也有广阔的消费市场,可以消化从APEC其他成员进口的商品。印度尼西亚近年来国内经济环境一直向良性发展,在区域经济发展中努力扮演着更积极的角色,相信未来印度尼西亚在APEC内的表现会越来越出色。

但是,印度尼西亚在APEC中的经济效用较弱,难以使其成为该区域经济领导者与区域大国,而且其区域间合作相较马来西亚与泰国等国家起步晚,成就也不如后者,也难以对这些国家形成实质性领导。尽管如此,印度尼西亚仍是APEC今后发展不可忽视的积极力量。

第四节 印度尼西亚参与"东盟+1"自贸区的现状

除了中国—东盟自贸区之外，东盟还与5个国家分别签订了自由贸易协定，即日本、韩国、印度、澳大利亚和新西兰。作为东盟成员国之一的印度尼西亚也与这些国家签订了双边经济合作协定，印度尼西亚借助东盟的平台进一步推动了与这些国家的贸易和投资自由化。

一、印度尼西亚参与东盟—韩国自由贸易区的情况

（一）东盟—韩国自由贸易区相关协定的签订

韩国与东盟是重要的贸易伙伴。2006年，韩国与东盟签署了自贸区货物贸易协定，2007年6月1日，东盟与韩国自由贸易协定（FTA）正式生效。韩国与东盟各国（除泰国外）一致同意到2010年取消92%以上进出口商品的关税壁垒。从2007年6月1日起，韩国免除12063种减免税目录中7991种商品的关税。东盟则将商品总目中45%商品的关税降至0~5%。[①]

2007年11月22日，除泰国外的东盟九国在第13届东盟峰会上与韩国签署了自由贸易区服务贸易协定。[②] 这一协定是东盟与韩国全面自由贸易进程中的重要一步，根据协定，韩国将提供比现有多哈回合谈判更优越的条件，允许外国公司进入本国金融、成人教育和环境咨询等服务领域和市场。东盟九国可对韩国30类服务行业进行100%持股投资，东盟方则向韩国开放40类服务行业的自由市场。

印度尼西亚与韩国于1973年建立外交关系。建交40多年来，印度尼西亚与韩国的贸易额增加了150倍。韩国—东盟自由贸易区建成后，印度尼西亚与韩国的贸易往来日益活跃，近5年来双边贸易额年均增速达到25.1%。韩国已成为印度尼西亚的第八大贸易伙伴，而印度尼西亚是韩国在东盟的第二大贸易伙伴。

（二）印度尼西亚—韩国贸易情况

1. 贸易规模

由图6-53可以看出，2017年后印度尼西亚对韩国的货物贸易额比2007年

[①] 驻胡志明市经商室. 东盟与韩国自贸协定生效［EB/OL］. http：//hochiminh. mofcom. gov. cn/aarticle/sqfb/2007/0604/20070604747233. html，2007-06-04.

[②] 东盟9国与韩国签署服务业自贸协定［EB/OL］. 联合早报，http：//yzs. mofcom. gov. cn/aarticle/zcfb/2007/1123/20071105243412. html，2007-11-23.

东盟—韩国自贸区成立之前增长明显。2003年印度尼西亚与韩国的货物贸易额为66.91亿美元，2007年达到123.17亿美元，2011年达到294.36亿美元，由于受到全球经济衰退的影响，2012~2015年印度尼西亚与韩国的双边货物贸易额下降，2015年印度尼西亚与韩国的货物贸易额为164.81亿美元。从印度尼西亚对韩国货物出口额可以看出，2003~2009年是印度尼西亚对韩国货物出口的一个低谷上升期，2003年印度尼西亚对韩国货物出口额为43.24亿美元，2009年为81.45亿美元。经历了这个时期以后，2010~2015年印度尼西亚对韩国货物出口达到了与2003年之前相当的水平，2011年印度尼西亚对韩国货物出口额为163.89亿美元，之后由于全球经济下行，2015年印度尼西亚对韩国货物出口额为76.06亿美元。在进口方面，2003~2015年印度尼西亚从韩国的货物进口增速明显，2003年印度尼西亚从韩国货物进口额为23.67亿美元，2009年为51.87亿美元，2011年达到顶峰130.47亿美元，之后微降至2015年的88.75亿美元。

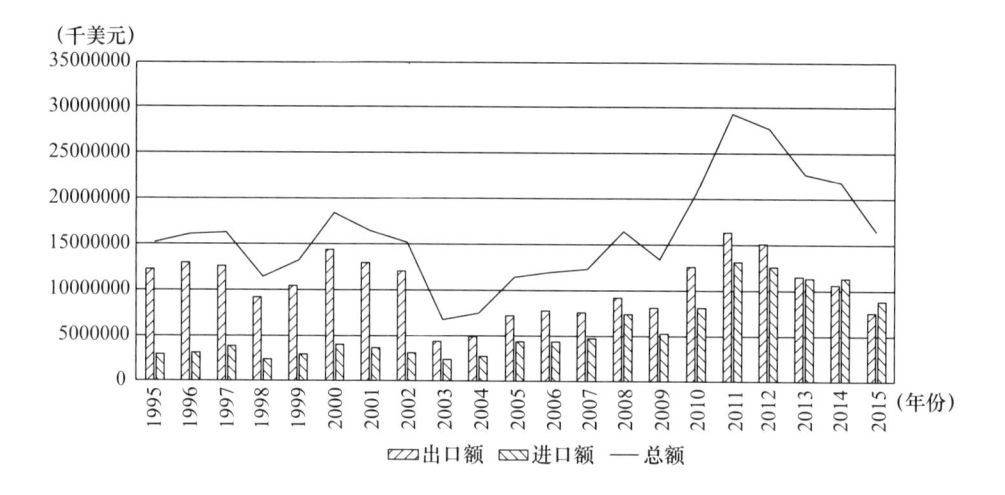

图6-53　1995~2015年印度尼西亚与韩国货物贸易额

资料来源：联合国贸发会议UNCTAD数据库。

印度尼西亚对韩国的贸易额在东盟—韩国自贸区中排名前列。如图6-54所示，在韩国—东盟自由贸易区内部，印度尼西亚对韩国的出口额仅次于新加坡，只是在2015年被越南超越。2015年新加坡对韩国的货物出口额达145.03亿美元，占东盟对韩国货物出口的32.06%，而越南占比为19.53%；2015年印度尼西亚对韩国货物出口额为76.06亿美元，占东盟对韩国货物出口的16.81%。如图6-55所示，在韩国—东盟自由贸易区内部，印度尼西亚从韩国的进口额仅次于新加坡、越南，2015年新加坡、越南从韩国货物进口额达181.97亿美元、

234.52亿美元,占东盟从韩国货物进口的25.32%、32.63%,而印度尼西亚从韩国的进口额为88.75亿美元,占东盟从韩国货物进口的12.35%。可见,与其他东盟国家相比,印度尼西亚与韩国的贸易关系还是相当密切的。

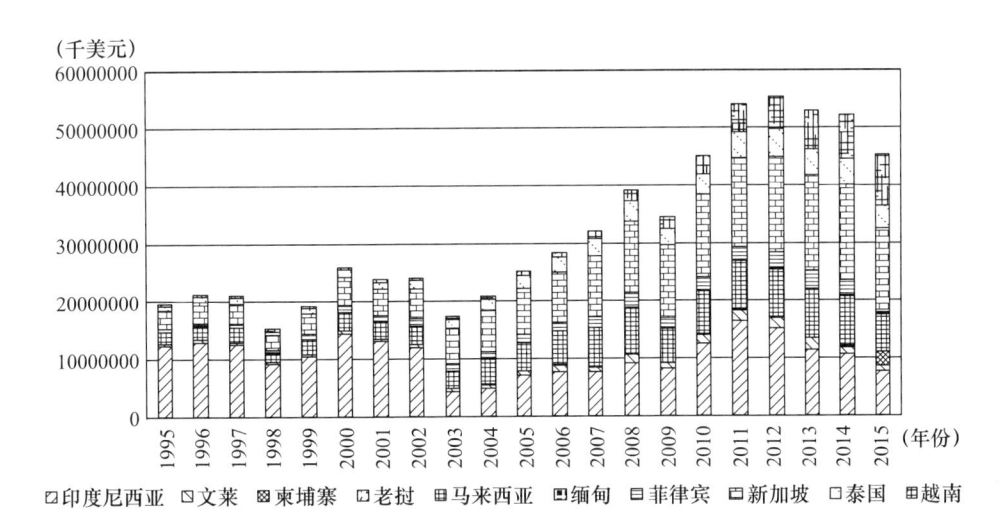

图6-54　1995~2015年东盟成员国对韩国的出口

资料来源:联合国贸发会议UNCTAD数据库。

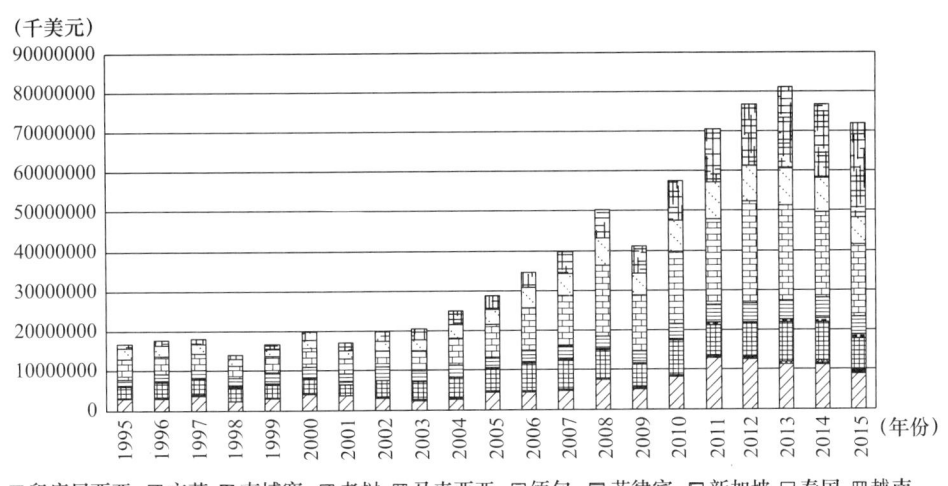

图6-55　1995~2015年东盟成员国从韩国的进口

资料来源:联合国贸发会议UNCTAD数据库。

2. 贸易结构

如图6-56所示,印度尼西亚对韩国出口的商品以矿物燃料、润滑剂和相关材料(SITC3),非食用粗材料(燃料除外)(SITC2)为主。在SITC3商品中,如图6-57所示,印度尼西亚对韩国主要出口的是天然气及人造气(SITC34)、石油、石油产品及有关原料(SITC33)和煤、焦炭及煤砖(SITC32)。在SITC2商品中,如图6-58所示,印度尼西亚对韩国主要出口的是金属矿产及金属屑(SITC28)、生胶(包括合成胶及再生胶)(SITC23)、纸浆及废纸(SITC25)。简而言之,印度尼西亚对韩国出口主要产品为天然气、煤、石油、橡胶、木浆、铜及林木产品。

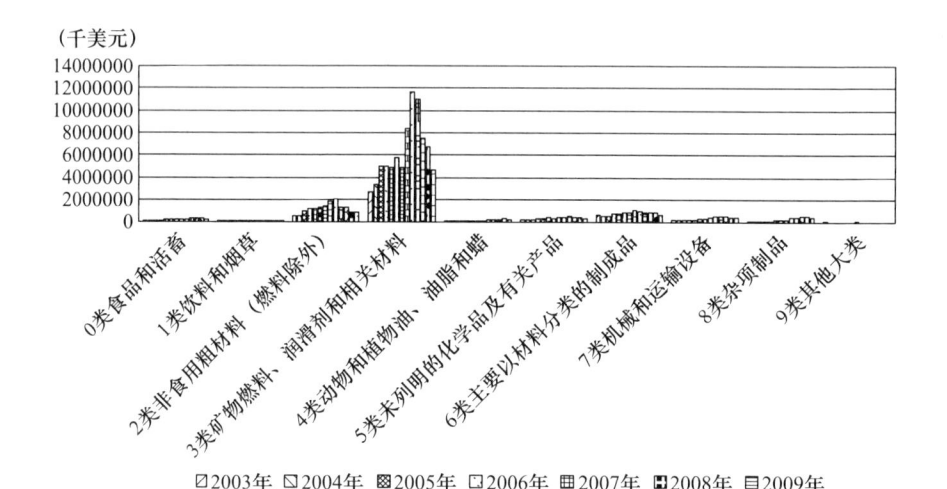

图6-56 2003~2015年按SITC分类的印度尼西亚对韩国出口商品结构

资料来源:联合国贸发会议UNCTAD数据库。

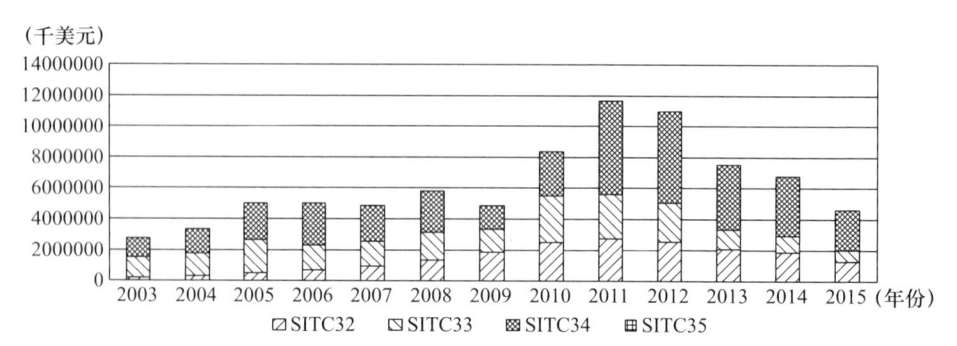

图6-57 2003~2015年印度尼西亚对韩国SITC3商品的出口结构

资料来源:联合国贸发会议UNCTAD数据库。

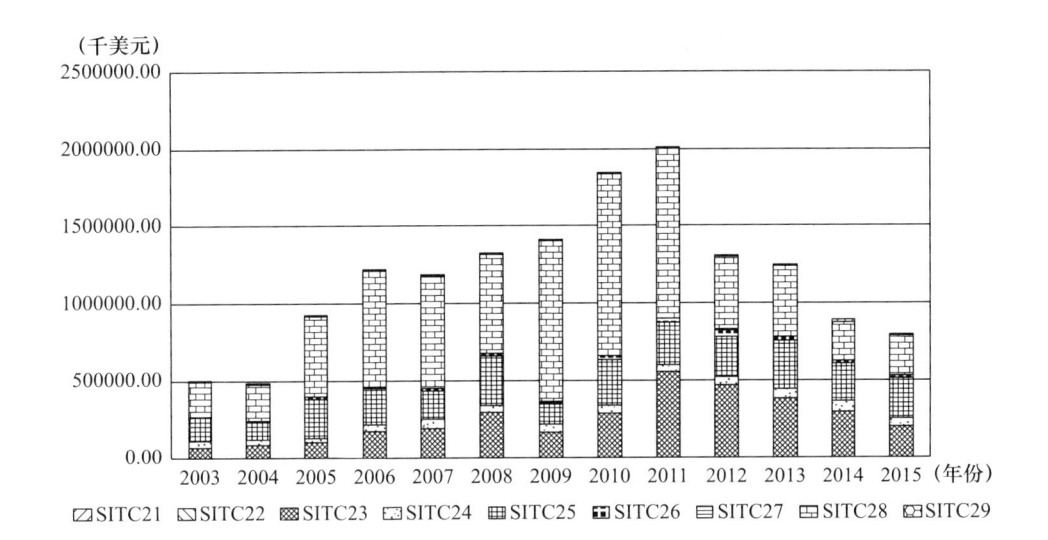

图 6-58　2003~2015 年印度尼西亚对韩国 SITC2 商品的出口结构

资料来源：联合国贸发会议 UNCTAD 数据库。

如图 6-59 所示，印度尼西亚从韩国主要进口类动物和植物油、油脂和蜡（SITC4），矿物燃料、润滑剂和相关材料（SITC3），主要以材料分类的制成品（SITC6），机械和运输设备（SITC7），未列明的化学品及有关产品（SITC5）。如图 6-60 所示，在 SITC4 商品中，印度尼西亚主要从韩国进口已加工的动植物油脂，未另列明的不适宜食用的动植物蜡及动植物油脂的混合物及产品（SITC43）。如图 6-61 所示，在 SITC3 商品中，印度尼西亚从韩国主要进口石油、石油产品及有关原料（SITC33）。如图 6-62 所示，在 SITC6 商品中，印度尼西亚主要从韩国进口钢铁（SITC67），纺织纱（丝）、织物、未另列明的成品及有关产品（SITC65）。如图 6-63 所示，在 SITC7 商品中，印度尼西亚主要从韩国进口未另列明的通用工业机械和设备及其未另列明的机器零件（SITC74），未另列明的电力机械、装置和器械及其电器零件（包括家用电器设备的未另列明的非电动部件）（SITC77），电信、录音及重放装置和设备（SITC76）。如图 6-64 所示，在 SITC5 商品中，印度尼西亚主要从韩国进口初级形状的塑料（SITC57），有机化学品（SITC51）。简而言之，印度尼西亚从韩国进口主要产品为燃油、纺织品、钢铁、家用电器、工业机械设备、电信录音设备、化学产品等。

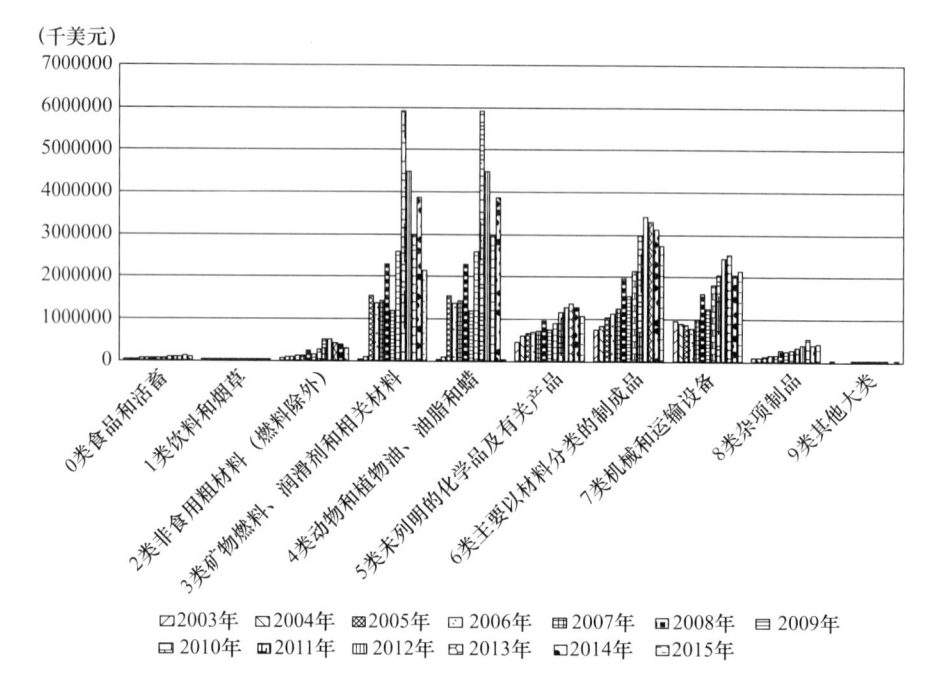

图 6－59　2003～2015 年按 SITC 分类的印度尼西亚从韩国进口商品结构

资料来源：联合国贸发会议 UNCTAD 数据库。

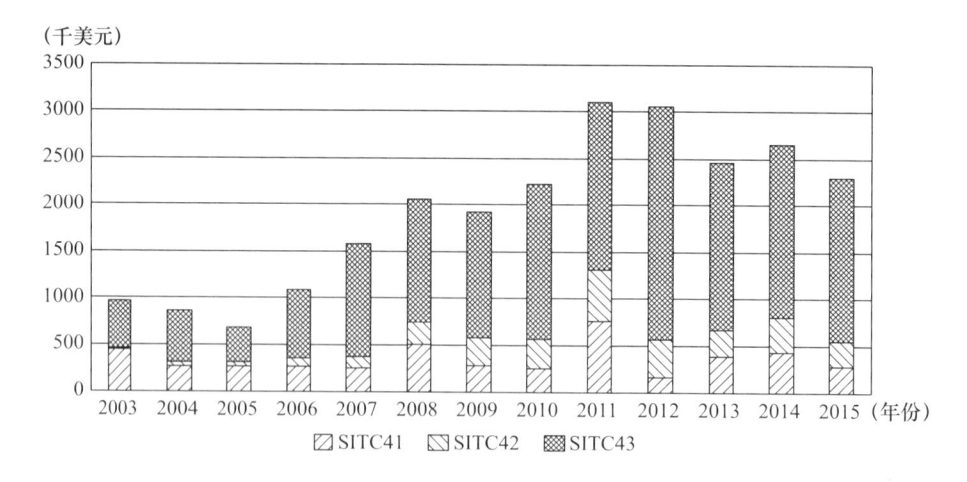

图 6－60　2003～2015 年印度尼西亚从韩国 SITC4 商品的进口结构

资料来源：联合国贸发会议 UNCTAD 数据库。

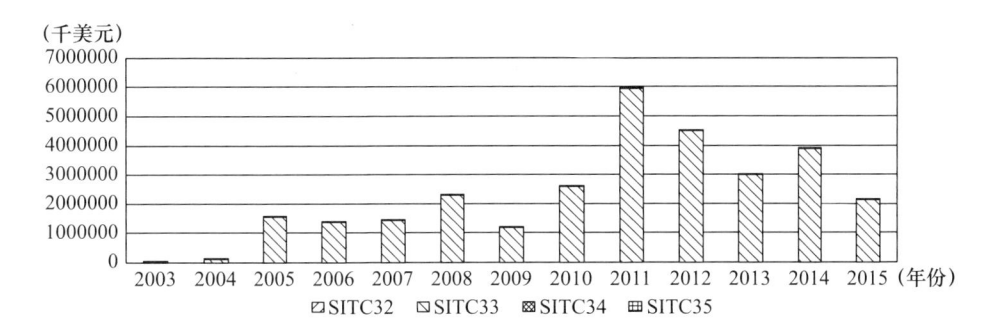

图 6-61　2003~2015 年印度尼西亚从韩国 SITC3 商品的进口结构

资料来源：联合国贸发会议 UNCTAD 数据库。

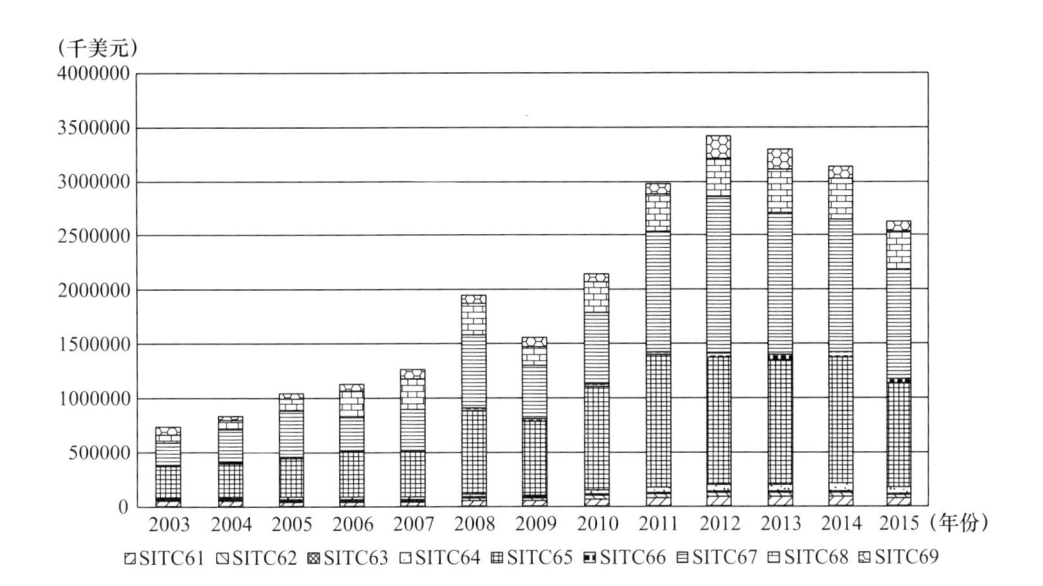

图 6-62　2003~2015 年印度尼西亚从韩国 SITC6 商品的进口结构

资料来源：联合国贸发会议 UNCTAD 数据库。

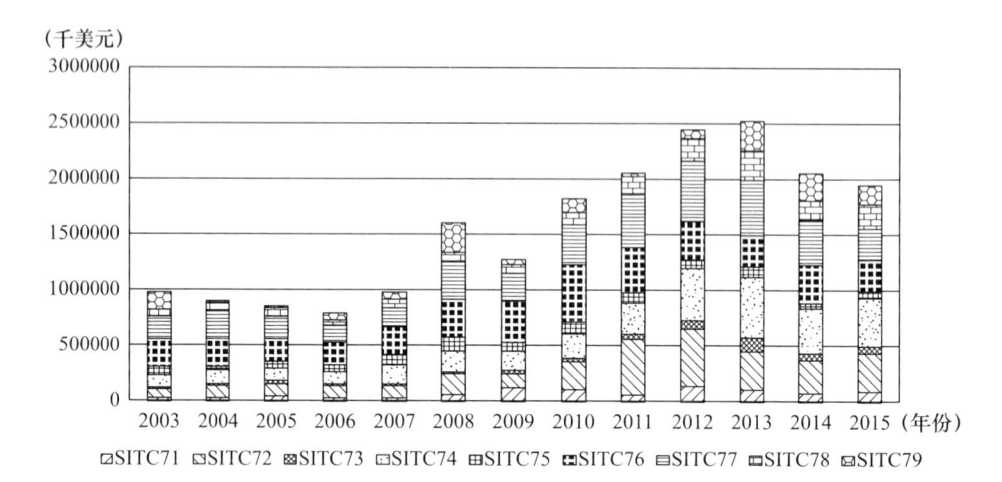

图 6 - 63　2003~2015 年印度尼西亚从韩国 SITC7 商品的进口结构

资料来源：联合国贸发会议 UNCTAD 数据库。

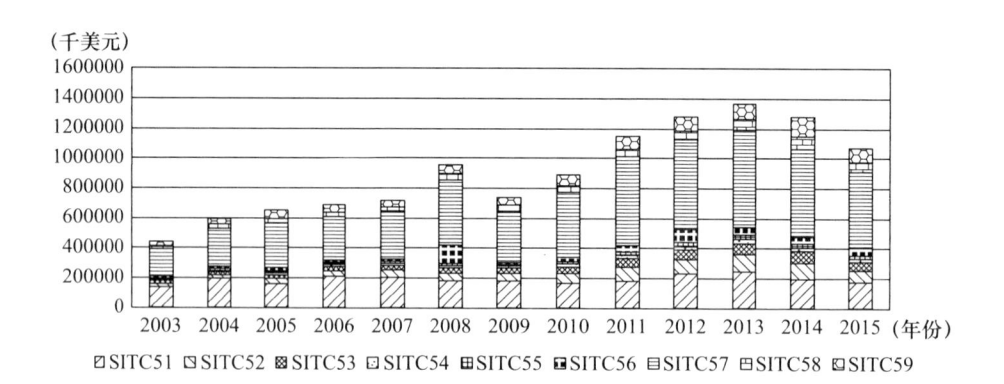

图 6 - 64　2003~2015 年印度尼西亚从韩国 SITC5 商品的进口结构

资料来源：联合国贸发会议 UNCTAD 数据库。

（三）印度尼西亚吸引韩国投资情况[①]

1. 投资规模

韩国一直是印度尼西亚的主要外资来源国，对印度尼西亚投资规模稳定扩大。2007 年韩国企业在印度尼西亚的投资达 8.95 亿美元，是印度尼西亚第三大投资来源地（实际到位）。随后，金融危机冲击了韩国对印度尼西亚的投资；2008 年韩国对印度尼西亚投资协议金额 7.191 亿美元，但实际到位的只有 3.01

[①] 吴崇伯. 韩国与印度尼西亚的经济关系分析 [J]. 南洋问题研究，2014（2）：1-10.

亿美元；2009年韩国对印度尼西亚实际投资金额6.246亿美元。随着经济的恢复，韩国对印度尼西亚的投资增加，2010年韩国对印度尼西亚投资356个工程，金额达3.285亿美元；2011年韩国在印度尼西亚落实的投资达12.09亿美元，共524个工程，比2010年增长265.29%，约占当年印度尼西亚吸引外资总额的6.3%，在投资国中位居第五位；2012年韩国对印度尼西亚的投资达到19亿美元，仅次于新加坡和日本，居印度尼西亚外来投资的第三位，占印度尼西亚外国投资额的7.9%；2013年韩国对印度尼西亚投资额达22.1亿美元，占印度尼西亚外来投资的11%，仅次于日本和美国并居印度尼西亚外来投资的第三位；2015年韩国对印度尼西亚投资额为12.13亿美元，居印度尼西亚外来投资的第五位。由此可见，韩国一直是印度尼西亚主要的投资来源国。

2. 投资结构

韩国在印度尼西亚的投资主要集中在矿业、信息技术、电子、机械和汽车等行业。制造业是韩国经济的支柱产业，也是韩国对印度尼西亚投资的最主要行业。2010年，韩国对印度尼西亚制造业的投资为2.21亿美元，共22个工程。2011年韩国在印度尼西亚制造业的投资为11.5亿美元，占2011年外国在印度尼西亚非油气加工制造业投资额的17%。韩国在印度尼西亚制造业的投资包括电子组件、成衣、化学、制药、钢铁、轮胎和包装等行业。韩国企业投资最多的是印度尼西亚西爪哇省、中爪哇省和东爪哇省，而在爪哇岛以外的其他省份的投资相对较少。

（四）印度尼西亚在东盟—韩国自贸区内的地位

在东盟成员国中，印度尼西亚与韩国的贸易规模仅次于新加坡，居第二位，印度尼西亚与韩国贸易往来密切。但是从贸易规模来看并不很大，印度尼西亚—韩国贸易2012年不到300亿美元，2015年才达到500亿美元。从投资方面来看，2005年韩国是印度尼西亚最大的投资来源国，2007年、2012年、2013年韩国是印度尼西亚第三大外资来源国，仅次于日本和美国，2015年韩国是印度尼西亚第五大投资来源国，可见，韩国非常重视对印度尼西亚的投资。但是，在东盟国家中，越南才是韩国最重要的投资目的地，比如，2011年韩国在越南的投资已达到230亿美元，超过韩国对印度尼西亚的投资，居东南亚国家之首。同时，越南还是东盟国家中接受韩国援助最多的国家。[①] 可见，在东盟国家内部，印度尼西亚在吸引韩国投资上还面临着来自越南等国家的竞争。因此，印度尼西亚要想在区域经济合作之中崭露头角，必须与韩国深入合作，达成全面经济伙伴关系，另外，印度尼西亚需要大力改善国内投资环境，为未来的经济合作奠定基础。

---

① 吴崇伯. 韩国与印度尼西亚的经济关系分析 [J]. 南洋问题研究，2014（2）：1-10.

二、印度尼西亚参与东盟—日本自由贸易区的情况

2003 年 12 月 12 日，日本和东盟十国发表了《东京宣言》和《行动计划》这两份文件，旨在加强日本与东盟各方面关系，包括经济、政治和安全等。2008 年 4 月 14 日，东盟与日本正式签署了自贸协定。

（一）印度尼西亚—日本贸易情况

1. 贸易规模

印度尼西亚对日本的贸易额总体上升，货物出口增长明显，但是货物进口规模不大。如图 6-65 所示，从印度尼西亚对日本的货物出口来看，东盟—日本自贸区成立之前，印度尼西亚是东盟国家中对日本的第一大货物出口国。自贸区成立后，除了 2014 年和 2015 年印度尼西亚排在马来西亚之后，印度尼西亚仍然是东盟最大的对日货物出口国。从整体来看，东盟—日本自贸区成立之后的印度尼西亚对日货物贸易出口比自贸区成立之前更大。2008 年印度尼西亚对日本的货物贸易出口额为 277.44 亿美元，2009 年受金融危机影响，货物出口额降至 122.83 亿美元，2011 年印度尼西亚对日本货物出口额为 337.15 亿美元，之后受到全球经济下行影响，印度尼西亚对日本的货物出口额有所下降，2015 年为 177.77 亿美元。如图 6-66 所示，印度尼西亚从日本的货物进口额小且在东盟国家中排名居后。2008 年印度尼西亚从日本的货物进口额为 73.66 亿美元，占东盟从日本货物进口的 7%，在东盟国家中排第 5 位。2009 年下降至最低点后微升，

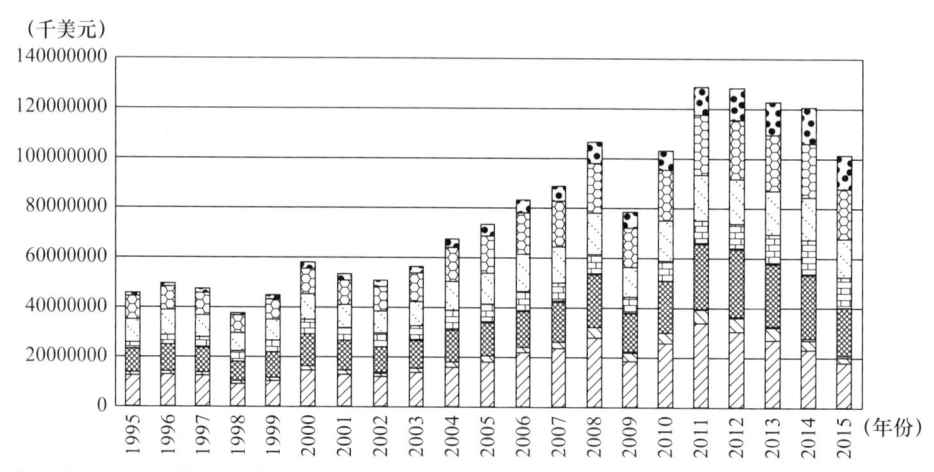

图 6-65 1995~2015 年东盟成员国对日本的出口

资料来源：联合国贸发会议 UNCTAD 数据库。

2015年印度尼西亚从日本的货物进口额为130.31亿美元,占东盟从日本货物进口的13.69%,在东盟国家中排第四位。综合来看,印度尼西亚在东盟国家中对日本的货物出口具有绝对优势,但是其货物进口地位稍低。

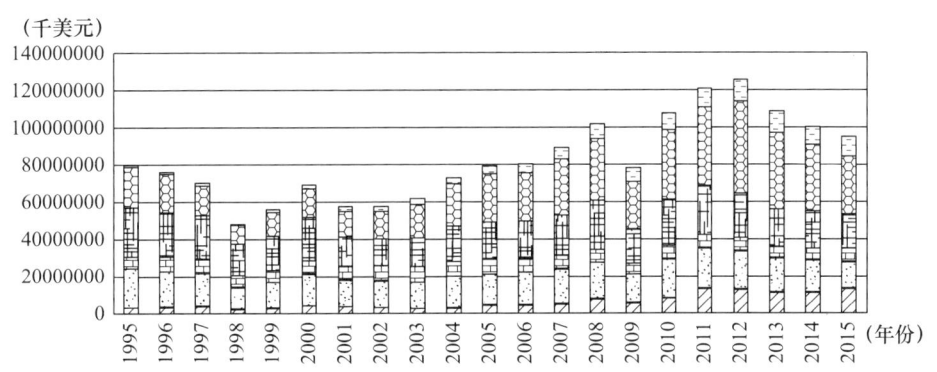

图6-66　1995~2015年东盟成员国从日本的进口

资料来源:联合国贸发会议UNCTAD数据库。

2. 贸易结构

如图6-67所示,2003~2015年印度尼西亚对日本主要出口矿物燃料、润滑剂和相关材料(SITC3),非食用粗材料(燃料除外)(SITC2)。2015年,SITC3

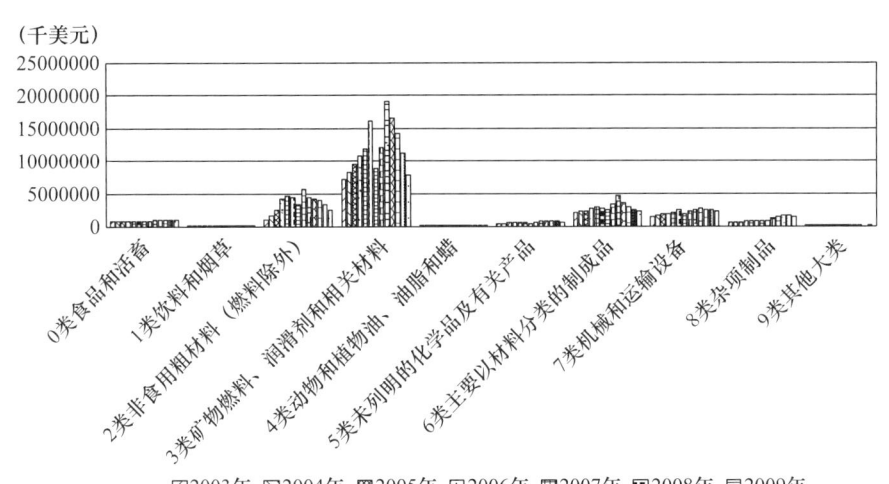

图6-67　2003~2015年按SITC分类的印度尼西亚对日本出口商品结构

资料来源:联合国贸发会议UNCTAD数据库。

商品占印度尼西亚对日本货物出口额的43.49%。如图6-68所示，在SITC3商品中，印度尼西亚对日本主要出口天然气及人造气（SITC34），石油、石油产品及有关原料（SITC33）。如图6-69所示，在SITC2商品中，印度尼西亚对日本主要出口金属矿产及金属屑（SITC28），生胶（包括合成胶及再生胶）（SITC23）。简而言之，印度尼西亚主要对日本出口天然气、石油、锡、钨、铜、镍、铝矾土、橡胶等产品。

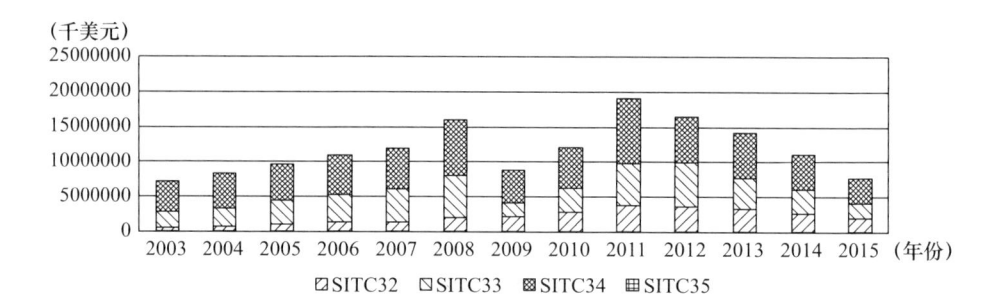

图6-68　2003~2015年印度尼西亚对日本SITC3商品的出口结构

资料来源：联合国贸发会议UNCTAD数据库。

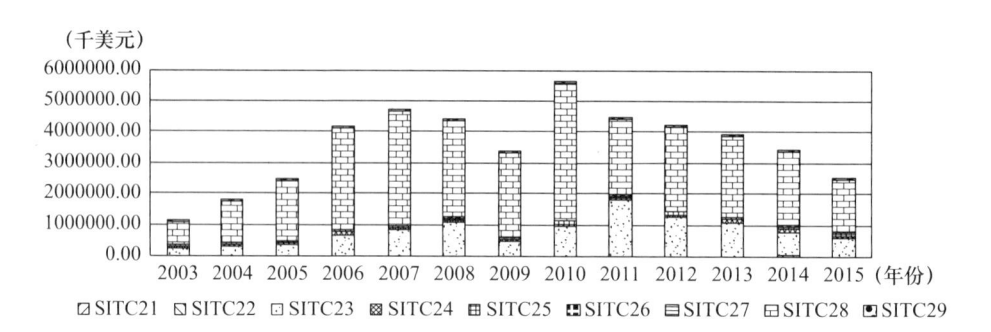

图6-69　2003~2015年的印度尼西亚对日本SITC2商品的出口结构

资料来源：联合国贸发会议UNCTAD数据库。

如图6-70所示，2003~2015年印度尼西亚从日本主要进口机械和运输设备（SITC7）、主要以材料分类的制成品（SITC6）、未列明的化学品及有关产品（SITC5）。2015年，SITC7商品占印度尼西亚从日本货物进口额的60.73%。如图6-71所示，在SITC7商品中，印度尼西亚从日本主要进口陆用车辆（包括气垫式车辆）（SITC78）、未另列明的通用工业机械和设备及其未另列明的机器零件（SITC74）、特种工业专用机械（SITC72）。如图6-72所示，在SITC6商品中，印度尼西亚从日本主要进口钢铁（SITC67）。如图6-73所示，在SITC5商品中，印度尼西亚从日本主要进口初级形状的塑料（SITC57）、有机化学品（SITC51）。简而言之，印度尼西亚主要从日本进口车辆、船舶制成品和零部件、机械、钢铁、化学、电子产品等。

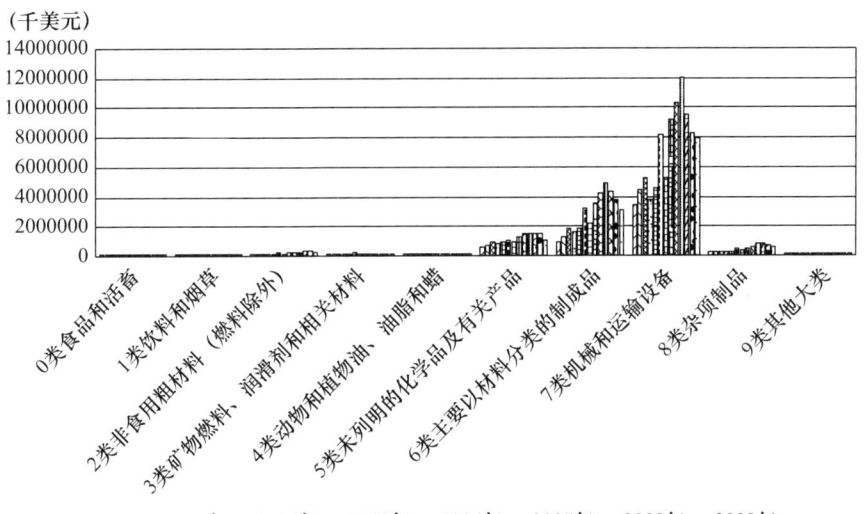

图 6-70　2003~2015 年按 SITC 分类的印度尼西亚从日本进口商品结构

资料来源：联合国贸发会议 UNCTAD 数据库。

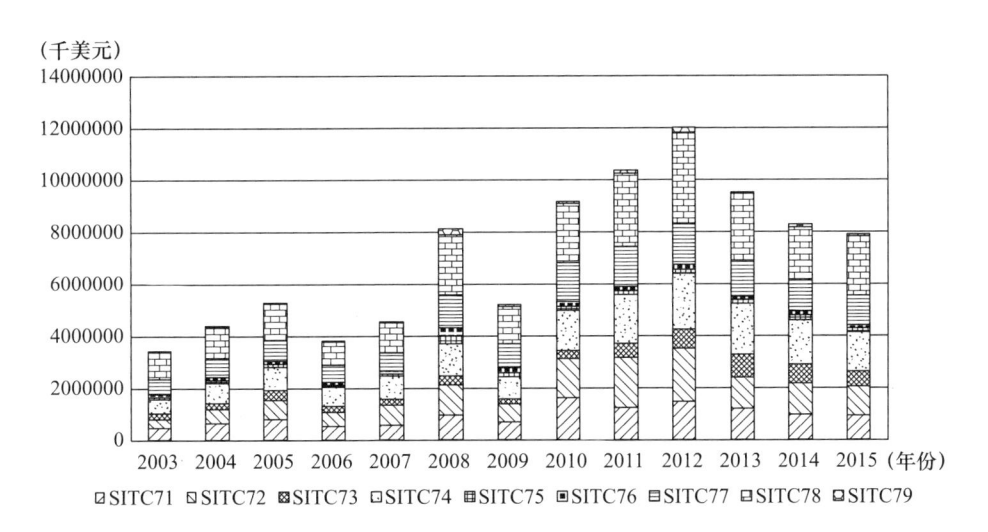

图 6-71　2003~2015 年印度尼西亚从日本 SITC7 商品的进口结构

数据来源：联合国贸发会议 UNCTAD 数据库。

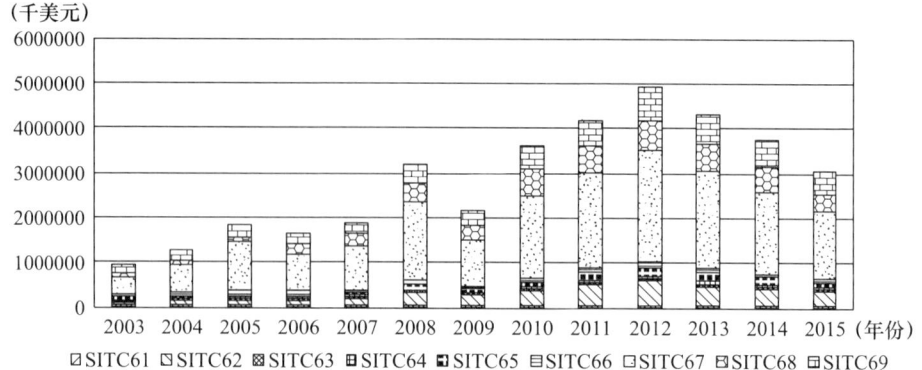

图 6-72　2003~2015 年印度尼西亚从日本 SITC6 商品的进口结构

资料来源：联合国贸发会议 UNCTAD 数据库。

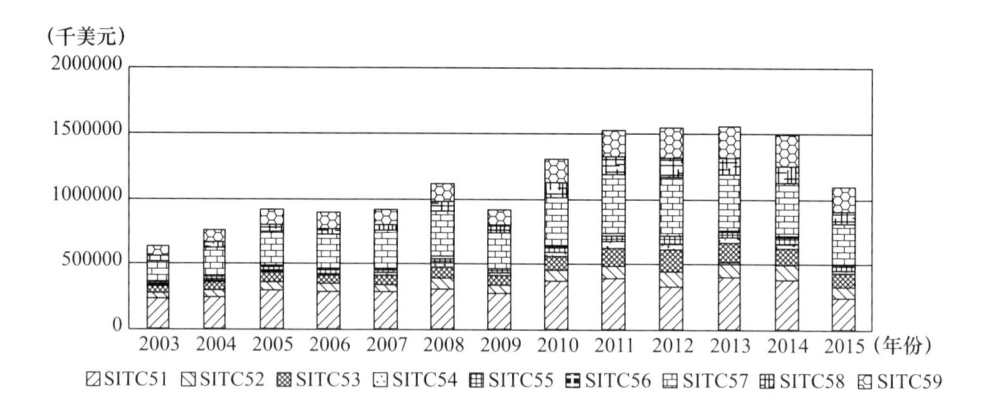

图 6-73　2003-2015 年印度尼西亚从日本 SITC5 商品的进口结构

资料来源：联合国贸发会议 UNCTAD 数据库。

综上所述，印度尼西亚对日本的货物出口主要是油气产品、金属、矿产、生胶等，这些产品的出口都是依赖印度尼西亚国内丰富的资源。从短期来看，印度尼西亚可以从这种贸易形势之中获取利益；从长期来看，一旦不可再生资源枯竭，印度尼西亚对日本的出口将受到严重影响。因此，印度尼西亚需要发展国内工业，改变单一出口结构，在经济合作中获取日本的技术转移，才能在未来的经贸合作中摆脱"比较优势陷阱"。

（二）印度尼西亚吸引日本投资情况

1. 投资规模

日本一直是东盟最重要的投资来源国。东盟是日本官方开发援助的重点地区，日本政府开发援助的 65%，日元贷款的 71% 均集中在东盟。印度尼西亚、菲律宾、泰国、马来西亚均列入日本官方开发援助的十大受援国之内。① 如图 6-74 所示，2005 年至 2014 年第三季度日本对东盟六国（新加坡、泰国、印度尼西亚、马来西亚、菲律宾、越南）投资金额总体上升，2005~2010 年的投资金额比较平稳，这期间日本对印度尼西亚的投资比重很小。2010 年至 2014 年第三季度日本对东盟六国的投资金额上升，其中对印度尼西亚的投资金额排名上升至第三位，排在泰国、新加坡之后。可以看出，在东盟六国中，印度尼西亚是日本的重要投资地之一，但仍面临着来自东盟其他成员国吸引日本投资的竞争。

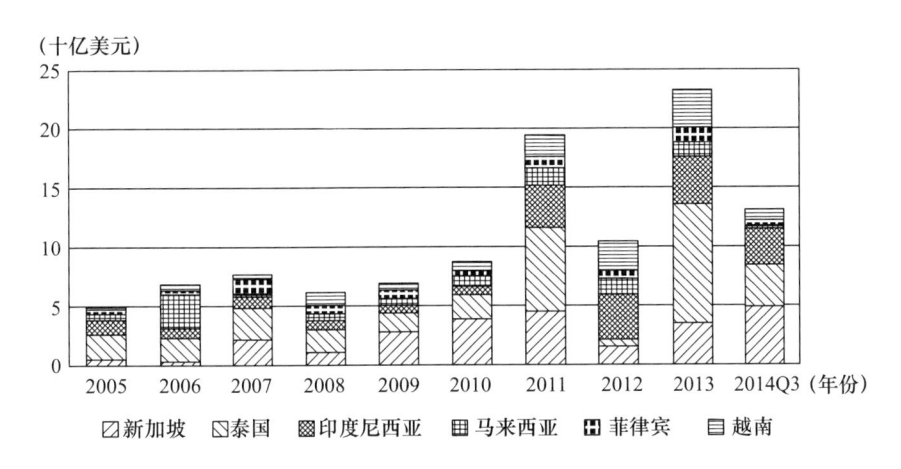

图 6-74 2005~2014 年第三季度日本对东盟六国的直接投资金额

资料来源：东盟—日本中心网站，http://www.asean.or.jp/en/wp-content/uploads/2015/04/Mr.Imam_Haryono.pdf.

由于印度尼西亚在面积、人口、资源、地缘政治方面都是东盟中非常重要的国家，因此，日本政府把对印度尼西亚的援助与投资作为一项长期的政策。近年来日本对印度尼西亚的投资金额、地位上升非常显著。如表 6-17 所示，2010~2014 年印度尼西亚前十大外国直接投资来源地中，日本投资总额排第二位，年投资金额分别为 7.13 亿美元、15.16 亿美元、24.57 亿美元、47.13 亿美元、27.05 亿美元，日本对印度尼西亚的五年投资总额为 121.04 亿美元。据印度尼西亚投资协调委员会的数据显示，2015 年日本是印度尼西亚第三大投资来源国，投资金额为 28.77 亿美元，投资工程数量 2030 个。2016 年第一季度日本成为印度尼西亚第二大投资来源国，投资金额为 15.90 亿美元，投资工程数量 427 个，日本对印度尼西亚的投资金额很可能会继续增加。

---

① 王勤，刘静. 日本—东盟自由贸易区的进程与前景 [J]. 东南亚研究，2004 (6)：13-15.

表6-17 2010~2014年印度尼西亚前十大外国直接投资
来源国家或地区（不包括金融、油气行业） 单位：百万美元

排名	国家	2010年	2011年	2012年	2013年	2014年	共计
1	新加坡	5565	5123	4856	4671	5832	26047
2	日本	713	1516	2457	4713	2705	12104
3	美国	931	1488	1238	2436	1299	7392
4	韩国	329	1219	1950	2205	1127	6829
5	荷兰	608	1354	967	928	1726	5583
6	英属维尔京群岛	1616	517	856	786	624	4399
7	英国	276	419	934	1076	1588	4293
8	马来西亚	472	618	530	711	1776	4108
9	毛里求斯	23	73	1059	780	541	2475
10	中国香港	566	135	310	376	657	2044
	前十国或地区投资总额	11099	12462	15156	18682	17876	75275
	总计（90个国家或地区）	16215	19475	24565	28616	28530	117400

资料来源：东盟—日本中心网站，http://www.asean.or.jp/ja/wp-content/uploads/2013/08/BKPM.pdf。

2. 投资结构

如图6-75所示，2010~2014年日本对印度尼西亚投资金额为121.04亿美元，主要投资第二产业，比重达到90%。如表6-18所示，2010~2014年，从日本对印度尼西亚投资行业的前五名来看，居于首位的是交通运输业，从2010

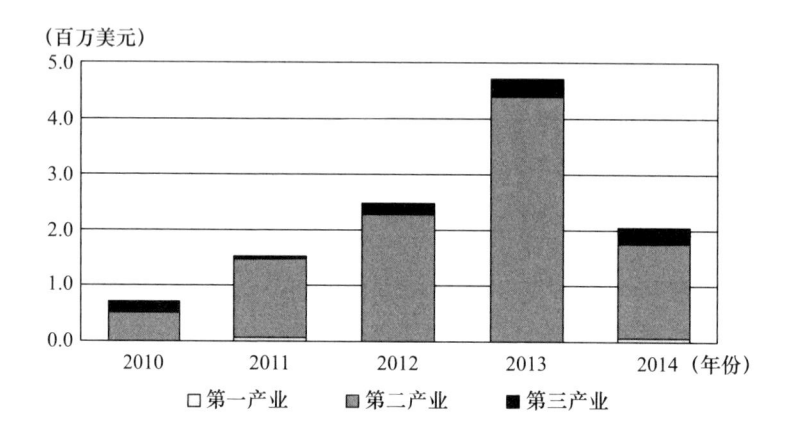

图6-75 2010~2014年日本对印度尼西亚的投资行业

资料来源：东盟—日本中心网站，http://www.asean.or.jp/en/wp-content/uploads/2015/04/Mr.Imam_Haryono.pdf。

年的 1.33 亿美元增至 2014 年的 12.61 亿美元，5 年投资总额 63.7 亿美元。第二位是金属、机械与电子工业，5 年投资总额 20.16 亿美元。其后依次是化学制药工业、纺织工业、食品工业。

表 6-18 2010~2014 年日本对印度尼西亚的投资行业

单位：百万美元

排序	投资领域	2010 年	2011 年	2012 年	2013 年	2014 年	总计
1	交通运输业	133	465	1510	3001	1261	6370
2	金属、机械与电子工业	158	306	459	580	513	2016
3	化学制药工业	5	430	65	172	126	798
4	纺织工业	74	70	56	216	65	481
5	食品工业	85	39	46	136	138	444
	其他	258	206	320	609	603	1995
	总计	713	1516	2457	4713	2705	12104

资料来源：东盟—日本中心网站，http：//www.asean.or.jp/ja/wp-content/uploads/2013/08/BKPM.pdf.

（三）印度尼西亚在东盟—日本自贸区内的地位

从前文的分析可看出，印度尼西亚对日本的货物出口额在自贸区成立前后一直居于领先地位。从印度尼西亚—日本贸易商品结构可以发现，印度尼西亚与日本的主要贸易商品是天然气、石油、矿产等资源型产品，这是因为日本国内的矿产、油气资源相当匮乏，而印度尼西亚则是东南亚地区唯一的 OPEC 成员国，使得两者在相关领域的贸易往来一直较为频繁。但是印度尼西亚由于国内经济发展的需要，对能源需求不断增加，这将不利于两国未来的能源合作。从长远来看，印度尼西亚亟须改变对日本的单一出口结构，增加贸易的多样性。印度尼西亚从日本的货物进口额在自贸区中比重很小，这可能和印度尼西亚对外的经济依赖转向中国、美国有关。总体而言，印度尼西亚与日本的经贸关系还算密切，而且印度尼西亚对日本而言具有重要的能源战略地位，但相对于自贸区内的马来西亚、新加坡、越南、泰国而言，印度尼西亚与日本的经贸关系密切程度并不高。

日本是印度尼西亚的重要投资来源地，但仍面临着自贸区内其他成员国的竞争。2010 年之前日本对印度尼西亚的投资很少，2010 年之后日本对印度尼西亚的投资额上升，印度尼西亚在自贸区内已成为第三大吸引日本投资的成员国，但吸引投资的规模不是特别大。而自贸区内的泰国、新加坡、越南等都在争相吸引日本的投资。与这些国家相比，印度尼西亚的整体基础设施建设还不够完善，投资环境相对欠佳，这些都制约了印度尼西亚吸引外资的能力。由此看来，印度尼西亚要通过东盟—日本自贸区推进与日本的区域经济合作,还面临着不少困难和挑战。

三、印度尼西亚参与东盟—印度自由贸易区的情况

1995年印度成为东盟的全面对话伙伴国,2003年10月印度加入《东南亚友好合作条约》。2008年完成东盟—印度自由贸易协议有关货物贸易的谈判,并签署了东盟—印度自由贸易协议有关货物贸易的部分和争端解决机制的协定。2014年印度与东盟正式签署了有关服务和投资的自由贸易协定。[①]

(一)印度尼西亚—印度贸易情况

1. 贸易规模

如图6-76、图6-77所示,从东盟对印度的货物出口额来看,1995年为35.68亿美元,2015年为402.05亿美元,增幅达1027%。1995~2003年是东盟对印度货物出口的平缓低潮期,2004~2008年是东盟对印度货物出口的拐点增长期,2009年金融危机后,东盟对印度的货物出口额上升到新的阶段,2011年东盟对印度的货物出口额为457.77亿美元。从东盟从印度的货物进口来看,1995年为29.83亿美元,2015年为216.54亿美元,增幅达626%。与东盟对印度的货物出口趋势相似,1995~2003年是东盟从印度货物进口的平缓低潮期,

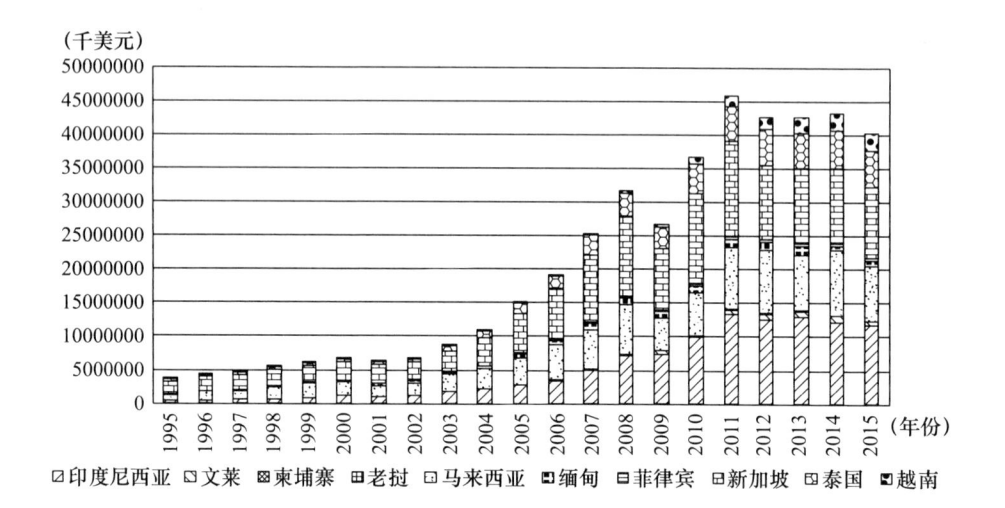

图6-76 1995~2015年东盟成员国对印度的出口

资料来源:联合国贸发会议UNCTAD数据库。

---

① 驻马来西亚经济商务参赞处. 印度和东盟将签署自由贸易协定——服务和投资协议[EB/OL]. http://www.mofcom.gov.cn/article/i/jyjl/j/2014/0905/20140905723027.shtml,2014-09-05.

2004~2008年是东盟从印度货物进口的拐点增长期,2009年金融危机后,东盟从印度的货物进口额上升到新的阶段,2011年东盟对印度的货物进口额为293.76亿美元。

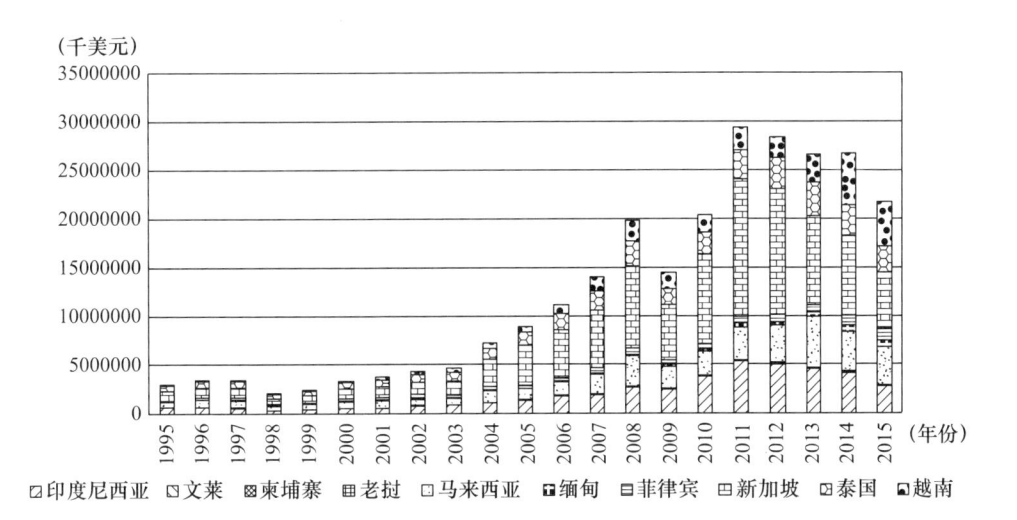

图6-77 1995~2015年东盟成员国从印度的进口

资料来源:联合国贸发会议UNCTAD数据库。

东盟与印度服务贸易发展迅速,主要集中在旅游、信息技术、技术教育、金融服务以及医疗保健等领域的交流与开发。以旅游业为例,双方人员的互动随着经贸合作的发展逐步增加。印度到东盟的游客数量相对较多,1992年已经达到421000人。进入21世纪后,印度到东盟的游客数量保持较强的增长态势,从2000年的75.2万人上升为2008年的198.8万人。其中,新加坡、马来西亚、泰国是印度游客的主要目的国,东盟5个老成员国基本上占东盟国家印度游客总数的98.7%。相对而言,东盟到印度的游客相对较少,2001年大约有14万人,不足印度到东盟游客的1/5。东盟国家到印度的游客主要来自马来西亚(41%)、新加坡(31%)、泰国(13%)这3个国家,2006年东盟到印度的游客上升到27.7万人。[①] 就服务贸易产品来说,印度在信息技术、通信、专业服务、医疗、金融等方面优势明显,而这些方面正好是东盟国家所急需的。伴随东盟一体化进程的加快,东盟内部各国许多行业需要引进大量服务,这必将为印度提供广阔

---

① 郭秋梅,周聿峨. 印度—东盟自由贸易区浅论——基于印度的视角[J]. 东南亚研究,2010(6):51-57.

市场。[①]

如图6-78所示，2003年之前印度尼西亚与印度的货物贸易总量几乎没有明显增长，2003~2008年印度尼西亚与印度的货物贸易总量呈现上升的趋势，2009年受金融危机影响增长势头减弱，2010~2015年印度尼西亚与印度的货物贸易总额达到并保持了前所未有的高水平，其中2011年，印度尼西亚与印度的货物贸易额为187.15亿美元。如图6-76所示，印度尼西亚对印度的货物出口额从2003年才开始增长，2009~2011年印度尼西亚对印度的货物出口额仅次于新加坡，2012~2015年印度尼西亚成为对印度货物出口最多的东盟国家。如图6-77所示，印度尼西亚从印度的货物进口额在东盟成员国中的比重不高，2015年印度尼西亚从印度的货物进口仅在东盟国家中排第四位，排在新加坡、越南、马来西亚之后。

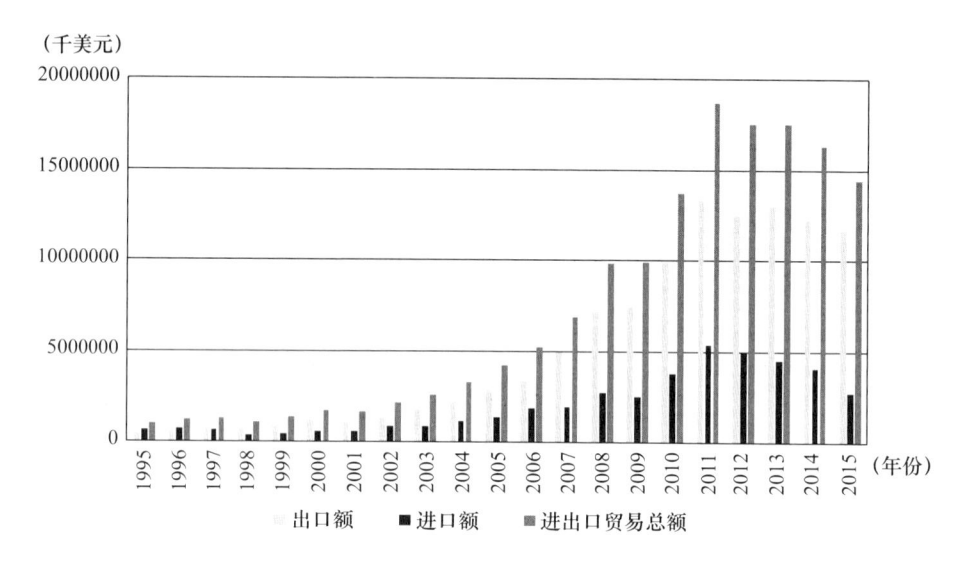

图6-78　1995~2015年印度尼西亚对印度的贸易额

资料来源：联合国贸发会议UNCTAD数据库。

2. 贸易结构

如图6-79所示，印度尼西亚对印度主要出口动物和植物油、油脂和蜡（SITC4），矿物燃料、润滑剂和相关材料（SITC3），非食用粗材料（燃料除外）（SITC2）。2014年和2015年，SITC4商品和SITC3商品的出口加总额分别占印度尼西亚对印度货物出口额的78.33%和77.62%。如图6-80所示，在SITC4商品

[①] 孙晓玲．印度—东盟自由贸易区的缘起、现状及影响[J]．东南亚研究，2010（3）：67-72．

中，占据绝对出口比重的是未加工的、已提炼的或精制的非挥发性植物油脂（SITC42）。如图 6-81 所示，在 SITC3 商品中，印度尼西亚对印度出口的主要是煤、焦炭及煤砖（SITC32）。在 SITC2 商品中，印度尼西亚对印度主要出口的是金属矿产及金属屑（SITC28），生胶（包括合成胶及再生胶）（SITC23）。更加通俗具体地理解，印度尼西亚对印度主要出口煤炭、棕榈油、金属、生胶。

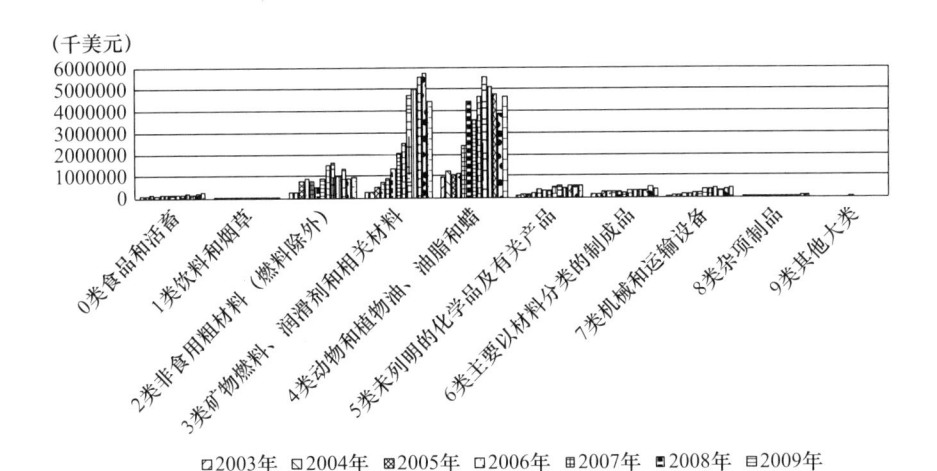

图 6-79　2003~2015 年按 SITC 分类的印度尼西亚对印度出口商品结构

资料来源：联合国贸发会议 UNCTAD 数据库。

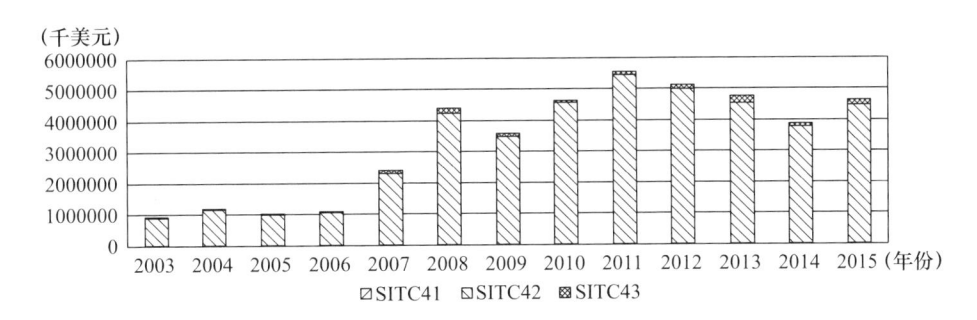

图 6-80　2003~2015 年印度尼西亚对印度 SITC4 商品的出口结构

资料来源：联合国贸发会议 UNCTAD 数据库。

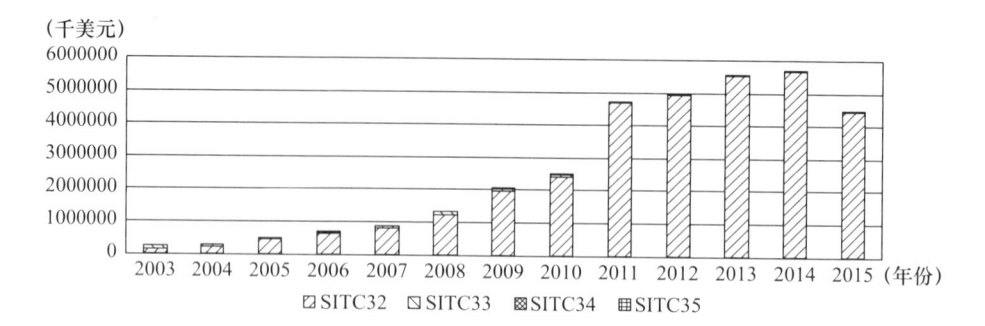

图 6-81　2003~2015 年印度尼西亚对印度 SITC3 商品的出口结构

资料来源：联合国贸发会议 UNCTAD 数据库。

如图 6-82 所示，印度尼西亚从印度进口的商品主要是未列明的化学品及有关产品（SITC5），机械和运输设备（SITC7），矿物燃料、润滑剂和相关材料（SITC3），食品和活畜（SITC0），主要以材料分类的制成品（SITC6）。如图 6-83 所示，在 SITC5 商品中，印度尼西亚从印度主要进口有机化学品（SITC51）。如图 6-84 所示，在 SITC7 商品中，印度尼西亚从印度主要进口陆用车辆（包括气垫式车辆）（SITC78），电信、录音及重放装置和设备（SITC76），未另列明的

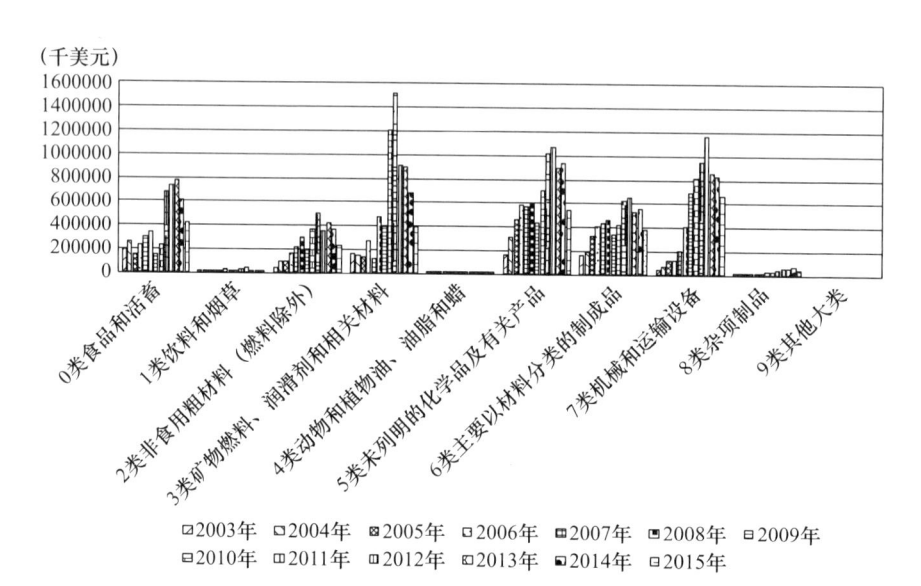

图 6-82　2003~2015 年按 SITC 分类的印度尼西亚从印度进口商品结构

资料来源：联合国贸发会议 UNCTAD 数据库。

通用工业机械和设备及其未另列明的机器零件（SITC74）。如图6-85所示，在SITC3商品中，印度尼西亚从印度主要进口石油、石油产品及有关原料（SITC33）。如图6-86所示，在SITC0商品中，印度尼西亚从印度主要进口谷物和谷物制品（SITC04），牲畜饲料（不包括未碾磨的谷物）（SITC08）。如图6-87所示，在SITC6商品中，印度尼西亚从印度主要进口钢铁（SITC67），有色金属（SITC68），纺织纱（丝）、织物、未另列明的成品及有关产品（SITC65）。

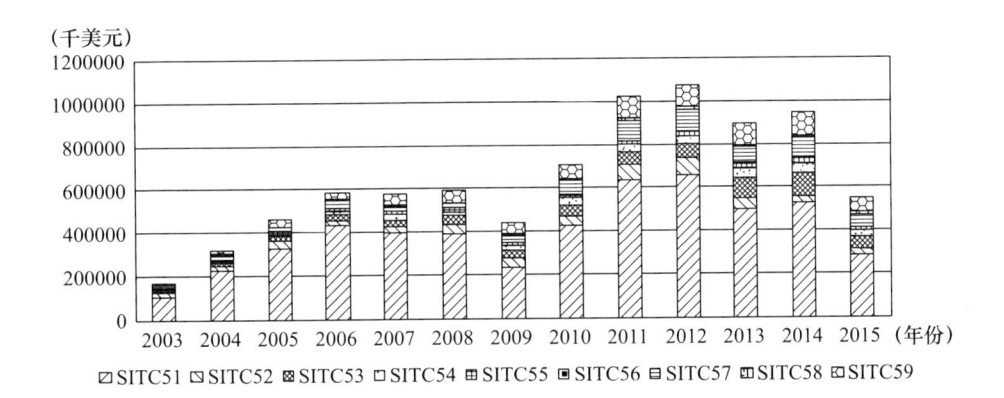

图6-83　2003~2015年印度尼西亚从印度SITC5商品的进口结构

资料来源：联合国贸发会议UNCTAD数据库。

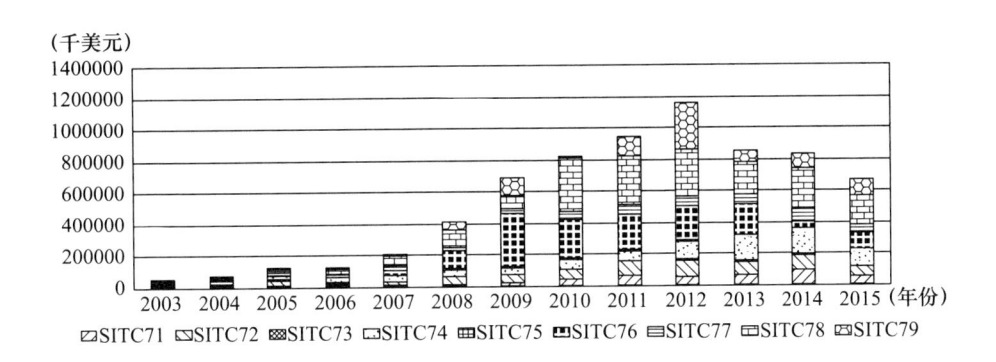

图6-84　2003~2015年印度尼西亚从印度SITC7商品的进口结构

资料来源：联合国贸发会议UNCTAD数据库。

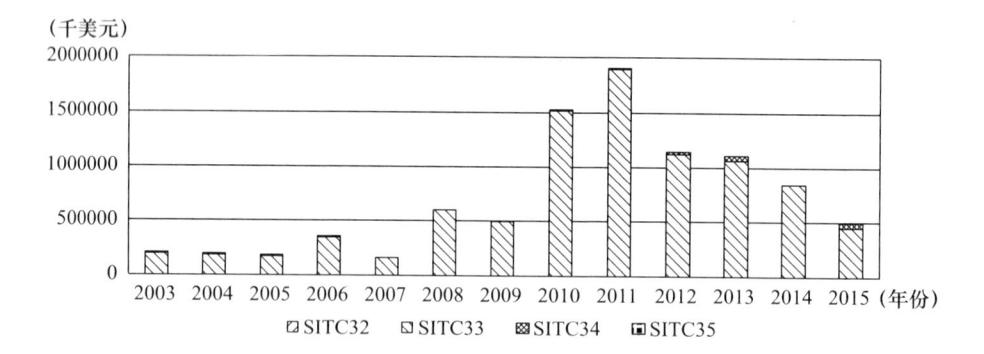

图 6-85　2003~2015 年印度尼西亚从印度 SITC3 商品的进口结构

资料来源：联合国贸发会议 UNCTAD 数据库。

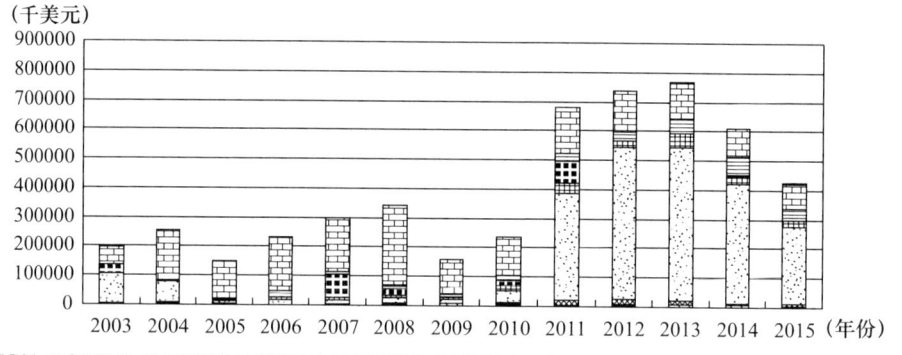

图 6-86　2003~2015 年印度尼西亚从印度 SITC0 商品的进口结构

资料来源：联合国贸发会议 UNCTAD 数据库。

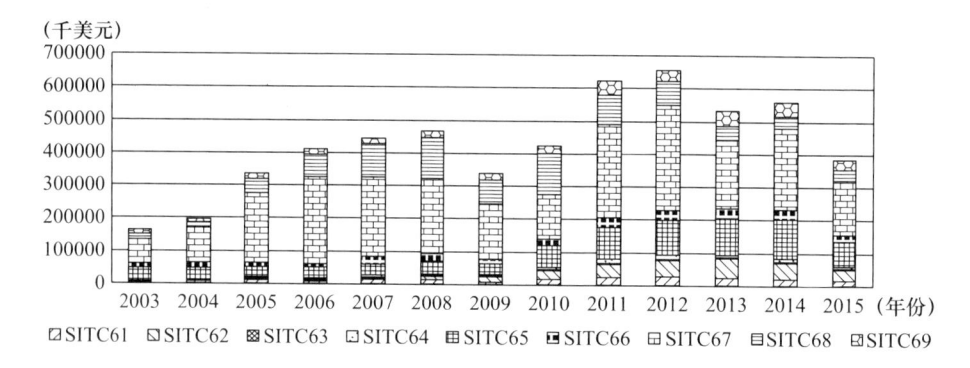

图 6-87　2003~2015 年印度尼西亚从印度 SITC6 商品的进口结构

资料来源：联合国贸发会议 UNCTAD 数据库。

(二) 印度尼西亚、印度相互投资情况

1. 投资规模

2000~2008年，从印度流入东盟的直接投资共13.06亿美元，印度对东盟的投资额从2000年的7950万美元增加到2008年的4.41亿美元。其中新加坡和越南是吸引印度外资的主要国家。根据东盟秘书处网站数据显示，2013年印度对东盟投资金额为21.01亿美元，2014年为6.06亿美元，2015年为12.54亿美元，虽然受全球经济下行影响，印度对东盟投资金额有所下降，但是比东盟—印度自贸区成立之前的投资金额还是增加了。[1] 印度和东盟的投资是双向的，东盟对印度的直接投资也明显增加，1992年东盟对印度的协议直接投资总额为2116万美元，到了1997年则为8.08亿美元，东盟对印度投资累计高达25.48亿元，占印度吸收协议直接投资总额的5.4%。据印度工商部对外直接投资的数据显示，2000年4月至2015年12月东盟国家对印度投资金额高达449.38亿美元，占印度吸收全球投资总额的16.16%。[2]

根据东盟秘书处网站数据显示，2012~2015年，印度不是东盟国家前十大外国直接投资来源地，这说明印度虽然增加了对东盟的投资，但是绝对投资金额和其他国家相比规模不大。而且根据印度尼西亚投资协调委员会的数据显示，2015年印度在印度尼西亚投资来源国中排第21位，投资金额为5718万美元，投资工程数量236个。2016年第一季度印度是印度尼西亚的第23位投资国，投资金额为559万美元，投资工程数量81个。印度对印度尼西亚的投资规模并不大。

印度尼西亚对印度的投资有所增加但规模较小，新加坡和马来西亚是东盟—印度自贸区中对印度投资较多的国家。从表6-19可以看出，1996~2001年东盟六国（印度尼西亚、马来西亚、菲律宾、新加坡、泰国、越南）对印度的投资总额和比重均有所下降，投资金额从2.14亿美元下降至1.04亿美元，新加坡对印度的投资额最大，马来西亚次之，印度尼西亚在2001年对印度的投资为1万美元。由表6-20可以看出，2000年4月至2015年12月新加坡是对印度投资最多的东盟国家，在全球排第二位，投资金额431.72亿美元；其次是马来西亚，全球排第23位，投资金额7.87亿美元；第三位是印度尼西亚，全球排第25位，投资金额6.24亿美元。由此可见，印度尼西亚对印度的投资金额相对于2001年增加很大，但是印度尼西亚与印度的相互投资关系并不是非常密切。

---

[1] 东南亚国家联盟网站，http://asean.org/?static_post=foreign-direct-investment-statistics.
[2] 印度工商部网站，http://dipp.gov.in/English/Publications/FDI_Statistics/2015/FDI_FactSheet_OctoberNovemberDecember2015.pdf.

表6-19 1996~2001年东盟六国对印度的投资   单位：百万美元

年份	1996	1997	1998	1999	2000	2001
印度尼西亚	10.58	2.89	7.13	0	0.02	0.01
马来西亚	11.95	579.63	437.01	26.97	3.53	22.42
菲律宾	80.07	1.35	0	0	0.15	0.41
新加坡	90.25	237.37	185.98	191.8	71.93	80.5
泰国	21.6	7.15	0.08	1.63	0.08	0.26
越南	0.01	0	0	0.02	0	0
东盟六国	214.46	828.39	630.2	220.6	75.71	103.6
印度外商直接投资总计	10510.85	15302.86	7800.89	6753.94	8613.83	6249
东盟六国的比重	2.04	5.41	8.08	3.27	0.88	1.66

资料来源：印度工业援助秘书处，http：//www.dipp.nic.in/English/default.aspx.

表6-20 2000年4月至2015年12月东盟十国对印度的投资金额、比重及在全世界的排名

排名	国家	投资金额（百万美元）	比重（%）
2	新加坡	43172.31	15.53
23	马来西亚	787.46	0.28
25	印度尼西亚	624.28	0.22
35	泰国	213.69	0.08
42	菲律宾	130.28	0.05
79	缅甸	8.96	0.00
115	越南	0.45	0.00
126	文莱	0.09	0.00
/	老挝	/	/
/	柬埔寨	/	/
总计	/	277954.25	100

资料来源：印度工商部网站，http：//dipp.gov.in/English/Publications/FDI_Statistics/2015/FDI_Fact-Sheet_OctoberNovemberDecember2015.pdf.

2. 投资结构

印度尼西亚与印度的主要经济合作领域为食品与能源安全、油气开采、基础设施建设、信息技术合作、汽车制造与计算机技术相关的服务和人力资源开发合作。2011年1月底，印度尼西亚和印度两国签署了18项商业合同，价值151.2

亿美元,这些合同项目,主要是印度企业计划在 2011 后对印度尼西亚的投资。比如,印度 GVK 能源与基础设施公司将投资 40 亿美元在印度尼西亚的巴厘岛北部和日惹兴建两个机场,阿达尼集团将投资 18 亿美元投资兴建印度尼西亚的铁路和港口。①

(三)印度尼西亚在东盟—印度自贸区内的地位

从双边贸易来看,印度尼西亚从 2012 年开始超越新加坡成为东盟国家中对印度货物出口额最大的国家,但是,印度尼西亚对印度的进口额一直很小,只是近几年才稍有上升,在东盟国家中排在第四位。总体而言,现在印度尼西亚在东盟国家中不是与印度贸易关系最密切的国家,但是随着经济的发展与产业结构的调整,双方的贸易空间仍有巨大的潜力可以挖掘。从相互投资来看,印度尼西亚与印度的相互投资增加,但无论是投资能力还是吸引投资能力,印度尼西亚在东盟国家中都不突出,双边投资关系仍需要进一步发展。2015 年和 2016 年的第一季度,印度对印度尼西亚的投资均排在 20 名之外。2000 年 4 月至 2015 年 12 月印度尼西亚对印度的投资也排在 20 名之外,在东盟国家中排在新加坡、马来西亚之后,且与新加坡对印度的投资金额相差 70 多倍。东盟—印度自贸区的成立对印度尼西亚与印度的相互投资有一定的促进作用。总而言之,印度尼西亚与印度两国经济合作潜力很大。印度国内市场大,钢铁等重工业和信息技术等新兴科技产业比较发达,但能源和原材料短缺;印度尼西亚的能源和自然资源比较丰富,但工业化程度不高。两国在发展问题上互补和依赖为两国关系的发展注入了合作的动力。

印度尼西亚在东盟—印度自贸区中与印度有独特的政治关系。在政治合作层面,印度尼西亚对东盟提升与印度的政治联系给予了坚定的支持,正是在印度尼西亚的积极推动下,印度在 1996 年成为东盟地区论坛成员,并推动建立了东盟与印度的"10 + 1"机制。印度尼西亚对印度的军事安全有重要影响,印度尼西亚处在太平洋连接印度洋的"门户"位置,其附近海域的马六甲海峡具有重要的战略意义。印度与印度尼西亚保持安全合作有利于抵御外部力量从太平洋进入印度洋,同时,借助与印度尼西亚等东南亚国家的军事安全合作,印度海军可以将活动范围延伸到太平洋。而在印度尼西亚看来,与印度保持安全合作可以平衡美国和中国在本地区的力量。此外,印度尼西亚是群岛国家,需要发展海上力量,印度拥有一支实力可观的海军,可以为印度尼西亚提供武器装备、技术与训练支持。因此,印度与印度尼西亚在打击恐怖主义方面有共同利益。②

---

① 时宏远.试析冷战后印度与印度尼西亚关系的变化[J].东南亚研究,2012(3):45-52.
② 程晓勇.印度与印度尼西亚关系解析:战略互利基础上的相互借重[J].国际论坛,2013(2):42-47.

四、印度尼西亚参与东盟—澳新自由贸易区的情况

澳大利亚、新西兰与东盟国家的合作由来已久,早在1974年和1975年两国就分别与东盟建立了对话关系,均是最早与东盟建立对话伙伴关系的国家之一。东盟也是澳大利亚和新西兰重要的贸易伙伴和外资的重要来源之一。2010年1月1日《东盟—澳新自由贸易协定》正式生效。[①] 东盟与澳大利亚、新西兰将通过货物与服务的贸易自由化与投资加强经济贸易联系与发展,印度尼西亚参与东盟—澳新自贸区也可以促进区域经济一体化的进程。

(一)印度尼西亚—澳大利亚、印度尼西亚—新西兰贸易情况

1. 贸易规模

如图6-88、图6-89所示,1995~2015年东盟与澳大利亚、新西兰的货物贸易额增长迅速。从货物出口额来看,1995年东盟对澳大利亚和新西兰货物出口额加总为65.67亿美元,2008年为437.99亿美元,2015年为417.35亿美元,增长了536%。尤其是在东盟—澳新自由贸易区启动之后,2010~2015年东盟对澳大利亚和新西兰的货物出口一直保持着高于自贸区成立之前的水平。从东盟自澳新的货物进口额来看,1995年东盟从澳大利亚和新西兰货物进口额加总为90.93亿美元,2008年为230.15亿美元,2015年为234.17亿美元,增长了158%。东盟从澳新的货物进口趋势与货物出口趋势类似,也是在东盟—澳新自贸区成立之后维持着较高的水平。

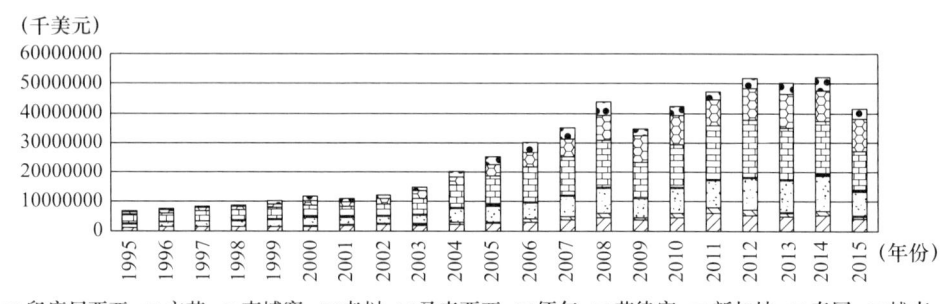

图6-88 1995~2015年东盟成员国对澳大利亚、新西兰的出口

资料来源:联合国贸发会议UNCTAD数据库。

[①] 中国—东盟商务理事会. 中国—东盟:当市场大门打开后……[EB/OL]. http://www.china-aseanbusiness.org.cn/details.asp?id=4201, 2010-10-13.

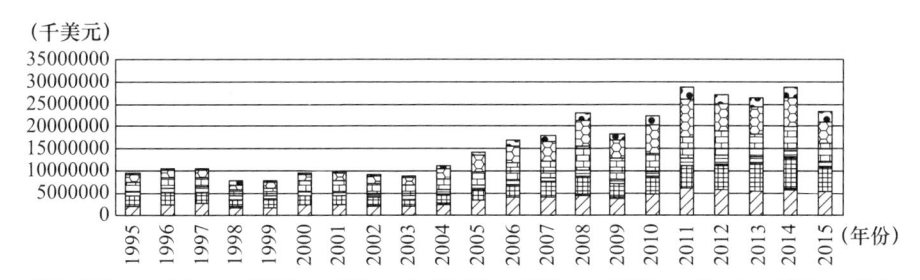

（千美元）
图表：1995~2015年东盟成员国从澳大利亚、新西兰的进口数据柱状图，图例包括：印度尼西亚、文莱、柬埔寨、老挝、马来西亚、缅甸、菲律宾、新加坡、泰国、越南。

图 6-89　1995~2015 年东盟成员国从澳大利亚、新西兰的进口

资料来源：联合国贸发会议 UNCTAD 数据库。

与在东盟—日本、东盟—韩国自贸区中的表现不同的是，印度尼西亚对澳大利亚和新西兰的货物进口表现优于出口，但是在自贸区成立之后增长不是特别明显。如图 6-88 所示，1995~2015 年印度尼西亚对澳大利亚和新西兰的货物出口与进口增长非常缓慢，且在东盟整体对澳大利亚和新西兰的货物出口总额与进口总额中比重很小。从印度尼西亚对澳大利亚和新西兰的货物出口来看，1995 年印度尼西亚对这两个国家货物出口额加总为 10.45 亿美元，占东盟对这两个国家货物出口额加总的 15.91%；2008 年印度尼西亚对这两个国家货物出口额加总为 46.53 亿美元，占东盟对这两个国家货物出口额加总的 10.62%；2015 年印度尼西亚对这两个国家货物出口额加总为 42.62 亿美元，占东盟对这两个国家货物出口额加总的 10.21%。如图 6-88 所示，虽然印度尼西亚对澳大利亚和新西兰的货物出口额加总增长了 32.17 亿美元，增长幅度为 307.85%，年均增长 15.39%，但是其在东盟对这两个国家的总出口中的比重却在逐渐下降。从印度尼西亚自澳大利亚和新西兰的货物进口情况来看，1995 年印度尼西亚从这两个国家的货物进口额加总为 18.98 亿美元，占东盟从这两个国家货物进口额加总的 20.88%；2008 年印度尼西亚从这两个国家的货物进口额加总为 44.80 亿美元，占东盟从这两个国家货物进口额加总的 19.47%；2015 年印度尼西亚从这两个国家的货物进口额加总为 53.03 亿美元，占东盟从这两个国家货物进口额加总的 22.65%。如图 6-89 所示，印度尼西亚从澳大利亚和新西兰的货物进口增加了 34.05 亿美元，增长幅度为 179.40%，年均增长 8.97%，幅度不大，而且印度尼西亚的进口占东盟从这两个国家进口额加总的比重在自贸区成立的前后增长很小。从 2015 年印度尼西亚在东盟对澳大利亚和新西兰贸易中的地位来看，印度尼西亚对澳大利亚和新西兰的出口小于新加坡、泰国和马来西亚排第四位，从澳大利亚和新西兰的进口暂时超过马来西亚排第一位。

2. 贸易结构

如图 6-90 所示，2003~2015 年印度尼西亚对澳大利亚主要出口矿物燃料、润滑剂和相关材料（SITC3），主要以材料分类的制成品（SITC6），机械和运输设备（SITC7）。如图6-91所示，印度尼西亚对新西兰主要出口食品和活畜（SITC0），主要以材料分类的制成品（SITC6），矿物燃料、润滑剂和相关材料（SITC3）。下面将这几大类商品具体细分至SITC两位数各自分析。

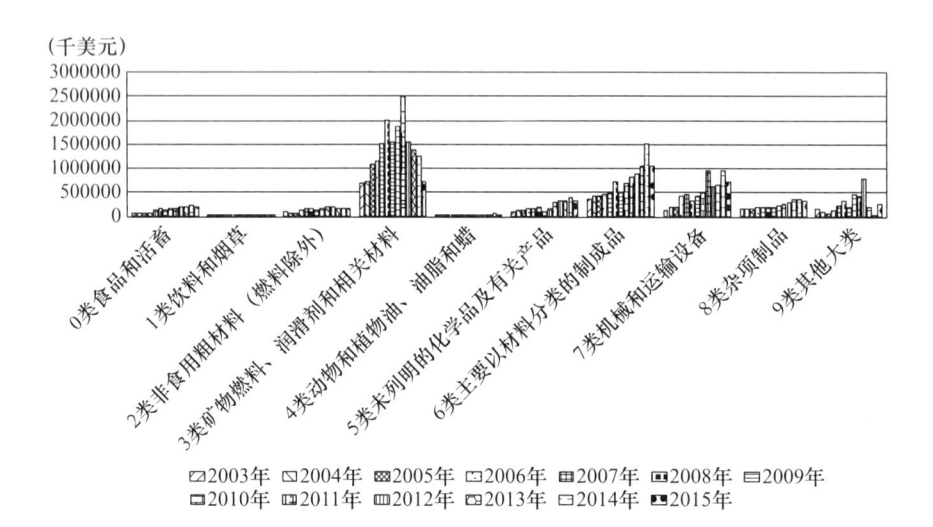

图6-90　2003~2015年按SITC分类的印度尼西亚对澳大利亚出口商品结构

资料来源：联合国贸发会议UNCTAD数据库。

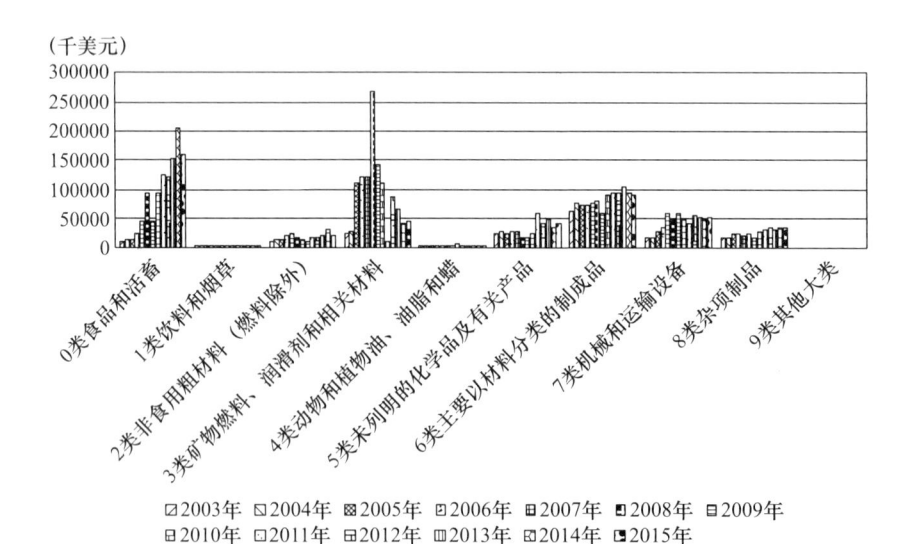

图6-91　2003~2015年按SITC分类的印度尼西亚对新西兰出口商品结构

资料来源：联合国贸发会议UNCTAD数据库。

如图 6-92 所示，2003~2015 年，在 SITC3 商品中，印度尼西亚对澳大利亚主要出口石油、石油产品及有关原料（SITC33）。如图 6-94 所示，在 SITC6 商品中，2003~2015 年印度尼西亚对澳大利亚主要出口未另列明的金属制品（SITC69），钢铁（SITC67）。如图 6-96 所示，在 SITC7 商品中，2006 年、2007 年和 2011 年印度尼西亚对澳大利亚主要出口其他运输设备（SITC79），2011 年、2014 年和 2015 年主要出口未另列明的通用工业机械和设备及其未另列明的机器零件（SITC74），而电信、录音及重放装置和设备（SITC76）和未另列明的电力机械、装置和器械及其电器零件（包括家用电器设备的未另列明的非电动部件）（SITC77）一直在 SITC7 商品出口中保持相对稳定的比例。

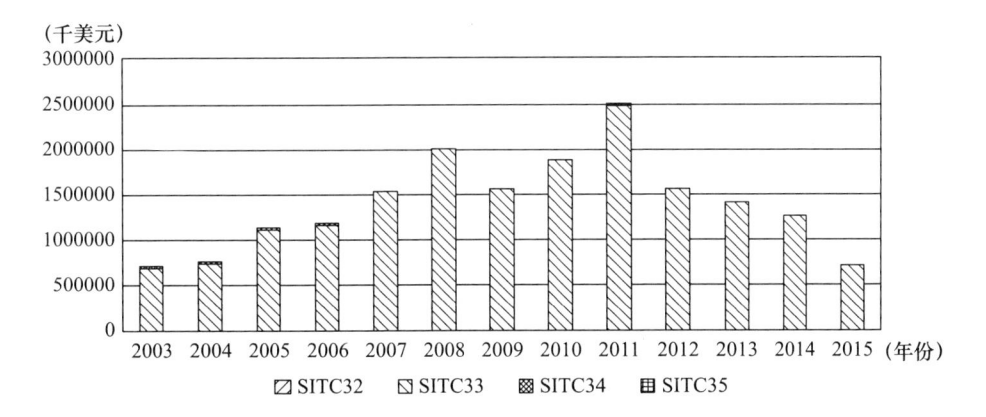

图 6-92　2003~2015 年印度尼西亚对澳大利亚 SITC3 商品的出口结构

资料来源：联合国贸发会议 UNCTAD 数据库。

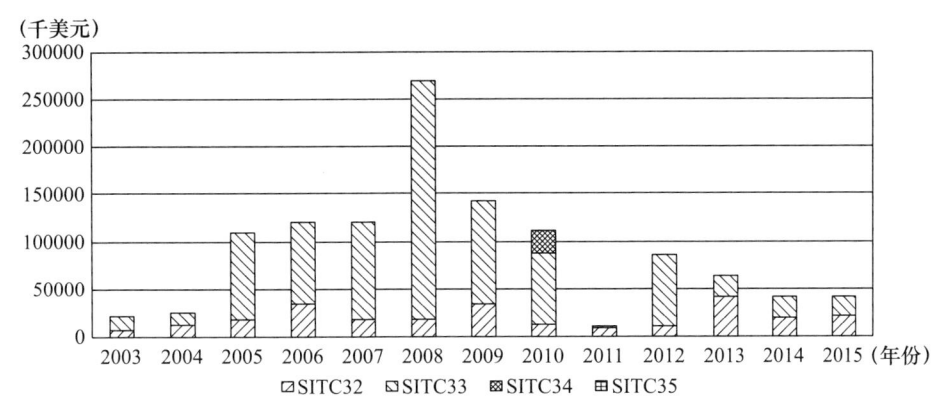

图 6-93　2003~2015 年印度尼西亚对新西兰 SITC3 商品的出口结构

资料来源：联合国贸发会议 UNCTAD 数据库。

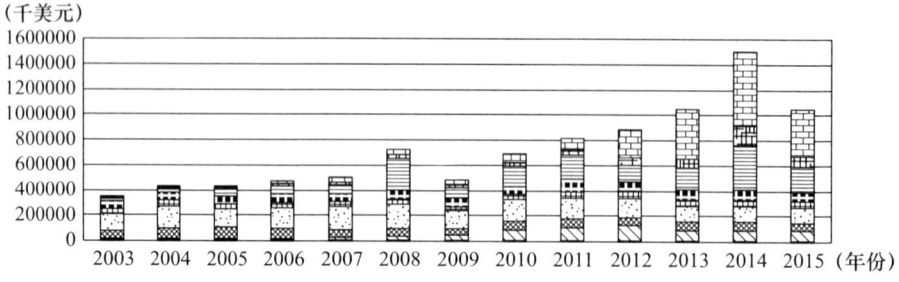

图 6-94　2003~2015 年印度尼西亚对澳大利亚 SITC6 商品的出口结构

资料来源：联合国贸发会议 UNCTAD 数据库。

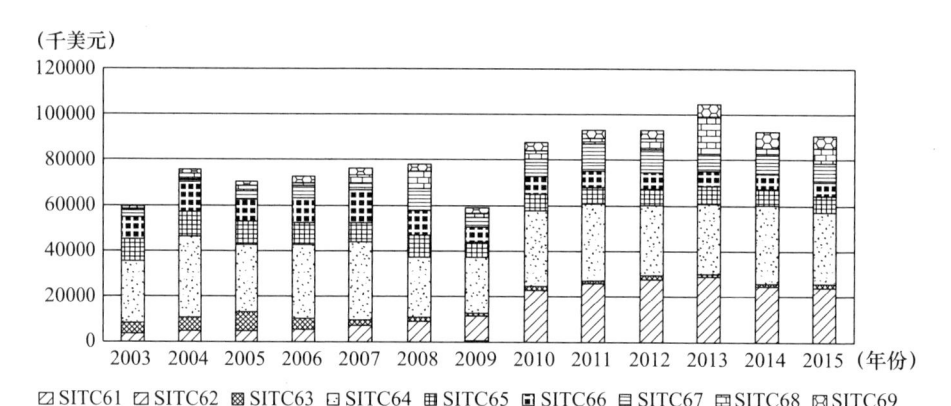

图 6-95　2003~2015 年印度尼西亚对新西兰 SITC6 商品的出口结构

资料来源：联合国贸发会议 UNCTAD 数据库。

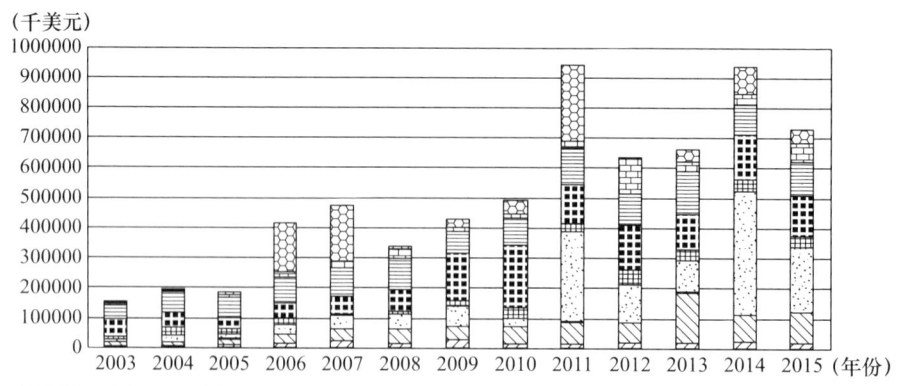

图 6-96　2003~2015 年印度尼西亚对澳大利亚 SITC7 商品的出口结构

资料来源：联合国贸发会议 UNCTAD 数据库。

如图6-97所示，在SITC0商品中，印度尼西亚对新西兰主要出口牲畜饲料（不包括未碾磨的谷物）（SITC08），这是因为新西兰发达的畜牧业需要大量的谷物饲料。如图6-95所示，在SITC6商品中，印度尼西亚对新西兰主要出口纸、纸板以及纸浆、纸和纸板的制品（SITC64），未另列明的橡胶制品（SITC62）。如图6-93所示，在SITC3商品中，印度尼西亚对新西兰主要出口石油、石油产品及有关原料（SITC33）。所以，印度尼西亚对澳大利亚和新西兰都出口SITC3、SITC6商品，相同之处在于都出口石油，细微差别在于印度尼西亚对澳大利亚出口金属制品、钢铁，对新西兰出口纸浆、橡胶。印度尼西亚对澳大利亚和新西兰出口的主要差别体现在SITC7商品和SITC0商品上，印度尼西亚对澳大利亚出口陆用车辆、机械工业设备、电信录音设备、家用电器产品，以满足该国工业发展和居民生活的需要；印度尼西亚对新西兰出口谷物饲料产品，以满足该国畜牧业发展的需要。

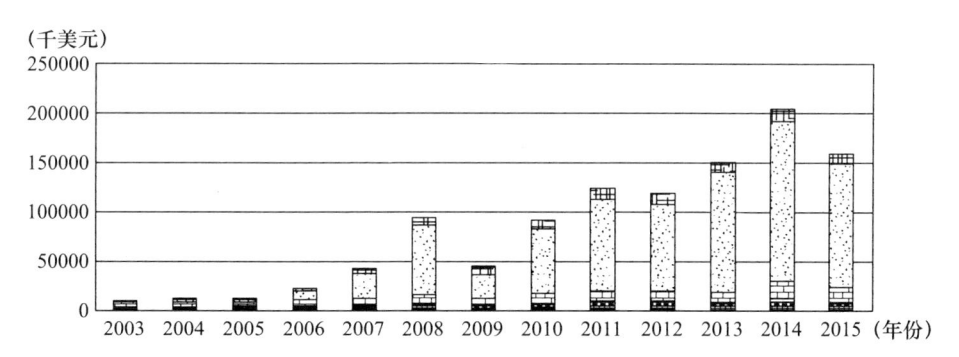

图6-97 2003~2015年印度尼西亚对新西兰SITC0商品的出口结构

资料来源：联合国贸发会议UNCTAD数据库。

如图6-98所示，2003~2015年印度尼西亚从澳大利亚主要进口食品和活畜（SITC0）、非食用粗材料（燃料除外）（SITC2）、主要以材料分类的制成品（SITC6）。如图6-99所示，2003~2015年印度尼西亚从新西兰主要进口食品和活畜（SITC0）、非食用粗材料（燃料除外）（SITC2）。

如图6-100所示，2003~2015年，在SITC0商品中，印度尼西亚从澳大利亚主要进口谷物和谷物制品（SITC04）、肉及肉制品（SITC01），2014年进口了比较多的活动物（SITC00）。如图6-102所示，在SITC2商品中，印度尼西亚从澳大利亚主要进口金属矿产及金属屑（SITC28）和纺织纤维（不包括毛条和其他精梳羊毛）及其废料（未加工成纱或织物的）（SITC26）。如图6-104所示，

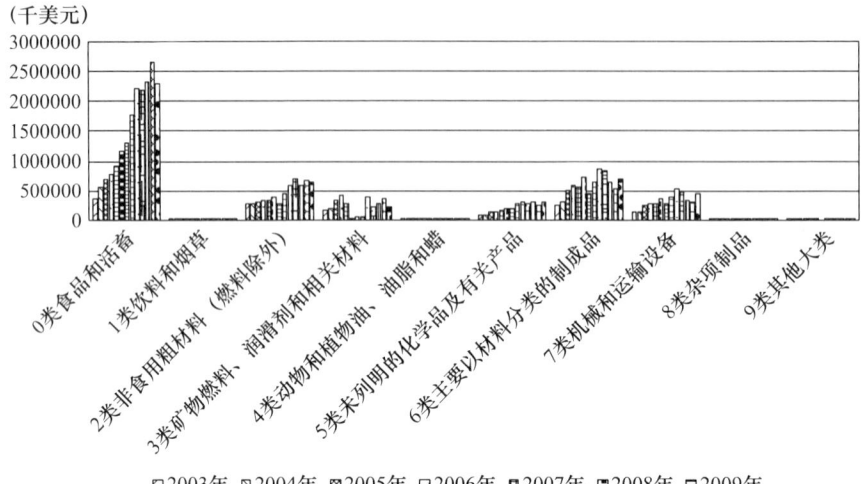

图 6-98 2003~2015 年按 SITC 分类的印度尼西亚从澳大利亚进口商品结构

资料来源：联合国贸发会议 UNCTAD 数据库。

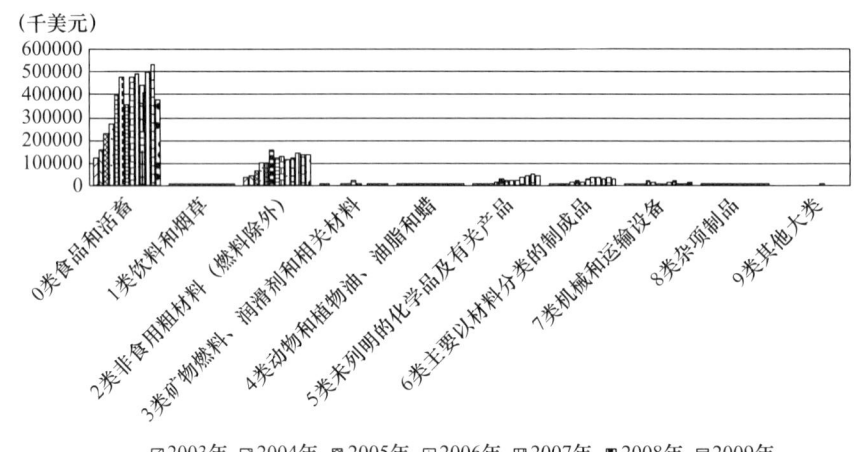

图 6-99 2003~2015 按 SITC 分类的印度尼西亚从新西兰进口商品结构

资料来源：联合国贸发会议 UNCTAD 数据库。

在 SITC6 商品中，印度尼西亚从澳大利亚主要进口有色金属（SITC68）。如图 6-101 所示，2003~2015 年，在 SITC0 商品中，印度尼西亚从新西兰主要进口乳制品和禽蛋（SITC02）、肉及肉制品（SITC01）。如图 6-103 所示，在 SITC2

商品中，印度尼西亚从新西兰主要进口纸浆及废纸（SITC25）。

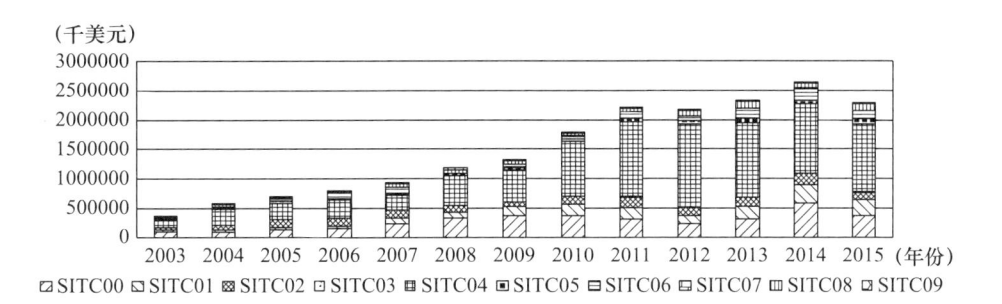

图 6-100　2003~2015 年印度尼西亚从澳大利亚 SITC0 商品的进口结构

资料来源：联合国贸发会议 UNCTAD 数据库。

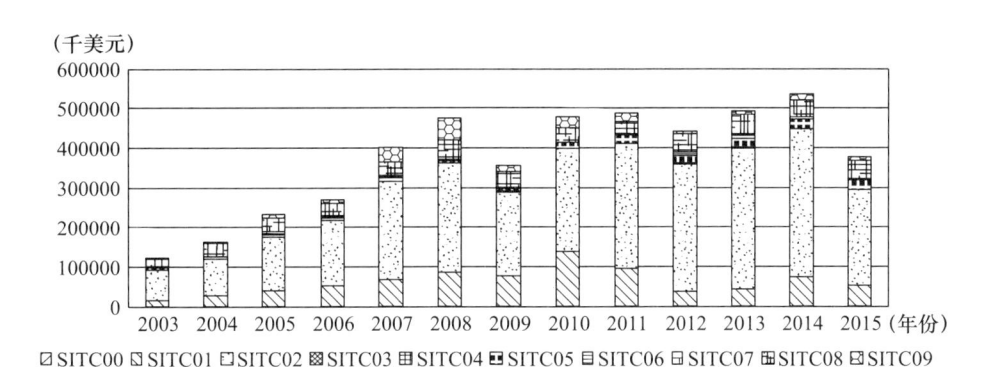

图 6-101　2003~2015 年印度尼西亚从新西兰 SITC0 商品的进口结构

资料来源：联合国贸发会议 UNCTAD 数据库。

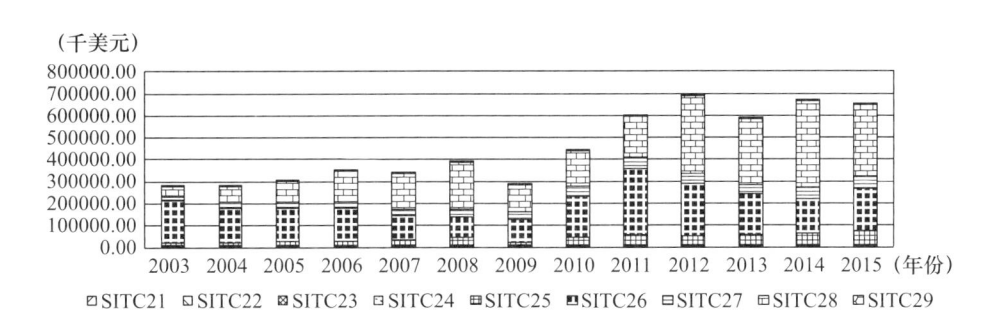

图 6-102　2003~2015 年印度尼西亚从澳大利亚 SITC2 商品的进口结构

资料来源：联合国贸发会议 UNCTAD 数据库。

图 6-103　2003~2015 年印度尼西亚从新西兰 SITC2 商品的进口结构

资料来源：联合国贸发会议 UNCTAD 数据库。

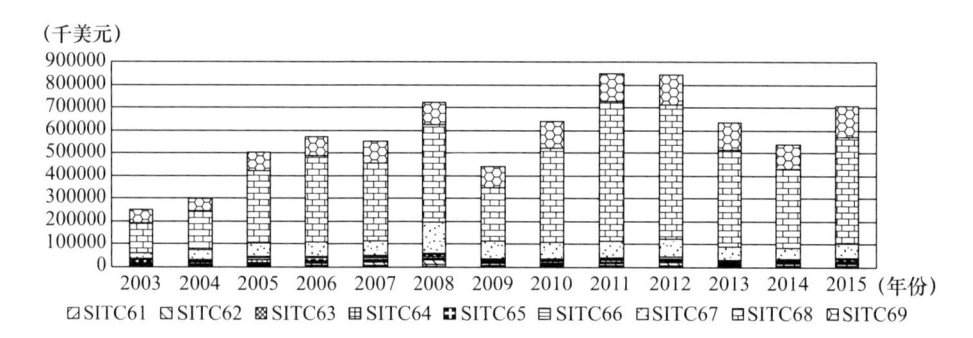

图 6-104　2003~2015 年印度尼西亚从澳大利亚 SITC6 商品的进口结构

资料来源：联合国贸发会议 UNCTAD 数据库。

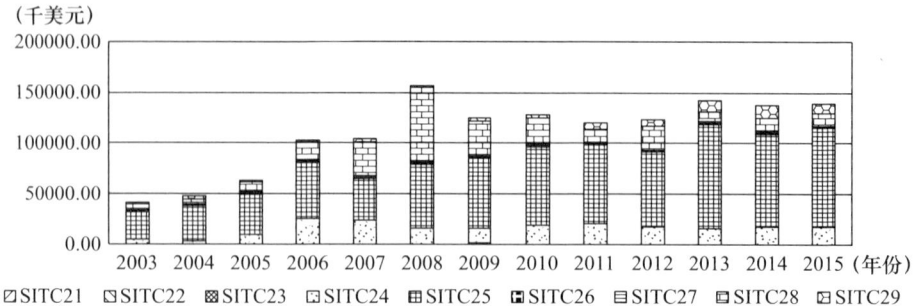

总体来看，印度尼西亚从澳大利亚和新西兰进口的商品都是这两个国家盛产的。印度尼西亚从澳大利亚主要进口谷物、活体动物、金属矿产和纺织原材料。印度尼西亚从新西兰主要进口乳制品、肉制品。东盟—澳新自贸区促进了两国丰富的物产出口到印度尼西亚，毕竟印度尼西亚是东盟人口最多和国土面积最大的国家，有着巨大的消费能力，所以印度尼西亚与澳大利亚、新西兰的贸易关系将会随着自贸区的发展而更加密切。

（二）印度尼西亚与澳大利亚、新西兰的相互投资情况

1. 投资规模

2010~2014 年，印度尼西亚前十大外国直接投资来源地中（不包括金融、油气行业），澳大利亚与新西兰均不在其中。据印度尼西亚投资协调委员会网站数据显示，2015 年印度尼西亚投资来源地排名中澳大利亚列在第 12 位，投资金额为 1.68 亿美元，投资工程数量 443 个；新西兰列在第 28 位，投资金额为 1719 万美元，投资工程数量 20 个。2016 年第一季度，印度尼西亚投资来源地排名中

澳大利亚是第13位，投资金额为5998万美元，投资工程数量131个；新西兰是第45名，投资金额为54万美元，投资工程数量5个。从澳大利亚和新西兰的对外投资数据来看，也显示了相同的结果。据澳大利亚对外贸易事务部数据显示，2015年澳大利亚对外直接投资目的地前20名中没有印度尼西亚；在东盟—澳新自贸区中，澳大利亚的投资主要流向了新西兰、新加坡和菲律宾。据新西兰统计局数据显示，2013年、2014年新西兰对东盟的投资流量分别为1.39亿新西兰元、2.91亿新西兰元，其中2013年对新加坡投资3600万新西兰元，2014年的数据保密，列表中并没有显示对印度尼西亚的具体投资金额，可见印度尼西亚并不是新西兰投资的主要选择对象。

印度尼西亚对澳大利亚、新西兰的投资规模也不大。据澳大利亚对外贸易事务部数据显示，2015年澳大利亚前20位投资来源地中不包括印度尼西亚。而东盟—澳新自贸区中，新西兰排第12位，投资金额为397亿澳大利亚元，占澳大利亚吸引外资投资总比重的1.3%；新加坡排第5位，投资金额为986亿澳大利亚元，占比3.3%；马来西亚排第18位，投资金额为205亿澳大利亚元，占比0.7%。据新西兰统计局数据显示，2004年第三季度至2010年第一季度，澳大利亚是其最大的外资来源国，这与澳大利亚和新西兰相近地缘有关。同期，新加坡在新西兰外资来源国中排第8位，而印度尼西亚并不在对新西兰投资的前10大国家之列。

2. 投资结构

澳大利亚对印度尼西亚投资的行业主要包括船坞业和挖泥船服务、风险投资、软饮料工业、畜牧业、水力发电站、电信工业、房地产网络门户、系统管理服务、水上旅游，以及建筑材料的零售业。新西兰对印度尼西亚投资的行业主要是乳制品工业、地热发电站、电子商务等行业。①

（三）印度尼西亚在东盟—澳新自贸区内的地位

印度尼西亚是最后一个加入东盟—澳新自贸协定的东盟成员国，与澳大利亚、新西兰的贸易规模有限。从前文的贸易分析中，印度尼西亚加入自贸区后，相对于自贸区其他国家，其与澳大利亚、新西兰的贸易规模并没有明显的扩大，而且与20年前相比，印度尼西亚与澳新贸易在自贸区中的比重甚至在下降。即使近年来印度尼西亚与澳新贸易额有所提高，但是2014年印度尼西亚对澳新的出口仍小于新加坡、马来西亚和泰国，从澳新的进口小于马来西亚和泰国。由此可见，印度尼西亚与澳新贸易往来不如新加坡、马来西亚、泰国等国频繁。

印度尼西亚与澳新的相互投资规模很小，双方投资关系仍需要进一步发展。

---

① 澳大利亚12家公司准备在我国多项领域投资［EB/OL］.印度尼西亚商报，http://www.shang-baoindonesia.com/indonesia-finance/.

澳新对印度尼西亚的投资金额有限，从前文的投资分析中，站在印度尼西亚外资来源国的角度，澳大利亚与新西兰排名均在20名之外，站在澳大利亚和新西兰选择投资国家的角度，印度尼西亚也不是两国重点选择的投资对象。在东盟十国中，新加坡、马来西亚、菲律宾是澳新资金投放较多的国家，印度尼西亚对澳新的投资规模很小。据澳大利亚和新西兰的统计局数据显示，两国前20位投资来源国家之中并没有印度尼西亚，而东盟成员国新加坡、马来西亚却赫然在对澳新投资前20名国家的列表之中，可见印度尼西亚与新加坡、马来西亚对澳新的投资金额差距之大。

数据和现实情况都说明了印度尼西亚在自贸区中的地位，印度尼西亚与澳新的贸易与投资金额不大、规模有限，而且目前增长缓慢，印度尼西亚与澳新的区域经济合作仍然有很长的路要走。造成这种局面的一部分原因在于历史因素和文化因素，长期以来，澳新一直认为自己是地理位置接近亚洲的西方国家，同亚洲人做生意和投资的意愿并不高，宁可同英美保持特殊的关系；而在印度尼西亚等东盟国家看来，它们更多的是对澳新心存疑虑，怀有戒心，主张澳新应该更多地包容亚洲的企业文化，淡化欧洲色彩。另一部分原因在于双方经济互补性不强，澳大利亚、新西兰是农矿初级产品的出口国和制成品的进口国，而印度尼西亚主要出口商品依赖于少数几种初级资源类商品，同时大量进口工业制成品，这种对外贸易的商品结构同澳大利亚十分相似，因而经济互补性不强。鉴于此，印度尼西亚与澳新需要调整贸易结构，扩大贸易的范围，改善进出口货物品种的过于相似和单一现状，才能有利于未来开展更进一步的区域经济合作。①

五、印度尼西亚参与四个"10+1"自贸区的情况比较

从印度尼西亚参与四个"10+1"自贸区（东盟—韩国、东盟—日本、东盟—印度、东盟—澳新）的发展情况来看，自贸区内的贸易与投资自由化促进了印度尼西亚经济的发展，密切了印度尼西亚与自贸区内成员的经济联系，印度尼西亚的综合经济实力和国际地位都有所提升。

从比较来看，印度尼西亚在东盟—韩国、东盟—日本自贸区中的贸易与投资产生了明显的规模扩大效应，即无论是货物贸易额，还是相互投资金额，都在自贸区成立后有明显的增加。印度尼西亚与韩国、日本的资源和分工互补性很强，合作伙伴关系愈加密切。但是值得注意的是，印度尼西亚对日本出口过重进口不足，要想长远地发展与日本的经济合作，依赖不可再生资源不是明智之举，印度尼西亚需要调整国内产业结构，改变依赖单一初级产品出口的现状。虽然印度尼

---

① 甘振军. 澳大利亚对东盟国家关系研究（1967~2007）[D]. 华东师范大学，2012.

西亚在东盟—印度自贸区中贸易与投资都发展了,但是仍然有较大的发展潜力可以挖掘。印度尼西亚的货物贸易出口近年来逐步增加成为自贸区对印度第一出口国,但是进口表现不佳。印度也排在印度尼西亚外资来源国的 20 名之外,对印度尼西亚的投资金额不够大,这需要印度尼西亚和印度双方进一步努力调整经济结构,推动区域经济合作。印度尼西亚参与东盟—澳新自贸区后,其贸易与投资额虽有增量,但是印度尼西亚与澳新的贸易和投资占自贸区的比重却有所下降。而且与其他"10+1"自贸区不同的是,印度尼西亚对澳新的货物贸易呈逆差状态,大量进口澳新的农矿产品。可见,印度尼西亚需要改善货物出口过于单一的现状,发展国内工业,提高产品的附加值,实现更有差异的经济结构互补,这样才与澳新有更广阔的贸易空间。

此外,可以发现印度尼西亚在自贸区的经济往来中与新加坡、马来西亚、泰国、菲律宾等国存在着产品出口和吸引投资的竞争。印度尼西亚需要继续发挥地缘、资源、人缘、文缘优势,增加科技投入,调整国内产业结构,坚持基础设施建设,改善投资环境吸引外资,才可能在未来东盟的区域经济合作之中崭露头角。

第五节　印度尼西亚参与次区域经济一体化合作的现状

次区域经济合作是一种对区域经济合作有重要推动作用的合作模式。"成长三角"合作模式正是东南亚、东亚国家为了解决本地区政治、经济、文化多样性与推进整个区域经济合作紧迫性之间的矛盾,从次区域合作扎实起步而探索出有效的经济合作模式。它既能绕开现实障碍又能切实促进区域经济合作,有利于参与地区借以加快当地开发的进程以更好地参加国际分工。① 印度尼西亚参与的次区域经济合作是其区域经济合作中的亮点,主要包括"东盟南增长三角""东盟北增长三角""东盟东部增长区"。

一、"东盟南增长三角"

"东盟南增长三角"(Southern Growth Triangle)即新加坡、马来西亚柔佛和印度尼西亚的廖内群岛等组成的"新柔廖增长三角"。廖内省是印度尼西亚各省

---

① 魏海斌,杨纯瑛.90 年代印尼巴淡岛的经济腾飞及启示[J].中共宁波市委党校学报,2002,24(1):35-38.

区中自然资源最丰富的一个省,经济基本上以石油、农业和林业为主,而且劳动力价格低廉。印度尼西亚期望通过参加增长三角计划,加快巴淡岛的开发进程,促进整个廖内群岛的经济发展。

(一)合作进程

"东盟南增长三角"是东盟最早出现的次区域经济合作形式。它是时任新加坡总理吴作栋于1989年12月首先提出的,当时仅仅是发展"新加坡—柔佛—(马来西亚)—巴淡岛(印度尼西亚廖内群岛的一个岛屿)增长三角"的构想,以利用各自的自然资源、资金、技术、劳动力的优势,推动区域经济合作的发展。现实情况是,新加坡拥有丰富的资本和较为先进的技术,迫切需要廉价的土地、劳动力和其他自然资源,而柔佛州和廖内群岛则拥有廉价的劳动力、土地和其他自然资源,迫切需要资本和技术。该构想首先是在新加坡建立高科技工业,在柔佛州建立中科技工业,在巴淡岛建立劳动密集型工业,这样既可以利用新加坡高效率的基础设施和高水平的技术和管理,又可以利用其他两地的廉价劳动力和土地。从而把三角地带发展成为一个颇具吸引力的统一投资区,使它既有利于跨国公司在这一三角地带展开大规模投资,又有利于发挥三地的比较优势。1990年,这一构想得到印度尼西亚总统苏哈托和马来西亚总理马哈蒂尔的积极响应,印度尼西亚将合作范围扩展到廖内群岛的其他岛屿,所以又被称作"新柔廖增长三角"。1996年和1997年,该增长三角又被扩大到马来西亚南部的马六甲、森美兰、彭亨州和印度尼西亚的西苏门答腊、南苏门答腊、占碑、明古鲁、西加里曼丹等省,因此又被称作"新马印度尼西亚增长三角"。[①]

(二)合作中的问题[②]

目前国内学术界多赞扬"增长三角区"的优点而忽略了其劣势,实际上,该发展模式存在诸多问题,作为东盟"增长三角区"的积极参与者印度尼西亚,也认为东盟"增长三角区"发展中存在着一些阻碍因素。

1. 利益获取不平衡

印度尼西亚认为新加坡获益最大,三角区内部经济发展水平不平衡。新加坡凭借资金与技术的优势,把巴淡岛当作为其提供廉价劳力与土地的场所,实际上形成了一种"主仆"关系。如果长此以往,印度尼西亚的廖内巴淡岛就难以吸引到技术密集型投资。在3个国家中,新加坡对经济增长三角区的建设最为积极。因为新加坡囿于国内市场狭小,又处于产业转型期,急需把一些劳动密集型

[①] 李皖南. 东盟南增长三角:东盟次区域经济合作的典范 [J]. 中国—东盟博览, 2007 (6): 24 - 29; 黄海燕. 东盟南增长三角 [N]. 广西日报, 2009 - 07 - 22.

[②] 王作成. 马来西亚与东盟:外交政策与地区主义 [D]. 复旦大学, 2004; 郑勇. 新西兰、马来西亚、印度尼西亚"增长三角"经济发展构想 [J]. 亚太经济, 1991 (5): 22 - 26.

产业转移到国外,以便集中力量在国内发展高技术产业以及金融服务业等,因此,"东盟南增长三角"获益最大的是新加坡。印度尼西亚的巴淡岛在源源不断地提供土地、劳动力和自然资源之后,随着比较优势的丧失会难以吸引到外资,次区域经济发展中的地区差距会逐渐扩大。

2. 合作边角的缺失

合作边角的缺失,即印度尼西亚的廖内和马来西亚的柔佛经济互补性较差,区域经济合作进展极为缓慢。"新柔廖增长三角"的联系更多的是靠两个双边关系即新加坡廖内关系和新加坡柔佛关系联系起来,而马来西亚柔佛与印度尼西亚廖内之间的经济交往则少得多,柔佛—廖内这一边是三角区中最弱的一边。这是因为二者经济互补性较差,都是依靠吸引新加坡投资来发展本区域经济,所以这个"增长三角区"缺了一条边。如此看来,要使"增长三角区"地区经济真正得到发展,并使组成"三角"各方的相互经济关系真正得到加强,促进印度尼西亚和马来西亚之间的合作十分重要。但就目前而言,印度尼西亚和马来西亚之间并没有多少合作的契机存在。

3. 置地与官僚主义等障碍

区内存在置地和官僚主义等方面的障碍,例如在置地方面,根据印度尼西亚法规,外国人必须与当地人合伙才能拥有土地,而且投资者对究竟哪个部门负责有关事宜并不清楚。为解决这类问题,新加坡和印度尼西亚双方已在巴淡岛设立以两国经济部长为首的委员会。另外,印度尼西亚政府部门的官僚主义和繁文缛节亦使投资者感到人员来去和货物的进出颇为不便。为此,印度尼西亚已着手在巴淡岛实行一种4小时的验关手续,并对经常往来的新加坡投资者发放特别证件,使他们能免检入境。此外,柔佛州在资金和劳动力方面享有太多特权,导致地区间的不平衡和扭曲,这种官僚主义的政策倾斜让其他各州颇为不满。

4. 协调机制不完善

区内协调机制仍然有待完善。虽然"增长三角区"设有协调机制,但这种协调机制权限不大,诸如劳动力标准等问题东盟各国的界定极不统一,而"增长三角区"出现的问题,如果让三国中央政府来协调,又使得手续颇为繁杂。另外,由于协调性不够以及基础设施不健全,在投资中,一些商家往往追求短期利益,限制了"增长三角区"的发展。

二、"东盟北增长三角"[①]

由于受到"东盟南增长三角"初步成功的鼓舞,1992年在新加坡举行的东

---

① 韦雨妍. 东盟北增长三角[N]. 广西日报,2009-07-22.

盟首脑会议上，印度尼西亚、马来西亚、泰国等东盟国家提出要建立另一个次区域经济合作圈的构想，即"东盟北增长三角"，也被称作"东盟西增长三角"。

（一）合作进程

1993年7月，印度尼西亚、马来西亚和泰国召开首次部长级会议，正式决定建立"东盟北增长三角"，其范围包括印度尼西亚的亚齐和北苏门答腊两省，马来西亚的吉打、玻璃市、槟榔屿和霹雳4州，泰国的那拉提瓦、北大年、沙敦、宋卡和也拉5府，因此又被称作"印度尼西亚、马来西亚、泰国增长三角"（Indonesia – Malaysia – Thailand – Growth Triangle，IMT – GT）。该增长三角总面积约20万平方公里，人口为2100万，比"东盟南增长三角"涵盖的范围要大。

1993年"东盟北增长三角"成立时，印度尼西亚、马来西亚、泰国三国成立了两个委员会负责制定开发计划，并提出多项准备合作的项目，其中包括跨国界贸易和投资、开发人力资源、旅游业、种植业和渔业、能源开发、工业合作、基础设施建设、运输服务和环境保护等。随后，亚洲开发银行表示要支持"东盟北增长三角"的发展。1994年7月，三国负责经济问题的高级官员和专家在马尼拉聚会，就亚洲开发银行提出的"东盟北增长三角"开发计划达成共识，其中包括交通、电信、能源、贸易、投资、劳动力流动、农渔业、工业、旅游、商业综合开发及在泰、马边境建食品和蔬菜批发市场等。

2003年4月，"东盟北增长三角"的第十次高官会议和部长会议在马来西亚玻璃市先后召开。这两次会议对上述的规划和"东盟北增长三角"存在的问题进行了更深入的研究，对参与各国在建设过程中发现的问题进行了磋商，并指出便利高效的基础设施尤其是交通运输系统是经济发展的重要条件。此次会议还重点讨论了"技术项目群实施计划"（Implementing Technical Groups，ITGs）。ITGs包括了六个方面的内容，即基础设施方面的技术、与贸易有关的技术问题、人力资源发展方面技术、关于欠发达地区和区域内贸易发展方面的技术、电信特区方面的技术和旅游业发展技术。对于每一个ITGs计划都列出了它们的实施时间框架、目标、业绩指标和监督机制。此外，部长会议还同意由泰国和马来西亚双边自行讨论建设沙敦和玻璃市的高速公路计划；在玻璃市建立边境工业区，为私人部门投资提供平台；2003年底将IMT – GT扩大到雪兰莪州和印度尼西亚的南苏门答腊。

2007年1月，三国签署了2007～2010年"东盟北增长三角"的建设路线图，三国一致认为路线图的签署具有重大的战略价值，将保证"东盟北增长三角"区域的长期稳定并为其注入活力。三国同时还承诺进一步统筹协调政府和企业的关系，推动"东盟北增长三角"的投资、技术交流和自然资源共享，以此带动"东盟北增长三角"区内区域合作和经贸发展，使人民经济生活更加协调。[1]

（二）合作中的问题[2]

"东盟北增长三角"相对于"东盟南增长三角"进展缓慢，主要原因有以下几方面：

1. 政策落实不到位

"东盟北增长三角"只是合作框架，缺乏具体政策的落实，导致一些私营部门并不清楚自己可享受什么政策优惠。此外，投资者对相邻国家的信息、有关规定甚至语言都不太熟悉。

2. 合作模式不匹配

尽管试图模仿"东盟南增长三角"的发展模式，但是实际上二者的合作方式和条件并不一样。"东盟北增长三角"更明显地体现了自上而下的合作方式，民间私营部门对政府意图并不十分了解，所以也不会有很大的积极性。尽管槟州劳力和土地短缺，但是在马来西亚的其他州，此现象并不那么明显，更不像新加坡那么突出，比如吉打的工业区不论是数量或规模都在不断地扩大，吸收了从槟州转移出去的工业。这说明，阻碍槟州发展的制约因素可以依靠马来西亚内部解决，不必依靠次区域经济合作解决。

3. 投资环境较差

印度尼西亚苏门答腊北部和泰国南部的基础设施比较落后，劳动力素质也比较差，工业投资环境远不如马来西亚。此外，泰国目前的劳动力成本也不比马来西亚低。虽然上述地区的地价比较便宜，但是印度尼西亚政府对外资企业的土地使用期有明确的限制。加上银行不愿贷款给跨境企业，资金筹措也有困难。另外，服务设施的不足也必然增加企业的行政管理费用。以上这些都不利于苏门答腊岛与泰国南部吸引外部投资。

4. 各方经济差距不大

"东盟北增长三角"有关各方经济发展水平差距不是很大。这就使跨国公司不会像在"东盟南增长三角"那样，在"东盟北增长三角"地区内进行合理布局，如把行政管理总部留在较发达地区，把生产安排在劳动力和土地价格低廉的另一地区。此外，跨国公司也没必要一定像"东盟南增长三角"那样，把企业安排在这三国的跨边境地区，因为它们选择在劳动力成本较低廉的地区建立新企业时，并不一定要与原企业相邻，它们大可到其他更有优势的地区投资。因此，至今只有马来西亚的中小企业对增长三角计划有些投资兴趣，但是它们由于跨国

---

[1] 李皖南. 北增长三角东盟次区域经济合作的有益尝试［J］. 中国—东盟博览, 2007 (10): 58-60.
[2] 陈宁. 东盟增长三角经济合作进展缓慢的原因［J］. 亚非纵横, 1997 (1): 32-33.

经商经验不足,要真的走出国界,还需慎之又慎。

5. 贸易壁垒未完全消除

贸易壁垒仍然阻碍着有关各方的经济联系。即使是三方中较开放的马来西亚,也对商品流动设置不少障碍,如马来西亚交通部在泰国、马来西亚边境征车辆入境费。

三、"东盟东部增长区"

(一)合作进程[①]

1992年10月,时任菲律宾总统拉莫斯同文莱苏丹讨论时首次提出要建立一个"东盟东部增长区"(The East ASEAN Growth Area,EAGA)。1994年3月,文莱、印度尼西亚、马来西亚和菲律宾四国在菲律宾达沃(Davao)召开了经济部长会议,并签署了备忘录,正式宣布"东盟东部增长区"建立,又称为文—印—马—菲增长区(Brunei - Indonesia - Malaysia - Philippines Growth Area,BIMP - EAGA)。成立后的"东盟东部增长区"包括文莱,印度尼西亚的北苏拉威西和东、西加里曼丹,马来西亚的沙巴州和沙捞越州以及菲律宾的棉兰老岛和巴拉望等区域,人口4500万,面积156万平方公里,是东盟区域内最大的,也是最年轻的次区域经济合作区。"东盟东部增长区"合作机制灵活,各成员国之间的主要协商机制就是高官会议和部长会议,这两个会议为"东盟东部增长区"的发展指明方向和制定指导性原则。

在1994~1997年,经过3年的发展,"东盟东部增长区"取得了初步的成效。最明显的是交通设施方面,本着方便人员、货物和服务自由流动的原则,"东盟东部增长区"先后建立了几个航空港和海港,1994年菲律宾的三宝颜(Zamboanga)和马来西亚的沙巴以及1996年菲律宾的桑托斯和印度尼西亚的苏拉威西均实现了海上直航;菲律宾达沃(Davao)和印度尼西亚的万鸦老(Manado)之间实现了空中直航,直航大大缩短了旅行时间和费用,以前从达沃到棉兰老岛(Mindanao)须经过马尼拉和雅加达中转。为发展旅游业,菲律宾和印度尼西亚还取消了过境费。电信公司还将区域内的长途电话费降低了20%。旅游业的发展也带动了旅馆的发展,1994~1997年,棉兰老岛的旅馆房间增加了63%,从1994年的5730间增加到1997年底的9317间。不过,1997年爆发的亚洲金融危机破坏了"东盟东部增长区"的经济发展轨迹。东盟各国自身的经济遭受严重打击,根本无暇顾及"东盟东部增长区"的发展,致使许多计划都被迫停止,尤其是政府不再对"东盟东部增长区"的基础设施建设提供资金,私营部门大

[①] 李皖南. 东盟东增长区的发展与引资成效[J]. 东南亚研究,2007(3):31-37.

都是中小企业，因危机也受到了很大影响而无力再投资。

2001年11月第七次东盟首脑会议在文莱召开，在此次会议上，文莱、印度尼西亚、马来西亚和菲律宾四国再次重申发展"东盟东部增长区"的重要意义。在此次峰会上，亚洲开发银行也受邀成为"东盟东部增长区"经济合作的顾问。这两件事打开了"东盟东部增长区"经济合作的新局面，如何加强合作也逐渐受到各国政府的重视。该措施的第一步就是要加强"东盟东部增长区"的机构建设和制度建设。原先那种分散的机构虽然在早期能提供灵活的发展机制，但却不适应进一步发展的需要。因此，四国决定成立一个"东盟东部增长区"的促进中心（BIMP Facilitation Center，BIMP-FC）。促进中心是服务于公共领域的公共机构，对各国秘书处、各工作组及其他公共部门进行协调，同时还是联系成员国政府和私人部门的核心机构，也是同第三方进行交流的窗口。促进中心与东盟商务理事会一起共同协调"东盟东部增长区"的贸易和投资，促进各项计划的实施。

（二）合作中的问题[①]

1. 各方经济互补性不足

各国的资源相类似，经济互补性不够强，影响了经济合作项目的选择。到目前为止，"东盟东部增长区"经济合作项目多数仅涉及双边的邻近地区，只有菲律宾较主动，其他国家不是很积极。

2. 基础设施互联互通较差

东盟"东盟东部增长区"都是各国较边远的地带，交通、通信、供电、供水等基础设施尤其落后，基本服务不到位，而且管理人员和劳动力的素质也都比较差。另外，在加里曼丹岛上，印度尼西亚与马来西亚的陆路交通条件因为伊班山脉的阻隔也非常落后。

3. 国家间政治互信不足

国家之间政治互信不足，存在着各种矛盾。印度尼西亚和菲律宾之间1994年曾因非政府组织在菲律宾大学召开东帝汶人权会议而出现矛盾，并导致印度尼西亚代表团退出当年5月原拟召开的"东盟东部增长区"商业领导人会议，使得该会议不得不推迟召开。此外，马来西亚与菲律宾之间有沙巴和南中国海地区的主权纷争，以及菲律宾劳工非法涌入马来西亚问题。

4. 部分地区政治不稳定

菲律宾南部地区社会长期不稳定，早前，摩洛人的分裂主义行动经常导致武装冲突，并且造成大量难民流入印度尼西亚和马来西亚。虽然后来菲律宾政府与

---

① 陈宁. 东盟增长三角经济合作进展缓慢的原因 [J]. 亚非纵横, 1997 (1)：32-33.

之达成了和平协议,但仍残存一些对抗的武装力量,和平的最终实现仍需时日。另外,棉兰老岛时而发生的绑架、凶杀、抢劫事件使部分外国投资者望而却步,并且外国企业也常因开发资源而与棉兰当地居民发生冲突。

四、印度尼西亚参与次区域合作的小结

印度尼西亚参与各次区域经济合作,发挥了印度尼西亚廖内巴淡岛、亚齐、苏门答腊、北苏拉威西和东、西加里曼丹的劳动力和土地优势,促进这些地区的贸易与投资的自由化。可以看出,次区域经济合作是印度尼西亚区域经济合作中的一个重要组成部分。但是,除了"东盟南部增长区"取得较明显的发展之外,"东盟北部增长区"与"东盟东部增长区"发展缓慢,而且,在金融危机之后,东盟增长区的繁荣发展景象不再。现在,印度尼西亚政府必须解决现存的次区域经济发展的问题,在搭建合作框架之外,必须从上而下层层落实政策措施,完善各区基础设施建设,消除投资限制与贸易壁垒,改善人力资源管理,加强政府间的政治互信,努力实现利益的均衡。这些问题的解决不是一朝一夕的,但是解决之后不仅有利于次区域经济合作的发展,而且可以作为示范对象延伸至整个印度尼西亚,从而使整个国家发展经济的基础和吸引外资的能力焕然一新,那时印度尼西亚在区域经济的合作之中实现经济的腾飞就指日可待了。

第六节 印度尼西亚参与 RCEP 谈判的情况

区域全面经济伙伴关系(Regional Comprehensive Economic Partnership, RCEP),即由东盟十国发起,邀请中国、日本、韩国、澳大利亚、新西兰、印度共同参加("10+6"),通过削减关税及非关税壁垒,建立16国统一市场的自由贸易协定。若 RCEP 谈判达成,各成员国包括印度尼西亚将享受到比现有自贸区(FTA)合作更高级别的贸易自由化,其将在扩大贸易规模、改善投资环境等方面发挥重要作用。RCEP 由东盟主导,印度尼西亚虽然不是 RCEP 单一的主导国家,但作为东盟经济体量最大、人口数量最多的国家,印度尼西亚必将从 RCEP 中获益匪浅。据预测,若 RCEP 最终落实,印度尼西亚的收入将增加1%,会成为 RCEP 成员中的第四大受益国。[1] 印度尼西亚参与 RCEP 谈判符合其在区域经

---

[1] 驻印度尼西亚经济商务参赞处. 印尼称 RCEP 谈判顺利进行,将在2015年建立世界最大经济集团[EB/OL]. http://id.mofcom.gov.cn/article/ziranziyuan/huiyuan/2013/0802/2013080246907.shtml,2013-08-02.

济合作中增强国家实力和提高国际地位的愿望。

一、谈判进程

RCEP是应对经济全球化和区域经济一体化的发展而提出的。由于推动全球自由贸易的WTO谈判受阻，面对经济全球化中的一些负面影响，要想在当前世界经济中立于不败之地并有新发展，就必须加强区域经济一体化。为此，东盟国家提出建立RCEP，实施"零"关税，相互开放市场，密切合作关系。各成员国为促进RCEP的达成而进行了一系列的谈判，从2012年谈判启动至2016年6月已进行了十三轮谈判，谈判虽然缓慢但也取得了一定的进展，各国力争于2016年底结束谈判。由于RCEP每轮谈判的内容都无法通过任何官方文件获取，本书通过间接途径大致了解了谈判的进展与重点内容。

（一）RCEP草案的诞生

2011年2月26日，在内比都举行的第十八次东盟经济部长会议上，部长们优先讨论了如何与其经济伙伴国共同达成一个综合性的自由贸易协议。会议结果是产生了组建区域全面经济伙伴关系（RCEP）的草案。[①]

（二）RCEP的批准与组建

在2011年东盟峰会上东盟十国领导人正式批准了RCEP。2012年8月底召开的东盟十国与中国、日本、韩国、印度、澳大利亚、新西兰的经济部长会议原则上同意组建RCEP。尽管存在领土问题和在贸易自由化原则上的分歧，RCEP内各方步调未必能完全协调一致，但尽早达成自由贸易协定，增加经济活力已成为各方共识。[②]

（三）RCEP谈判启动

2012年11月20日，东盟十国与日本、韩国、澳大利亚、新西兰、印度和中国宣布启动《区域全面经济伙伴关系协定》（RCEP）谈判。RCEP谈判涉及货物贸易、服务贸易和投资三大领域，以及市场准入模式，还包括各类规则谈判。

RECP首轮谈判于2013年5月在文莱举行，截至2016年6月，已进行了十三轮谈判（见表6-21），并取得了一些实质性进展。各成员国在货物贸易、服务贸易、投资、经济技术合作、知识产权、竞争政策、法律与机制等领域进行了磋商，这7个领域到目前为止都取得了很大的进展。2015年就货物贸易初始出价模式和服务贸易、投资市场准入模式全面达成一致，而且达成了力争2016年底结束谈判的共识。但是，RCEP成员国多、经济差距大，而且各国都有其敏感领

[①] 东盟主导的区域全面经济伙伴关系即将诞生［EB/OL］．人民网，http：//world. people. com. cn/n/2012/1120/c1002-19640246-1. html，2012-11-20．

[②] 百度百科词条：RCEP。

域,如何平衡各国的利益是谈判必须要攻克的一个难题。

表6-21 RCEP各轮谈判情况

谈判轮次	谈判时间	谈判地点
1	2013年5月	文莱
2	2013年9月	澳大利亚
3	2014年1月	马来西亚
4	2014年4月	中国
5	2014年6月	新加坡
6	2014年12月	印度
7	2015年2月	泰国
8	2015年6月	日本
9	2015年8月	缅甸
10	2015年12月	韩国
11	2016年2月	文莱
12	2016年4月	澳大利亚
13	2016年6月	新西兰

二、谈判中存在的困难

(一)东盟核心领导力量不足

东盟十国在RCEP成员国中比重最大,在RCEP谈判进程和发展方向上承担着领导责任。但是东盟在内外部一体化的过程中面临着挑战,中心地位被大大削弱。而且东盟不像欧盟委员会一样拥有统一的超国家权威机构,无法制定统一的政策;东盟刚刚从自贸区升级为共同体,虽然内部关税逐渐削减,但是却难以制定对外一致的关税税率;东盟在发展对外关系时,也缺乏统一的对外贸易政策。[1] 东盟内部一体化还不成熟,难以照顾好各方利益,从而发出一致的声音,这就使RCEP核心的领导力被削弱了,促进RCEP谈判的重要推动力量发挥的作用也被限制了。

(二)印度尼西亚与其他RCEP成员国的经济发展水平与自由化程度差异很大

RCEP成员国中包括一些发达国家,如日本、韩国、新加坡、澳大利亚等,

---

[1] 竺彩华,冯兴艳,李锋.RCEP谈判:进程、障碍及推进建议[J].国际经济合作,2015(3):14-21.

也有世界上的贫穷国家如老挝、缅甸、柬埔寨等。印度尼西亚在RCEP成员国中的经济发展水平居于中等偏下的位置，经济实力的不足使印度尼西亚与发达国家的利益诉求难以达成一致，印度尼西亚参与RCEP的谈判难免一波三折。

印度尼西亚十分关注工业制造等敏感领域的开放，增加了RCEP谈判的困难。印度尼西亚认为，RCEP谈判中关于工业产品的关税减免措施应更加温和，这样才有利于印度尼西亚本国工业的发展。这是因为，印度尼西亚要想跻身于中等偏上收入国家，不能继续依赖开发自然资源生产低附加值的初级产品，而应该重视高附加值产品的生产。因此，印度尼西亚不会急于开放工业领域，特别是机器、零部件等上游产品制造领域，以免受到发达国家工业制成品的冲击。同时，印度尼西亚希望将某些需要保护的特殊产品加入敏感和高度敏感产品清单，以获取更长的关税减让期。印度尼西亚与RCEP成员国经济实力的差距导致了印度尼西亚非常关注本国敏感领域的利益问题，这给RCEP的利益协调增加了难度。

印度尼西亚国内基础设施不完善，在RCEP成员国中吸引外资的能力处于劣势。通常来说，高收入的国家基础设施完善，便于开展各项经济活动。而中等收入国家如印度尼西亚，由于国内资金、技术、人才的限制，国内基础设施很不完善，货物输送成本很高，贸易便利化实现条件不足，难以吸引国外投资者。这就造成了印度尼西亚在RCEP的谈判中希望谋求特殊与差别待遇，为本国吸引外资预留空间，确保本国在RCEP中利益共享，因此会在RCEP谈判中耗费很多精力和时间。

印度尼西亚的贸易自由化程度较低，政府存在贸易保护的政策倾向，这增加了RCEP谈判达成所需的时间。在货物贸易方面，就东盟内部国家而言，印度尼西亚的贸易自由化程度最低（83.4%），反映出印度尼西亚政府贸易保护的政策倾向。其他国家按贸易自由化程度由高到低排序依次是：文莱（95.9%）、菲律宾（93.1%）、泰国（92.6%）、马来西亚（92.0%）、柬埔寨（90.0%）、越南（89.5%）、老挝（89.3%）和缅甸（87.3%）。在服务贸易方面，就东盟内部国家而言，印度尼西亚（0.19）低于东盟十国的平均承诺水平（0.23），而柬埔寨承诺水平最高，为0.42。可见，印度尼西亚在RCEP中开放本国市场还需要一个过程。[①]

（三）印度尼西亚与RCEP成员国之间政治互信不足

印度尼西亚与RCEP部分成员国之间政治互信不足，阻碍了RCEP的谈判进程。印度尼西亚与RCEP成员国政治互信障碍：一方面是因为历史和文化的因素，比如印度尼西亚等东盟国家对亲欧的澳大利亚与新西兰心存疑虑，怀有戒

[①] 竺彩华，冯兴艳，李锋.RCEP谈判：进程、障碍及推进建议[J].国际经济合作，2015（3）：14-21.

心,而且印度尼西亚是东南亚极端排华的国家,历史上发生过很多的排华屠杀事件;另一方面是因为经济互补性不足,商品出口与吸引投资竞争激烈,比如印度尼西亚与东盟中的马来西亚、泰国、菲律宾的初级产品出口竞争激烈,与新加坡、马来西亚、越南、泰国等国在吸引外国投资上存在竞争。政治互信不足会影响印度尼西亚与成员国在 RCEP 谈判中利益的协调让步,也会降低印度尼西亚推动 RCEP 谈判的决心和动力。

(四)印度尼西亚与部分成员国还未签订全面经济伙伴关系协定

目前,印度尼西亚与中国已建立了全面战略伙伴关系,与日本、澳大利亚正在积极谈判全面经济伙伴关系协定,但是在 2014 年 6 月,印度尼西亚与韩国的全面经济伙伴关系谈判宣布破裂,与此同时,印度尼西亚与新西兰、印度的全面经济伙伴关系建立也未显露出动向。由此可见,印度尼西亚缺少与 RCEP 重要成员国之间的全面经济伙伴关系协定,形成了对 RCEP 谈判的客观掣肘,也增加了 RCEP 谈判的难度和时间。

(五)印度尼西亚国内利益与国际诉求难以平衡

印度尼西亚参与 RCEP 谈判实现贸易自由化之后,国家整体会受益,但同时会为一些部门带来冲击,不同部门的收入分配效应将招致受影响部门的贸易保护主义。而解决这个问题并不容易,印度尼西亚需要致力于国内改革,如加强岗位培训或提供教育项目,为受影响的工人提供长远的、有效的社会保障网络。[①] 平衡好国内利益与国际诉求是一个长期且艰难的过程,有时难免会牺牲部分国内利益,当内外利益难以协调让步时,印度尼西亚参与的 RCEP 谈判就很可能停滞不前。

---

① 竺彩华,冯兴艳,李锋. RCEP 谈判:进程、障碍及推进建议 [J]. 国际经济合作,2015 (3):14-21.

第七章　印度尼西亚社会文化

第一节　印度尼西亚的历史变迁

印度尼西亚是一个有着悠久历史文化的国家，是人类发源地之一。大约在100万年前，就有原始人类在印度尼西亚的土地上劳动、生息和繁衍。然而印度尼西亚民族的形成，与外来移民有着密切的关系。

大约公元前1500年，原始马来人从亚洲大陆南部迁至印度尼西亚群岛。当时岛上土著有尼格里多族（Negerito）人和韦达族（Vedda或Wedda）人，后来其中一部分迁往边远地区，一部分被侵入的原始马来人同化。公元前300~200年，从亚洲南部又来了新的移民。他们或与岛上的马来人通婚，或迁往内陆地区。这些移民就构成了今天印度尼西亚民族的主体。[1]

印度尼西亚原始居民的氏族社会约始于公元前4万年，此时的印度尼西亚人已经开始使用金属工具，生产与文化均有较大程度的发展。在沿海地区，生产力的提高使得剩余产品的出现成为可能，私有制随之而来，印度尼西亚奴隶制国家约在4世纪时出现。据考证，印度尼西亚最早出现的国家是5世纪加里曼丹东部的古戴和西爪哇的多罗磨。当时印度尼西亚已经受到了印度尼西亚文化的影响。多罗磨王国的领地包括今天的茂物、雅加达和加拉横等地。

河陵7世纪中兴起于中爪哇，640年曾遣使访问中国。7世纪后期，国人推女子悉莫为王，征服了中爪哇和东爪哇的28个小国。8世纪中叶后成为夏莲特拉王国的属国。832年独立，后建马打蓝国。与之同期并雄的夏莲特拉深受印度尼西亚文化的影响。佛教全面替代了波罗门教的地位。

---

[1] 许红艳. 印度尼西亚地区南岛语民族的形成初探[J]. 曲靖师范学院学报，2013，32（1）：74-79.

印度尼西亚历史上第一个强大的帝国室利佛逝于7世纪70年代兴起于苏门答腊东南部,首都巨港。686年,先后控制了邦加岛、末罗游、马来半岛南端和加里曼丹西部部分地区,并征服爪哇的多罗磨。室利佛逝的强大促进了印度尼西亚社会经济的发展。巨港是中国和印度海上贸易的中转站,又是印度尼西亚香料中心。

13世纪末,拉登·韦查耶建立了印度尼西亚历史上最强大的麻喏巴歇封建帝国(1293~1478年)统一了印度尼西亚。麻喏巴歇国东征巴厘、松巴岛,西征四分五裂的三佛齐,往北控制了加里曼丹,基本奠定了今天印度尼西亚版图的基础。哈延·乌禄统治时期(1350~1389年),麻诺巴歇通过征服和联姻使帝国达到了顶点。这一时期,印度尼西亚的经济得到了很大的发展。对外贸易也相当发达,其农产品、香料、手工业和木材源源不断地销往中国、印度和中南半岛。随之出现了繁荣的港口城市,其中包括杜板、革儿昔、泗水等。随着麻诺巴歇的衰落与瓦解,印度尼西亚群岛上又重现了小国林立的状态,而伊斯兰教也逐渐取得了宗教主导地位。

15世纪欧洲各国前往东方寻找黄金和香料的热情空前高涨。由于奥斯曼帝国的崛起切断了东西方传统的陆路贸易路线,西欧各国不得不探索前往东方的海上航路。1497年,葡萄牙人瓦斯科·达·伽马领导的探险队成功开通了通往南亚和东南亚的航线。1512年,葡萄牙人以武力侵占了以盛产丁香、豆蔻等香料闻名的马鲁古群岛中的安汶岛。

16世纪下半叶,荷兰发展航海运输,成为"世界马车夫",通过对外贸易进行资本掠夺和积累。[①] 1594年,西班牙封闭了里斯本港口,从而截断了荷兰的香料来源。日渐强大的荷兰借此自行寻找前往东方开发香料资源的途径。

1595年,荷兰远方国家协会商业贸易公司出资组建的第一支远征队启程前往香料群岛,17个月后到达苏门答腊。1598年第二支远征队出发,带回的香料获利达400%。到1602年具有政府职能的荷兰东印度公司成立为止,在这个航海时期里荷兰共派出13个远征队约60多艘船,并在西爪哇的万丹建立了一个殖民据点。1605年荷兰占领安汶。1619年侵占巴达维亚,设立总督府,印度尼西亚历史上的荷兰殖民统治时期就此开始。作为在印度尼西亚群岛上行使统治权力和进行掠夺的工具,东印度公司的成立初衷是为了减少各公司之间的竞争,加强和葡萄牙、西班牙、英国争夺利益的力量。公司在一定区域可以招募军队、发行货币、任命官员,甚至可以代表荷兰政府与外国缔结条约。在公司统治期间,其目标是建立一个能够控制原料产地、掠夺原料和垄断原料贸易的商业殖民地。为

---

① 秦为芬. 印度尼西亚殖民地末期青年知识分子的文化定位危机之解读 [J]. 文学界(理论版), 2012, 161 (11): 287-289.

此，把葡萄牙人赶出安汶后，1609年荷兰与西班牙签订休战协定，并获得了马鲁古群岛的控制权。荷兰人采取分化瓦解、各个击败的策略，相续使苏拉威西岛上的望加锡、爪哇岛上的马打蓝承认东印度公司的统治权。在万丹，殖民者利用苏丹与其子阿布加哈的矛盾，于1684年签订了条约，确认荷兰在万丹和苏门答腊属地楠榜享有贸易垄断权并支付荷兰军队的开销。对于所占领的印度尼西亚土地，荷兰殖民者用分而治之的策略进行管理，采取直辖地与藩属土邦两种形式。直辖地当地摄政官直接为公司服务，但是受荷兰人的直接监督。藩属土邦在名义上独立，但须依所签订条约为公司提供产物，内部事务也受荷兰官员监督。[①] 在经济政策上，荷兰东印度公司采取了实物定额纳税制和强制供应制，前者在公司直接统治的地区实行，是指按生产的收获量规定各地应承担的贡赋份额。在藩属土邦，公司与之签订专制条约，规定供应的土地种类和数量，公司以极低价格购买。这种强制供应制首先在马打蓝推行，后又推广到勃良安和井里汶。利用这些制度，荷兰殖民者控制了印度尼西亚的主要产物香料和经济作物咖啡，并靠它们在欧洲市场上的销售获得了巨额利润。在1602~1610年，公司每年所获均利率为32.5%，1650年激增至500%。

1799年12月，荷兰东印度公司破产。1800年"荷印殖民政府"成立。1811年，爪哇被英国攻占。[②] 随后，荷兰人把爪哇及其所属的巨港、帝汶、望加锡也给了英国。莱佛士就任爪哇及其辖地的总督。在短暂的统治期（1811~1816年）内，莱佛士在辖地内推行了多项代表英国工商业资产阶级利益的改革。首先是宣布土地国有，取消强制种植制和强制供应制，以土地课税和货币地租制取而代之；其次完善了司法和行政体系，以加强中央集权。随着荷兰重新获得独立及英国与荷兰《伦敦条约》的签订，印度尼西亚在1816年8月1日正式移交给荷兰。此时的荷兰人更感兴趣的是如何解决国家税收不足及其债务增加的问题，而不是税收制度带来的商品货币关系的发展。荷兰政府恢复了旧的封建殖民制度，对印度尼西亚人实行更残酷的剥削。对外，实行关税制以保证荷兰的贸易垄断地位，对内，重新施行实物赋税和强制供应制。强制种植制要求爪哇农民拿出1/5的土地种植政府规定的植物，无土地者及不适于种植经济作物地区的农民必须为殖民者服徭役。在1830~1870年，荷兰获得的殖民地贡税高达83200万荷兰盾，从根本上改善了本国的财政状况。

荷兰人对土著王公经济利益的剥夺及对王宫内政的干涉引起了封建主的强烈不满。1825年日惹王子领导了一场持续5年的反对荷兰起义。1848年巴厘王公承认荷兰的统治，1860年荷兰吞并加里曼丹的马辰。到18世纪70年代，外岛基

[①] 张小宇. 国际因素视角下印度尼西亚民主转型的动因分析[D]. 山东大学，2014.
[②] 印度尼西亚共和国[EB/OL]. 中文百科在线，http://www.zwbk.org/.

本沦为了荷兰的殖民地。而亚齐战争自1873年始,到1904年才结束,成为殖民地延续时间最长的一场反殖民战争。

19世纪后期,完成了资本原始积累的发达工业国家需要新的商品需求市场和新的投资市场。这为荷兰改变其在印度尼西亚的殖民政策提供了可能。受自由、平等思想影响,1900年荷兰出台"道义政策",其主要内容是在印度尼西亚发展教育、兴修水利、从爪哇向外岛移民。这些新殖民政策受到在殖民地有利益关系的荷兰资本家的拥护。其中,发展印度尼西亚教育的政策对印度尼西亚后来的发展具有最为重要的意义。[1] 1900年,全印度尼西亚私立或国立学校中的原住民仅有26万人,1930年则超过了170万人。这些受过西方现代文化教育和影响的知识分子阶层促进了印度尼西亚民族从蒙昧走向觉醒。

1908年5月20日,印度尼西亚至善社成立,它是印度尼西亚第一个有组织、有领导、有纲领的政治组织。至善社关注如何复兴爪哇文化及鼓励爪哇人创业,但没有提出民族独立的明确目标。鉴于至善社在促进民族主义运动的兴起方面所起的积极作用,印度尼西亚独立后定每年的5月20日为民族觉醒日。第一个真正意义上的民族主义组织是1912年9月10日建立的、具有宗教和商业双重性质的伊斯兰联盟。1912年东印度党成立,这个党在印度尼西亚历史上首次提出要争取印度尼西亚的独立。[2]

印度尼西亚历史上近代产业工人和农业工人在20世纪初因近代工业和种植园的发展而出现。1905年印度尼西亚诞生了第一个工会组织——铁路工会。此后,其他工会组织相继成立。在此基础上,印度尼西亚共产党1920年诞生。1927年,代表印度尼西亚民族资产阶级利益的印度尼西亚民族协会在万隆成立,1928年更名为印度尼西亚民族党。其领导人苏加诺意识到,为了达到独立的目的,代表民族主义、伊斯兰教和马克思主义的力量必须团结起来,于是所谓的平民主义吸引了来自各阶层的印度尼西亚原住民[3]。

1942~1945年为日本占领时期,军政府残酷的剥削使这几年成为印度尼西亚两个世纪中人口没有大量增长的唯一时期。1942年,苏加诺等民族主义领导人表示承认日本扶持的印度尼西亚大伊斯兰理事会成为他们的中央领导机构。1943年大伊斯兰理事会被取消,印度尼西亚伊斯兰教徒联合会理事会或称"马斯友美"取而代之。1944年,日本在印度尼西亚本土力量的压力之下许诺将给予印度尼西亚以独立地位,以换取印度尼西亚人的支持,并相继成立印度尼西亚

---

[1] 秦为芬. 印度尼西亚殖民地末期青年知识分子的文化定位危机之解读 [J]. 文学界(理论版), 2012, 161 (11): 287-289.

[2][3] 印度尼西亚共和国 [EB/OL]. 中文百科在线, http://www.zwbk.org/.

独立准备调查委员会和印度尼西亚独立筹备委员会。①

　　1945年8月17日印度尼西亚共和国成立。1945年9月，宣称负责印度尼西亚安全事务的英军登陆雅加达，荷兰也重返印度尼西亚。1945年11月10日，爆发了反英泗水保卫战。英、荷军队以受降名义接管和侵占了印度尼西亚的大城市和重要战略据点。1946年英军撤出印度尼西亚，荷兰试图恢复对印度尼西亚的殖民统治，但遭到印度尼西亚本土力量的抵制。在美国的调停之下，荷兰与印度尼西亚在1946年11月达成"林牙椰蒂协定"。根据协定，印度尼西亚共和国和其他荷兰占领地组成印度尼西亚联邦，建立以荷兰女王为元首的荷兰—印度尼西亚联盟。此外，印度尼西亚恢复和赔偿外国资本家在印度尼西亚的利益和财产。印度尼西亚共和国实际上降到了荷兰附属国的地位。1947年7月，荷兰单方面撕毁"林牙椰蒂协定"，向印度尼西亚共和国发动第一次殖民战争，最后双方在美国、比利时和澳大利亚的调停下达成了"伦维尔协定"。该协定使印度尼西亚最为富庶和最具有战略地位的地区，包括2/3的爪哇岛、马都拉岛全部和苏门答腊的一部分落入荷兰殖民者的手里。在各方压力下，印度尼西亚政府更迭。1948年9月，发生了镇压印度尼西亚共产党的"茉莉芬挑衅事件"。荷兰人不宣而战，发动第二次"警察行动"，逮捕了苏加诺、哈达、沙里尔等印度尼西亚政府高官。双方于1949年11月在海牙达成的"圆桌会议协议"，印度尼西亚以联邦共和国身份加入荷印联邦。在世界舆论的普遍谴责下荷兰同意移交主权（西伊里安除外）。同时殖民者在印度尼西亚的各方面利益与特权均得以保留。②

　　1950年4月13日，印度尼西亚与中国建立外交关系。1950年8月，"印度尼西亚联邦共和国"和"印度尼西亚共和国"组成统一的"印度尼西亚共和国"，并颁布临时宪法。1950年9月27日，印度尼西亚成为第60个联合国成员国。1954年8月宣布脱离荷印联邦。1955年举行全国大选。1959年苏加诺宣布恢复"45宪法"，提出民族主义、宗教、共产主义三种思潮合作的设想，推行"有领导的民主"。作为中间力量代表的苏加诺试图在各派势力间寻求平衡。他主要依靠军队平息叛乱，巩固自己的领导地位，同时对军人势力壮大的担忧又促使他有意支持以共产党为代表的左翼势力。1963年收复荷兰殖民者占据的西伊里安。1963年，苏加诺宣布"打倒马来西亚"，两国冲突不断升级，印度尼西亚国内掀起了反美浪潮。与外国矛盾的激化同时加剧了国内原有的矛盾。印度尼西亚陆军于1957~1958年接管荷兰在印度尼西亚的资产，1964~1965年接管英美企业，经济实力也壮大起来。印度尼西亚共产党党员1963年达到了250万人，成为印度尼西亚第一大党。苏加诺竭力维持两头大中间小的平衡越来越微妙。

---

①② 印度尼西亚共和国［EB/OL］. 中文百科在线，http://www.zwbk.org/.

1965年9月30日的"9·30事件"使得苏哈托取得主导权,并对印度尼西亚共产党进行清洗,据统计,共有50万人被捕,25万人被杀。1966年3月11日,苏加诺被迫让苏哈托行使代总统职权,苏哈托掌握国家权力。1966年3月12日,苏哈托宣布解散印度尼西亚共产党。1967年2月,苏加诺将行政权力交给苏哈托。1967年3月,苏哈托正式被任命为总统。从此印度尼西亚进入了"新秩序"时代。1967年10月30日,印度尼西亚与中国断交。1969年4月开始实施5年建设计划。1975年印度尼西亚将东帝汶定为印度尼西亚第27个省。[①]

因1998年亚洲金融危机使得印度尼西亚长期被压抑而得不到解决的政治、经济、种族、宗教等矛盾迅速激化并集中爆发。1998年5月14日,发生了自1965年"9·30事件"后最大规模的暴乱,印度尼西亚华人又成为最大的受害者。1998年5月20日,苏哈托被迫下台。1999年6月,印度尼西亚举行历史上第一次真正的民主大选。1999年9月3日,东帝汶公投支持脱离印度尼西亚。1999年10月20日,印度尼西亚同意承认东帝汶独立。[②] 从此印度尼西亚进入新纪元。

第二节 印度尼西亚的民族文化

印度尼西亚是多民族国家,共有300余个部落和分支,人数最多的是爪哇族。印度尼西亚部族的构成因素较多,公元前300年,续至马来人在印度尼西亚定居后,与先前移居在此的原始马来人发生矛盾。后来,原始马来人被赶到偏僻的内地。而现在的爪哇、巽他、马都拉、望加锡、布吉斯、巴厘、米南加保、班加尔等部族均属续至马来人的后代。原始马来人及续至马来人由于迁至的时间不同,定居的岛屿和地区彼此山水相隔,分别生活在不同的岛屿。久而久之,各岛和各地区便形成了各自独特的语言和习俗,多数因所居的岛屿和地区的名字而得名,成为现在印度尼西亚马来人种的各部族,构成了印度尼西亚民族的主体。印度尼西亚各部族有着通婚的现象,不同部族通婚所生的后代是混血种人,他们往往兼具两个部族的体型特征,很难将他们归属于哪个部族,但一般都按父系来确定他们的部族归属。在印度尼西亚如果把部族称作民族则有反叛的嫌疑。[③]

爪哇(Jawa)族是印度尼西亚人口最多的民族,大约有1亿人,占人口总数的45%。他们中绝大多数都居住在东爪哇、中爪哇。居住地决定了他们的工作

[①][②][③] 印度尼西亚共和国 [EB/OL]. 中文百科在线, http://www.zwbk.org/.

方式，海边和农村的以渔业、农业和种植业为主；城镇的以政府机关、企事业单位、经商、手工业为主。爪哇族人对王族、身居高位的官绅及长辈倍加敬重，在上司面前毕恭毕敬，在父母生日或结婚纪念日，儿女要向父母跪拜。爪哇人的王族后裔至今在其名前保留着贵族称号，并受到人们的尊敬。9世纪，爪哇人就有了自己的文字，据说是从梵文衍生出来的。爪哇语言很有层次，区分为平民语、中等语和雅语，其中雅语又有宫廷、长者之分，就连男女之间的用语也有差别。外来文化对爪哇文字的演进和印度尼西亚文学的发展有重大的促进作用。例如，8世纪，印度两大史诗《摩诃婆罗多》和《罗摩衍那》就极大地丰富了爪哇文学。随着印度文化一起传入的皮影戏，多以两大史诗中的故事为题材，至今成为印度尼西亚乃至世界文化的瑰宝。爪哇人奉行一夫一妻制，男女青年大都通过自由恋爱组成家庭。爪哇人有着温和的性情，能歌善舞，礼貌待人，乐于助人，文化和文明程度较高，但是做事节奏比较慢，注重理解且自尊心强。爪哇人具有多元的宗教信仰，信仰拜物教、佛教、印度教等，但是目前伊斯兰教是主流。①②③

巽他（Sunda）族占印度尼西亚人口总数的14%，主要居住在西爪哇。历史上巽他人曾建立过巴查查兰、万丹等王国，其中巴查查兰王国在爪哇人建立的麻喏巴歇王朝中是唯一独立的国家。巽他人务农、经商、从政者居多。巽他人感情丰富细腻，性格豁达，比较务实。巽他人信仰伊斯兰教，恪守伊斯兰教教义。巽他语有雅俗之分，但不像爪哇语那样复杂。西爪哇海定期举办巽他语国际研讨会，以此发展和丰富自己的语言。巽他人的印度尼西亚语语调优美动听，情感丰富。巽他族流行着"卡芭顿"（Kabayan）故事（类似中国新疆的阿凡提故事），该故事在印度尼西亚家喻户晓。巽他人喜好斗羊。生活在高原地带的巽他族女性有着白皙的皮肤，其美丽动人在印度尼西亚享有较高的知名度，以至印度尼西亚流行着巽他出美女的说法。④

马都拉（Madura）族占印度尼西亚人口总数的7.5%，主要居住在马都拉岛和东爪哇。马都拉人主要从事商业和农业。马都拉人有男人不进厨房的习俗。据传，很早以前，仙女下凡，嫁给了一个马都拉人，婚后二人生活幸福美满。平时丈夫下田，妻子在家操持家务。令丈夫不解的是，妻子不像其他女人那样一大早就开始舂米做饭，而是起得很晚，也不舂米。更令他不解的是，自家粮仓的稻米一直很满而不见减少，可每天都能吃到美味佳肴。一日，妻子在厨房准备午餐，丈夫正准备下田，妻子走进里屋对丈夫说："我的肚子疼，你先帮我烧烧火，要

---

① 洪源善. 当代泰国与印度尼西亚华人社会比较研究［D］. 中国社会科学院研究生院，2003.
② 互联网文档资源［EB/OL］. 百度文库，http：//wenku. baidu. c，2012－11－17.
③ 陈金. 印度尼西亚马鲁古和巴布亚地区民族分离主义运动研究［D］. 厦门大学，2008.
④ 印度尼西亚共和国［EB/OL］. 中文百科在线，http：//www. zwbk. org/.

不然米饭夹生了。"丈夫二话不说就向厨房走去，妻子叫住他说："你只管烧火，千万不要打开锅盖。"丈夫便答应并进了厨房。丈夫忍不住好奇心，最后还是打开锅盖，只见偌大的锅里只有一粒米，他怕妻子知道，立即盖上锅盖，继续烧火。过了一会儿，妻子走进厨房说："我的肚子不怎么疼了，我来烧，你赶快下田吧。"丈夫在田里一边干活一边琢磨，锅里只放一粒米就能做出一锅米饭，他明白了粮仓里的稻米不减少的原因。中午回家吃饭看到妻子泪流满面。他妻子说："你打开锅盖破了我的法力，我再也做不成饭了。你我的缘分到此为止。"说完，妻子就变成仙女重回天庭。丈夫后悔不已。从此，马都拉男人不再进厨房。

米南加保（Minangkabau）族占印度尼西亚人口总数的3.4%，主要居住在苏门答腊岛西南部的巴东高原地区。米南加保人以务农和经商为主。米南加保族至今仍是母系社会，母亲是一家之主，财产由女方所有。女儿的终身大事一般由母亲或舅父决定，舅父具有突出的社会地位和决策作用，有权参与姐妹家庭中的问题。当地流行女婿入赘的婚俗。该族房屋较大，内划分成若干小房间，供小家庭居住。如离婚，男方须搬出。米南加保族原是马来族的一个分支，多信奉伊斯兰教教义，违俗者常常遭到同辈们尤其是姐妹们的嘲笑。米南加保人历来重视教育，为印度尼西亚文化素养最高的部族之一。米南加保语是马来语的一种方言，不少词语与马来语近似。米南加保人经常引用谚语、成语和俚语，讲起话来妙语连珠，既精练又诙谐。加之印度尼西亚普通话讲得纯正，素有"能言善辩"之称。[1]

巴塔克（Batak）族占印度尼西亚人口总数的2.4%，其中1/3是基督徒，1/3是穆斯林，其余仍信传统宗教。巴塔克人集中居住在苏门答腊北部多巴湖地区，主要以农耕、捕鱼为生。巴塔克族1500年前就开始了本族的文明史，有自己的语言文字、历法和习俗。认为祖先、植物、动物和无生命的东西都具有灵魂，可以被男巫士所驱使。巴塔克族实行的是典型的父系制社会，有完整的父系家谱和族谱，至今还在延续。巴塔克人十分好客，路过到巴塔克人家里做客，主人一定会把客人留下来用餐。就餐时，主人会把鸡头让给客人吃。这时，客人不可推辞或谦让，即便不爱吃鸡头，也要象征性地把它吃完，以示礼貌。鸡臀一般留给女主人，这表示客人至上和主人的自谦。在巴塔克人居住的部分乡村，儿媳与公公不能直接对话。有事要说时，须通过中间人。而中间人不必讲话，该做什么就做什么，因讲话的双方都在场，都能听见，等于直接对话。如没有第三者在场，家具、石头、树木之类的物品都能充当中间人。在巴塔克人的生活中，榕木

---

[1] 洪源善. 当代泰国与印度尼西亚华人社会比较研究［D］. 中国社会科学院研究生院，2003.

拐杖与爪哇格利斯短剑一样具有特殊的意义,它是权威和荣誉的象征,被认为是具有超凡神力的魔物。在交往中,如果得到对方馈赠的榕木手怪,是一件荣幸的事。巴塔克人能歌善舞,多巴湖地区是印度尼西亚民歌的发源地之一,当地民歌的曲调深沉委婉,深受人们喜爱。20世纪50年代传入中国的《宝贝》《星星索》就是巴塔克民歌。巴塔克族妇女喜欢穿黑色长衫,用黑布裹头,平时喜欢佩戴金银首饰;男人喜欢边听音乐边下棋。巴塔克人性格豪爽、勇敢。

马来(Melayu)族占印度尼西亚人口总数的1.6%,分布在苏门答腊、加里曼丹等沿海地带。马来人脸盘大都呈圆形,眼睛大,个子较高,皮肤呈浅褐色,头发卷曲或平直。到马来人家里做客应注意礼节,如客人谦和、彬彬有礼,会被视为上宾并加以款待。如客人傲慢、不尊重主人或言行有失检点,会被慢待,甚至被赶出门。

亚齐(Aceh)族大约有560万人口,主要分布在苏门答腊北端,主要从事商业、农业、放牧。[1] 亚齐是伊斯兰教传入印度尼西亚的门户,绝大多数亚齐人信奉伊斯兰教。他们的一切活动都以古兰经和穆罕默德言行录为准则,社会生活的各个方面无不充满了浓厚的伊斯兰教色彩。他们严格履行伊斯兰教五功,按时做礼拜。亚齐族的婚丧仪式及财产继承均按伊斯兰教规举行和分配。违法行为也按伊斯兰教规裁决和处罚,民事纠纷由伊斯兰教法庭审理。村村有伊斯兰教小学,城镇有伊斯兰教中学,省会有1所伊斯兰教学院。亚齐族男人平时很少待在家里,要么在工作,要么聚集在清真寺里。子女的家庭教育主要由母亲承担。由于与子女接触少,父亲与子女的关系较为疏远。亚齐族讲究男女平等,妇女和男人享有同等的权利和地位。亚齐人善于交际,但不讲究排场,平时喜欢穿黑色衣服,男子外出佩带格利斯短剑。在亚齐,来访者要在台阶下用伊斯兰教用语问候,待主人回答后方可入屋。进屋前要洗脚。主人面对门而坐,客人则背门而坐,一般都是盘腿席地而坐。赶上吃饭时,如主人发出邀请,客人不能回绝,否则主人会猜疑客人担心饭里有毒而产生误解。他们习惯存金条,不习惯存现金。勤劳、勇敢、聪慧、懂礼节、好学习和善经商是亚齐人的特点。

巴厘(Bali)族有人口200多万,集中居住在巴厘岛。巴厘人分两种:"巴厘阿嘎"(Bali Aga)是土著巴厘人,一般所说的巴厘人是指后期外来移民。土著巴厘族人数较少,主要居住在巴厘北部山区,但他们喜欢被称作巴厘后裔。他们是巴厘岛上最古老的民族。他们认为自己的部族是仙女与太阳神的后代。13世纪后,印度尼西亚不少部族相继皈依伊斯兰教,唯有巴厘族及龙目岛上一些部族仍然信奉印度教。但是他们信仰的印度教与正统印度教不完全相同,里面融合

---

[1] 陈金. 印度尼西亚马鲁古和巴布亚地区民族分离主义运动研究[D]. 厦门大学, 2008.

了不少本地的原始宗教成分，所以被称为"巴厘印度教"。巴厘印度教渗透到巴厘社会生活的各个方面，形成了巴厘岛神多、庙多、宗教仪式多和节日多的特点。根据巴厘印度教的历法，一年为210天，而节日竟多达198个。因而，巴厘人几乎天天在过节。节日里，人们祭拜神灵和祖先，据传是为了安抚能够兴风作浪的恶魔。按宗教习俗，巴厘族分成四个种姓，即婆罗门、刹帝利、吠舍和首陀罗。目前，这四个种姓仍然存在，而婆罗门种姓的人由于教育程度高，多在外地发展。巴厘人比较开放，异性间交往也很自由，他们经常在同一条河流裸体洗浴。婚前同居也为人们所接受。巴厘人擅长舞蹈和雕刻，雕刻品起初只是用于祭神，带有宗教性质，后来逐渐成为手工艺品在市场出售。在巴厘岛，为用户祈求平安的小花篮到处可见，花篮用鲜花和枝叶编制，每天一换。市场上的巴厘商人必用当天开张的钱币敲打货架上的货物，以使这些货物像开张卖出的货物一样畅销。

达雅克（Dayak）族有人口近800万，集中居住在中加里曼丹。由于自然环境较差，达雅克族居住地区开发较晚，经济发展缓慢，文化比较落后。居住在城市里的达雅克人生活较富裕，教育程度较高；居住在市郊和农村的达雅克人多务农，并掌握了较先进的耕种技术，生活水平一般；居住在边远山区的达雅克人仍过着刀耕火种、狩猎和采集的生活。妇女则因地制宜，利用当地的丰富资源编织树皮布、藤制品。达雅克族妇女的耳饰非常特别，她们戴着大而重的耳环，有的戴五六个之多。随着时间的推移，耳垂被拉长，甚至垂到肩部。目前，这种现象只能在老年妇女的身上看到，年轻的妇女已经不再悬挂。达雅克人相信万物有灵，崇拜祖先的灵魂，经常举行各种仪式凭吊祖先以求保佑。她们认为月亮是自己的祖先。达雅克人居住的房屋较长，有的长达300余米，宽10~20米，可容纳几百人。长屋里的住户是一个小集体，一家有难众人帮忙，邻里关系密切。达雅克人至今保持着古朴的民风，他们有许多不成文的习规，违者必究，并根据所犯的程度进行罚款罚物。在落后地区，至今流行易货贸易，多为兽皮、食盐和烟草。达雅克人非常守约，一旦违约，违约者从此不再被人信任。达雅克人过去有猎人头的风俗。

托拉查（Toraja）族有人口100余万，分布在苏拉威西岛中部，少数生活在丛林中。同米南加保族一样，母系制社会至今影响着托拉查人的生活，婚后男方入赘的习俗仍在一些地区流行，女方有决策权。过去，托拉查人去世后，葬在山坡上的洞穴中。该族妇女在耕种时要故意披头散发，按习俗，此举会获得大丰收。托拉查人重视红白喜事，办婚丧事时，要宰十几头甚至几十头牲畜。

望加锡（Makasar）族和布吉斯（Bugis）族人口分别有100余万。这两个部族分布于苏拉威西岛西南部，两族原为同个祖先。两族在习俗、性格和文化等方面非常相似，所不同的是两族语言有所区别。这两个部族主要从事农耕和渔业。男子多为水手，常年漂泊在外，有顽强的毅力和吃苦的精神，对家庭有高度责任感。望加锡和布吉斯人平时注重对男孩子品格的锻炼和培养，让他们从小就体验到生活的艰辛和从父辈那里学习各种谋生的技能。布吉斯族妇女的"波东衣"流行于印度尼西亚，是印度尼西亚妇女喜爱的服装。此外，两族生产的蓝黑色格子图案的丝绸纱笼也是畅销品。两族的贝叶文字是它们共同的宝贵文化遗产，记述了古老的神话传说、历史故事、王侯及英雄传奇、童话和寓言，并成为印度尼西亚文学的一部分。

米纳哈沙（Minahasa）族是马来族的分支，人口80余万，分布在苏拉威西岛的东西部。该族比较落后。由于人多地少，该族许多青年参军服兵役。该族多信奉基督教，少数信奉伊斯兰教。

班加尔（Banjar）族有人口100余万，分布在南加里曼丹。早在麻喏巴歇王朝，许多爪哇人来到加里曼丹马辰一带定居，并与马来人通婚，其后裔被称为班加尔人，有自己独特的习俗和语言。大多信奉伊斯兰教。

卡罗（karo）族有人口100余万，有80个分支，分布在苏门答腊岛亚齐、棉兰一带。卡罗人喜欢穿红色、黑色衣服，认为红色象征勇敢拼搏，黑色代表不畏艰辛、勇于战胜困难。卡罗人好客，乐于助人，更喜欢留客人在家中用餐。一家人可以信奉不同的宗教，讲究民主。有自己的习俗和语言。

尼亚斯（Nias）族原为游牧民族，20世纪60年代才定居下来，分布在苏门答腊东南沿海一带，集中居住在北苏门答腊省，习俗和卡罗族类似，多信奉基督教。尼亚斯人待客很奇特，在欢迎贵客时，把一头肥猪绑在两根木杠上，由4个小伙子用肩抬着从客人面前经过，后面紧跟着身穿民族服饰的队列，然后把猪放到"迎客台"上，猪越肥表示对贵客越尊重。

巴度伊（Badui）族有人口5000余人，分布在西爪哇勒巴克县的40多个小村庄。巴度伊族原属巽他族，至今仍使用古巽他语。他们的祖先原为巴查查兰王国王室成员，当伊斯兰教势力控制西爪哇时，多数人都皈依了伊斯兰教。而拒绝接受的王室成员为了坚持自己的文化，躲进勒巴克县境内的深山老林，过起封闭的生活。随着时代的变迁，他们与巽他族差异越来越大，最终发展成为一个独特的落后的小部落。

美拉尼西亚（Melanesia）族约有250个分支，多信奉天主教，分布在西伊里安岛。美拉尼西亚人体型和外表类似非洲黑人，其皮肤呈棕黑色，头发卷曲，嘴唇较厚。该族较落后，多数人以务农、渔猎、采集为生。他们多居住在山林中。该族人有很多不会普及的印度尼西亚语。习惯裸体，十几岁的儿童都一丝不挂，成年男子仅以"高代加"套住生殖器，妇女只在腰间围上草裙。美拉尼西亚人好动，坐不住。

华人（Keturunan Orang Tionghoa）占印度尼西亚人口总数的4%，近1000万人。华人集中居住在爪哇、苏门答腊、加里曼丹、苏拉威西、巴厘等岛。华人较多的城市是雅加达、万隆、泗水、茂物、棉兰、巴东、巨港、坤甸、马辰、巴厘巴板、万鸦老、登巴萨及安汶等。华人勤俭节约、吃苦耐劳，在印度尼西亚种族中文化修养高，经济能力强。由于历史的原因，华人很少涉足政治领域，所以华人主要从事商业、工业和服务业。①

阿拉伯人和印度人主要居住在城市，多数从商。欧洲人中以荷兰人居多。

第三节 印度尼西亚各民族之间的关系[②③④⑤]

印度尼西亚被称为"千岛之国"，其岛屿众多的地理割裂分布特点严重阻碍了印度尼西亚国家集权的巩固和文化统一性的形成。虽然大多数印度尼西亚民族都具有共同的基本特征，但是由于地域的差别使它们都有着各自的特征（无论在种族、语言、文化还是在宗教上）。历史上，印度尼西亚群岛就如同曾经的"印度"一样只是一个表示地理区域的名词，从没有一个王国对群岛进行过完全统治，包括中世纪的室利佛逝和满者伯夷。按理说，印度尼西亚89%的人口是伊斯兰教徒这一宗教背景应该为印度尼西亚成为一个具有凝聚力的国家创造了条件。而现实中，印度尼西亚的伊斯兰教只是名义上的伊斯兰教，或者说是经过融合印度尼西亚本土的宗教、佛教和印度教的"印度尼西亚化的伊斯兰教"，是非正统的。穆斯林中正统的或者原教旨主义者则基于伊斯兰教义追求建立伊斯兰教国家。这在客观上造成了伊斯兰教内部深层次的分歧。宗教方面一有风吹草动，就可能使国家处于不稳定之中。

印度尼西亚各民族之间在融合的过程中遇到过各种各样的阻碍，其中最主要的阻碍是荷兰殖民统治集团为了实现有效统治采取的有差别的歧视性政策。荷兰对印度尼西亚进行了长达350年的殖民统治。虽然这为印度尼西亚打下了现代雏形，但是荷兰为了实现有效统治对印度尼西亚采取各个民族的分化、利用、压迫

---

①② C.L.夏尔玛，王士录.印度尼西亚的民族、民族一体化与教育[J].民族译丛，1990（1）：1-9.
③ 韦红.战后东南亚经济开发引发民族冲突诸因素分析[J].世界历史，2001（6）：95-103.
④ 韦红.苏哈托时期印尼的经济发展与民族矛盾[J].当代亚太，2002（10）：51-55.
⑤ 梁敏和.印度尼西亚民族分离主义运动的特点[J].世界民族，2002（4）：13-22.

的政策，造成民族之间的隔阂至今难以完全消除。荷兰在土著人之间制造矛盾，破坏土著人的团结。利用一部分土著压迫另一部分土著，利用少数民族土著对抗多种民族土著，利用信奉基督教的土著反对信奉伊斯兰教的土著。利诱并控制土著贵族，使他们成为代理人，为有效统治土著人服务。几百年下来，印度尼西亚就形成了很多具有不同利益诉求的、或是地方的、或是民族的、或是宗教的各种各样的利益集团。另外，利用华人吃苦耐劳和善于经商，让华人经营商业和矿产业，使得华人控制了印度尼西亚的商业和工业。这也种下了华人与土著人之间仇恨的种子（印度尼西亚华人在近代和现代历史上遭受到印度尼西亚土著人主导政府的几次清洗和屠杀。苏哈托时更是禁止华人使用母语和中文名，直到近几年才慢慢解禁。印度尼西亚华人很少涉足印度尼西亚政界和军界）。

另一个主要阻碍是经济问题和区域发展不平衡。中央政府垄断地方资源和收益分配不合理，导致了资源富裕的地区仅得到少部分收益且发展落后的情况，这使得地方产生强烈的抵触情绪，激化时会产生分离倾向（比如亚齐、伊里安、廖内等地区）。而且出现一种情况，当地居民和民族的觉悟性越高，对当地的发展和利益越是关注，对抗中央政府的倾向就越强烈，分离力量就越强。

当然印度尼西亚政府也意识到民族融合的重要性，并采取不同的措施。印度尼西亚政府一直在推行一个从发达的、人口稠密地区向落后的、人口稀少岛屿进行移民的政策，尤其是爪哇岛向其他岛屿的迁移。政府的措施是为了减轻人口稠密地区的人口压力，同时也为促进民族之间的同化。但是在人口稀少岛屿的居民和民族看来，这是一种变相的资源入侵和掠夺，因此当地居民和民族的感情受到伤害，激起对抗甚至敌对情绪。民族融合过程可谓一波三折，缓慢地向前推进。

第四节 印度尼西亚的宗教

印度尼西亚官方认定的宗教有伊斯兰教、基督教和天主教、佛教、印度教、孔教。[①]

一、伊斯兰教[②]

伊斯兰教在印度尼西亚群岛发展成为最主要的宗教，经历了几百年的历程。起初，伊斯兰教无法进入信奉印度宗教的统治阶层的世袭领地，只能在沿海地带

[①②] 孔远志. 五大宗教在印尼 [J]. 东南亚纵横, 1995 (2): 40-42.

的商业区活动。苏门答腊成了伊斯兰教商人的落脚点，他们边经商边传教，用伊斯兰教影响地方领主势力，同时借助地方领主势力从事商业活动。随着商业的发达，从中获利的领主们的力量不断加强，他们与信奉印度教的麻喏巴歇王朝的矛盾日益尖锐。为了摆脱麻喏巴歇的控制，他们非常需要有一个新的强有力的思想武器来与印度教和佛教相抗衡。政教合一的伊斯兰教正好适应了这一需要。于是他们纷纷皈依伊斯兰教。地方统治者改奉伊斯兰教，其所管辖的地方也就很快地"伊斯兰化"了。

15世纪初，麻喏巴歇王朝走向衰落的时候，那些皈依伊斯兰教的地方统治者便逐一挣脱王朝的控制而独立，伊斯兰教得到更大的发展。15世纪以后，信奉印度教的麻喏巴歇王朝日渐衰亡，统治阶级内部争夺王位的斗争愈演愈烈，国内长期陷入混乱状态。这时，以淡目为中心的商港领主和新兴的商业地主阶级接受伊斯兰教并利用伊斯兰教作为精神武器迅速扩大自己的势力，终于在1518年建立了爪哇岛上的第一个伊斯兰王朝——淡目王朝。几个世纪以来印度宗教文化影响占统治地位的历史就此完结。

把伊斯兰教传入印度尼西亚东部和马鲁古诸岛的主要是在那里采购香料的印度、波斯的伊斯兰教商人。1512年前，葡萄牙人抵达马鲁古诸岛，那里已经有好多伊斯兰王国。16世纪中叶，伊斯兰教在印度尼西亚基本普及。随着时间的推移，印度尼西亚伊斯兰教文化逐步同印度尼西亚传统文化和现代文化融为一体，影响着印度尼西亚政治、经济、教育、道德规范和习俗。

17世纪初，荷兰殖民主义者侵占印度尼西亚，实行了一整套殖民政策，把印度尼西亚人视为下等人，同时把众多土著民信奉的伊斯兰教视为下等宗教。在当时开办的学校中不允许开设伊斯兰教课程，禁止伊斯兰教宗教活动，破坏清真寺。而印度尼西亚人民又受到荷兰殖民者的压榨。于是印度尼西亚人民反对荷兰统治者的斗争使得伊斯兰教的地位进一步提升，成为人们进行斗争的思想武器。

19世纪初，在米南加保进行了旨在废除当地陋习，遵循纯正的伊斯兰教规的运动。20世纪初，印度尼西亚伊斯兰教在维护伊斯兰教教义的同时，开始接受欧洲先进的思想和观念，出现了许多新的团体组织。爪哇伊斯兰教传统派成立了伊斯兰教士联合会。苏门答腊的伊斯兰教传统派则分别在武吉丁宜和棉兰建立白尔蒂伊斯兰党和阿尔—查米亚多·瓦斯里亚伊斯兰教组织。

二、佛教[①]

1世纪，佛教从印度开始影响印度尼西亚群岛，苏门答腊成为最早受到佛教

---

① 孔远志. 佛教在印度尼西亚［J］. 东南亚研究，1991（3）：59-62.

影响的地区。经过400年的潜移默化，到5世纪才正式地传入。到7世纪，作为东南亚国际贸易中心的巨港成为东南亚重要的佛教中心。8世纪初以前，小乘佛教占优势，以后大乘佛教占优势。在印度佛教统治的苏门答腊时期留下的文物大部分是属于大乘佛教的。8世纪下半叶，把佛教奉为国教的夏莲特拉王朝在中爪哇日惹兴建了拥有至今世界上最大的佛塔的婆罗浮屠陵庙。佛教在印度尼西亚的发展达到顶峰。15世纪，随着麻喏巴歇王朝的衰落和伊斯兰教的兴起，佛教信众大幅减少。但是15世纪中叶，爪哇人大多数仍信奉佛教。现在华人成为佛教徒的主体。

三、基督教和天主教[①]

不像印度佛教和伊斯兰教传入印度尼西亚群岛是通过贸易和文化和平方式，西方的基督教和天主教是通过西方殖民者的炮舰和高压统治的铁腕手段进入的。天主教由葡萄牙、西班牙和德国人于16世纪传入印度尼西亚，天主教主要分布在佛罗勒斯、帝汶、马鲁古和中爪哇等地区，其教徒占印度尼西亚总人口的2.5%；基督教于17世纪由荷兰人传入印度尼西亚，主要分布于米纳哈沙、安汶、南马鲁古、万鸦老和西伊里安等地区，其教徒占印度尼西亚总人口的5.3%。荷兰殖民统治时期，天主教受到排斥和限制，基督教得到发展。1945年印度尼西亚独立后，两教会在印度尼西亚大力传教，通过开办学校、医院、慈善机构扩大教会影响。这一时期，天主教和基督教有了较大发展，在教徒中青年知识分子的比例不断增加。由于政党合并和在野党力量的削弱，两教在印度尼西亚政治舞台上的作用受到限制，政治影响力小。但是，由于得到西方教会的支持和教徒文化水平高，其社会影响不容忽视。

印度尼西亚最初的天主教政治组织是1923年在日惹成立的"爪哇天主教政治协会"。它对荷兰殖民政府采取合作的态度。后更名为"印度尼西亚天主教政治联合会"。1941年与其他天主教组织联合成立"天主教联合机构"。基督教在印度尼西亚的传播与荷兰殖民统治是密不可分的。为了抵制葡萄牙人在印度尼西亚的天主教势力，1640年荷兰殖民者在雅加达建立了基督教堂，并先后于1731年和1733年将基督教圣经的《旧约》《新约》译成马来语。在1602~1942年，天主教和基督教在印度尼西亚有着不同程度的发展。开始时，基督教传教重点在内地和山区，那里的伊斯兰教和佛教势力较沿海和平原地区弱。

[①] 孔远志. 基督教和天主教在印度尼西亚[J]. 东南亚研究, 1990 (4): 98-104.

四、印度教[1]

印度尼西亚的印度教徒主要集中在巴厘岛和龙目岛。在印度尼西亚历史上，印度教在爪哇等岛曾有过相当大的影响。大约1世纪通过马六甲，婆罗门教传入爪哇。4世纪，印度教传入印度尼西亚。5世纪初，印度的婆罗门教对印度尼西亚影响巨大。当时中爪哇的婆皇国是当时印度人建立的信仰印度教的国家。

五、孔教[2]

近百年来，孔子学说在印度尼西亚流传，特别是在印度尼西亚的华人中有着很强的感召力。尊孔者甚至把孔子学说作为基本教义，创建了孔教。这得到了印度尼西亚政府的承认，并成为五大宗教之一。孔子本人并没有制定什么条条框框让后人遵循，可是他运用了古代一些圣人的教谕。孔子的信徒则把孔子的教谕作为行动的准则。孔子学说在印度尼西亚的历史，不仅与印度尼西亚华人的生活与斗争密不可分，而且也是中国与印度尼西亚两国文化交流的一个组成部分。

第五节 印度尼西亚的教育和卫生[3]

一、教育

印度尼西亚官方把教育分成四级：学前（5~6岁）、小学（7~12岁）、中学（13~18岁）、高等教育（19~23岁）。截至2014年各级在校人数分别为9144625人、28057629人、27674442人、20780900人。

（1）失学情况：2014年失学儿童共有200多万，其中男童96.4万，女童104.3万。失学青少年共有193多万，其中男性109.5万，女性84.1万。近年来，失学儿童数量有上升趋势，而失学青少年数量则有下降趋势（见图7-1、图7-2）。表明印度尼西亚对儿童教育的不重视和对青少年义务教育效果显著。

---

[1] 孔远志.五大宗教在印尼[J].东南亚纵横，1995（2）：40-42.
[2] 孔远志.印度尼西亚华人孔教的兴衰[J].华侨华人历史研究，1989（4）：13-20.
[3] 本节图表均来自世界教科文组织网站.

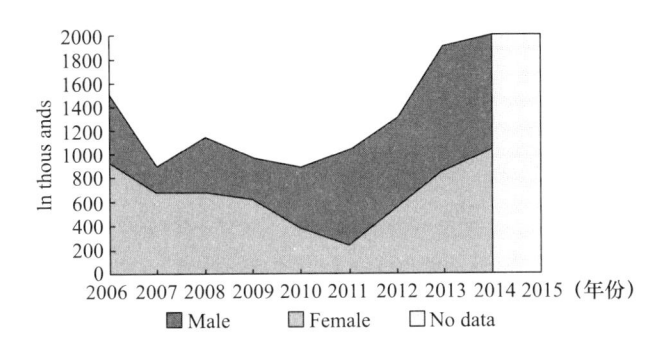

图7-1 失学儿童情况

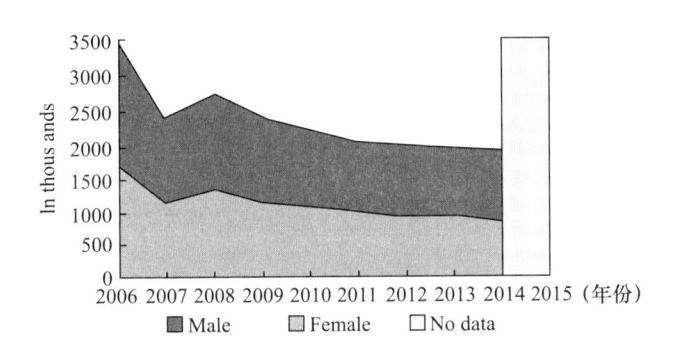

图7-2 失学青少年情况

（2）就学情况：2014年学前儿童总入学率为58.16%，其中女孩为59.13%，男孩为57.23%；学前儿童的净入学率为40.45%，其中女孩为41.13%，男孩为39.81%。小学总入学率为105.74%，净入学率为89.72%，其中女性为89.19%，男性为90.21%。中学总入学率为82.47%，其中女性为82.16%，男性为82.76%；净入学率为75.02%，其中女性为74.69%，男性为75.33%。高等教育入学率为31.1%，其中女性为32.82%，男性为29.43%（见图7-3~图7-10）。就近几年趋势看，由于义务教育的强制性，入学率普遍提高。但是学前教育和高等教育的入学率比较低，说明印度尼西亚的这两块教育市场有很大的潜力可挖。

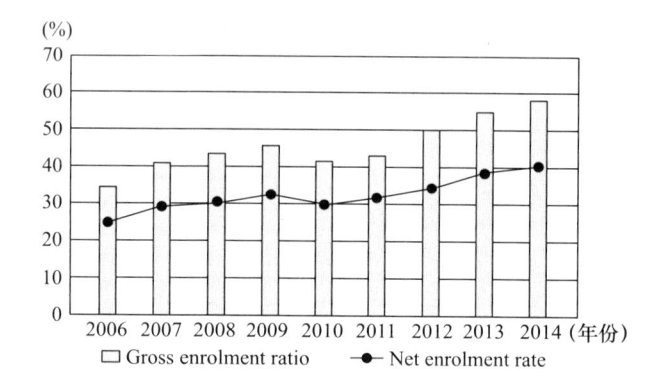

图 7-3　学前教育情况

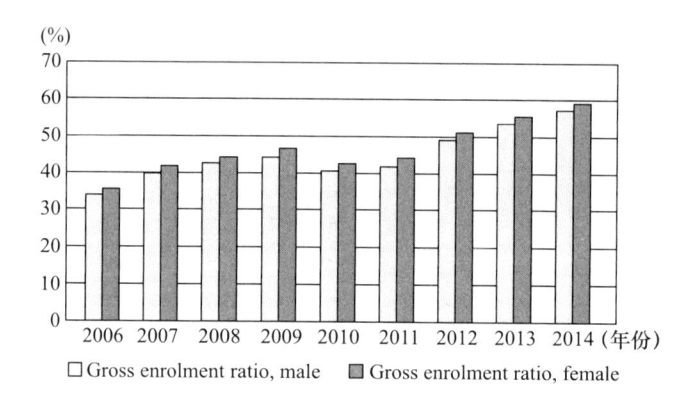

图 7-4　学前教育性别分布情况

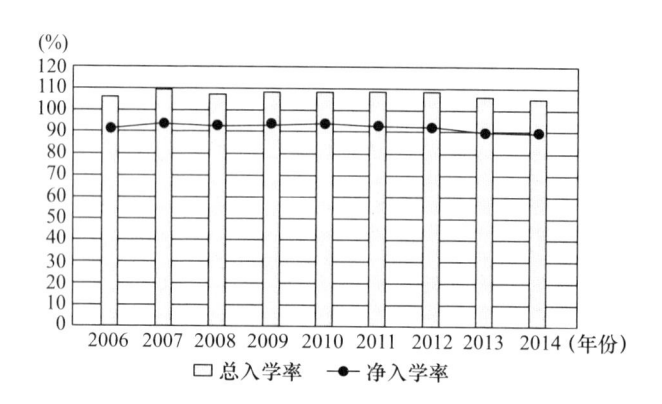

图 7-5　小学教育情况

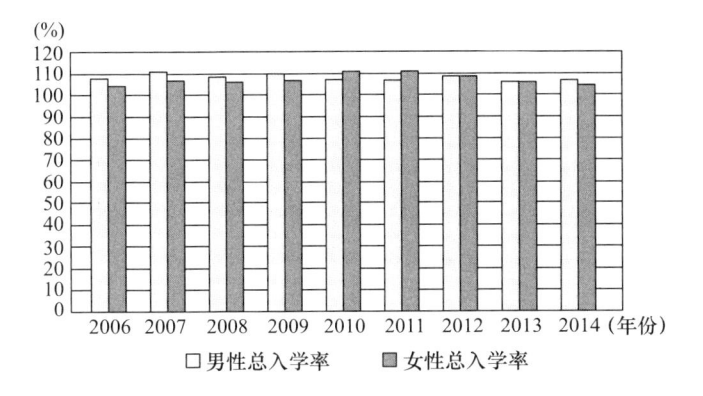

图 7-6 小学教育性别分布情况

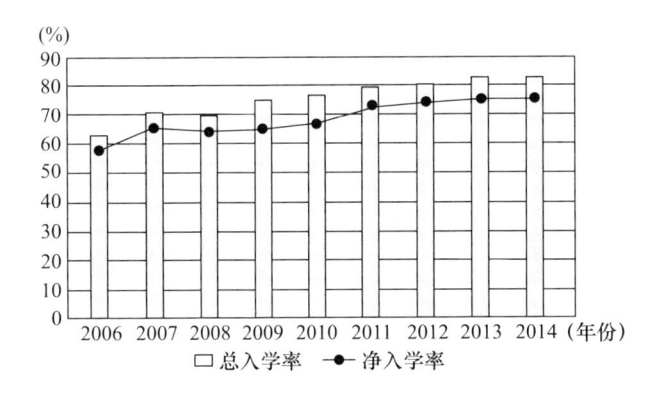

图 7-7 中学教育情况

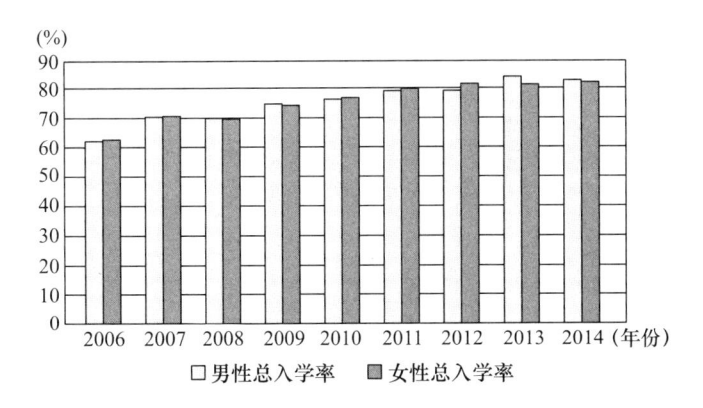

图 7-8 中学教育性别分布情况

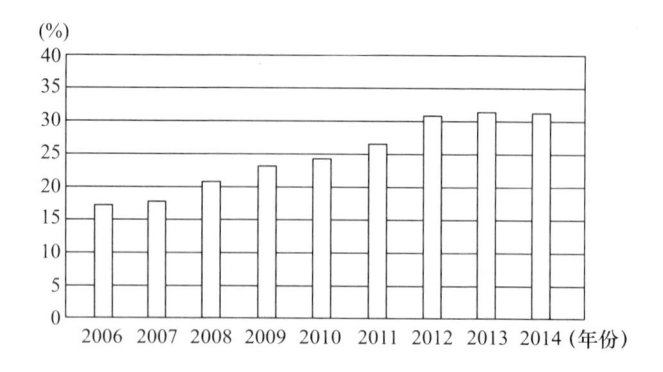

图 7-9 高等教育总入学率

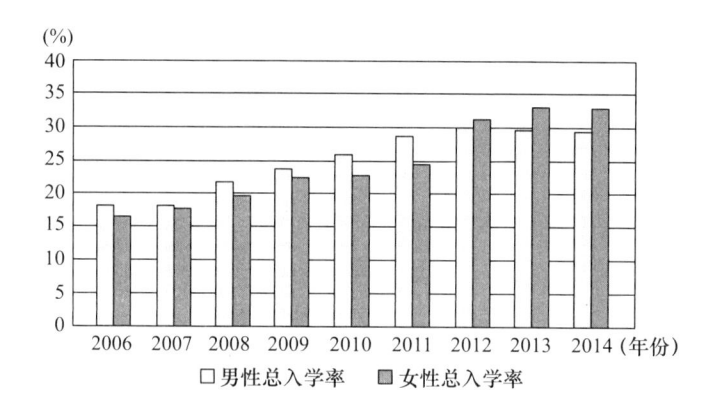

图 7-10 高等教育性别分布情况

（3）印度尼西亚的青少年文盲率很低，现在的文盲大多数是老年人。说明印度尼西亚多年的教育成就显著（见图 7-11~图 7-15）。

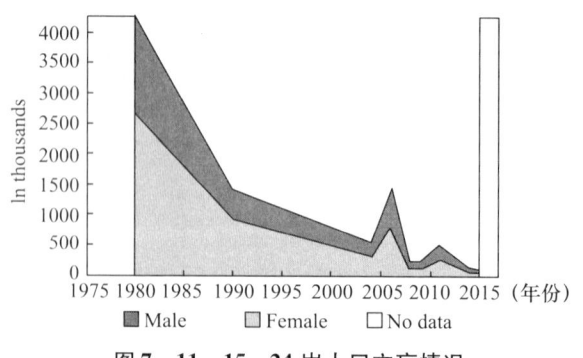

图 7-11 15~24 岁人口文盲情况

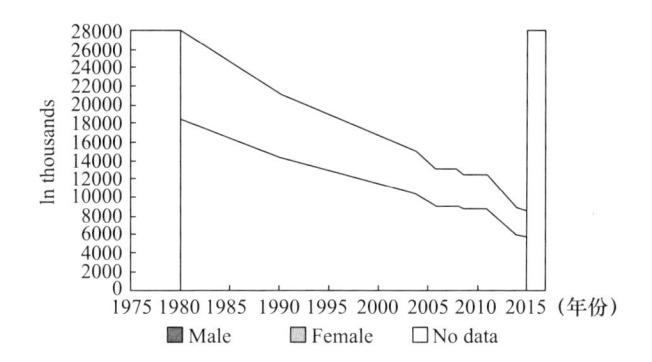

图 7-12　15 岁以上（含 15 岁）人口文盲情况

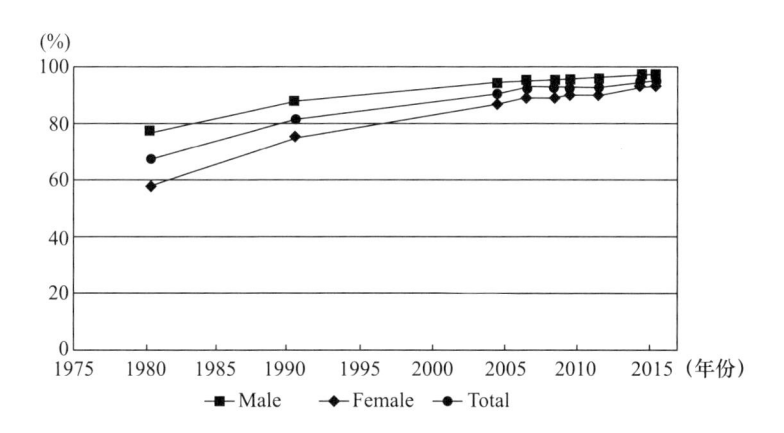

图 7-13　15 岁以上（含 15 岁）人口识字率情况

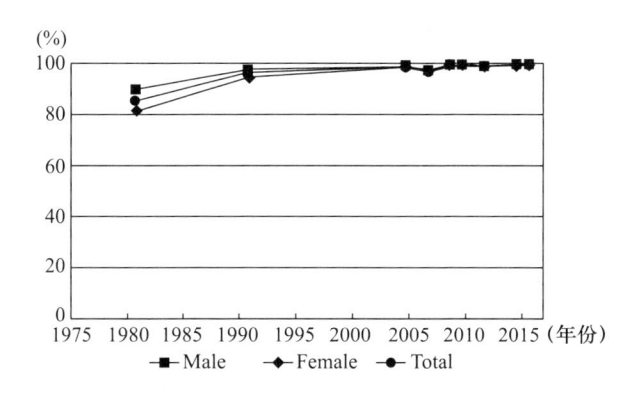

图 7-14　15~24 岁人口识字率情况

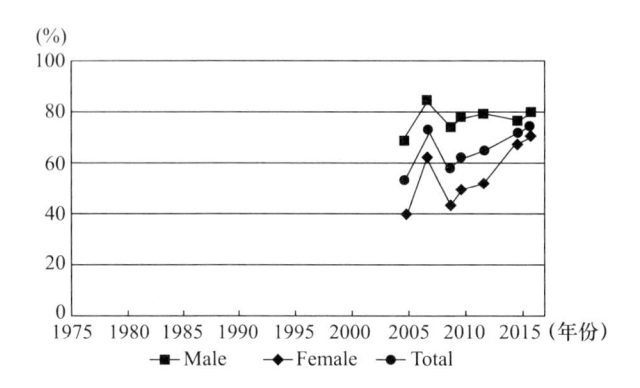

图7-15 65岁以上（含65岁）人口识字率情况

二、卫生

印度尼西亚人口总数2.5亿多人，人均卫生总支出为299美元，卫生总支出占国内生产总值的2.9%。男性寿命期望值为67岁，女性为71岁。每1000人中，15~60岁男性死亡率为204，女性为147。

目前，印度尼西亚尚未实现与卫生相关的千年发展目标，尤其是目标4[①]和目标5[②]。新出现和重新出现的传染性疾病对卫生系统造成了巨大的压力，这就需要各方共同努力来迅速应对紧急需求，并加强包括人畜共患疾病在内的有效的疾病控制规划和发展。印度尼西亚意识到，在强调改善服务的同时，同样也需要确保为妇女、儿童和青少年提供优质、全面和综合的卫生服务。营养是死亡率和发病率的一个重要的共同因素，仍然是一个重要的公共卫生问题；食品安全和质量的不足进一步激化了这一问题。烟草、不健康饮食、缺乏身体活动、不安全的水、卫生条件不充分、交通拥挤、使用固体燃料做饭对公共健康构成威胁；这也对综合健康促进和健康设置有更多的需求。

气候变化与人类健康之间的联系需要更多的宣传和支持。印度尼西亚卫生部门需要做好准备以减轻和适应气候变化的效应和影响。基于对海啸和随之而来的地震的应急反应的经验积累，同样也需要进一步发展印度尼西亚为公共卫生需求提供应急准备和响应的国家能力。

印度尼西亚正在致力于确保卫生系统有效的权力下放和运行，同时对紧急卫

---

① 目标4是支持为提高全民卫生覆盖率的国家努力：改善政策和加强卫生系统改进及合格卫生服务的可及性。
② 目标5是加强防范、监测和有效应对疾病暴发急性突发公共卫生事件和有关人道主义灾难卫生方面的有效管理。

生需求做出反应，比如自然灾害、新出现的和重新出现的传染性和非传染性疾病。

根据国家发展计划，印度尼西亚已制定出较长期的卫生战略文件（2005～2025年）。第二个中期卫生战略（2009～2014年）已经完成，第三个中期卫生战略（2015～2019年）正在进行。国家卫生人力资源战略规划文件（2011～2025年）已经执行。

2014年1月，通过印度尼西亚国家卫生保险系统实施全民健康覆盖（UHC），目的是到2019年覆盖印度尼西亚全部人口。预防非传染性疾病（NCDs）被给予特别优先级。孕产妇死亡率的提高是一个很重要的问题，政府也一直重视提高孕产妇服务的可及性和质量。印度尼西亚仍在等待加入《烟草控制框架公约（FCTC）》，从政府部门烟草数量控制相关立法和总统法令可以观察出印度尼西亚在此方面的进展。印度尼西亚继续推进加入公约的努力。

2000年，印度尼西亚卫生系统的权力被下放到地区一级。一个更新的国家卫生系统制度已经就位。卫生部、省级和地区卫生办事处的每一个技术单位的年度运行计划是卫生部根据国家中期战略制定的。医疗费自付比例仍很高，尽管私人卫生行业也在增长。随着UHC的实施，印度尼西亚鼓励私立卫生机构根据国家社会保障管理机构的健康状况，参加全民健康保险计划（BPJS）。政府鼓励私人卫生从业者通过UHC参与公共部门的卫生保健服务，共同改善卫生保健服务的可及性。

显然有必要在卫生行业人力资源和效绩领域确定各级政府的卫生系统的作用和功能，增加和重新确定卫生部门融资，规范新引进的社会医疗保险，即印度尼西亚版的全民健康覆盖（UHC），决定卫生机构如何发展和培育有效的社区参与。

在过去的20年里，国际社会一直对印度尼西亚的卫生发展表现出持续的浓厚兴趣。最大的两家双边赠款提供者是美国国际开发署和AUSAID，占所有赠款的近1/3。自2003年以来，全球基金抗艾滋病、结核和疟疾全球疫苗和免疫联盟开始支付基金用于特殊项目。2012年印度尼西亚获得疫苗和免疫全球联盟联合融资地位，世界卫生组织在这方面发挥了领导作用，并协助印度尼西亚卫生部抗艾滋病、结核和疟疾全球基金的提案方面发挥了领导作用。WHO也在协助卫生部积极参与国家的"赚钱工作"合作机制以及通过"强化支持和行动"项目为结核病和艾滋病毒提供技术支持项目，使用抗艾滋病、结核和疟疾全球基金。此外，目前有25个联合国成员国在印度尼西亚开展业务、基金和项目。

第八章 2015～2016年中国与印度尼西亚的关系

在2015年、2016年，两国以中国与印度尼西亚两国建交65周年、万隆会议召开60周年为契机，共同为谋取"海上丝绸之路"战略和"全球海洋支点"战略的目标，求同存异，携手同行，不断提升政治交往程度，拓展经贸关系宽度，加强人文交流力度，三辆"马车"并驾齐驱，使得两国关系处于历史最好时期。

第一节 政治关系

自佐科执政以来，两国元首在不到两年的时间里就有6次会晤，这在中国与印度尼西亚交往历史中是罕见的。也正是由于两国高层沟通顺畅、互动频繁，极大地推动了两国关系的发展。以中国、印度尼西亚两国元首在2015年3月26日共同发表《中华人民共和国和印度尼西亚共和国关于加强两国全面战略伙伴关系的联合声明》为标志，两国关系达到历史最好水平。具体表现在：

（1）政治高层互动机制化，高屋建瓴地指引两国关系发展。中国—印度尼西亚经济合作论坛。2015年3月27日，中国总理李克强和印度尼西亚总统佐科一起出席中国—印度尼西亚经济合作论坛的开幕式并发表讲话。李克强总理认为，"中国是最大的发展中国家，正加快推进工业化进程。中国装备和技术在国际市场有竞争力，并在竞争中逐步做强。中国和印度尼西亚都是人口大国，市场潜力巨大，两国工业化进程处于互补性很强的发展阶段。双方要把中国的先进富余产能、印度尼西亚的基础设施建设和推进工业化规划相对接，把中国的资本和技术优势同印度尼西亚的市场和资源优势相结合，推动上下游配套协同发展，是一举多得的好事。中国政府鼓励中方企业加大赴印度尼西亚投资兴业力度，实现互利双赢"。而佐科总统表示，"印度尼西亚海洋经济发展潜力很大，高速公路、港口、机场、电力等基础设施和产业园区建设需求旺盛,希望加强与中方的合作。印度尼西亚政府欢迎中方企业赴印度尼西亚投资并提供良好投资环境①"。

中国、印度尼西亚高层经济对话会议。2015年1月26日,中国国务委员杨洁篪与印度尼西亚经济统筹部长苏菲安·查利尔共同主持中国、印度尼西亚高层经济对话第一次会议。双方就双边经贸和投资等重大合作议题深入交换意见,并一致认为,应以两国建交65周年为契机,进一步扩大双边贸易规模,深入挖掘在投资、贸易、基础设施合作、印度尼西亚经济特区建设等领域的合作潜力,推动中国、印度尼西亚经济合作实现互利共赢、共同发展。会后,双方签署了《中华人民共和国政府和印度尼西亚共和国政府高层经济对话第一次会议纪要》和关于电站合作的意向书。② 2016年5月9日,第二次会议在雅加达召开,中国国务委员杨洁篪和印度尼西亚经济统筹部部长达尔敏共同主持。双方对于第一次会议召开一年多来两国务实合作取得的进展都给予了积极的评价,并介绍了各自的经济政策和发展战略,就双边贸易、投资、金融、基础设施、产业园区建设、能源、农渔业等领域合作深入交换意见,并达成广泛共识。会后,双方签署了《中华人民共和国政府和印度尼西亚共和国政府高层经济对话第二次会议纪要》等合作文件。③

中国、印度尼西亚副总理级对话机制。2016年4月26日,在北京举行了中国、印度尼西亚副总理级对话机制第五次会议。通过对话,双方一致认为,应继续保持高层交往,加强战略沟通,不断提升政治互信;积极对接两国发展战略,持续务实推进农业、渔业、铁路、农业、航天、电力、矿业等领域合作;深化在网络、反恐、防务、禁毒、执法等领域安全合作;强化海上合作,建立相互尊重、互利互惠的海洋伙伴关系。积极推进东亚合作,推动中国—东盟关系持续稳定发展;在国际组织和多边机制中加强协调合作,为维护地区及全球和平、稳定与发展多做贡献。④

副总理级人文交流机制。2015年3月26日,中国国家主席习近平同印度尼西亚总统佐科举行会谈并决定建立副总理级人文交流机制。这是中国第一次和发展中国家成立高级别人文交流机制。两国将制定《中印尼全面战略伙伴关系未来五年行动计划》,加强两国教育、科技、文化、卫生、媒体、青年等各领域合作,

---

① 李克强会见印度尼西亚总统佐科并共同出席中国—印度尼西亚经济合作论坛[N].人民日报,2015-03-28.
② 中国和印度尼西亚高层经济对话第一次会议在北京举行[N].人民日报,2015-01-27.
③ 中国和印度尼西亚高层经济对话第二次会议在雅加达举行[N].中国贸易报,2016-05-10.
④ 中国和印度尼西亚举行副总理级对话机制第五次会议[N].人民日报,2016-04-27.

全面提升两国人文交流水平，夯实两国关系民意基础，更好造福两国人民。① 2015年5月27日，首次会议在印度尼西亚雅加达举行。② 2016年8月1日，第二次会议在中国贵阳举行③。

（2）务实高效推动两国基础设施和产能合作。2015年3月9日，与中国国家发改委主任徐绍史会谈时，印度尼西亚国企部部长莉尼·苏玛尔诺表示，"印度尼西亚将出台2015~2019年中期规划，将大规模扩大基础设施建设投资，并计划新建2000公里的高速公路，重启24个闲置的港口，兴建10座新机场和翻新旧机场，新建3500万千瓦电站。印度尼西亚方面希望能与中国国有企业在基础设施、产业以及其他领域开展务实合作"。对于印度尼西亚基础设施建设项目，由于中国具有比较成熟的经验、技术和成本优势，所以，徐绍史表示中方愿意与印度尼西亚开展务实合作。④

2015年4月22日，两国签署雅加达—万隆高铁项目合作文件。⑤ 2015年8月10日，中国向印度尼西亚提交雅加达—万隆高铁项目的可行性研究报告。⑥

2015年11月15日，在土耳其安塔利亚习近平会见佐科时指出，"中方愿继续提高同印度尼西亚的经贸合作水平，加强基础设施等领域的重大项目合作，扩大双边本币互换规模⑦"。

2016年9月2日，在二十国集团领导人杭州峰会上习近平与佐科会谈，双方一致认为要继续加强高层沟通，积极探讨和对接"21世纪海上丝绸之路"倡议和"全球海洋支点"构想，深化双边在基础设施建设、产能、贸易、投资等领域的合作。⑧

（3）加强两国执法安全与防恐领域的合作。2015年2月3日，印度尼西亚总统佐科会见习近平特使孟建柱。双方一致同意开展执法安全领域的合作，共同打击毒品走私、网络犯罪、非法出入境等跨国犯罪。⑨

2015年3月26日，在习近平和佐科的见证下，交通运输部部长杨传堂与印度尼西亚国家搜救局局长班邦在北京共同签署了《中华人民共和国交通运输部和

---

① 中华人民共和国和印度尼西亚共和国关于加强两国全面战略伙伴关系的联合声明［N］. 人民日报，2015-03-27.
② 中国—印度尼西亚副总理级人文交流机制首次会议在印度尼西亚举行［N］. 光明日报，2015-05-29.
③ 刘延东主持中印尼副总理级人文交流机制第二次会议［N］. 人民日报，2016-08-02.
④ 务实推动中尼两国基础设施和产能合作［N］. 中国经济导报，2015-03-12.
⑤ 习近平会见印度尼西亚总统佐科［EB/OL］. 新华网，2015-04-22.
⑥ 习近平特使徐绍史会见印度尼西亚总统佐科［EB/OL］. 新华网，2015-08-12.
⑦ 习近平会见印度尼西亚总统佐科［N］. 人民日报，2015-11-17.
⑧ 习近平会见印度尼西亚总统佐科［N］. 人民日报，2016-09-03.
⑨ 印度尼西亚总统佐科会见孟建柱［EB/OL］. 新华网，2015-02-03.

印度尼西亚共和国国家搜救局海上搜救合作谅解备忘录》。此次签署的谅解备忘录是中国、印度尼西亚两国在海上搜救领域签订的首个合作文件,将为今后两国继续顺利开展和深化海上搜救合作奠定扎实基础。①

2015年11月29日至30日,外交部副部长程国平同印度尼西亚国家反恐局局长萨乌在印度尼西亚共同主持第四次中国、印度尼西亚反恐磋商,重点就中国、印度尼西亚关系以及各自反恐形势和双方反恐合作等问题交换了看法。反恐合作已成为两国全面战略伙伴关系的重要组成部分。②

2016年4月27日,孟建柱与印度尼西亚政治法律和安全事务统筹部长卢胡特在北京会谈。双方对近年来在反恐、网络安全、打击跨国犯罪和执法能力建设等方面的合作成果感到满意,一致希望进一步合作,共同维护两国和地区安全稳定。③

(4) 加强两国相关机构的交流与合作。2015年3月27日,全国人大常委会委员长张德江在人民大会堂会见印度尼西亚总统佐科。双方一致认为,两国立法机关应当进一步加强交流与合作,积极推动并落实两国元首达成的重要共识,充分发挥立法机关在提供法律保障、夯实民意基础等方面的独特作用,共同为深化中国、印度尼西亚全面战略伙伴关系做出贡献。④

应印度尼西亚人民协商会议主席祖尔基弗利邀请,中国全国政协主席俞正声于2015年7月25日至28日对印度尼西亚进行正式友好访问。俞正声此访是中国全国政协主席时隔10年后再次访问印度尼西亚,进一步增进了两国领导人之间的了解和友谊,加强两国相关机构之间的友好关系,拓展双方在投资、产能、基础设施等领域务实合作,推动两国人文交流合作,为中国、印度尼西亚全面战略伙伴关系发展注入新的动力。⑤

2015年9月17日,国务院总理李克强在中南海紫光阁会见印度尼西亚人民协商会议主席祖尔基弗利,并希望印度尼西亚人民协商会议同中国全国政协加强交流合作,增进两国人民之间的友谊,推动双方政府、企业间达成的协议顺利落实。⑥

2016年9月19日,中国、印度尼西亚拟加强农业领域投资合作。印度尼西亚农业部长苏莱曼在雅加达与中国农业部副部长张桃林会谈后表示,印度尼西亚

---

① 中华人民共和国和印度尼西亚共和国关于加强两国全面战略伙伴关系的联合声明[N].人民日报,2015-03-27.
② 外交部副部长程国平主持第四次中印尼反恐磋商[EB/OL].网易新闻,2015-12-03.
③ 孟建柱会见印度尼西亚政治法律和安全事务统筹部长卢胡特[EB/OL].新华网,2016-04-27.
④ 张德江会见印度尼西亚总统佐科[EB/OL].中国新闻网,2015-03-27.
⑤ 俞正声对印度尼西亚进行正式友好访问[EB/OL].中国新闻网,2015-07-28.
⑥ 李克强会见印度尼西亚人民协商会议主席祖尔基弗利[EB/OL].新华网,2015-09-17.

幅员广阔，农业建设领域和农产品市场潜力很大，单棕榈油、橡胶和甘蔗三种商品出口额就达55亿美元，中国投资者在该领域投资潜力很大。中方有意在加里曼丹等区域投资，同时为促进中国、印度尼西亚贸易平衡，中方将为印度尼西亚水果出口中国提供便利。苏莱曼还表示，印度尼西亚希望中方协助开发和建设农业耕地，发展农业种植产业，以及在边远地区建设新型畜牧场。为方便中方投资，除官方建立联系机制外，印度尼西亚还将为促进双方企业家洽谈牵线搭桥。①

第二节　经贸关系

虽然目前两国关系处在历史最好时期，双方都有加深经贸合作的深切愿望。但是，在世界经济低迷的背景下，两国的经贸关系可谓喜忧参半。

一、双边贸易

根据印度尼西亚中央统计局发布的对外贸易统计数据，虽然2015年中国是印度尼西亚的第一大贸易伙伴、第一大进口来源国和第二大出口国，但是形势不容乐观。按非油气产品统计，2015年印度尼西亚与中国贸易总额424.76亿美元，同比下降9.47%。其中对中国出口132.59亿美元，同比下降19.44%，占印度尼西亚非油气类产品出口总额的10.07%；自中国进口292.17亿美元，同比下降4.08%，占印度尼西亚非油气产品进口总额的24.73%。印度尼西亚方贸易逆差同比增加13.97%。2015年印度尼西亚对中国出口降幅较大，加上2014年也出现22.66%的降幅，2015年中国占印度尼西亚非油气类产品出口总额比重下降至10.07%；美国占印度尼西亚非油气类产品出口总额比重从2014年的10.86%升至2015年的11.62%。2015年印度尼西亚自中国进口比重继续增加，但出现了近年来首次同比下降情况。2016年印度尼西亚与中国贸易总额457.83亿美元，同比增长7.79%。其中对中国出口150.97亿美元，同比增长13.85%，占印度尼西亚非油气类产品出口总额的11.49%；自中国进口306.86亿美元，同比增长5.0%，占印度尼西亚非油气产品进口总额的26.24%。中国继续为印度尼西亚非油气产品第一大贸易伙伴，日本和美国分别居第二位和第三位。按出口额计算，中国为印度尼西亚第二大出口国，美国和日本分别居第一位和第三位。

值得欣慰的是，两国都有共同推进贸易便利化程度的愿望。首先，中国、印

---

① 中国与印度尼西亚在农业领域进一步深化合作潜力很大［EB/OL］．中国发展网，2016－09－21．

度尼西亚双方同意努力减少关税和非关税贸易壁垒,加强两国贸易部门交流,通过尽早商签《中印尼果蔬产品检验检疫互认合作协议》,增进货物贸易领域的合作。双方同意共同努力,争取实现双边贸易额到2020年突破1500亿美元。[①] 其次,中方愿为印度尼西亚商品扩大进入中国市场准入,鼓励中国企业扩大对印度尼西亚投资;印度尼西亚同意加紧制定有关配套政策,优化投资环境。[②] 最后,印度尼西亚贸易部承诺2~5天内可办好进出口证。企业家还可对办理过程进行跟踪。[③]

二、中国企业积极到印度尼西亚开展投资合作

自2014年10月佐科执政以来,印度尼西亚公布的《2015~2019年中期建设发展规划》中,重点对国家基础设施建设提出了建设和改善的规划方案:政府计划建设2650公里公路、1000公里高速公路、3258公里铁路、24个大型港口、60个轮渡码头、15个现代化机场、14个工业园区、49个大坝、3500万千瓦电站、约100万公顷农田灌溉系统,要实现这个规划,总计大约需要4245亿美元的投入。[④] 印度尼西亚各地区间经济发展不平衡,工业基础薄弱,基础设施建设相对落后,成为制约经济快速发展的瓶颈。中国企业抓住契机积极参与印度尼西亚的各项建设。

(一)电子、电力和电站项目合作

2015年5月4日,印度尼西亚总统佐科在日惹主持了"35000兆瓦电站项目"启动仪式,并见证了中国承建的印度尼西亚庞卡兰苏苏火电站、佳蒂格德水电站开工仪式。[⑤]

2015年5月22日,机电商会与印度尼西亚机电工程协会在印度尼西亚首都雅加达签订战略合作协议。印度尼西亚机电工程协会现有会员超过2500家,主要来自机械设备及零部件制造、五金工具和电气工程应用等行业。双方协议的签订将进一步加强双方在信息互通、调研、咨询、展览及会议等领域的合作,为实现中国和印度尼西亚企业之间的合作发展提供更为有效的平台[⑥]。

2015年6月5日,中国成达工程有限公司与项目业主印度尼西亚PT. S2P公司在成都签订了印度尼西亚芝拉扎1×1000兆瓦燃煤电站项目EPC总承包合同。过去,东南亚的大型上网电站市场,长期被欧美和日本公司垄断,此项目的签订

---

①② 中华人民共和国与印度尼西亚共和国联合新闻公报[N].人民日报,2015-04-23.
③ 印尼贸易部表示2天可办好进出口证[N].千岛日报,2015-08-19.
④ 综述:印尼基础设施建设未来5年需约4245亿美元[EB/OL].中国新闻网,2015-06-14.
⑤ 印度尼西亚总统佐科主持中国电建承建的两个电站项目开工仪式[EB/OL].中国机械工业联合会机经网,2015-05-06.
⑥ 机电商会与印尼机电工程协会签订战略合作协议[EB/OL].新浪财经,2015-05-27.

将带动我国首套1000兆瓦超超临界机组的出口。①

2015年10月12日，哈电集团哈尔滨电气国际工程有限责任公司在哈尔滨与印度尼西亚签订2台1000兆瓦火电项目总承包及投资合作框架协议，该项目总投资约为25亿美元。哈电国际已经在印度尼西亚成功建设了百通1台660兆瓦燃煤电站项目，拥有良好的业绩和EPC总承包工程建设经验。目前，哈电国际正在建设印度尼西亚万丹670兆瓦火电项目EPC工程项目。双方此次合作，哈电国际将凭借哈电集团高性能的机组设备和自身优质的工程服务，为印度尼西亚再添一座精品电站工程。②

中国神华和印度尼西亚LPE公司联合体中标印度尼西亚南苏1号2×35万千瓦独立发电站项目。南苏1号电站是印度尼西亚政府3500万千瓦电站建设计划项目之一，该项目采用BOO方式，由神华集团国华电力公司和印度尼西亚LPE公司具体实施负责项目投资建设、拥有和运营，以及发电厂至电网接入点的275千伏输电线路及相关设备设施的投资建设，项目总投资约8亿美元，将直接带动中国电力装备出口近20亿元人民币。③

2015年12月24日，中国机械工程签订印度尼西亚燃煤电站项目合同，该公司与班塔恩西格玛能源（BSE）签署一份印度尼西亚南苏拉威西省班塔恩2×300兆瓦燃煤电站项目的合同。合同金额约11.6亿美元，合同在满足一定条件后生效。按照合同规定，项目开始建设后工期为48个月。根据合同，项目范围包括建设一座2×300兆瓦燃煤电站。④

2015年12月，中国铁建新签订印度尼西亚110亿元水电站项目EPC合同。中国铁建公司旗下中国铁建国际集团有限公司与印度尼西亚卡扬水力能源一号有限公司签署了印度尼西亚卡扬一级水电站项目EPC合同。项目工期为65个月，合同金额约17.08亿美元，折合人民币约110.53亿元，约占该公司中国会计准则下2014年营业收入的1.87%。⑤

2016年11月，中国水电与印度尼西亚INTA集团投资3.6亿美元兴建电站。中国水电（香港）控股有限公司与印度尼西亚INTA集团合资的企业明古鲁电力公司，如今获得中国两家银行的贷款，即中国进出口银行和中国工商银行，贷款总值2.7亿美元。明古鲁电力公司将利用这笔贷款在明古鲁省布洛百县德碌瑟邦村建造2×10万千瓦燃煤电站。这是INTA集团拥有的首座火电站。这个电站的

---

① 四川工程企业挺进一带一路　将为印尼建燃煤电站［EB/OL］. 新浪四川，2015-06-07.
② 哈电国际与印尼签订重大火电项目框架协议［EB/OL］. 中国工业新闻网，2015-10-15.
③ 中国神华中标印尼南苏1号2×35万千瓦独立发电站项目［EB/OL］. 中国起重机械网，2015-11-17.
④ 中国机械工程签印尼燃煤电站项目合同［EB/OL］. 新浪财经，2015-12-24.
⑤ 中国铁建新签印尼110亿元水电项目EPC合同［EB/OL］. 凤凰网财经，2015-12-28.

股份组成是中国水电（香港）公司占股70%，INTA集团占股30%。根据明古鲁电力公司同国家电力公司（PLN）签署的购售电合同，这座发电站将向PLN供应长达25年电力。这项电力工程是印度尼西亚政府3500万千瓦电站建设中的重要项目，也是南苏门答腊省电力供应系统重要部分。①

2016年11月中国化学与印度尼西亚PT. SUMBER SEGARA PRIMADAYA公司签署了印度尼西亚芝拉扎1000兆瓦电站工程总承包合同，合同工期36个月，合同总金额约9亿美元，折合人民币约62.03亿元。约占公司2015年度营业收入的9.76%。该项目为出口卖方信贷项目，项目将在公司与中国境内银行融资贷款协议签署后正式开始实施。②

（二）铁路、公路、桥梁项目

印度尼西亚巴厘巴板—萨玛林达公路项目。2015年9月，北京城建集团有限责任公司国际事业部以集团公司名义中标印度尼西亚东加里曼丹省高速收费公路项目（巴厘巴板市至萨玛林达市）第五标段。项目中标价为848558119164.90印尼盾，约合3.86亿元人民币，项目工期约2年。该项目业主为印度尼西亚公共工程与住房部公路局，资金来源主要为中国进出口银行优惠出口买方信贷。该项目全长11.11公里，设计为双向四车道，由北京城建集团作为牵头企业，与印度尼西亚当地两家拥有较强实力及高资质的国有建筑承包企业WIIJAYA KARYA（PERSERO）TBK, PT. 及PEMBANGUNAN PERUMAHAN（PERSERO）TBK, PT. 合作成立项目联营体共同承建该项目工程。此公路连通印度尼西亚东加里曼丹省省会城市萨玛林达市及该省第二大城市巴厘巴板市，未来修成通车将有助于带动东加里曼丹省内的互联互通。③

印度尼西亚加里曼丹铁路项目。中国中铁股份有限公司参与的总投资额达50亿美元的印度尼西亚加里曼丹铁路项目于2015年8月动工建设。该项目由印度尼西亚Mega Guna Ganda Semesta公司和中国中铁股份有限公司组成的财团共同投资，并由中国中铁股份有限公司负责建设。项目总长480公里，途经东加里曼丹省（约160公里）和中加里曼丹省（约320公里），预计建设工期约3.5年。④

雅万高铁项目。2015年10月16日，中国铁路总公司在印度尼西亚首都雅加达与印度尼西亚四家国有企业签署协议成立合资企业，标志中方赢得雅万高铁项目。印度尼西亚占股60%，中国占股40%。⑤

---

① 中国水电与印尼INTA集团投资3.6亿美元兴建电站［EB/OL］. 新浪财经，2016-11-07.
② 中国化学签下逾62亿元印尼电站工程承包合同［EB/OL］. 新浪财经，2016-11-22.
③ 中企中标印尼巴厘巴板—萨玛林达公路项目［EB/OL］. 中国经济网，2015-09-23.
④ 中国中铁获印尼50亿美元铁路合同［EB/OL］. 财新网，2015-06-16.
⑤ 我国高铁首次实现全产业链出口［EB/OL］. 中国经济网，2015-10-22.

2016年3月22日，由中国路桥承建的印度尼西亚西加里曼丹省塔扬桥正式通车。①

（三）金属矿产传统合作

2015年5月4日，中国进出口银行广东省分行牵头组建的银团与印度尼西亚广青镍业公司签署了金额为7亿美元的印度尼西亚60万吨镍铁项目银团贷款协议。该项目是《中国、印度尼西亚全面战略伙伴关系未来规划》中建立印度尼西亚—中国综合产业园区的重要成果之一，是"海上丝绸之路"经济带的重点项目，有利于推进国际产能合作，有助于弥补我国红土镍矿资源短缺的现实状况。银团对该项目的支持充分发挥了金融行业在支持产业转型升级、实施"走出去"战略中的功能和作用。②

印度尼西亚的当地矿业公司PT. Central Omega Resources（COR）和中国Marconing Group的镍冶炼厂合作建设项目在苏拉威西岛启动。此次的合作或代表着印度尼西亚镍矿出口禁令的"松绑"，此项目建成后，印度尼西亚对中国镍矿的出口将有所提升。③

中国鞍钢集团正探索在印度尼西亚中苏拉威西省莫罗瓦利（Morowali）投资建立年产500万吨的钢铁厂，将成为印度尼西亚最大的钢铁厂。鞍钢集团将成为印度尼西亚莫罗瓦利工业区的入区企业之一，该工业区将以镍铁和其他金属冶炼为主。该项目建成后，将取代年产315万吨的克拉卡陶钢铁公司，成为印度尼西亚最大的钢铁厂。④

2015年11月2日，来自中国的50家不锈钢原材料下游企业已承诺要在印度尼西亚中苏拉威西省的莫罗瓦利工业园区落户，以吸收Sulawesi Mining Investment（SMI）公司的热乳钢（HRC）和冷轧钢（CRC）产品。印度尼西亚多种金属公司（Antam）和印度尼西亚阿沙汉铝业公司（Inalum）将同中国铝业公司在西加里曼丹省孟巴哇投资18亿美元建设铝锭冶炼企业。目前，印度尼西亚公司正准备相关合作程序，包括共同进行尽职调查和协商工程股权分配方案。据悉，印度尼西亚方坚持拥有51%的控制股权，中国铝业持其余股份。⑤

（四）船舶、造船项目

印度尼西亚90%的货物流动需依赖船舶运输。目前印度尼西亚造船业远不能满足其国内对各类船舶的需求。这对中国造船业来说是一个难得机会。如皋港

---

① 中国承建印尼塔扬桥通车［N］．人民日报（海外版），2013-03-24．
② 中国进出口银行广东省分行牵头银团与印尼广青镍业签订贷款协议［EB/OL］．人民网，2015-05-08．
③ 印尼启动与中国镍冶炼厂合作建设项目［EB/OL］．新浪财经，2015-06-16．
④ 印尼官员称中国鞍钢集团计划投资印尼最大钢铁厂［EB/OL］．新浪财经，2015-06-30．
⑤ 50家中国不锈钢下游企业落户印尼吸收SMI公司冷热轧钢［EB/OL］．新浪财经，2015-11-05．

造船企业正抓住以印度尼西亚为首的东盟船舶市场,利用中国—东盟自贸区产地证书的关税减免红利,以"零关税"的优势深入开拓东盟市场。① 2015 年印度尼西亚投资统筹机构(BNPM)引进了浙江省 2 家造船业投资者后,再度拉拢中国 2 家造船业投资者,并将投资 1 亿美元,并且,它们在印度尼西亚已拥有本地合伙商——印度尼西亚造船公司。②

(五) 中企园区项目

中国企业已形成广西农垦工业园、青山镍矿冶炼工业园区、上海通用五菱工业园区、天津聚龙棕榈油农业园区、恒顺印度尼西亚工业园、中民印度尼西亚产业园等。

三、加强金融合作,支持印度尼西亚经济发展

2015 年 6 月 4 日,印度尼西亚金融监管服务局(Otorisasi Jasa Keuangan)主席穆利亚曼(Muliaman Darmansyah Hadad)与中国银监会(China Banking Regulatory Commission)副主席周慕冰代表双边监管签署了合作谅解备忘录。通过签署合作备忘录,双边监管将加强信息共享和合作监管,将有助于两国银行的业务拓展。③

2015 年 11 月,中国与印度尼西亚决定将双边货币互换安排(BCSA)的规模从原先的 150 亿美元提高到 200 亿美元。双方在贸易方面能减少更多的美元开支。④

中国国家发展银行(CDB)承诺给 7 家国有企业贷款 200 亿美元。这 7 家国有企业即是国营建筑公司 PT. Wijaya Karya 与 PT. Adhi Karya、国有港口管理公司 PT. Pelindo Ⅰ 与 PT. Pelindo Ⅱ、国有机场管理公司 PT. Angkasa Pura Ⅱ、国有矿业公司 PT. Bukit Asam 与 PT. Aneka Tambang。Wijaya Karya 公司估计需要 40.6 亿美元经费供兴建雅加达—万隆高铁工程,这个公司将与其他国有企业联手组成工程财团,并由该公司领导。这项工程的总投资额达 50.75 亿美元。此外,Wijaya 公司也将与中国铁路为首的中国企业财团合作,作为承包商的中国企业将负责设计、采购、施工与工程监督。Adhi Karya 公司估计需要 16 亿美元经费供兴建雅加达及其周边城市与万隆轻轨列车工程,这项工程总投资额大约 20 亿美元。矿业公司 Aneka Tambang 将兴建 5 项工程项目,所需的经费各为 Bintuni

---

① 如皋港造船企业深拓东盟 抢抓"零关税"优势 [EB/OL]. 新华网南通频道, 2015-02-25.
② BNPM 再拉拢中国 2 家造船业者并将投资 1 亿美元 [EB/OL]. 印度尼西亚华人网, 2015-07-21.
③ 中国与印度尼西亚签署银行业监管合作备忘录,加强信息共享和合作监管 [EB/OL] http://www.mofcom.gov.cn/article/i/jyjl/j/2015/0601/20150601006045.shtml, 2015-06-01.
④ 中国和印度尼西亚双边货币互换规模升至 200 亿美元 [EB/OL]. 新浪财经, 2015-11-20.

天然气项目与镍铁项目12.8亿美元，总投资16亿美元，不锈钢与镍生铁项目12亿美元，总投资15亿美元，镍氢混合项目4亿~5.6亿美元，总投资5亿~7亿美元。此外，股票编号为ANTM的发行商需要从中国国家开发银行获得贷款，供兴建2座铝冶炼厂，一座在Munggu Pasir，另一座在Mempawah，投资额各为13.6亿美元与14.4亿美元，总投资额17亿~18亿美元。另一个矿业公司Bukit Asam估计所需经费16亿美元，供兴建苏南9段与10段矿口发电站工程，容量为2×600兆瓦，总投资达20亿美元。Bukit Asam矿业公司已从中国进出口银行获得12亿美元贷款供兴建苏南第8段发电站工程。[①]

中国国家开发银行向印度尼西亚3家国营银行拨发贷款30亿美元。印度尼西亚3家国营银行分别是万自立银行、印度尼西亚庶民银行和印度尼西亚国家银行，每家银行各获得为期10年的10亿美元贷款。[②]

中国银行在印度尼西亚也为当地的社会与经济发展服务。中国银行重点支持了印度尼西亚国家电力公司、印度尼西亚国家石油公司和印度尼西亚鹰航等能源、交通运输、基础设施行业。[③] 中国银行与印度尼西亚鹰航签署合作协议，中国银行向印度尼西亚鹰航提供45亿美元贷款，用于更新飞机。[④]

中国工商银行与印度尼西亚金光集团签订了《跨境人民币租赁融资合作协议》。[⑤] 中国工商银行（印度尼西亚）有限公司将向中国安中传媒投资公司提供1.6亿美元融资，在印度尼西亚兴建最高的"印度尼西亚第一"大楼。[⑥] 中国工商银行将向印度尼西亚国家储蓄银行（BTN）提供50亿元人民币或等值10万亿印尼盾的贷款。[⑦] 中国工商银行与印度尼西亚三家国有企业签署贷款意向书，工商银行共向印度尼西亚三家国有企业提供40亿美元贷款，上述三家国企分别为印度尼西亚多种矿业公司（Antam）、印度尼西亚水泥公司（Semen Indonesia）和印度尼西亚鹰记航空公司（Garuda Indonesia），它们分别获得15亿美元、10亿

---

① 中行给印度尼西亚Aneka Tambang镍等5项目提供贷款［EB/OL］．和讯网，2015－06－19．
② 印度尼西亚3家国营银行获中国国家开发银行30亿美元贷款［EB/OL］．http：//surabaya.mofcom.gov.cn/article/zxhz/zzjg/2015/0901/20150901115656.shtml，2015－09－01．
③ 中国银行雅加达分行与印度尼西亚电讯运营商合作发行联名卡［EB/OL］．http：//www.chinanews.com/fortune/2016/1110/8058919.shtml，2016－11－10．
④ 中国银行向印度尼西亚鹰航提供45亿美元贷款［EB/OL］．http：//www.mofcom.gov.cn/article/i/jyjl/j/2015/0601/20150601022261.shtml，2015－06－01．
⑤ 沈晓祺：工行发挥人民币国际化优势支持印度尼西亚经济发展［EB/OL］．http：//www.chinanews.com/fortune/2015/0330/7170664.shtml，2015－03－30．
⑥ 工行将为"印度尼西亚第一高楼"提供融资支持［EB/OL］．http：//www.opsteel.cn/news/2015/0811/1D0488C8E1FAEF4AE050080A7EC95D56.html，2015－08－11．
⑦ 中国工商银行向印度尼西亚国有银行提供50亿人民币贷款，支持印度尼西亚"百万民居"计划［EB/OL］．http：//finance.sina.com.cn/roll/2015/0918/161223289279.shtml，2015－09－18．

美元和15亿美元的贷款用于扩展业务。① 2016年10月，中国工商银行股份有限公司与中国电建海外投资有限公司在雅加达签订总额2.7亿美元银团贷款协议，支持电建海投在印度尼西亚苏门答腊岛明古鲁省投建2×100兆瓦火电项目。②

中国建设银行股份有限公司完成对印度尼西亚Windu银行60%股份的收购，对应收购股份数量共计99.8亿股。本次交易先后于2016年5月3日和6月13日分别获得了中国银监会和印度尼西亚金融服务管理局批准。③

中国进出口银行广东省分行牵头组建的银团与印度尼西亚广青镍业公司签署了金额为7亿美元的印度尼西亚60万吨镍铁项目银团贷款协议。④

中国民生投资集团计划在10年内分别为印度尼西亚兴建工业园、高速公路、铁路、港口和管道等提供100亿美元长期融资。⑤

第三节 人文交流

以2015年5月底中国与印度尼西亚副总理级人文交流机制首次会议为标志，⑥ 两国人文交流合作将进入机制化、规范化的轨道，这进一步增进了两国民众交流和了解。

一、印度尼西亚赴华留学学生稳步增长，教育科技合作加强

2016年是中国—东盟教育交流年。近年来，印度尼西亚学生来到中国留学的人数越来越多。从2011年到2015年人数达到63976人（2015年为12694人）。两国政府签署了《中印尼高等教育合作协议》《中印尼高等教育学历互认协议》合作文件。中国已经在印度尼西亚建立了6所孔子学院和两所孔子课堂。在印度

---

① 中国工商银行向印度尼西亚三家国企提供40亿美元贷款［EB/OL］. http：//id. mofcom. gov. cn/article/ziranziyuan/huiyuan/2016/1020/201610201411728. shtml，2016－10－20.
② 工行与中企签订2.7亿美元贷款协议支持印度尼西亚火电项目［EB/OL］. http：//finance. ifeng. com/a/20161028/149706600. shtml，2016－10－28.
③ 建行完成对印度尼西亚温杜银行控股权 持股60%［EB/OL］. http：//finance. sina. com. cn/money/bank/bank_ hydt/2016/0930/doc－ifxwkzyk0686647. shtml，2016－09－30.
④ 中国进出口银行广东省分行牵头银团与印度尼西亚广青镍业签订贷款协议［EB/OL］. http：//gd. people. com. cn/n/2015/0508/c123932－24790973. html，2015－05－08.
⑤ 中方助力印度尼西亚长期发展［EB/OL］. http：//finance. sina. com. cn/roll/2015/1119/detail－ifxkwaxv2475503. shtml，2015－11－19.
⑥ 中国—印度尼西亚副总理级人文交流机制首次会议举行［EB/OL］. http：//www. chinanews. com/gj/2015/0528/7308343. shtml，2015－05－28.

尼西亚参加"汉考"人数稳步增长。2015 年达到 11000 多人，2016 年达到 13914 人。2015 年，印度尼西亚还首次举办"国际汉语教师证书"考试。①

2015 年 3 月 11 日，中国、印度尼西亚航天合作联委会第一次会议在北京举行。会议通过并草签了中国、印度尼西亚航天合作大纲。此次联委会的召开，标志着中国、印度尼西亚航天合作联委会机制正式建立。②

2015 年 5 月 19 日，印度尼西亚通信部与华为技术投资有限公司（华为印度尼西亚）在雅加达苏丹酒店举行签约仪式，签署 ICT 创新中心合作谅解备忘录，宣布未来将联合打造印度尼西亚创新中心，共同推动行业发展。③

2015 年 5 月 27 日，中国科技部副部长曹健林和印度尼西亚研究技术与高教部部长纳西尔签署了两部门关于共建中国印度尼西亚技术转移中心、共同组织科学家交流计划和共建国家联合实验室的合作协议。双方一致同意将有关合作纳入两国政府间科技合作联委会框架下予以推进。④

2016 年 8 月 1 日，中国核工业建设集团公司与印度尼西亚原子能机构签署《中国核建集团与印度尼西亚原子能机构关于印度尼西亚高温气冷堆发展计划的联合项目协议》。⑤

二、文化交流亮点突出

2015 年 4 月 10 日，为庆祝印度尼西亚—中国建交 65 周年，在北京举行印度尼西亚美食节。⑥ 2015 年 2 月，中国文化部组派吉林艺术团赴印度尼西亚泗水参加"欢乐春节"活动。⑦ 2015 年 8 月，中国文化部组派大型舞台秀《太极图》以及中国少数民族艺术团《多彩中华》两台各具特色的艺术作品赴印度尼西亚举办"东盟最佳表演艺术—中国主宾国"展演活动。⑧

---

① 印度尼西亚赴华留学学生稳步增长　中印尼人文交流活跃［EB/OL］. http：//www. xyxqxl. com/xinwen/4736. html.

② 中国与印度尼西亚正式建立航天合作联委会机制［EB/OL］. http：//www. sastind. gov. cn/n142/c488245/content. html.

③ 印度尼西亚通信部与中国华为公司携手合作签署 ICT 创新中心［EB/OL］. http：//www. chinanews. com/cj/2015/0519/7287149. shtml，2015 - 05 - 19.

④ 科技部和印度尼西亚研究技术和高教部签署合作协议［EB/OL］. http：//old. cattc. org. cn/news_4695. html.

⑤ 中国核建与印度尼西亚签署高温堆发展计划联合项目协议［EB/OL］. http：//roll. sohu. com/2016/0804/n462586345. shtml，2016 - 08 - 04.

⑥ 印度尼西亚美食节开幕式在北京举行［EB/OL］. http：//cnews. chinadaily. com. cn/2015/0413/content_ 20423301. htm，2015 - 04 - 13.

⑦ 吉林省艺术团赴印度尼西亚"欢乐春节"活动开启［EB/OL］. http：//www. chinadaily. com. cn/dfpd/jl/2015/0227/content_ 19667839. htm，2015 - 02 - 27.

⑧ 中国与印度尼西亚文化交流：浪系天涯纽带长［EB/OL］. http：//www. chinaartedu. net/1a36654/.

2015年9月11日，印度尼西亚青年代表团访问"海上丝绸之路"起点城市泉州。①

2015年11月10日，印度尼西亚大学人文学院与阿拉扎大学孔子学院联合举办"孔子与现代中国"研讨会。与会人士就孔子思想、中国梦等话题展开热烈讨论。本次研讨会的目的是探寻孔子思想的道德价值及其与中国社会文化、政治、经济的关系，以理解当代中国的发展进步。②

2015年12月1日，由中外友好国际交流中心、中央美术学院和印度尼西亚驻华大使馆共同主办的中国、印度尼西亚建交65周年纪念画展"溢彩华章——中国、印度尼西亚当代绘画艺术邀请展"在中央美术学院美术馆开幕。画展于2016年2月移至印度尼西亚国家博物馆展出。③

2016年3月24日至28日，由中国国家新闻出版广电总局电影局、印度尼西亚创意经济局、中国驻印度尼西亚大使馆等机构联合举办的中国电影周活动在雅加达举行。放映《捉妖记》《大圣归来》《滚蛋吧！肿瘤君》《狼图腾》《泰囧》《战火中的芭蕾》和《真爱》7部中国电影。④

2016年12月1日，以印度尼西亚记协对外交流主席特古·桑多索为团长的印度尼西亚新闻代表团一行9人结束对中国的友好访问。印度尼西亚新闻代表团访华主题为"'一带一路'倡议对接绿色发展理念"。围绕主题，代表团赴北京、浙江、上海等地，重点围绕中国落实绿色发展理念的重要举措，以及中国新闻、文化领域改革情况开展采访。⑤

2016年12月28日，由中国驻印度尼西亚大使馆与"印度尼西亚外交政策协会"（FPCI）联合举办的首届"知行中国"印度尼西亚大学生征文比赛圆满举行。⑥

---

① 印度尼西亚青年访华团福建泉州体验闽南文化［EB/OL］. http：//news. ifeng. com/a/20150911/44635921_ 0. shtml，2015 – 09 – 11.

② 印度尼西亚高校举办"孔子与现代中国"研讨会［EB/OL］. http：//zh. apdnews. com/XinHua-News/260842. html.

③ 中国与印度尼西亚建交65周年纪念画展开幕［EB/OL］. http：//world. huanqiu. com/hot/2015/1202/8091564. html，2015 – 12 – 02.

④ 中国与印度尼西亚联合举办中国电影周活动［EB/OL］. 新浪网，http：//news. sina. com. cn/o/2016/0325/doc – ifxqssxu8118097. shtml，2016 – 03 – 25.

⑤ 印度尼西亚新闻代表团结束访华回国［EB/OL］. http：//news. xinhuanet. com/zgjx/2016/1202/c_135876713. htm，2016 – 12 – 02.

⑥ 知行合一，搭建中印尼青年友谊之桥［EB/OL］. http：//id. china – embassy. org/chn/ztbd/zxzgl23/t1426335. htm.

三、中国传媒在印度尼西亚落地

2015年5月28日,印度尼西亚中国电视节目频道"你好,印度尼西亚!"(Hi—Indo!)在雅加达举行开播仪式。该频道由中国国际电视总公司与印度尼西亚合作并在印度尼西亚开办,面向印度尼西亚主流社会群体,播出中国影视节目,成为首个在印度尼西亚商业运营的中国内容、印度尼西亚语播出的综合娱乐频道。①

2015年9月16日,印度尼西亚以华语为主的传媒"印华卫视"诞生。

2015年12月28日,新华社在海外社交媒体(海媒)平台脸书(Facebook)和推特(Twitter)上的印度尼西亚语账号正式上线运营,以新媒体方式在第一时间向印度尼西亚读者传递中国声音,分享中国故事,增进印度尼西亚人民对中国的了解。

2016年8月9日,印度尼西亚《商报》的微信公众号"印度尼西亚华商"正式试运行,这是印度尼西亚华文媒体的首个微信公众号。

四、旅游印度尼西亚便利化

自2015年6月起,中国游客赴印度尼西亚旅游享受免签的待遇。②

印度尼西亚旅游部为中国游客开发"寻找郑和的足迹"旅游线路③。

印度尼西亚旅游部推出中文版"奇幻印度尼西亚"网站,解决中国游客语言不通的问题,并陆续邀请中国团队前往印度尼西亚名胜区拍摄宣传片。④

印度尼西亚未来将增开中国二线城市与印度尼西亚城市的直飞航线,并通过电商网站推广以吸引中国游客。⑤

2016年印度尼西亚吸引大中国区(包括港澳台)游客210万人次,在印度尼西亚国际游客来源地中居首,基于2016年的良好表现,印度尼西亚旅游部计划2017年吸引大中国区游客240万人次。⑥

---

① 刘延东出席印度尼西亚中国节目频道 Hi Indo! 开播仪式 [EB/OL]. 凤凰财经, http://finance. ifeng. com/a/2015/0528/13739060_ 0. shtml, 2015 - 05 - 28.

②③ 印度尼西亚旅游部在京宣布吸引中国游客三项措施 [EB/OL]. 凤凰资讯, http://news. ifeng. com/a/2015/1113/46235369_ 0. shtml, 2015 - 11 - 13.

④ 印度尼西亚将正式对中国游客实行免签 [EB/OL]. 搜狐网, http://news. sohu. com/2015/0612/n4149436 35. shtml, 2015 - 06 - 12.

⑤⑥ 印度尼西亚政府对中国游客寄予厚望 [EB/OL]. 中国—印度尼西亚合作经贸网, http://www. cic. mofcom. gov. cn/ciweb/cic/info/Article. jsp? a_ no = 397645&col_ no = 459, 2016 - 12 - 24.

第四节　中国与印度尼西亚发展关系面临的挑战

虽然中国与印度尼西亚关系态势良好，但是还存在一些问题需要警惕。

一、世界经济低迷将对中国、印度尼西亚经贸合作造成一定影响

美国某研究机构称，在未来10年，中国将面临结构性放缓和广泛的不确定性，即其经济的低增速可能转化为对诸如橡胶、煤炭和棕榈油等初级和资源性产品的需求减少。另据国际货币基金组织估计，由于中国、印度尼西亚两国紧密的贸易联系，中国经济增长速度每减少1%，印度尼西亚的经济随之放缓0.5%。佐科为印度尼西亚经济定下了新的五年计划（2015~2019年），其中预期GDP的年均增长率应达到7%左右。但是2015年印度尼西亚的GDP增长率仅为4.79%。同时，印度尼西亚政府的财税收入也大为降低，已经连续12年没有完成年度财税收入目标。印度尼西亚央行几年来又一直面临着货币贬值、通胀率高企的压力。而中国作为世界第二大经济体和印度尼西亚的第一大贸易伙伴，2015年GDP增长率为6.9%，是5年来最低水平。这势必会拉低中国对印度尼西亚初级和资源性产品的需求，这不仅对中国潜在投资者投资印度尼西亚的信心造成消极影响，而且也对两国的经贸合作造成消极影响。

二、印度尼西亚贸易保护主义蔓延

印度尼西亚海关已将产地证退证查询作为贸易保护的一种手段。随着中国对东盟贸易的快速发展，中国出口产品在印度尼西亚的市场份额不断扩大，引起印度尼西亚官方的关注，甚至是焦虑。印度尼西亚海关对我国出口货物采取频繁退证查询等方式推迟甚至取消关税优惠，为中国出口产品设置障碍。自2012年起，印度尼西亚的退证查询持续增加，远远高于东盟其他国家的退证率，且退证的理由也五花八门，从质疑签证官员笔迹、原产地标准，到近期的质疑证书格式不符合证书背书要求，给中国出口企业造成极大的困扰和损失。印度尼西亚退证查询的随意性显示了该国设置贸易壁垒的鲜明意图。比如提高进口中国I型和H型钢达26%，而中国上述产品对印度尼西亚出口占印度尼西亚同类产品进口总额的96.62%。[①]

---

① 印度尼西亚征收建筑钢材进口保护关税［EB/OL］. 新浪财经, http://finance.sina.com.cn/money/future/2015/0211/085921527226.shtml, 2015-02-11.

三、两国民众尚存隔阂

虽然中国与印度尼西亚有着上千年友好交往历史,但是1965年印度尼西亚发生的"9·30事件"和1998年的"5·13事件"使得中国与印度尼西亚交流受到很大阻碍。这使得两国恩怨、隔阂还存在。在这种背景下,印度尼西亚媒体对中国正面报道相对较少,而对中国的负面报道比较多。这进一步扭曲了印度尼西亚民众的判断力和认知力,使得印度尼西亚对中国更加不了解、更加不信任。同样,中国人对印度尼西亚的了解也很有限,对于印度尼西亚的历史、民族情结、心理思维等则缺乏深入的了解。尤其是2016年由于雅加达首长选举而引发的"倒华"事件呈现印度尼西亚深层的排华情绪并使得印度尼西亚华人、华企有所忧虑。这些都导致两国在相互交流上存在障碍。

第五节 中国与印度尼西亚关系展望

近两年来,两国在政治、经济、文化和社会等领域的合作与交流取得了实实在在的成效,有力地推动了两国全面战略伙伴关系继续向更广领域和更深层次发展。展望未来,两国将会继续在发展两国全面战略伙伴关系的道路上,通过不断地推进"5通"建设,携手共筑两国"命运共同体"。

一、两国交往将更加频繁

中国与印度尼西亚将继续建立不同层次、不同领域、不同方式的对话交流机制,这将使得两国不仅能够在政策上加强沟通,管控分歧,增进理解,凝聚共识,而且还可以推进民间的交流和交往。

二、基础设施建设领域的合作将更加深化

两国在基础设施建设方面开展广泛合作的时机已经成熟。印度尼西亚已经成为亚洲基础设施投资银行(AIIB)的成员,并在第一时间欲向亚投行申请贷款。印度尼西亚未来5年发展建设规划需要建设庞大数量的铁路、公路、港口、码头、水坝、机场、桥梁,急需巨额资金和技术支援,而中国具备这方面的意愿和能力。

三、两国经贸交往将更加密切

目前,在印度尼西亚投资的中国企业已超过1000家,涉及印度尼西亚经济

和社会多个领域。印度尼西亚已成为中国在东盟最大的投资目的地和第二大工程市场。自从佐科2014年10月底出任总统以来，中国在印度尼西亚的投资意向额超过830亿美元，远超过日本的116亿美元和新加坡的1.85亿美元。如果印度尼西亚佐科政府能简化该国的商业程序，中国很快就会成为印度尼西亚最大的外资来源国。

四、人民币国际化将助力印度尼西亚经济发展

人民币已成为国际结算货币、投资货币和储备货币，这种情况对印度尼西亚的金融和经济非常有利，也将为印度尼西亚贸易和投资提供新的国际货币选择，改变过去储备和结算广泛使用美元局面，同时为中国、印度尼西亚贸易和投资更多使用人民币结算和融资提供方便。印度尼西亚央行将增加外汇储备中人民币的比重，双方经贸活动将更多地使用人民币结算，这样既可以规避汇率风险，降低交易成本，又可以提高融资效率。中国国有和民间金融机构也在积极为印度尼西亚经济发展服务。

参考文献

[1] 赵洪. 论东盟经济共同体 [J]. 南洋问题研究, 2006 (1): 47-53.

[2] 通萨·班亚辛, 罗芳玲. 东盟各国关系 [J]. 东南亚纵横, 2012 (10): 10-11.

[3] 郑一省. 印度尼西亚和东盟关系的回顾与展望 [J]. 东南亚研究, 2008 (3): 32-38.

[4] 温北炎. 印度尼西亚在中国—东盟自由贸易区中的积极作用 [J]. 东南亚纵横, 2004 (10): 44-48.

[5] 费盛康. 深化中国与印度尼西亚经济合作的思考 [J]. 国际经济合作, 2010 (6): 44-48.

[6] 曹云华. 印度尼西亚在东盟的地位和作用的变化 [J]. 当代亚太, 2001 (3): 21-27.

[7] 张彬, 袁立波. APEC 主要成员参与区域经济一体化的现状与趋势 [J]. 南开学报, 2010 (4): 93-103.

[8] 曹云华. 亚太区域经济合作: 印度尼西亚的立场和政策 [J]. 亚非纵横, 1996 (4): 12-14.

[9] 吴崇伯. 韩国与印度尼西亚的经济关系分析 [J]. 南洋问题研究, 2014 (2): 1-10.

[10] 唐翀. 日本推进与印度尼西亚自贸区的背景及战略动机 [J]. 现代日本经济, 2009 (2): 44-48.

[11] 孙晓玲. 印度—东盟自由贸易区的缘起、现状及影响 [J]. 东南亚研究, 2010 (3): 67-72.

[12] 李好. 印度—东盟区域经济合作的历史与现状 [J]. 南亚研究季刊, 2004 (2): 97-101.

[13] 程晓勇. 印度与印度尼西亚关系解析: 战略互利基础上的相互借重 [J]. 国际论坛, 2013 (2): 42-47.

[14] 刘静．澳大利亚、新西兰—东盟自由贸易区的背景、意义及展望 [J]．亚太经济，2005（4）：20-22．

[15] 程晓勇，曹云华．澳大利亚的东盟政策解析 [J]．当代亚太，2007（8）：24-31．

[16] 王光厚．浅析澳大利亚的东盟政策 [J]．国际论坛，2013（5）：20-24．

[17] 蒋保，吕乔．论澳大利亚与印度尼西亚关系之变迁 [J]．东南亚纵横，2009（10）：43-47．

[18] 曹云华．东南亚次区域：新柔廖三角的形成与发展 [J]．国际贸易问题，1995（8）：50-55．

[19] 李皖南．东盟南增长三角：东盟次区域经济合作的典范 [J]．中国—东盟博览，2007（6）：24-29．

[20] 李皖南．北增长三角东盟次区域经济合作的有益尝试 [J]．中国—东盟博览，2007（10）：58-60．

[21] 李皖南．东盟东增长区的发展与引资成效 [J]．东南亚研究，2007（3）：31-37．

[22] 吴世韶．中国与东南亚国家间次区域经济合作研究 [D]．华中师范大学，2011．

[23] 陈宁．东盟增长三角经济合作进展缓慢的原因 [J]．亚非纵横，1997（1）：32-33．

[24] 刘正良，刘厚俊．东盟次区域合作模式中的问题与展望 [J]．东南亚纵横，2004，12：1-5．

[25] 竺彩华，冯兴艳，李锋．RCEP谈判：进程、障碍及推进建议 [J]．国际经济合作，2015（3）：14-21．

[26] 沈铭辉．构造区域全面经济伙伴关系协定——走向统一的地区架构 [J]．东北亚论坛，2013（4）：28-38．

[27] 陆建人．美国加入TPP的动因分析 [J]．国际贸易问题，2011（1）：43-52．

[28] 时宏远．试析冷战后印度与印度尼西亚关系的变化 [J]．东南亚研究，2012（3）：45-52．

[29] 陈淑梅，赵亮．广域一体化新视角下东亚区域合作为何选择RCEP而非TPP？[J]．东北亚论坛，2014（2）：50-58．

[30] 周玉渊．从东盟自由贸易区到东盟经济共同体：东盟经济一体化再认识 [J]．当代亚太，2015（3）：92-112．

[31] 许利平．印度尼西亚的地方自治：实践与挑战 [J]．东南亚研究，

2010 (5): 4-8.

[32] 邓应文. 东南亚地区形势 [J]. 东南亚研究, 2015 (2): 4-15.

[33] 李皖南. 2014年印度尼西亚总统大选出现的新变化及其影响 [J]. 东南亚研究, 2014 (5): 4-13.

[34] 吴崇伯. 印度尼西亚新总统面临的挑战与政策趋向分析 [J]. 厦门大学学报 (哲学社会科学版), 2015 (1): 60-67.

[35] 李皖南, 刘呈祥. 印度尼西亚佐科政府执政绩效初评 [J]. 东南亚研究, 2016 (2): 22-31.

[36] 程心, 尼文. 东南亚地区经济形势: 表现及展望 [J]. 东南亚研究, 2016 (1): 30-108.

[37] 王香菊, 朱方晴. 印度尼西亚政治中的伊斯兰因素 [J]. 中共长春市委党校学报, 2007 (4): 48-49.

[38] 亓光. 面向政治安全: 超越"人的安全"与重释安全 [J]. 探索, 2015 (4): 107-111.

[39] 伦纳德·C. 塞巴斯蒂安. 令人费解的印度尼西亚民主 [J]. 南洋资料译丛, 2004 (4): 58-69.

[40] 柳凡. 浅析瓦希德革除维兰托 [J]. 当代亚太, 2000 (3): 35-37.

[41] 张敦伟. 印度尼西亚总统选举中的寡头政治与民主政治之争 [J]. 东南亚南亚研究, 2015 (4): 15-21.

[42] 贺圣达, 马勇. 东南亚伊斯兰势力的新发展及其影响 [J]. 学术探索, 2008 (5): 29-34.

[43] 于志强. 佐科治下印度尼西亚的外交政策: 回归务实和民族主义 [J]. 东南亚纵横, 2015 (7): 14-19.

[44] 姜志达. 印度尼西亚苏西洛政府的"自信"外交 [J]. 国际问题研究, 2012 (6): 118-128.

[45] 李益波. 浅析俄罗斯与印度尼西亚的防务合作及其影响 [J]. 和平与发展, 2013 (6): 100-107.

[46] 王勤. 东盟经济共同体建设的进程与成效 [J]. 南洋问题研究, 2015 (4): 1-10.

[47] 禤永明. 浅谈东盟地区经济发展的现状与未来 [J]. 经济师, 2010 (3): 93-94.

[48] 罗海峰. 印度尼西亚与中国贸易现状及存在的问题分析 [J]. 对外经贸, 2016 (4): 29-31.

[49] 张才圣. CAFTA框架下的中国—东盟非传统安全问题合作研究 [J].

广西师范大学学报，2012，48（3）：35-39.

［50］王勤，刘静．日本—东盟自由贸易区的进程与前景［J］．东南亚研究，2004（6）：13-15.

［51］郭秋梅，周聿峨．印度—东盟自由贸易区浅论——基于印度的视角［J］．东南亚研究，2010（6）：51-57.

［52］魏海斌，杨纯瑛．90年代印度尼西亚巴淡岛的经济腾飞及启示［J］．中共宁波市委党校学报，2002，24（1）：35-38.

［53］许红艳．印度尼西亚地区南岛语民族的形成初探［J］．曲靖师范学院学报，2013，32（1）：74-79.

［54］秦为芬．印度尼西亚殖民地末期青年知识分子的文化定位危机之解读［J］．文学界（理论版），2012（11）：287-289.

［55］韦红．战后东南亚经济开发引发民族冲突诸因素分析［J］．世界历史，2001（6）：95-103.

［56］韦红．苏哈托时期印度尼西亚的经济发展与民族矛盾［J］．当代亚太，2002（10）：51-55.

［57］梁敏和．印度尼西亚民族分离主义运动的特点［J］．世界民族，2002（4）：13-22.

［58］孔远志．五大宗教在印度尼西亚［J］．东南亚纵横，1995（2）：40-42.

［59］孔远志．佛教在印度尼西亚［J］．东南亚研究，1991（3）：83-88.

［60］孔远志．基督教和天主教在印度尼西亚［J］．东南亚研究，1990（4）：98-104.

［61］孔远志．印度尼西亚华人孔教的兴衰［J］．华侨华人历史研究，1989（4）．

［62］单宝君．印度尼西亚地方制度研究［D］．山东：山东大学，2012.

［63］杨小雨．中国和东盟经济一体化研究及政策选择［D］．辽宁：大连理工大学，2004.

［64］甘振军．澳大利亚对东盟国家关系研究（1967~2007）［D］．武汉：华东师范大学，2012.

［65］王作成．马来西亚与东盟：外交政策与地区主义［D］．上海：复旦大学，2004.

［66］张小宇．国际因素视角下印度尼西亚民主转型的动因分析［D］．济南：山东大学，2014.

［67］洪源善．当代泰国与印度尼西亚华人社会比较研究［D］．北京：中国社会科学院研究生院，2003.

［68］陈金. 印度尼西亚马鲁古和巴布亚地区民族分离主义运动研究［D］. 厦门：厦门大学，2008.

［69］公正福利党靠拢佐科以后［N］. 印度尼西亚商报，2016-01-11.

［70］两部长出席巴格利阵营从业阶层党全国领导会议　巴格利正式表态支持佐科政府［N］. 千岛日报，2016-01-25.

［71］印度尼西亚举行地方选举［N］. 国际日报，2015-12-10.

［72］东盟北增长三角［N］. 广西日报，2009-07-22.

［73］李克强会见印度尼西亚总统佐科并共同出席中国—印度尼西亚经济合作论坛［N］. 人民日报，2015-03-28.

［74］中国和印度尼西亚高层经济对话第一次会议举行［N］. 人民日报，2015-01-27.

［75］中国和印度尼西亚高层经济对话第二次会议在雅加达举行［N］. 中国贸易报，2016-05-10.

［76］中国和印度尼西亚举行副总理级对话机制第五次会议［N］. 人民日报，2016-04-27.

［77］中华人民共和国和印度尼西亚共和国关于加强两国全面战略伙伴关系的联合声明［N］. 人民日报，2015-03-27.

［78］中国—印度尼西亚副总理级人文交流机制首次会议在印度尼西亚举行［N］. 光明日报，2015-05-29.

［79］刘延东主持中国与印度尼西亚副总理级人文交流机制第二次会议［N］. 人民日报，2016-08-02.

［80］务实推动中国与印度尼西亚两国基础设施和产能合作［N］. 中国经济导报，2015-03-12.

［81］中华人民共和国与印度尼西亚共和国联合新闻公报［N］. 人民日报，2015-04-23.

［82］印度尼西亚贸易部表示2天可办好进出口证［N］. 千岛日报，2015-08-19.

［83］中国承建印度尼西亚塔扬桥通车［N］. 人民日报海外版，2013-03-24.

［84］韦红. 印度尼西亚国情报告［M］. 北京：社会科学文献出版社，2015.

［85］Aspinall E. The New Nationalism in Indonesia［J］. Asia & the Pacific Policy Studies，2016，3（1）：69-79.

［86］Satake, Tomohiko and Yusuke Ishihara. America's Rebalance to Asia and Its Implications for Japan-US-Australia Security Cooperation［J］. Asia-Pacific

Review, 2012, 2 (19): 6-25.

[87] Adelle Nrary. Jokowi Spells Out Vision for Indonesia Global Maritime Nexus [J]. CSIS, 2014, 5 (24): 1-14.

[88] Nurfitriani N. Hindersah R. Effect of Fungi and Manure on Cadmium Content and Biomass of Maize Grown in Cadmium Contaminated Tailing from Bangka Indonesia [J]. Current Research in Agricultural Sciences, 2015, 2 (2): 42-52.

[89] Nadalutti E. The Rise of Trans-border Regions in Southeast Asia: Behind the Dynamics of Informal and Formal Integration Processes in the "Indonesia-Malaysia-Singapore" Growth Triangle [J]. The Pacific Review, 2015, 28 (4): 607-630.

[90] Cederroth S. C. Indonesia and Malaysia [J]. Islam Outside the Arab World, 1999: 253.

[91] Smith G. J. D., Naipospos T. S. P., Nguyen T. D., et al. Evolution and Adaptation of H5N1 Influenza Virus in Avian and Human Hosts in Indonesia and Vietnam [J]. Virology, 2006, 350 (2): 258-268.

[92] Aditama T. Y.. Prevalence of Tuberculosis in Indonesia, Singapore, Brunei Darussalam and the Philippines [J]. Tubercle, 1991, 72 (4): 255-260.

[93] Satake, Tomohiko and Yusuke Ishihara. America's Rebalance to Asia and its Implications for Japan-US-Australia Security Cooperation [J]. Asia-Pacific Review, 2012, 19 (2): 6-25.

[94] Ali J. R., Hall R. Evolution of the boundary between the Philippine Sea Plate and Australia: Palaeomagnetic Evidence from Eastern Indonesia [J]. Tectonophysics, 1995, 251 (1): 251-275.

[95] Sumargi A., Sofronoff K., Morawska A. Understanding Parenting Practices and Parents' Views of Parenting Programs: A survey among Indonesian Parents Residing in Indonesia and Australia [J]. Journal of Child and Family Studies, 2015, 24 (1): 141-160.

[96] Nijman V. CITES-listings, EU Eel Trade Bans and the Increase of Export of Tropical Eels out of Indonesia [J]. Marine Policy, 2015, 58: 36-41.

[97] Fishman A. Obidzinski K. Verified Legal? Ramifications of the EU Timber Regulation and Indonesia's Voluntary Partnership Agreement for the Legality of Indonesian Timber [J]. International Forestry Review, 2015, 17 (1): 10-19.

[98] Bank Indonesia. Indonesia Economic Report 2015 [R]. Indonesia: Bank Indonesia, 2015: 106-116.

[99] BPS. Statistical Yearbook of Indonesia 2016 [R]. Indonesia: BPS,

2016：108-601.

［100］WB. Indonesia Economic Quarterly March 2016［R］. Indonesia：WB，2016：28-31.

［101］联合国贸发会议 UNCTAD 数据库，http：//unctadstat. unctad. org/EN/Index. html.

［102］东南亚国家联盟网站，http：//asean. org/? static_ post = foreign - direct - investment - statistics.

［103］印度尼西亚投资协调委员会网站，http：//www6. bkpm. go. id/en/investing - in - indonesia/statistic.

［104］东盟—日本中心网站，http：//www. asean. or. jp/en/.

［105］印度工业援助秘书处，http：//www. dipp. nic. in/English/default. aspx.

［106］印度工商部网站，http：//dipp. gov. in/English/Default. aspx.

［107］马来西亚投资发展局，http：//www. mida. gov. my/home/.

［108］新加坡统计局，http：//www. singstat. gov. sg/home.

［109］泰国投资促进委员会，http：//www. boi. go. th/index. php? page = index.

［110］澳大利亚政府对外贸易事务部，http：//dfat. gov. au/pages/default. aspx.

［111］新西兰统计局，http：//www. stats. govt. nz.

［112］中华人民共和国驻印度尼西亚大使馆经济商务参赞处，http：//id. mofcom. gov. cn.

［113］印度尼西亚商报，http：//www. shangbaoindonesia. com.

［114］印度尼西亚国际日报，http：//www. guojiribao. com/shtml/index_gjrb. shtml.

［115］雅加达邮报，http：//www. thejakartapost. com.

［116］印度尼西亚热议人口红利机遇期［EB/OL］. 世界人口网，http：//www. renkou. org. cn/countries/yindunixiya/2016/0330/5336. html，2016-03-30.

［117］印度尼西亚城镇化：城镇人口分布在大都市［EB/OL］. 世界人口网，http：//www. renkou. org. cn/countries/yindunixiya/2016/0315/4932. html，2016-03-15.

［118］印度尼西亚简介［EB/OL］. 搜狐文化，http：//news. sohu. com/2009/0902/n266406166. shtml，2009-09-02.

［119］中国—东盟环境保护合作中心. 印度尼西亚国家概况［EB/OL］. 中国新闻网，http：//www. chinaaseanenv. org/dmgjjs/270772. shtml，2010-12-23.

［120］印度尼西亚国家概况［EB/OL］. 中国新闻网，http：//www. chinan

ews. com/gn/2013/0929/5335922. shtml，2013 - 09 - 29.

［121］印度尼西亚的立法机构及其运作特点［EB/OL］. 人大新闻网，http：//npc. people. com. cn/n/2015/1015/c14576 - 27701242. html，2015 - 10 - 15.

［122］印度尼西亚国家概况［EB/OL］. 中华人民共和国外交部网，http：//www. fmprc. gov. cn/web/gjhdq_ 676201/gj_ 676203/yz_ 676205/1206_ 677244/1206x0_ 677246/，2015 - 07 - 01.

［123］印度尼西亚公布国会选举正式结果 斗争民主党获胜［EB/OL］. 网易财经，http：//news. 163. com/14/0510/15/9RT3LDCC00014JB5. html，2015 - 10 - 14.

［124］印度尼西亚国会废止地方直选制度 称耗资巨大滋生腐败［EB/OL］. 网易新闻，http：//news. 163. com/2014/0930/08/A7CKVTEC00014SEH. html，2014 - 09 - 30.

［125］印度尼西亚地方选举1亿选民投票 选出200多名省市区［EB/OL］. 新浪网，http：//news. sina. com. cn/o/2015/1210/doc - ifxmpnqi6243405. shtml，2015 - 12 - 10.

［126］印度尼西亚举行地方选举 成绩将影响总统佐科经改成败［EB/OL］. 凤凰资讯，http：//news. ifeng. com/a/2015/1209/46591099_ 0. shtml，2015 - 12 - 09.

［127］亚洲印度尼西亚国家概况［EB/OL］. 旅交汇，http：//www. 17u. net/wd/detail/4_ 122103，2010 - 03 - 31.

［128］印度尼西亚国民使命党脱离红白联盟遭党内外抨击［EB/OL］. 印度尼西亚华人网，http：//www. ydnxy. com/article - 2782 - 1. html，2015 - 09 - 04.

［129］印度尼西亚民调显示：民众对佐科政府内阁持观望态度［EB/OL］. 凤凰网，http：//finance. ifeng. com/a/2014/1101/13240121_ 0. shtml，2014 - 11 - 01.

［130］带你认识佐科政府新内阁34名部长［EB/OL］. 印度尼西亚中华俱乐部，http：//mp. weixin. qq. com/s?src = 3&timestamp = 1469431791&ver = 1&signature = N * l6WT8fqfgFzqZNb － C5FgfiSe － WZbVGby31iFB5gkkQTdawry4paxAiSqjcDPJ9yAtrk5S7yds8ogF4JTuxBgahi － HQEPnlTwgZDOyKHn9uIil6eRiOyOneWp6CPYh9CgBz － － kV0AJ7xEcIAE － XADQ，2014 - 10 - 28.

［131］印度尼西亚总统公布新内阁名单引关注 新面孔占大多数［EB/OL］. 新浪网，http：//roll. sohu. com/2014/1027/n405497809. shtml，2014 - 10 - 27.

［132］老杜看印度尼西亚之六：印度尼西亚政府执行力知多少［EB/OL］. 鼎信集团网，http：//www. decent - china. com/index. php/Info/Index/id/3600. html，2016 - 01 - 27.

［133］政坛各界对内阁改组发表不同看法［EB/OL］. 国际日报, http://www.guojiribao.com/shtml/gjrb/2015/0813/231227.shtml, 2015-08-13.

［134］印度尼西亚官员建议将腐败官员关在笼子里示众［EB/OL］. 中国新闻网, http://news.tom.com/2011/1208/OKVF/85634427.html, 2011-12-08.

［135］印度尼西亚前部长涉贪腐被拘 或将面临20年监禁［EB/OL］. 新华网, http://legal.dbw.cn/system/2015/04/13/056449664.shtml, 2015-04-13.

［136］印度尼西亚能源矿产领域高官频频涉腐［EB/OL］. 党风廉政建设网, http://www.qlgov.org/nhtml/2014/1113/71645.html, 2014-11-13.

［137］印度尼西亚新总统能否掀翻腐败的"桌子"［EB/OL］. 南风窗网, http://www.nfcmag.com/article/5290.html, 2015-01-22.

［138］苏哈托家族挪用3亿美元 印度尼西亚法院令归还［EB/OL］. 新华网, http://news.xinhuanet.com/world/2015/0812/c_128120718.htm, 2015-08-12.

［139］国会副议长法赫里遭繁荣公正党解雇［N］. 雅加达环球报, http://www.cistudy.cn/bencandy.php?fid=52&id=1717, 2016-04-04.

［140］"印度尼西亚奥巴马"异军突起［EB/OL］. 浙江日报, http://zjrb.zjol.com.cn/html/2014/0414/content_2613347.htm?div=-1, 2014-04-14.

［141］印度尼西亚总统为节约要求停办奢华宴会［EB/OL］. 搜狐网, http://roll.sohu.com/20141203/n406613062.shtml, 2014-12-03.

［142］印度尼西亚总统坐经济舱赴新加坡参加儿子毕业典礼［EB/OL］. 网易新闻, http://news.163.com/2014/1127/11/AC294V6U00014JB5.html, 2014-11-27.

［143］佐科告诫部长们规划应符合预算［EB/OL］. 雅加达环球报, http://www.cistudy.cn/bencandy.php?fid=52&id=1993, 2016-04-14.

［144］印度尼西亚反腐败委员会简介［EB/OL］. 人民网, http://news.sohu.com/20091209/n268808730.shtml, 2009-12-09.

［145］肃贪会扩大调查加托（Gatot）贿赂案［EB/OL］. 雅加达邮报, http://www.cistudy.cn/bencandy.php?fid=52&id=978, 2015-11-07.

［146］肃贪会要求PPATK追查最高法院秘书长的资金来源［EB/OL］. 雅加达环球报, http://www.cistudy.cn/bencandy.php?fid=52&id=2263, 2016-05-29.

［147］肃贪会: 180地方官涉贪［EB/OL］. 千岛日报, http://www.cistudy.cn/bencandy.php?fid=52&id=1141, 2015-12-03.

［148］印度尼西亚反腐任重道远［EB/OL］. 人民网国际频道, http://

world. people. com. cn/n1/2015/1218/c1002 - 27943354. html，2015 - 12 - 18.

［149］今明两年政府优先发展12项建设纲领［EB/OL］.（印度尼西亚）国际日报，http：//world. people. com. cn/GB/n1/2015/1218/c1002 - 27943354. html，2016 - 03 - 04.

［150］印度尼西亚在穆斯林问题上的经验值得各国借鉴［EB/OL］. 东方头条，http：//mini. eastday. com/guoji/160118/180439001. html，2016 - 01 - 18.

［151］印度尼西亚警方去年挫败7起恐怖袭击计划，逾百警员伤亡［EB/OL］. 大河网，http：//mt. sohu. com/20160101/n433245751. shtm，2016 - 01 - 01.

［152］卡伊达之后印度尼西亚面对第二波恐怖威胁［EB/OL］. 联合早报网，http：//www. zaobao. com/sea/politic/story20160617 - 629873，2016 - 06 - 17.

［153］印度尼西亚立法加强反恐，禁参与海外极端组织公民回国［EB/OL］. 搜狐网，http：//mt. sohu. com/20160120/n435178914. shtml，2016 - 01 - 20.

［154］政府拟为前恐怖分子建立特殊的康复中心［EB/OL］. 雅加达邮报，http：//www. cistudy. cn/bencandy. php？fid = 3&id = 1640，2016 - 02 - 25.

［155］卡拉在卫塞节上号召各宗教要团结友爱［EB/OL］. 雅加达邮报，http：//www. cistudy. cn/ewebeditor/kindeditor/attached/file/20160621/20160621165728_ 94776. pdf，2016 - 06 - 21.

［156］中华人民共和国驻印度尼西亚大使馆经济商务参赞处. 印度尼西亚总统公布未来5年宏大经济发展和建设计划［EB/OL］. http：//id. mofcom. gov. cn/article/bankbx/2014/1201/20141201841311. shtml，2014 - 12 - 01.

［157］印度尼西亚迎来人口红利期 专家呼吁抓住机遇提升经济实力［EB/OL］. 国际在线，http：//gb. cri. cn/42071/2013/11/28/6071s4338082. html，2013 - 11 - 28.

［158］印度尼西亚超越巴西成为热带雨林消失最多的国家［EB/OL］. 东盟网，http：//www. asean168. com/a/20140701/6653. html，2014 - 07 - 01.

［159］印度尼西亚警方：印度尼西亚已成为ISIS传播极端思想的沃土［EB/OL］. 新浪网，http：//news. sina. com. cn/w/2015/0324/105831638958. shtml，2015 - 03 - 24.

［160］增长仅4.7% 印度尼西亚去年经济不如预期［EB/OL］. 联合早报，http：//www. zaobao. com/special/report/politic/indopol/story20160104 - 566884，2016 - 01 - 04.

［161］印度尼西亚经济显现加速复苏迹象［EB/OL］. 中国网，http：//finance. china. com. cn/roll/20160819/3866488. shtml，2016 - 08 - 19.

［162］印度尼西亚通胀大幅放缓至6年来最低［EB/OL］. 搜狐网，http：//mt. sohu. com/20160106/n433618633. shtml，2016 - 01 - 06.

［163］印度尼西亚总统佐科：五年内五大农产品实现自给自足［EB/OL］. 网易，http：//news. 163. com/2014/1110/11/AAMENH8D00014JB5. html，2014 - 11 - 10.

［164］主产国之一———印度尼西亚天然橡胶行业大揭秘［EB/OL］. 卓创资讯，http：//www. sci99. com/news/20969800. html，2016 - 04 - 01.

［165］印度尼西亚着力发展海洋产业［EB/OL］. 凤凰财经，http：//finance. ifeng. com/a/20150728/13871111_ 0. shtml，2015 - 07 - 28.

［166］GBG. 印度尼西亚纺织制造业产业概况［EB/OL］. http：//www. gbgindonesia. com/zh - cn/manufacturing/article/2011/overview_ of_ the_ manufacturing_ sector. php，2011.

［167］印度尼西亚纺织制造业产业概况［EB/OL］. 第一财经，http：//www. yicai. com/news/4665447. html，2015 - 08 - 05.

［168］2016 年印度尼西亚经济情况会怎样 从汽车工业谈起［EB/OL］. 印度尼西亚国际日报，http：//www. guojiribao. com/shtml/gjrb/20160105/249853. shtml，2016 - 01 - 05.

［169］专家称印度尼西亚加入 TPP 对本国汽车行业不利［EB/OL］. 新浪网，http：//finance. sina. com. cn/roll/2016/0606/doc - ifxsvexw8520945. shtml，2016 - 06 - 06.

［170］印度尼西亚有望战胜泰国成为东南亚第一汽车王国［EB/OL］. 搜狐汽车，http：//auto. sohu. com/20160401/n443106777. shtml，2016 - 04 - 01.

［171］为保护国内产业 印度尼西亚调高钢铁进口税至 20%［EB/OL］. 商务部网站，http：//www. mofcom. gov. cn/article/i/jyjl/j/201506/20150601010551. shtml，2015 - 06 - 01.

［172］印度尼西亚 2016 年钢铁产能利用率或将提升至 80%［EB/OL］. 新浪财经，http：//finance. sina. com. cn/money/future/20151208/132523961754. shtml，2015 - 12 - 08.

［173］印度尼西亚钢铁市场现况及未来展望［EB/OL］. 中国投资指南网，http：//bfsu. fdi. gov. cn/1800000618_ 3_ 4072_ 0_ 7. html，2015 - 03 - 15.

［174］鞍钢集团计划投资印度尼西亚最大钢铁厂［EB/OL］. 中国—印度尼西亚合作经贸网，http：//www. cic. mofcom. gov. cn/ciweb/cic/info/Article. jsp？a_ no = 377545&col_ no = 465，2015 - 07 - 03.

［175］印度尼西亚举办基础设施投资与政策环境推介会［EB/OL］. 南宁新闻网，http：//www. nnnews. net/special/2015zt/dsejzgdmblh/jmqt0902/2015/0918/

t20150918_ 1433990. html，2015 – 09 – 18.

［176］印度尼西亚将要求建筑工程承包商须拥有自己重型机械［EB/OL］. 印度尼西亚华人网，http：//www. ydnxy. com/article – 3085 – 1. html，2015 – 09 – 16.

［177］印度尼西亚拟向亚投行申请贷款 380 亿美元承建基础设施［EB/OL］. 搜狐网，http：//news. sohu. com/20151105/n425407625. shtml，2015 – 11 – 05.

［178］专家认为印度尼西亚银行数量过多需进行整合［EB/OL］. 凤凰财经，http：//finance. ifeng. com/a/20140505/12263871_ 0. shtml，2014 – 05 – 05.

［179］印度尼西亚多举措吸引中国游客［EB/OL］. 人民网，http：//world. people. com. cn/n1/2016/0112/c1002 – 28039571. html，2016 – 01 – 12.

［180］印度尼西亚旅游业外汇收入远不如泰国和马来西亚［EB/OL］. 新浪网，http：//finance. sina. com. cn/roll/20151202/121323911179. shtml，2015 – 12 – 02.

［181］2016 年印度尼西亚经济发展看中国［EB/OL］. 雅加达邮报，http：//china. huanqiu. com/News/mofcom/2016 – 0108/8342684. html，2016 – 01 – 08.

［182］"勿贪污民众的钱"佐科谴责四政府机构糟糕的审计报告［EB/OL］. 印度尼西亚全球网，http：//mp. weixin. qq. com/s? _ _ biz = MzA3MzQwNzkwNw% 3D% 3D&idx = 2&mid = 2660050437&sn = 78aba85f0fef4c602d663e5c9826cd02，2016 – 06 – 06.

［183］印度尼西亚 294 地方政府公务员开支超 50%，内长：应把更多预算金供作资本开支［EB/OL］. 印度尼西亚全球网，http：//mp. weixin. qq. com/s? _ _ biz = MzA3MzQwNzkwNw% 3D% 3D&idx = 2&mid = 2660050437&sn = 78aba85f0fef4c602d663e5c9826cd02，2016 – 06 – 06.

［184］印度尼西亚国会废除地方首长直选［EB/OL］. 联合早报网，http：//www. zaobao. com/buyeng/translate/story20140927 – 393642，2014 – 09 – 27.

［185］亚洲军力排行榜最新出炉：中国果然名次惊人［EB/OL］. 搜狐网，https：//m. sohu. com/n/422212619/，2015 – 09 – 27.

［186］Jakarta Globe. Islamic State Officially Claims Jakarta Attacks［EB/OL］. http：//jakartaglobe. beritasatu. com/news/islamic – state – officially – claims – jakarta – attacks – statement/，2016 – 01 – 14.

［187］印度尼西亚为什么再遭恐怖袭［EB/OL］. 新华网，http：//news. xinhuanet. com/world/2016/0116/c_ 128634174. htm，2016 – 01 – 16.

［188］印度尼西亚预计 2017 年信贷增长将达 12%［EB/OL］. 搜狐网，http：//mt. sohu. com/20170115/n478766518. shtml，2017 – 01 – 15.

［189］观察员：佐科外交政策不再"皆大欢喜"［EB/OL］. 联合早报，http：//www. zaobao. com. sg/special/report/politic/indopol/story2015/0425 – 472436，

2015 – 04 – 25.

［190］印度尼西亚炸毁 27 艘外国渔船，展现捍卫经济海域决心［EB/OL］. 印度尼西亚商报，http：//www. shangbaoindonesia. com/indonesia – berita/. htm, 2016 – 02 – 23.

［191］Revisiting Economic Diplomacy［EB/OL］. 雅加达邮报，http：//www. thejakartapost. com/news/2015/01/02/revisiting – economic – diplomacy. html, 2015 – 01 – 02.

［192］East Asia Forum. Why Indonesia Should Take a Leading Role in ASEAN［EB/OL］. http：//www. eastasiaforum. org/2015/03/28/why – indonesia – should – take – a – leading – role – in – asean/, 2015 – 03 – 28.

［193］印度尼西亚霾害急剧恶化引忧虑　拖累东南亚经济［N］. 联合早报，http：//news. xinhuanet. com/world/2015/0928/c_ 128274827. htm, 2015 – 09 – 28.

［194］The Diplomat the Trouble with Indonesia – singapore Relations［EB/OL］. http：//thediplomat. com/2015/10/the – trouble – with – indonesia – singapore – relations/, 2015 – 10 – 21.

［195］马来西亚和印度尼西亚强化棕榈油合作［EB/OL］. 新浪财经，http：//finance. sina. com. cn/roll/20150908/060023182617. shtml, 2015 – 09 – 08.

［196］印度尼西亚将与马来西亚合作开发"国家汽车"［EB/OL］. 人民网. http：//env. people. com. cn/n/2015/0407/c1010 – 26807699. html, 2015 – 04 – 17.

［197］印度尼西亚山火持续殃及邻国　马来西亚再次宣布停课［EB/OL］. 网易财经，http：//money. 163. com/2015/1019/17/B6A9SBOP00253B0H. html, 2015 – 10 – 19.

［198］泰国曼谷爆炸致一名印度尼西亚公民遇难［EB/OL］. 人民网，http：//world. people. com. cn/n/2015/0818/c157278 – 27481085. html, 2015 – 08 – 18.

［199］印度尼西亚炸沉外国渔船　越南望印度尼西亚以人道精神处理［EB/OL］. 搜狐新闻，http：//news. sohu. com/20150821/n419435090. shtml, 2015 – 08 – 21.

［200］印度尼西亚加入 TPP 至少要考虑一年之久［EB/OL］. 国际日报，http：//www. guojiribao. com/shtml/gjrb/20151123/244156. shtml, 2015 – 11 – 23.

［201］首次"2 + 2"上日本拉印度尼西亚谈南海　欲在印度尼西亚市场获与中国竞争优势［EB/OL］. 环球时报，http：//news. 163. com/2015/1218/02/BB35UUS600014JB6. html, 2015 – 12 – 18.

［202］俄罗斯"军售外交"与经济利益并重［EB/OL］. 21 世纪评论，http：//news. 21cn. com/today/topic/2010/11/20/7955703. shtml, 2010 – 11 – 20.

[203] 随着中国—东盟自贸区的建立 中国—东盟农产品贸易将迎来收获季节 [EB/OL]. 中国自由贸易区服务网, http：//fta. mofcom. gov. cn/article/fzdongtai/200907/904_ 1. html, 2009 - 07 - 21.

[204] 质检总局公布今年首批不合格进口食品和化妆品 [EB/OL]. 国家质量监督检验检疫总局, http：//www. aqsiq. gov. cn/xxgk_ 13386/tzdt/zztz/20101231_ 241123. html, 2010 - 12 - 31.

[205] 中国—东盟自由贸易区原产地规则 [EB/OL]. 商务部网站, http：//www. mofcom. gov. cn/article/b/g/2004/0209/20040200179031. shtml, 2004 - 02 - 09.

[206] 中华人民共和国驻新加坡共和国大使馆经济参赞处. 中国—东盟自贸区手册 [EB/OL]. http：//sg. mofcom. gov. cn/aarticle/maoyi/zhengcwend/200805/20080505523364. html, 2008 - 05 - 09.

[207] 中国和东盟签署《投资协议》 [EB/OL]. 新华网, http：//news. xinhuanet. com/world/2009/0815/content_ 11886340. htm, 2009 - 08 - 15.

[208] 中华人民共和国商务部. 印度尼西亚向中国企业推荐 5 个投资领域 [EB/OL]. http：//www. mofcom. gov. cn/article/resume/n/201603/20160301275123. shtml, 2016 - 03 - 14.

[209] 中国和印度尼西亚全面战略伙伴关系未来规划 [EB/OL]. 新华网, http：//news. xinhuanet. com/world/2013/1004/c_ 117592330. htm, 2013 - 10 - 04.

[210] 亚太经合组织的历史沿革和发展历程 [EB/OL]. 中国经济网, http：//intl. ce. cn/specials/zxxx/2013/0930/t20130930 _ 1573342. shtml, 2013 - 09 - 30.

[211] 驻胡志明市经商室. 东盟与韩国自贸协定生效 [EB/OL]. http：//hochiminh. mofcom. gov. cn/aarticle/sqfb/2007/0604/20070604747233. html, 2007 - 06 - 04.

[212] 东盟 9 国与韩国签署服务业自贸协定 [EB/OL]. 联合早报, http：//yzs. mofcom. gov. cn/aarticle/zcfb/2007/1123/20071105243412. html, 2007 - 11 - 23.

[213] 驻马来西亚经商参处. 印度和东盟将签署自由贸易协定——服务和投资协议 [EB/OL]. http：//www. mofcom. gov. cn/article/i/jyjl/j/2014/0905/20140905723027. shtml, 2014 - 09 - 05.

[214] 中国—东盟商务理事会. 中国—东盟：当市场大门打开后…… [EB/OL]. http：//www. china - aseanbusiness. org. cn/details. asp？id = 4201, 2010 - 10 - 13.

［215］澳大利亚12家公司准备在我国多项领域投资［EB/OL］．印度尼西亚商报，http：//www.shangbaoindonesia.com/indonesia – finance/.

［216］驻印度尼西亚经商参处．印度尼西亚称RCEP谈判顺利进行，将在2015年建立世界最大经济集团［EB/OL］．http：//id.mofcom.gov.cn/article/ziranziyuan/huiyuan/2013/0802/2013080246907.shtml，2013 – 08 – 02.

［217］东盟主导的区域全面经济伙伴关系即将诞生［EB/OL］．人民网，http：//world.people.com.cn/n/2012/1120/c1002 – 19640246 – 1.html，2012 – 11 – 20.

［218］互联网文档资源［EB/OL］．百度文库，http：//wenku.baidu.c，2012 – 11 – 17.

［219］习近平会见印度尼西亚总统佐科［EB/OL］．新华网，http：//news.xinhuanet.com/politics/2015 – 04/22/c_1115057759.htm，2015 – 04 – 22.

［220］习近平特使徐绍史会见印度尼西亚总统佐科［EB/OL］．新华网，http：//news.xinhuanet.com/world/2015 – 08/12/c_1116233524.htm，2015 – 08 – 12.

［221］印度尼西亚总统佐科会见孟建柱［EB/OL］．新华网，http：//news.xinhuanet.com/politics/2015 – 02/03/c_1114241203.htm，2015 – 02 – 03.

［222］外交部副部长程国平主持第四次中印度尼西亚反恐磋商［EB/OL］．网易新闻，http：//news.163.com/15/1203/15/B9U0PLM500014SEH.html，2015 – 12 – 03.

［223］孟建柱会见印度尼西亚政治法律和安全事务统筹部长卢胡特［EB/OL］．中国新闻网，http：//news.xinhuanet.com/politics/2016 – 04/27/c_128938157.htm，2016 – 04 – 27.

［224］张德江会见印度尼西亚总统佐科［EB/OL］．中国新闻网，http：//www.chinanews.com/gn/2015/03 – 27/7164796.shtml，2015 – 03 – 27.

［225］俞正声对印度尼西亚进行正式友好访问［EB/OL］．中国新闻网，http：//www.chinanews.com/shipin/2015/07 – 28/news587333.shtml，2015 – 07 – 28.

［226］李克强会见印度尼西亚人民协商会议主席祖尔基弗利［EB/OL］．新华网，http：//www.gov.cn/guowuyuan/2015 – 09/17/content_2934064.htm，2015 – 09 – 17.

［227］中国与印度尼西亚在农业领域进一步深化合作潜力很大［EB/OL］．中国发展网，http：//www.chinadevelopment.com.cn/news/cy/2016/09/1081515.shtml，2016 – 09 – 21.

［228］综述：印度尼西亚基础设施建设未来5年需约4245亿美元［EB/OL］．中国新闻网，http：//www.chinanews.com/gj/2015/06 – 14/7342528.shtml，

2015 - 06 - 14.

［229］印度尼西亚总统佐科主持中国电建承建的两个电站项目开工仪式［EB/OL］.中国机械工业联合会机经网, http：//www. mei. net. cn/dgdq/201505/608025. html, 2015 - 05 - 06.

［230］机电商会与印度尼西亚机电工程协会签订战略合作协议［EB/OL］.新浪财经, http：//finance. sina. com. cn/roll/20150527/084222277207. shtml, 2015 - 05 - 27.

［231］四川工程企业挺进一带一路 将为印度尼西亚建燃煤电站［EB/OL］.新浪四川. http：//sc. sina. com. cn/news/m/2015 - 06 - 07/detail - icrv-vpkk8046 773. shtml, 2015 - 06 - 07.

［232］哈电国际与印度尼西亚签订重大火电项目框架协议［EB/OL］.中国工业新闻网, http：//www. cinn. cn/xw/chanj/346893. shtml, 2015 - 10 - 15.

［233］中国神华中标印度尼西亚南苏 1 号 2×35 万千瓦独立发电站项目［EB/OL］.中国起重机械网, http：//www. chinacrane. net/news/201511/17/97887. html, 2015 - 11 - 17.

［234］中国机械工程签印度尼西亚燃煤电站项目合同［EB/OL］.新浪财经, http：//finance. sina. com. cn/stock/hkstock/ggscyd/20151224/093924070359. shtml, 2015 - 12 - 24.

［235］中国铁建新签印度尼西亚 110 亿元水电站项目 EPC 合同［EB/OL］.凤凰网财经, http：//finance. ifeng. com/a/20151228/14139751_ 0. shtml, 2015 - 12 - 28.

［236］中国水电与印度尼西亚 INTA 集团投资 3.6 亿美元兴建电站［EB/OL］.新浪财经, http：//finance. sina. com. cn/roll/2016 - 11 - 07/doc - ifxxnffr7021326. shtml, 2016 - 11 - 07.

［237］中国化学签下逾 62 亿元印度尼西亚电站工程承包合同［EB/OL］.新浪财经, http：//finance. sina. com. cn/roll/2016 - 11 - 22/doc - ifxxwsix4397367. shtml, 2016 - 11 - 22.

［238］中企中标印度尼西亚巴厘巴板—萨玛林达公路项目［EB/OL］.中国经济网, http：//intl. ce. cn/specials/zxxx/201509/23/t20150923_ 6564076. shtml, 2015 - 09 - 23.

［239］中国中铁获印度尼西亚 50 亿美元铁路合同［EB/OL］.财新网, http：//companies. caixin. com/2015 - 06 - 16/100819758. html, 2015 - 06 - 16.

［240］我国高铁首次实现全产业链出口［EB/OL］.中国经济网, http：//www. ce. cn/cysc/jtys/tielu/201510/22/t20151022_ 6776782. shtml, 2015 - 10 - 22.

［241］中国进出口银行广东省分行牵头银团与印度尼西亚广青镍业签订贷款协议［EB/OL］．人民网，http：//news.163.com/15/0508/16/AP3VOA8G00014JB6.html，2015－05－08.

［242］印度尼西亚启动与中国镍冶炼厂合作建设项目［EB/OL］．新浪财经，http：//finance.sina.com.cn/360desktop/world/20150616/163722446561.shtml，2015－06－16.

［243］印度尼西亚官员称中国鞍钢集团计划投资印度尼西亚最大钢铁厂［EB/OL］．新浪财经，http：//finance.sina.com.cn/money/future/20150630/102022551605.shtml，2015－06－30.

［244］50家中国不锈钢下游企业落户印度尼西亚 吸收SMI公司冷热轧钢［EB/OL］．新浪财经，http：//finance.sina.com.cn/money/future/20151105/171923688857.shtml，2015－11－05.

［245］如皋港造船企业深拓东盟 抢抓"零关税"优势［EB/OL］．中国质量新闻网，http：//www.cqn.com.cn/news/zjpd/dfdt/1011570.html，2015－02－25.

［246］BNPM再拉拢中国2家造船业者并将投资1亿美元［EB/OL］．中国印度尼西亚经贸合作网，http：//www.cic.mofcom.gov.cn/ciweb/cic/info/Article.jsp？a_no=378604&col_no=459，2015－07－21.

［247］驻印度尼西亚经商参处．中国和印度尼西亚签署银行业监管合作备忘录，加强信息共享和合作监管［EB/OL］．http：//www.mofcom.gov.cn/article/i/jyjl/j/2015/0601/20150601006045.shtml，2015－06－01.

［248］中国和印度尼西亚双边货币互换规模升至200亿美元［EB/OL］．新浪财经，http：//finance.sina.com.cn/world/20151120/141423808722.shtml，2015－11－20.

［249］中行给印度尼西亚Aneka Tambang镍等5项目提供贷款［EB/OL］．和讯网，http：//xianhuo.hexun.com/2015－06－19/176882519.html，2015－06－19.

［250］驻泗水总领馆经商室．印度尼西亚3家国营银行获中国国家开发银行30亿美元贷款［EB/OL］．http：//surabaya.mofcom.gov.cn/article/zxhz/zzjg/2015/0901/20150901115656.shtml，2015－09－01.

［251］中国银行雅加达分行与印度尼西亚电讯运营商合作发行联名卡［EB/OL］．中国新闻网，http：//www.chinanews.com/fortune/2016/1110/8058919.shtml，2016－11－10.

［252］驻印度尼西亚经商参处．中国银行向印度尼西亚鹰航提供45亿美元贷款［EB/OL］．http：//www.mofcom.gov.cn/article/i/jyjl/j/2015/0601/2015060

1022261. shtml，2015 – 06 – 01.

［253］沈晓祺：工行发挥人民币国际化优势支持印度尼西亚经济发展［EB/OL］.中国新闻网，http：//www.chinanews.com/fortune/2015/0330/7170664. shtml，2015 – 03 – 30.

［254］工行将为"印度尼西亚第一高楼"提供融资支持［EB/OL］.欧浦钢网，http：//www.opsteel.cn/news/2015/0811/1D0488C8E1FAEE4AE050080A7EC95D56.html，2015 – 08 – 11.

［255］中国工商银行向印度尼西亚国有银行提供50亿人民币贷款，支持印度尼西亚"百万民居"计划［EB/OL］.新浪财经，http：//finance.sina.com.cn/roll/2015/0918/161223289279.shtml，2015 – 09 – 18.

［256］中国工商银行向印度尼西亚三家国企提供40亿美元贷款［EB/OL］.中国—印度尼西亚合作经贸网，http：//www.cic.mofcom.gov.cn/ciweb/cic/info/Article.jsp？a_ no = 394602&col_ no = 459，2016 – 10 – 20.

［257］工行与中企签订2.7亿美元贷款协议支持印度尼西亚火电项目［EB/OL］.中国新闻网，http：//www.chinanews.com/cj/2016/1028/8046926.shtml，2016 – 10 – 28.

［258］建行完成对印度尼西亚温杜银行控股权 持股60%［EB/OL］.新浪财经，http：//finance.sina.com.cn/money/bank/bank_ hydt/2016 – 09 – 30/doc – ifxwkzyk0686647.shtml，2016 – 09 – 30.

［259］中国进出口银行广东省分行牵头银团与印度尼西亚广青镍业签订贷款协议［EB/OL］.人民网，http：//gd.people.com.cn/n/2015/0508/c123932 – 24790973.html，2015 – 05 – 08.

［260］中方助力印度尼西亚长期发展［EB/OL］.新浪财经，http：//finance.sina.com.cn/roll/2015 – 11 – 19/detail – ifxkwaxv2475503.shtml，2015 – 11 – 19.

［261］中国—印度尼西亚副总理级人文交流机制首次会议举行［EB/OL］.中国新闻网，http：//www.chinanews.com/gj/2015/0528/7308343.shtml，2015 – 05 – 28.

［262］印度尼西亚赴华留学学生稳步增长中印度尼西亚人文交流活跃［EB/OL］.中国新闻网，http：//www.chinanews.com/gj/2016/11 – 17/8066811.shtml，2016 – 11 – 17.

［263］国家国防科技工业局.中国与印度尼西亚正式建立航天合作联委会机制［EB/OL］.http：//www.sastind.gov.cn/n142/c488245/conte nt.html，2015 – 03 – 13.

［264］印度尼西亚通信部与中国华为公司携手合作签署ICT创新中心［EB/OL］．中国新闻网，http：//www．chinanews．com/cj/2015/0519/7287149．shtml，2015-05-19．

［265］科技部和印度尼西亚研究技术和高教部签署合作协议［EB/OL］．中国发展网，http：//old．cattc．org．cn/news_4695．html，2016-08-12．

［266］国务院国有资产监督管理委员会．中国核建与印度尼西亚签署高温堆发展计划联合项目协议［EB/OL］．http：//www．sasac．gov．cn//n2588025/n2588124/c3826353/content．html，2016-08-03．

［267］印度尼西亚美食节开幕式在北京举行［EB/OL］．中国日报网，http：//cnews．chinadaily．com．cn/2015-04/13/content_20423301．htm，2015-04-13．

［268］吉林省艺术团赴印度尼西亚"欢乐春节"活动开启［EB/OL］．中国日报网，http：//www．chinadaily．com．cn/dfpd/jl/2015-02/27/content_19667839．htm，2015-02-27．

［269］中国与印度尼西亚文化交流：浪系天涯纽带长［EB/OL］．中国文化传媒网，http：//www．ccdy．cn/wenhuabao/sban/201506/t20150601_1106360．htm?friqnaywsihvocep? ldnhojjsriotdnza，2015-06-01．

［270］印度尼西亚青年访华团福建泉州体验闽南文化［EB/OL］．中国新闻网，http：//www．chinanews．com/hr/2015/09-11/7519466．shtml，2015-09-11．

［271］印度尼西亚高校举办"孔子与现代中国"研讨会［EB/OL］．亚太日报，http：//zh．apdnews．com/XinHuaNews/260842．html，2015-11-01．

［272］中国与印度尼西亚建交65周年纪念画展开幕［EB/OL］．环球网，http：//world．huanqiu．com/hot/2015/1202/8091564．html，2015-12-02．

［273］中国与印度尼西亚联合举办中国电影周活动［EB/OL］．新浪网，http：//news．sina．com．cn/o/2016/0325/doc-ifxqssxu8118097．shtml，2016-03-25．

［274］印度尼西亚新闻代表团结束访华回国［EB/OL］．中国记协网，http：//news．xinhuanet．com/zgjx/2016-12/02/c_135876713．htm，2016-12-02．

［275］中华人民共和国驻印度尼西亚共和国大使馆．知行合一 搭建中印度尼西亚青年友谊之桥［EB/OL］．http：//id．china-embassy．org/chn/ztbd/zxzg123/t1426335．htm，2016-12-23．

［276］刘延东出席印度尼西亚中国节目频道Hi Indo!开播仪式［EB/OL］．凤凰财经，http：//finance．ifeng．com/a/2015/0528/13739060_0．shtml，2015-05-28．

［277］印度尼西亚旅游部在京宣布吸引中国游客三项措施［EB/OL］. 凤凰资讯，http：//news.ifeng.com/a/2015/1113/46235369_0.shtml，2015-11-13.

［278］印度尼西亚将正式对中国游客实行免签［EB/OL］. 搜狐网，http：//news.sohu.com/2015/0612/n414943635.shtml，2015-06-12.

［279］印度尼西亚政府对中国游客寄予厚望［EB/OL］. 中国—印度尼西亚合作经贸网，http：//www.cic.mofcom.gov.cn/ciweb/cic/info/Article.jsp?a_no=397645&col_no=459，2016-12-24.

［280］印度尼西亚征收建筑钢材进口保护关税［EB/OL］. 新浪财经，http：//finance.sina.com.cn/money/future/2015/0211/085921527226.shtml，2015-02-11.

后 记

本书是广西大学中国—东盟研究院印度尼西亚研究所的研究人员集体研究的成果，广西大学商学院金融专业、国际贸易专业以及国际商务专业的研究生也参与了本书的前期资料收集和部分校对工作。写作分工大致如下：写作框架和写作思路由谭春枝提出并经印度尼西亚所全体研究人员讨论后决定；谭春枝负责全书的统稿和后记的撰写工作；第一章的编著人员为谭春枝和杨子薇；第二章的编著人员为谭春枝和何佳；第三章的编著人员为谭春枝和吴骏；第四、五章的编著人员为何冠岐；第六章的编著人员为韦倩青和况甜甜；第七、八章的编著人员为韦宝毅。中国—东盟研究院的专家和其他研究人员对本书的撰写也提供了很好的意见和建议，在此一并表示感谢。

谭春枝
2018 年 1 月